城乡文化遗产
保护基础

周宏伟 等◎编著

科学出版社

北京

内 容 简 介

　　本书概要论述城乡文化遗产保护的基础知识、基本理论和主要技能等问题。主要内容由八章组成。第一章介绍城乡文化遗产的基础知识与基本特征；第二章介绍与分析文化遗产的价值表征及评估方法；第三章概述历史时期以来文化遗产保护的简要演进过程及其特征；第四章讨论和总结文化遗产法的调整对象、法律原则及国内外主要的立法成绩；第五章介绍城市型保护规划编制的基本原则、主要内容、相关案例及问题；第六章介绍乡村型保护规划编制的基本原则、主要内容、相关案例及问题；第七章主要阐述文化遗产保护的硬性和软性技术或技术性因素；第八章介绍各类建设活动等给文化遗产保护带来的影响及其评估程序与方法。

　　本书适合作为高等院校人文地理、城乡规划管理、考古、建筑、文物与博物馆学、公共管理、文化产业管理等相关专业本科生、研究生的基础性教材，也适合相关领域管理人员、专业技术人员和文化遗产保护爱好者阅读。

图书在版编目（CIP）数据

城乡文化遗产保护基础 / 周宏伟等编著 . —北京：科学出版社，2021.11
ISBN 978-7-03-069928-2

Ⅰ.①城… Ⅱ.①周… Ⅲ.①文化遗产-保护-研究-中国 Ⅳ.① K203

中国版本图书馆 CIP 数据核字（2021）第 198182 号

责任编辑：任晓刚 / 责任校对：王晓茜
责任印制：师艳茹 / 封面设计：润一文化

科 学 出 版 社 出版
北京东黄城根北街 16 号
邮政编码：100717
http://www.sciencep.com
三河市春园印刷有限公司 印刷
科学出版社发行　各地新华书店经销
*
2021年11月第 一 版　开本：787×1092　1/16
2021年11月第一次印刷　印张：20 1/2
字数：420 000

定价：218.00元
（如有印装质量问题，我社负责调换）

前　　言

　　文化遗产是人类在历史实践中创造的具有多样价值的物质和非物质遗存。我国历史悠久、人口众多、文化多样，先辈留下的文化遗产十分丰富。我国自 1985 年加入联合国教育、科学及文化组织（United Nations Educational，Scientific and Cultural Organization，UNESCO，简称联合国教科文组织）、《保护世界文化和自然遗产公约》以来，已申报成功世界遗产 56 项（截至 2021 年），世界遗产总数已居世界首位。其中，世界文化遗产 38 项、世界文化与自然双重遗产 4 项，占我国世界遗产总数的 75%。另外，我国列入联合国教科文组织、《人类非物质文化遗产代表作名录》的非物质文化遗产已有 42 项（截至 2020 年）。历年来，国内文物、城乡建设、民族事务、文化旅游、工业信息、农业农村、科学技术、环境保护、教育等各级主管部门批准的与文化遗产保护、利用、研究相关的各种名目的对象与项目更是难以计数。随着我国人民文化程度、生活水平的不断提高，关注、欣赏、游览祖国优秀文化遗产（地）的普通群众也与日俱增。可见，普及文化遗产保护的相关知识，保护、利用好城乡文化遗产，对于弘扬传统文化、促进经济社会发展，是十分有意义的。

　　笔者从 2002 年开始在大学城乡规划系从事历史文化遗产保护方面的课程教学，很想找一部在这方面较为全面、系统的基础性专业教材，以便用于该课程的教学和学习。然而，当时并没有找到特别适合作为教材的书籍。鉴于此种情况，笔者在 2008 年开始主持历史文化遗产保护方面的研究课题时，就考虑在课题研究任务完成后，尝试自己撰写这样一部教材。但是，由于项目结题后很快要进行新的相关课题研究，各方面事务很多，时间精力有限，尤其是学力能力不足，虽然组织人员尝试编写了一部分相关文稿，但自觉远远达不到应有的质量要求，也就基本放弃了这个愿景。近年来，由于带领研究生继续从事文化遗产保护方面的课题研究工作，笔者又想寻找这方面的教材，以便研究生能系统地了解文化遗产保护的理论与实践现状。遗憾的是，尽管市面上关于文化遗产领域的书籍并不少，但似乎仍然没有一部适合作为大学相关专业本科生、研究生的教材。于是，笔者决定重拾从前的愿景，自己动手撰写。这部书就是近三年来的工作成果。

　　考虑到要给大学相关专业的本科生、研究生做基础性教材，因而，本书希望用不太大的篇幅，较为全面、系统地介绍文化遗产保护的相关知识、理论、方法与技能。本书之所以取名"城乡文化遗产保护基础"，是因为：一则城市、乡村聚落作为文化遗产最为富集的地域，是文化遗产保护的关键所在，值得强调、突出；二则城市文化遗产保护和乡村文化遗产保护的理论、方法虽然有共同性要求，但很多时候在很多方面需要进行适当的区别性对待，具体的遗产保护问题更是值得长期、不断地开展研究。要让读者了解文化遗产保护的基础性内容，需要告诉读者什么是文化遗产，为什么要保护文化遗产，怎样来保护文化遗产等方面的既有知识和现有认识。为此，本书内容设计为八章。第一章"城乡文化遗产概说"，主要介绍城乡文化遗产的基础知识与基本特征；第二章"城乡文化遗产的价值与特色"，主要分析作为文化遗产保护起点与基础的文化遗产价值表征及评估方法；第三章"城乡文化遗产保护历程"，主要叙述历史时期以来不同视角、不同阶段文化遗产保护的简要演进过程及特征；第四章"城乡文化遗产的法律保护"，主要讨论文化遗产法的调整对象、基本原则和总结国内外主要的立法成绩；第五章"城市文化遗产保护规划"，主要介绍历史文化名城、一般城市的文化遗产和历史文化街区等城市型保护规划编制的基本原则、主要内容及相关案例，指出过去和现在存在的主要问题；第六章"乡村文化遗产保护规划"，主要介绍历史文化名镇名村、传统村落（traditional villages，或 traditional settlements）、乡村重点文物保护单位和一般镇村历史文化遗产等乡村型保护规划编制的基本原则、主要内容及相关案例，并指出目前存在的主要问题；第七章"城乡文化遗产的保护与利用技术"，主要从建筑物、传统街区、自然和人文环境、文化遗产的数字化等方面，阐述文化遗产保护的硬性和软性技术或技术性因素；第八章"文化遗产影响评估"，主要介绍各类建设活动等给文化遗产保护带来的影响及其评估程序与方法。在相关的介绍、评述和研究过程中，本书力争在既有学者的研究基础上，言之有物，持之有据，不偏不倚，让读者能够学习、理解和接受较为准确、规范、专业的城乡文化遗产保护基础理论与基本技能。自以为只有这样，才能真正提高我国城乡文化遗产保护与利用的水平，也才能真正通过保护文化遗产来促进城乡经济、社会、文化的发展。

然而，由于城乡文化遗产保护涉及文物考古、建筑、城乡规划、工程技术、法律、历史、社会、民俗、民族、人类、地理、生态、经济、旅游、传播、计算机科学与技术等多学科，尽管勉力而为，不断学习，但要在这些学科上具有较深入的知识，显然可能性不大；由于从国际到国内、从中央到地方，文化遗产保护方面的法律法规、制度规章文件时有出台、发布，尽管身处信息时代，经常关注，但要全面了解、一一过目，也十分困难。因而，在编写过程中，不足之处是在所难免的。谨请有识者能够指出其中的不足，以便再版时修改、完善、提高。

周宏伟

2021 年 7 月 1 日于西安

目　　录

第一章　城乡文化遗产概说

城乡文化遗产是指存在于当代城市聚落和乡村聚落的、有形和无形的、不可移动和可移动的历史文化遗产，一般不包括已被各级博物馆收藏的可移动文物和为保护而进行技术性移动的不可移动文物。这是因为，城乡文化遗产的保护与利用工作在很大程度上以传统时代留存下来的城市、镇、村等形式的聚落为中心开展，自然地，城乡文化遗产的主体也就是城乡聚落文化遗产。城乡文化遗产尽管由于历史底蕴、地理位置、本体内涵等方面的差异，其文化价值高低不同，地域特色彼此有异，但对所在地的文化建设、社会进步和经济发展都具有重要而独特的作用。开展城乡文化遗产的保护与利用工作，必须了解文化遗产的概念，认识城乡文化遗产的不同类型、基本内涵和特征。

第一节　文化遗产的概念

一般来说，遗产是与"过去"相关的物事。"遗产"一词，中国文献中最早出现于南朝时期范晔（398—445 年）编撰的《后汉书》，即"家无遗产，子孙困匮"[1]中的"遗产"，其含义明显指的是先辈留给子孙后代的财富；英语中的对应性词语 heritage 一词则源于拉丁语 heres(继承人)[2]，其出现于文献中则要晚至 18 世纪，指由过去传承至今或根据传统而传承的事物，这些事物具有证明过去的作用。直到 20 世纪中叶，作为被保护对象的"遗产"或"文化财产"（cultural property）概念，也就是

---

① 《后汉书》卷二十七《郭丹传》，北京：中华书局，1965 年。

② 赵燕菁：《市场经济条件下风景名胜区的保护与开发》，《城市规划》2001 年第 11 期，第 11—18 页。

现代意义的文化遗产概念，才被正式纳入当时的国际公约——《海牙公约》之中[①]。不过，并不是所有过去遗留下来的物事都能够称为"遗产"，都需要进行保护，而是只有那些具备某些社会意义、获得一定价值认可的遗产文化符号，才能以文化记忆的方式受到保护并延续下去[②]。

随着当代遗产保护实践的不断发展，遗产的内容与概念都在发生变化。1999年，国际古迹遗址理事会（International Council on Monuments and Sites，ICOMOS）通过的《国际文化旅游宪章（重要文化古迹遗址旅游管理原则和指南）》认为，遗产包含自然环境与文化环境，具体"包括景观、历史场所、遗址和建成环境，以及生物多样性、收藏品、过去和正在进行的文化实践、知识和生活经验"[③]。显然，这大大拓展了遗产的范围。

文化遗产（英文：cultural heritage，cultural property；日文：文化財），又可称历史文化遗产、文化资产、文化财产等。由于世界各地人类文化的发展历程具有多样性和复杂性，文化遗产的概念很难进行一致性表述。国际古迹遗址理事会曾在其相关文件中给文化遗产定义，认为"文化遗产是在一个社区内发展起来的对生活方式的一种表达，经过世代流传下来，它包括习俗、惯例、场所、物品、艺术表现和价值"[③]。这个概括虽然指明了文化遗产的本质属性在于特定区域人群世代相传的对生活方式的表达，但作为一个术语的定义，其外延显得过于宽泛。因为，任何国家的力量都是有限的，不可能将所有社区或人群对生活方式的表达都作为遗产加以保护[④]。以此，狭义上说，作为当代保护对象的文化遗产，应是指一个群体或社会从过去的世代传承下来的，具有历史、艺术、科学等文化保存价值的对象。文化遗产可以物质实体形式存在，也可以非物质实体形式存在。以物质实体形式存在的文化遗产称物质文化遗产或有形遗产，以非物质实体形式存在的文化遗产称非物质文化遗产或无形遗产。

一、物质文化遗产

一般来说，物质文化遗产是指具有历史、艺术和科学价值的文物。

物质文化遗产是传统意义上所称的"文化遗产"，也即有形文化遗产、文物。物

① 联合国教科文组织：《武装冲突情况下保护文化财产公约（海牙公约）》（1954），联合国教科文组织世界遗产中心等：《国际文化遗产保护文件选编》，北京：文物出版社，2007年，第30页。

② Olsen D H and Timothy D J，Contested Religious Heritage：Differing View of Mormon Heritage，*Tourism Recreation Research*，Vol. 27，No.2，2002，pp.7—15.

③ 国际古迹遗址理事会：《国际文化旅游宪章（重要文化古迹遗址旅游管理原则和指南）》，联合国教科文组织世界遗产中心等：《国际文化遗产保护文件选编》，北京：文物出版社，2007年，第187页。

④ 王云霞：《文化遗产的概念与分类探析》，《理论月刊》2010年第11期，第5—9页。

质文化遗产具有两个基本特征：第一，是由人类创造的，或者是与人类活动有关的；第二，是已经成为历史的，不可能再重新创造的。目前，各个国家对物质文化遗产（文物）的称谓并不一致，其所指含义和范围也不尽相同，因而迄今尚未形成一个对物质文化遗产（文物）共同确认的统一定义。中国政府把物质文化遗产定义为，"物质文化遗产是具有历史、艺术和科学价值的文物，包括古遗址、古墓葬、古建筑、石窟寺、石刻、壁画、近代现代重要史迹及代表性建筑等不可移动文物，历史上各时代的重要实物、艺术品、文献、手稿、图书资料等可移动文物；以及在建筑式样、分布均匀或与环境景色结合方面具有突出普遍价值的历史文化名城（街区、村镇）"[①]。

物质文化遗产中价值最高的部分大多都进入了《世界遗产名录》。根据联合国教科文组织1972年11月16日巴黎会议通过的《保护世界文化和自然遗产公约》（Convention Concerning the Protection of the World Cultural and Natural Heritage），其物质文化遗产包括古遗址、古墓葬、古建筑、石窟寺、石刻、壁画、近代现代重要史迹及代表性建筑等不可移动文物，历史上各时代的重要实物、艺术品、文献、手稿、图书资料等可移动文物，以及在建筑式样、分布均匀或与环境景色结合方面具有"突出普遍价值"（outstanding universal value，OUV）的历史文化名城、街区、村镇。相关重要概念的内涵如下。

文物（monuments，或译为纪念物），指从历史、艺术或科学角度看，具有突出普遍价值的建筑物、雕刻和绘画，具有考古意义的成分或结构、铭文、洞穴、住区及各类文物的综合体。

建筑群，指从历史、艺术或科学角度看，因其建筑的形式、同一性及其在景观中的地位，具有突出普遍价值的单独或相互联系的建筑群。

遗址，指从历史、美学、人种学或人类学角度看，具有突出普遍价值的人造工程或人与自然的共同杰作及考古遗址地带。

提名列入《世界遗产名录》的文化遗产项目，必须符合下列六项中的一项或几项标准：①代表一种独特的艺术成就，一种创造性的天才杰作；②能在一定时期内或世界某一文化区域内，对建筑艺术、纪念物艺术、城镇规划或景观设计方面的发展产生极大影响；③能为一种已消逝的文明或文化传统提供一种独特的，至少是特殊的见证；④可作为一种建筑或建筑群或景观的杰出范例，展示出人类历史上一个或几个重要阶段；⑤可作为传统的人类居住地或使用地的杰出范例，代表一种（或几种）文化，尤其在不可逆转之变化的影响下变得易于损坏；⑥与具有特殊普遍意义的事件或现行传统或思想或信仰或文学艺术作品有直接或实质的联系（只有在某些特殊情况下或该项标准与其他标准一起作用时，此款才能成为列入《世界遗产名录》的理由）。

---

① 国务院：《关于加强文化遗产保护的通知》，2005年12月22日。

世界遗产包括世界文化遗产（含文化景观）、世界自然遗产、世界文化与自然双重遗产三大类，除了世界自然遗产以外，其余世界文化遗产（含文化景观）、世界文化与自然双重遗产都属于物质文化遗产，或与物质文化遗产有关。截至 2021 年，世界遗产的总数达 1122 处（不含被撤销者），分布在 167 个国家。其中，中国拥有的世界遗产数量最多，共有 56 项，包括世界文化遗产 38 项（含跨国文化遗产 1 处、文化景观遗产 5 处）、世界自然遗产 14 项、世界文化与自然双重遗产 4 项（表 1-1）。例如，1987 年进入《世界遗产名录》的中国"长城"，属于世界文化遗产（含文化景观）类；同年进入《世界遗产名录》的中国"泰山"，被列为世界文化与自然双重遗产类。2011 年进入《世界遗产名录》的中国"杭州西湖文化景观"，则属于"世界文化遗产"的"文化景观"类型。

表 1-1　中国的世界遗产（1987—2021 年）

序号	名称	序号	名称
一	世界文化遗产（含文化景观，38 项）	22	高句丽王城、王陵及贵族墓葬（吉林、辽宁，2004.7.1）
1	明清皇宫［北京故宫（北京，1987.12）；沈阳故宫（辽宁，2004.7）］	23	澳门历史城区（澳门，2005.7.15）
2	秦始皇陵及兵马俑坑（陕西，1987.12）	24	安阳殷墟（河南，2006.7.13）
3	敦煌莫高窟（甘肃，1987.12）	25	开平碉楼与村落（广东，2007.6.28）
4	周口店北京人遗址（北京，1987.12）	26	福建客家土楼（福建，2008.7.7）
5	长城（北京，1987.12）；九门口长城（水上长城，辽宁，2002.11）	27	五台山（山西，2009.6.26）
6	武当山古建筑群（湖北，1994.12）	28	登封"天地之中"历史古迹（河南，2010.8.1）
7	拉萨布达拉宫历史建筑群（西藏，1994.12；大昭寺，2000.11；罗布林卡，2001.12）	29	杭州西湖文化景观（浙江，2011.6.24）
8	承德避暑山庄及其周围寺庙（河北，1994.12）	30	元上都遗址（内蒙古，2012.6.29）
9	曲阜孔庙、孔林和孔府（山东，1994.12）	31	红河哈尼梯田文化景观（云南，2013.6.22）
10	庐山国家地质公园（江西，1996.12）	32	丝绸之路"长安—天山廊道路网"（陕西、河南、甘肃、新疆，2014.6.22）
11	平遥古城（山西，1997.12）	33	大运河（北京、天津、河北、山东、河南、安徽、江苏、浙江，2014.6.22）
12	苏州古典园林（江苏，拙政园、网师园、留园和环秀山庄，1997.12；艺圃、耦园、沧浪亭、狮子林和退思园，2000.11）	34	土司遗址（湖北、湖南、贵州，2015.7.4）
13	丽江古城（云南，1997.12）	35	左江花山岩画文化景观（广西，2016.7.15）
14	北京皇家园林——颐和园（北京，1998.11）	36	鼓浪屿：历史国际社区（福建，2017.7.7）
15	北京皇家祭坛——天坛（北京，1998.11）	37	良渚古城遗址（浙江，2019.7）
16	大足石刻（重庆，1999.12）	38	泉州：宋元中国的世界海洋商贸中心（福建，2021.7）
17	皖南古村落——西递、宏村（安徽，2000.11）	二	世界自然遗产（14 项）
18	明清皇家陵寝（湖北明显陵、河北清东陵、河北清西陵，2000.11；江苏明孝陵、北京明十三陵，2003.7；辽宁盛京三陵，2004.7）	1	黄龙风景名胜区（四川，1992.12.7）
19	龙门石窟（河南，2000.11）	2	九寨沟风景名胜区（四川，1992.12.7）
20	青城山—都江堰（四川，2000.11）	3	武陵源风景名胜区（湖南，1992.12.7）
21	云冈石窟（山西，2001.12）	4	云南三江并流保护区（云南，2003.7.2）

续表

序号	名称	序号	名称
5	四川大熊猫栖息地（四川，2006.7.12）	13	梵净山（贵州，2018.7.2）
6	中国南方喀斯特（云南石林、贵州荔波、重庆武隆，2007.6.27；广西环江与桂林、重庆南川、贵州施秉，2012.6.23）	14	中国黄（渤）海候鸟栖息地（第一期）（江苏，2019.7.5）
7	三清山世界地质公园（江西，2008.7.8）	三	世界文化与自然双重遗产（4项）
8	中国丹霞（贵州赤水、福建泰宁、湖南崀山、广东丹霞山、江西龙虎山、浙江江郎山，2010.8.1）	1	泰山（山东，1987.12）
9	澄江化石遗址（云南，2012.7.1）	2	黄山（安徽，1990.12）
10	新疆天山（新疆，2013.6.21）	3	峨眉山—乐山大佛（四川，1996.12）
11	湖北神农架（湖北，2016.7.17）	4	武夷山（福建，1999.12）；铅山武夷山（江西，2017.7）
12	青海可可西里（青海，2017.7.7）		

世界遗产标志、中国的世界遗产标志、中国文化遗产标志分别如图 1-1、图 1-2、图 1-3 所示。

图 1-1　世界遗产标志

图 1-2　中国的世界遗产标志

图 1-3　中国文化遗产标志

二、非物质文化遗产

非物质文化遗产是指各种以非物质形态存在的与群众生活密切相关、世代相承的传统文化表现形式。

非物质文化遗产也称无形文化遗产（intangible cultural heritage，ICH），是相对于有形遗产，即可传承的物质遗产而言的。该词来源于日语"無形文化財"。日本政府 1950 年颁布的《文化财保护法》中，将文化财分为"有形文化财""无形文化财""民俗文化财""纪念物""传统建造物群"五类，而"无形文化财"指的是戏曲、音乐、传统工艺技术及其他无形文化资产中历史价值较高者。2003 年，联合国教科文组织通过的《保护非物质文化遗产公约》（Convention for the Safeguarding of the Intangible Cultural Heritage）中将非物质文化遗产正式定义为，"各社区、群体，有时是个人，视为其文化遗产组成部分的各种社会实践、观念表述、表现形式、知识、技能以及相关的工具、实物、手工艺品和文化场所"。在这一定义的基础上，中国政府在发布的有关非物质文化遗产保护的规范性文件中又对该定义进行了完善、拓宽。

2005 年，中国政府相关文件中将非物质文化遗产的概念界定为："各种以非物质形态存在的与群众生活密切相关、世代相承的传统文化表现形式，包括口头传说、传统表演艺术、民俗活动和礼仪与节庆、有关自然界和宇宙的民间传统知识和实践、传统手工艺技能等以及与上述传统文化表现形式相关的文化空间。"[1]

2011 年正式出台的《中华人民共和国非物质文化遗产法》，进一步将非物质文化遗产的概念界定为："各族人民世代相传并视为其文化遗产组成部分的各种传统文化表现形式，以及与传统文化表现形式相关的实物和场所。"

尽管如此，在学术界，学者对于非物质文化遗产概念的内涵认识并不完全一致。例如，苑利和顾军认为，非物质文化遗产是指人类在历史上创造，并以活态形式传承至今的，具有重要历史价值、艺术价值、文化价值、科学价值与社会价值，足以代表一方文化，并为当地社会所认可的，具有普世价值的知识类、技术类与技能类传统文化事项[2]。其中没有包括文化场所或文化空间。近年，美国学者 Ann Marie Sullivan 提出，非物质文化遗产是一种实践、表现、表达、知识或技能，以及被联合国教科文组织所认可的组成一个地方文化遗产的工具、实物、工艺品和文化空间[3]。这意味着联合国教科

---

① 国务院：《关于加强文化遗产保护的通知》，2005 年 12 月 22 日。

② 苑利，顾军：《非物质文化遗产学》，北京：高等教育出版社，2009 年，第 12 页。

③ Sullivan A M，Cultural Heritage & New Media：A Future for the Past，*The John Marshall Review of Intellectual Property Law*，Vol. 15，No.3，2016，pp.604-645.

文组织没有认可的工具、实物、工艺品和文化空间等，则不能视之为非物质文化遗产。

应该说，关于非物质文化遗产含义的这些不同表达，虽然内涵与外延各有侧重，但都包括了非物质文化遗产的全部或主要内容。根据世界各国的不同情况，在研究和实践中，根据需要采用其中的某种表达都是可行的。

非物质文化遗产的组成类型在国际、国内的规范性文件中有不同的划分。联合国《保护非物质文化遗产公约》中，把非物质文化遗产分为五个类型：①口头传说和表现形式，包括作为非物质文化遗产媒介的语言；②表演艺术；③社会实践、仪式、节庆活动；④有关自然界和宇宙的知识和实践；⑤传统手工艺。《中华人民共和国非物质文化遗产法》中，进一步把非物质文化遗产分为六个类型：①传统口头文学以及作为其载体的语言；②传统美术、书法、音乐、舞蹈、戏剧、曲艺和杂技；③传统技艺、医药和历法；④传统礼仪、节庆等民俗；⑤传统体育和游艺；⑥其他非物质文化遗产。显然，后者较前者范围更宽，对象更具体。

不过，在具体的非物质文化遗产保护工作中，上述的分类结果并没有被完全遵循。例如，在中国的国家、省、市、县四级非物质文化遗产保护名录建立过程中，是按照民间文学、传统音乐、传统舞蹈、传统戏剧、曲艺、传统体育、游艺与杂技、传统美术、传统技艺、传统医药、民俗等来进行分类的；在中国历次非物质文化遗产大普查中，是按照民间文学（口头文学）、民间美术、民间音乐、民间舞蹈、戏曲、曲艺、民间杂技、民间手工艺、生产商贸习俗、消费习俗、人生礼俗、岁时节令、民间信仰、民间知识、游艺、传统体育与竞技等来进行分类的。

学术界关于非物质文化遗产的分类也有不一样的认识。例如，王文章将非物质文化遗产分为15类，包括语言（民族语言、方言等）、民间文学、传统音乐、传统舞蹈、传统戏剧、曲艺、杂技、传统武术、体育与竞技、民间美术、工艺美术、传统手工技艺及其他工艺艺术、传统医学和药学、民俗、文化空间①。苑利和顾军将非物质文化遗产分为8类，即民间文学类、表演艺术类、传统工艺艺术类、传统生产技术类、传统生活知识与技能类、传统仪式类、传统节日类、文化空间类②。杨红提出数字化双层四分法，把非物质文化遗产分为传统表演艺术、传统工艺艺术、传统生产生活知识与技能、传统节庆与仪式等③。这些分类有详有略，反映了不同研究者个体的认识差异，在学术研究中也具有一定的参考意义。

中国积极开展非物质文化遗产保护工作。2004年，中国成为首批加入联合国教科文组织《保护非物质文化遗产公约》的国家之一。截至2020年底，中国入选联合国教科文组织非物质文化遗产名录（名册）（含"急需保护名录"和"优秀实践名册"）

---

① 王文章：《非物质文化遗产概论》，北京：文化艺术出版社，2006年。

② 苑利，顾军：《非物质文化遗产学》，北京：高等教育出版社，2009年。

③ 杨红：《非物质文化遗产数字化研究》，北京：社会科学文献出版社，2014年。

的项目达 42 个，是目前世界上拥有人类非物质文化遗产数量最多的国家（表 1-2）。中国于 2006 年、2008 年、2011 年、2014 年、2020 年先后命名五批国家级非物质文化遗产，合计达 1570 项，已基本形成国家、省、市、县四级保护体系。另外，中国还设立非遗传承人制度、非遗博物馆、非遗传习所、国家级非遗生产保护示范基地、文化生态保护实验区来保护与传承非物质文化遗产。

表 1-2　中国的人类非物质文化遗产（2001—2020 年）

类别与名称	列入时间	类别与名称	列入时间
一、人类非物质文化遗产代表作		中国珠算	2013 年
昆曲	2001 年	二十四节气	2016 年
古琴艺术	2003 年	藏医药浴法	2018 年
新疆维吾尔木卡姆艺术、蒙古族长调民歌（与蒙古国联合）	2005 年	太极拳	2020 年
中国传统蚕桑丝织技艺、南音、南京云锦织造技艺、宣纸传统制作技艺、侗族大歌、广东粤剧、格萨（斯）尔、龙泉青瓷传统烧制技艺、热贡艺术、藏戏、玛纳斯、蒙古族呼麦歌唱艺术、花儿、西安鼓乐、中国朝鲜族农乐舞、中国书法、中国篆刻、中国剪纸、中国雕版印刷技艺、中国传统木结构建筑营造技艺、端午节、妈祖信俗	2009 年	二、急需保护的非物质文化遗产名录	
		羌年、黎族传统纺染织绣技艺、中国木拱桥传统营造技艺	2009 年
		麦西热甫、中国水密隔舱福船制造技艺、中国活字印刷术	2010 年
		赫哲族伊玛堪	2011 年
京剧、中医针灸	2010 年	三、非物质文化遗产优秀实践	
中国皮影戏	2011 年	福建木偶戏后继人才培养计划	2012 年

人类非物质文化遗产标志和中国非物质文化遗产标志分别如图 1-4 和图 1-5 所示。

图 1-4　人类非物质文化遗产标志

图 1-5　中国非物质文化遗产标志

【阅读】非物质文化遗产：二十四节气

"二十四节气"是中国古人通过观察太阳周年运动而形成的时间知识体系及其实践。中国古人将太阳周年运动轨迹划分为 24 等份，每一等份为一个"节气"，统称"二十四节气"。二十四节气开始的日期，在阳历里几乎年年不变，最多相差一两天，这也正是因为节气和阳历一样，都是按照地球一年绕太阳公转一周作为依据的。2016年 11 月 30 日，二十四节气作为"有关自然界和宇宙的知识和实践"类，被列入联合国教科文组织《人类非物质文化遗产代表作名录》。

二十四节气形成于中国黄河流域，以观察该区域的天象、气温、降水和物候的时序变化为基准，作为农耕社会的生产、生活的时间指南逐步为全国各地所采用，并为多民族所共享。作为中国人特有的时间知识体系，二十四节气既是国家行政的时间准绳，也是农业生产的指南针、日常生活的风向标，蕴含着尊重自然、效法自然、爱护自然、利用自然、扶助自然的天人合一思想，在全球生态环境日益恶化、可持续发展遭遇危机的当下，凸显出普遍意义和共享价值。

二十四节气作为一种特有的文化符号，影响着人们的生产与生活。早在宋代，就有"二十四番花信风"的记载，冬去春来，万物复苏，风和日丽，花粲馥郁，传送着季节的变化。从小寒起直至谷雨止，共八个节气、一百二十日、二十四候，每一候以一花应之，其中包括了人们对四季变化及转换规律的科学总结。

二十四节气融入了中国传统文化，劳动人民也总结出便于记忆的表达方式。如"四立"，指立春、立夏、立秋、立冬，表示一年四季每个节气的开始。此外，还有"二分二至""三暑二寒""二露一霜""二雨二雪""惊、清、满、芒"，等等。

随着中国城市化进程的加快和现代化农业技术的发展，二十四节气对于农事的指导功能逐渐减弱，但在当代中国人民的生活世界中依然具有多方面的文化意义和社会功能，鲜明地体现了中国人民尊重自然、顺应自然规律和适应可持续发展的理念，彰显出中国人民对宇宙和自然界认知的独特性及其实践活动的丰富性，与自然和谐相处的智慧和创造力，也是人类文化多样性的生动见证。

为确保二十四节气的存续力和代际传承，2016 年，文化部[①]等多部门联合推出《二十四节气五年保护计划（2017—2021）》，建立"二十四节气"传习基地。相关部门还组织农学、天文学、民俗学等学科的专家、学者为中小学生编写"二十四节气"知识读本，开设专题讲座，并设计或组织形式多样的实践活动。

把文化遗产分为物质文化遗产和非物质文化遗产，是根据文化遗产的物质形态属性来划分的。其实，在此基础上，还可以根据被保护文化遗产的现存状态，进一步把文化遗产划分为静态文化遗产、活态文化遗产和兼态文化遗产。可移动文物、不可移

---

① 现文化和旅游部。

动文物属于静态文化遗产；非物质文化遗产基本属于活态文化遗产；城市、街道、村镇等传统聚落，既有静态，也有活态，可称为兼态文化遗产。这样划分，可能较便于对城乡文化遗产制定有针对性的保护措施。中国文化遗产保护体系的现状构成，可以通过表 1-3 进行反映。

表 1-3　中国文化遗产保护体系的现状构成

遗产类型			保护级别		保护内容	极优秀者 / 濒危者
物质文化遗产	静态文化遗产	可移动文物	珍贵文物	一级文物	各时代重要实物、艺术品、文献、手稿、图书资料、代表性实物等	文献：世界记忆
				二级文物		
				三级文物		
			一般文物			
		不可移动文物	全国重点文物保护单位		古文化遗址、古墓葬、古建筑、石窟寺、石刻、壁画、近代现代重要史迹和代表性建筑等	世界文化遗产
			省级文物保护单位			
			市、县级文物保护单位			
			已登记不可移动文物			
	兼态文化遗产	城市	国家历史文化名城		传统格局、历史风貌、不可移动文物、历史建筑、历史文化街区、自然与人文环境、传统民俗、技艺技术、文化制度	世界文化遗产
			省级历史文化名城			
		街区	中国历史文化街区			世界文化景观遗产
			省级历史文化街区			
		产业	国家工业遗产			世界文化遗产
			省级工业遗产			
		村镇	中国历史文化名镇			世界文化遗产
			中国历史文化名村			世界文化遗产
			中国传统村落			世界文化遗产
			中国少数民族特色村寨			
			省级历史文化名镇			
			省级历史文化名村			
			省级传统村落			
非物质文化遗产	活态文化遗产	国家	国家级非物质文化遗产代表性项目		（1）传统口头文学及作为其载体的语言；（2）传统美术、书法、音乐、舞蹈、戏剧、曲艺和杂技；（3）传统技艺、医药和历法；（4）传统礼仪、节庆等民俗；（5）传统体育和游艺；（6）其他非物质文化遗产	（1）人类非物质文化遗产代表作；（2）急需保护的非物质文化遗产；（3）非物质文化遗产优秀实践
		地方	省级非物质文化遗产代表性项目			
			市级非物质文化遗产代表性项目			
			县级非物质文化遗产代表性项目			
		地域	国家级文化生态保护区			
		产业	中国重要农业文化遗产		农业生产系统	全球重要农业文化遗产
					在用古代灌溉工程	世界灌溉工程遗产

　　当然，根据文化遗产的地域属性，也可以进一步把文化遗产划分为城市型文化遗产和乡村型文化遗产。城市型文化遗产是指特定城市行政区范围内具有突出的城市特色的文化遗产，如历史文化名城、街区；乡村型文化遗产是指特定乡村地区具有突出的乡村特色的文化遗产，如历史文化名镇、名村、传统村落。城市、乡村属于人们现实生产、生活的场所，静态文化遗产和活态文化遗产兼具，文化遗产与孕育她的周围自然环境交融，但城乡文化遗产的价值与特色各异，保护与利用的原则、内容和方法有差，因此，区别性对待城市型文化遗产和乡村型文化遗产，应当较有利于特定地域文化遗产的保护与利用工作。

【阅读】日本的文化遗产保护体系

东方国家现代的文化遗产保护历史以日本最长，如图 1-6[①] 所示。

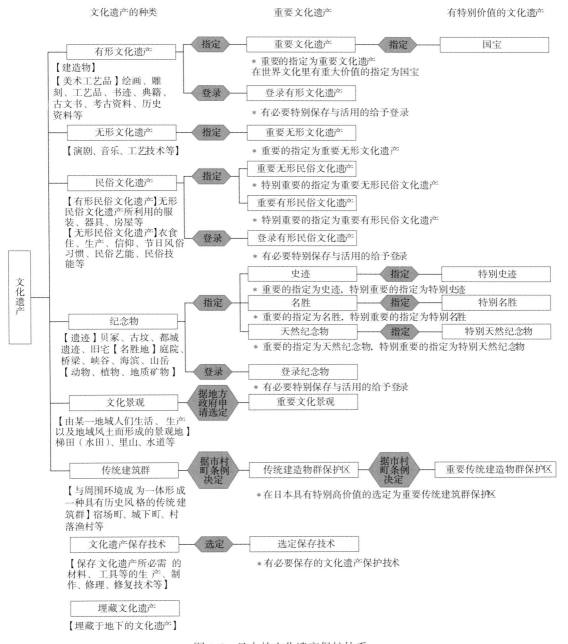

图 1-6　日本的文化遗产保护体系

---

① 转引自周超：《日本文化遗产保护法律制度及中日比较研究》，北京：中国社会科学出版社，2017 年，第 13 页。

日本的文化遗产保护体系与联合国教科文组织的文化遗产分类体系、中国的文化遗产保护体系不太一样，甚有特色。一是突出民俗文化遗产，即把民俗文化遗产从无形文化遗产中分离出来；二是加入文化遗产保存技术，即把保护文化遗产必需的技术、技艺进行储存。这样的变化便于日本根据自身文化遗产的特色和传统来实现保护目标。

第二节 城市型文化遗产

城市型文化遗产按其保护范围大小和层次高低差异，大体可以分为历史文化名城、历史文化街区、城市文物保护单位、历史建筑、工业遗产五类。

一、历史文化名城

历史文化名城又称历史名城、文化名城，国外一般称古城（old city）、历史城市（historic city）等。根据《中华人民共和国文物保护法》，历史文化名城是指保存文物特别丰富并且具有重大历史价值或革命纪念意义的城市。历史文化名城是通过申报程序组织评选出来的，有国家历史文化名城、省级历史文化名城之分。国家历史文化名城称号已成为一张重要的城市名片。

国家历史文化名城由国家文化行政管理部门会同城乡建设与环境保护部门上报、经国务院核定并公布。国务院先后于1982年、1986年和1994年审批通过三批共计99座国家历史文化名城，后陆续进行增补。截至2021年，全国 [①] 共有国家历史文化名城136座（表1-4）。

表1-4 国家历史文化名城分布一览

省（区、市）	名单
直辖市	北京、天津、上海、重庆
河北	承德、保定、正定、邯郸、秦皇岛市山海关区、蔚县
山西	大同、平遥、新绛、代县、祁县、太原
内蒙古	呼和浩特
黑龙江	哈尔滨、齐齐哈尔
吉林	吉林、集安、长春
辽宁	沈阳、辽阳
江苏	南京、苏州、扬州、徐州、淮安、镇江、常熟、无锡、南通、宜兴、常州、泰州、高邮
浙江	杭州、绍兴、宁波、衢州、临海、金华、嘉兴、湖州、温州、龙泉
江西	景德镇、南昌、赣州、瑞金
安徽	亳州、歙县、寿县、安庆、绩溪
山东	曲阜、济南、青岛、聊城、邹城、淄博、泰安、蓬莱、青州、烟台
福建	福州、泉州、漳州、长汀

---

① 均不包括港澳台地区数据。

续表

省（区、市）	名单
河南	洛阳、开封、安阳、南阳、商丘、郑州、浚县、濮阳
湖北	江陵（今荆州）、武汉、襄樊（今襄阳）、随州、钟祥
湖南	长沙、岳阳、凤凰、永州
广东	广州、潮州、肇庆、佛山、梅州、海康（今雷州）、中山、惠州
广西	桂林、柳州、北海
海南	海口①
四川	成都、自贡、宜宾、阆中、乐山、都江堰、泸州、会理
云南	昆明、大理、丽江、建水、巍山、会泽、通海
贵州	遵义、镇远
西藏	拉萨、日喀则（今日喀则市桑珠孜区）、江孜
陕西	西安、延安、韩城、榆林、咸阳、汉中
甘肃	张掖、武威、敦煌、天水
青海	同仁
宁夏	银川
新疆	喀什、吐鲁番、特克斯、库车、伊宁

这 136 座国家历史文化名城空间分布虽然遍及我国各地，但具体分布地域很不均匀，以东南部较为集中，最多的江苏有 13 座，而内蒙古、青海、宁夏、海南仅有 1 座。

这 136 座国家历史文化名城在等级、规模、城市性质、物质构成、文化构成、历史沿革、现状格局方面差异很大，未来的发展走向也各不相同。对这些历史文化名城进行分类，总结同类名城的共性特征、认识不同类型名城的个性特征，有助于针对同类型的情况采取相同的措施、针对不同类型的情况进行区别对待，以便为不同类型历史文化名城的保护和发展制定切实可行的策略。郑孝燮、阮仪三、罗哲文、任致远等多名学者曾先后从不同的角度，对国家历史文化名城做过类型探讨，获得了不同的分类结果。例如，过去在城市规划编制实践中，编制者较多地采用王景慧等的观点②，即根据国家历史文化名城历史时期形成的自然和人文地理，以及它们的城市物质要素和功能结构等方面特征，将其分为七类：①古都型，以都城时代的历史遗存物、古都的风貌为特点，如北京、西安；②传统风貌型，保留一个或几个历史时期积淀的有完整建筑群的城市，如平遥、韩城；③风景名胜型，由建筑与山水环境的叠加而显示出鲜明个性特征的城市，如桂林、苏州；④地方及民族特色型，由地域特色或独自的个性特征、民族风情、地方文化构成城市风貌主体的城市，如丽江、拉萨；⑤近现代史迹型，以反映历史上某一事件或某个阶段的建筑物或建筑群为其显著特色的城市，如上海、遵义；⑥特殊职能型，城市中的某种职能在历史上占有极突出的地位，如"盐城"自贡、"瓷都"景德镇；⑦一般史迹型，以分散在全城各处的文物古迹（ancient monuments）为历史传统体现主要方式的城市，如长沙、济南。近 20 年来，随着国家、省级历史文化名城数量的不断增加，这种分类方式已不能全面反映所有进入名录

---

② 王景慧，阮仪三，王林：《历史文化名城保护理论与规划》，上海：同济大学出版社，1999 年，第 20—24 页。

城市的传统功能和文化特色，如难以将广东省中山市置于上面的几种类型之中。因此，在王景慧等分类的基础上，参考任致远的分类结果①，把国家历史文化名城的类型修改、调整为 11 个类型（表 1-5），可能更为适应新的情况。

表 1-5 国家历史文化名城的类型举例

类型	城市
著名古都	西安、洛阳、开封、北京、南京、杭州、安阳
近代名城	上海、天津、青岛、广州、长春、哈尔滨、长沙、南通、嘉兴、烟台
革命圣地	南昌、遵义、延安、瑞金
地域名城	邯郸、临淄、沈阳、大同、常熟、歙县、成都、阆中、岳阳、淮安、绍兴、随州、襄樊（今襄阳）、武威、商丘、肇庆、天水、敦煌、惠州、常州、湖州、太原
民族名城	呼和浩特、银川、集安、吐鲁番、喀什、大理、丽江、拉萨、日喀则（今日喀则市桑珠孜区）、库车、会泽、凤凰
水陆商埠	镇江、泉州、温州、海康（今雷州）、平遥、张掖、无锡、高邮
工矿古镇	景德镇、泸州、潮州、自贡、宜兴
边关要塞	秦皇岛市山海关区、江孜、会理
交通枢纽	徐州、郑州、武汉
风景胜地	桂林、苏州、乐山、承德、泰安、扬州、昆明、蓬莱、齐齐哈尔、都江堰
名人故乡	曲阜、邹城、亳州、韩城、中山

表 1-5 的分类结果只是相对侧重的，而不是绝对的、排他的，因为城市的功能往往不是单一的。例如，西安、洛阳、北京既属于著名古都，也可以同时划入地域名城、交通枢纽、风景胜地等类型。尽管这些历史文化名城所在区域不同、形成时间参差，各自有着独特的发展过程和不同的地域特色，但在总体上仍表现出一些共性特征，即悠久的历史、丰富的文物史迹、多彩的风景名胜、深厚的文化传统等。我国政府对历史文化保护日益重视，国务院于 2008 年颁布实施了《历史文化名城名镇名村保护条例》，其中对国家历史文化名城的申报条件作出进一步规范，规定国家历史文化名城应当具备以下条件：一是保存文物特别丰富；二是历史建筑集中成片；三是保留着传统格局和历史风貌；四是历史上曾经作为政治、经济、文化、交通中心或者军事要地，或者发生过重要历史事件，或者其传统产业、历史上建设的重大工程对本地区的发展产生过重要影响，或者能够集中反映本地区建筑的文化特色、民族特色；五是在所申报的历史文化名城保护范围内还应当有两个以上的历史文化街区。可见，成为国家历史文化名城的要求越来越高。

国家历史文化名城之外，作为城市历史文化遗产保护的延伸，部分省还另外确定了一批省级历史文化名城，作为历史文化名城保护体系的补充和申报国家历史文化名城的储备（表 1-6）。

---

① 任致远：《解析城市与城市科学》，北京：中国电力出版社，2008 年，第 278 页。

表 1-6　部分省的省级历史文化名城（至 2021 年）

省	城市	数量/座
河北	宣化（今宣化区）、涿州、定州、赵县、邢台	5
山西	浑源、太谷（今太古区）、孝义、介休、左云、汾阳	6
黑龙江	齐齐哈尔、宁安、依兰、阿城（今阿城区）、呼兰（今呼兰区）	5
辽宁	大连、抚顺、朝阳、兴城、北镇、桓仁	6
山东	济宁、淄博、潍坊、临沂、临清、莒县、惠民、枣庄、滕州、文登（今文登区）	10
江苏	兴化、江阴、高淳（今高淳区）、如皋	4
浙江	余姚、舟山市定海区、东阳、兰溪、天台、松阳、瑞安	7
福建	莆田、邵武、建瓯、武夷山	4
安徽	颍上、凤阳、桐城、黟县、蒙城、涡阳、潜山、和县、贵池（今贵池区）、宣州（今宣州区）、萧县、寿县、肥东、肥西、阜南、太和	16
江西	井冈山、九江、吉安、抚州、乐平、南丰、金溪、永丰	8
河南	禹州、淮阳（今淮阳区）、汝南	3
湖南	衡阳、郴州、洪江黔城、芷江、汝城、新晃、湘潭、武冈、沅陵、茶陵、新化、益阳、桂阳、宁远、道县	15
湖北	黄州（今黄州区）、鄂州、荆门、恩施、当阳、黄石	6
广东	高州、连州、新会（今新会区）、平海、佗城、碣石、揭阳、揭西、惠州、南雄、罗定、德庆、韶关、英德、海丰、东莞	16
四川	巴中、通江、剑阁、资中、邛崃、崇州、新都（今新都区）、松潘、江油、眉山、叙永、广元、西昌、南充、三台、会理、芦山、旺苍、广汉、绵阳、绵竹、雅安、什邡、江安、罗江（今罗江区）、荥经、蓬安	27
云南	腾冲、威信、保山、广南、石屏、孟连、漾濞、香格里拉、剑川	9
贵州	安顺、黎平、织金、安龙、石阡、大方、福泉、雷山、印江、湄潭、贞丰	11
陕西	三原、凤翔（今凤翔区）、神木、城固、佳县、勉县、府谷、黄陵、蒲城、华阴、乾县	11
甘肃	酒泉、临夏、夏河、会宁、庆城、灵台、陇西	7

二、历史文化街区

历史文化街区，是指经省、自治区、直辖市人民政府核定公布的保存文物特别丰富、历史建筑集中成片、能够较完整和真实地体现传统格局和历史风貌，并具有一定规模的区域①。历史文化街区是中国历史文化名城保护制度的核心内容，是中国历史文化遗产保护体系的重要组成部分和不可缺少的层次，也是中国历史文化名城保护工作的重点之一。

早在 1986 年，历史文化街区的保护就已在中国政府的相关文件中明确提出。《中华人民共和国文物保护法》规定历史文化街区的保护办法由国务院制定。2002 年以后，历史文化街区成为中国历史文化名城保护体系中观层面的核心概念。2005 年发布的《历史文化名城保护规划规范》（GB 50357—2005，2019 年废止），把历史文化街区初步定义为：经省、自治区、直辖市人民政府核定公布应予重点保护的历史地段。2008 年出台的《历史文化名城名镇名村保护条例》有了关于历史文化街区的上述正式定义。2018 年出台的《历史文化名城保护规划标准》（GB/T 50357—2018）中，认

---

① 见《历史文化名城名镇名村保护条例》附则。

为历史文化街区是"经省、自治区、直辖市人民政府核定公布的保存文物特别丰富、历史建筑集中成片、能够较完整和真实地体现传统格局和历史风貌，并具有一定规模的历史地段"，与之基本一致。

国际上，历史地段保护的概念是 20 世纪 60 年代形成的。国外著名的历史文化街区有捷克布拉格历史街区、意大利博格尼亚街区、奥地利维也纳历史中心街区、立陶宛维尔纽斯历史中心街区、爱沙尼亚塔林历史中心街区、德国多瑙河畔雷根斯堡旧城街区、法国里昂街区、英国伯明翰的苏荷馆（Soho House）历史街区、美国纽约苏荷历史街区等。

由于研究者的学科视角不同，其对历史文化街区的认识也不尽相同。例如，与历史文化街区类似的概念有历史保护地段、历史地段、历史文化区、历史街区、传统街区、历史中心等。又如，对于历史文化街区保护的对象范围，是应限定在建筑群，还是在建筑群的基础上再加上周边环境？是不是应该兼顾街区的物质形态和文化精神形态？历史文化街区除了存在于城市，是不是也存在于村镇？尤其关于历史文化街区保护的对象范围认识更是见仁见智。例如，英国学者蒂耶斯德尔等认为，通过划定物质边界、提炼独特的街区个性和特色，以及把握功能和经济方面的关联性等三种方法，可限定或确认城市历史街区的范围，分辨一个街区共同的、可识别的物质和功能特点，以及经济活动特征[①]。朱永杰综合遗产保护学界学者的观点，提出确定历史文化街区的三方面标准[②]：第一，历史文化街区应有一定规模的历史遗存，并有完整的历史风貌。一般情况下，中国历史文化街区中能体现传统建筑风貌年代的历史建筑的数量或建筑面积占街区建筑总量的 50%，历史街区内风貌好和较好的建筑比例应达到 50% 左右，最低不应低于 30%[③]。第二，历史文化街区应具有延续的社会结构，这种社会结构形态，包括社会组织结构、社会网络结构和传统的生活居住等形式。第三，历史文化街区应该具有延续的功能结构。历史文化街区的价值由物质文化遗产和非物质文化遗产两部分组成。物质文化遗产，主要是指文物古迹、优秀历史建筑、城市肌理、城市格局及优美的城市景观；非物质文化遗产包括语言、民俗活动、宗教传统、手工艺等活动，反映了人类精神领域的创造性活动，是历史、生活遗存与真实的反映。二者相互依存和烘托，共同反映着城市的历史文化积淀，成为城市特色不可或缺的部分。

2018 年发布的《历史文化名城保护规划标准》，对历史文化街区提出了四方面的认定条件：①应有比较完整的历史风貌；②构成历史风貌的历史建筑和历史环境要素应是历史存留的原物；③历史文化街区核心保护范围面积不应小于 1 公顷；④历史文

---

① （美）史蒂文·蒂耶斯德尔，（英）蒂姆·希思，（土）塔内尔厄奇：《城市历史街区的复兴》，张玫英、董卫译，北京：中国建筑工业出版社，2006 年，第 18—19 页。

② 朱永杰：《北京历史文化街区保护现状与对策研究》，张宝秀主编：《历史文化街区保护与更新——北京学国际学术研讨会论文集（2012）》，北京：知识产权出版社，2013 年，第 45—48 页。

③ 转引自阮仪三、孙萌：《我国历史街区保护与规划的若干问题研究》，《城市规划》2001 年第 10 期，第 25—32 页。

化街区核心保护范围内的文物保护单位、历史建筑、传统风貌建筑的总用地面积不应小于核心保护范围内建筑总用地面积的 60%。这就为城市历史文化街区的遴选与保护提供了明确的标准。

一般来说，历史文化街区可以细分为住宅型、商业型、工业型、教堂型、遗产景观型等类型。历史文化街区当中的街道作为社会重要的公共空间，在空间规模、构成元素和街道界面的形式等方面，往往具有鲜明的地域特色和历史文化传统。为此，住房和城乡建设部、国家文物局联合出台《关于开展中国历史文化街区认定工作的通知》，并公布了第一批 30 个中国历史文化街区（表 1-7），旨在保护城市历史文化街区的完整风貌、传统建筑和其他历史文化遗存，完善城市历史文化保护体系，促进历史文化街区走向复兴，走向未来。

表 1-7　第一批中国历史文化街区名录

序号	名称	序号	名称
1	北京市皇城历史文化街区	16	浙江省绍兴市蕺山（书圣故里）历史文化街区
2	北京市大栅栏历史文化街区	17	安徽省黄山市屯溪区屯溪老街历史文化街区
3	北京市东四三条至八条历史文化街区	18	福建省福州市三坊七巷历史文化街区
4	天津市五大道历史文化街区	19	福建省泉州市中山路历史文化街区
5	吉林省长春市第一汽车制造厂历史文化街区	20	福建省厦门市鼓浪屿历史文化街区
6	黑龙江省齐齐哈尔市昂昂溪区罗西亚大街历史文化街区	21	福建省漳州市台湾路—香港路历史文化街区
7	上海市外滩历史文化街区	22	湖北省武汉市江汉路及中山大道历史文化街区
8	江苏省南京市梅园新村历史文化街区	23	湖南省永州市柳子街历史文化街区
9	江苏省南京市颐和路历史文化街区	24	广东省中山市孙文西历史文化街区
10	江苏省苏州市平江历史文化街区	25	广西壮族自治区北海市珠海路—沙脊街—中山路历史文化街区
11	江苏省苏州市山塘街历史文化街区	26	重庆市沙坪坝区磁器口历史文化街区
12	江苏省扬州市南河下历史文化街区	27	四川省阆中市华光楼历史文化街区
13	浙江省杭州市中山中路历史文化街区	28	云南省石屏县古城区历史文化街区
14	浙江省龙泉市西街历史文化街区	29	新疆维吾尔自治区库车县热斯坦历史文化街区
15	浙江省兰溪市天福山历史文化街区	30	新疆维吾尔自治区伊宁市前进街历史文化街区

随着时间的推移和发展的需求，历史文化街区的内涵和类型也得以丰富。2021 年，国家规定符合标准的老厂区、老港区、老校区、老居住区等也可以划定为历史文化街区[1]。

【阅读】福州"三坊七巷"

"三坊七巷"传统街区，位于福州城区山水格局的中心地带，是国家历史文化名城福州的重要标志。街区范围南起安泰河，北至杨桥路（原杨桥巷），东至八一七路（南大街），西抵仓前河（今安泰河），占地面积 40.03 公顷。街区以南后街为南北主轴线，西侧有衣锦坊、文儒坊、光禄坊"三坊"，东侧有杨桥巷（路）、郎官巷、塔巷、黄巷、安民巷、宫巷、吉庇巷"七巷"，其间又有弄、巷联络，一起组成鱼骨状的传统坊巷格局。

---

① 住房和城乡建设部办公厅：《关于进一步加强历史文化街区和历史建筑保护工作的通知》，建办科〔2021〕2 号。

三坊七巷作为城市商住社区，肇始于晋代，形成于唐五代，发展于宋元时期，至明清时期鼎盛，至今基本保留完整，是中国古代城市"坊巷制"城市格局的珍贵例证。三坊七巷迄今保存的200余座古建筑，大部分是古代士人阶层的宅园居所，其中有全国重点文物保护单位9处，列为遗产地核心要素者计21处。三坊七巷人杰地灵，走出了林则徐、沈葆桢、严复、林觉民、谢冰心等大量中国思想文化名人。

三、城市文物保护单位

文物保护单位是指经国务院、省级人民政府和市县级人民政府审核、批准并公布要认真保护的不可移动文物。根据《中华人民共和国文物保护法》，文物保护单位分为三级，即全国重点文物保护单位、省级文物保护单位和市县级文物保护单位；文物保护单位根据其级别分别由国务院、省级政府、市县级政府划定保护范围，设立文物保护标志及说明，建立记录档案，并区别情况分别设置专门机构或者专人负责管理。可见，文物保护单位其实是特定范围内各单体文物及其附属文物、周边环境所构成的统一体。

历史文化名城、历史文化街区往往是城市文物保护单位的密集区域和密集地带。文物保护单位保护是历史文化名城保护、城市历史文化保护的基础与核心。

文物类别的划分，在学术界历来存有争议。根据文物的属性，文物保护单位可划分为六类，即古遗址类、古墓葬类、古建筑类、石窟寺及石刻类、近现代重要史迹及代表性建筑类、其他类。划分文物保护单位的类别，其目的主要在于方便保护和管理。截至2019年，国务院已公布八批全国重点文物保护单位，总数为5058处，各省（区、市）都有分布。

拥有国家历史文化名城称号的城市，其市域内全国重点文物保护单位约占文物保护单位总数的50%。历史文化名城的文物保护单位各类都有，但以古建筑类、近现代重要史迹及代表性建筑类为多。随着城市市区地域范围的不断扩大，一些原本属于乡村地域的文物保护单位逐渐成为城市市区的一部分。

【阅读】大雁塔

大雁塔位于陕西省西安市，为现存最早、规模最大的唐代四方形楼阁式砖塔（图1-7）。1961年3月4日，国务院公布大雁塔为第一批全国重点文物保护单位。

唐永徽三年（652年），玄奘为保存由天竺经丝绸之路带回长安的经卷佛像主持修建了大雁塔。现大雁塔由塔基、塔身、塔刹三部分组成。全塔通高64.7米，塔基高4.2米，南北长约48.7米，东西长约45.7米；塔身底层边长25.5米，呈方锥形；塔刹高4.87米。一、二层有9间，三、四层有7间，五层至八层有5间，每层四面均有券门。

图 1-7　大雁塔及雁塔南广场

大雁塔是佛塔这种古印度佛寺的建筑形式随佛教传入中原地区，并融入中华文化的典型物证，是凝聚了中国古代劳动人民智慧结晶的标志性建筑。

四、历史建筑

历史建筑有广义和狭义之分。广义的历史建筑可以指历史上遗留下来的一切建筑物和构筑物。狭义的历史建筑，即《历史文化名城名镇名村保护条例》所称，是指经城市、县人民政府确定公布的具有一定保护价值，能够反映历史风貌和地方特色，未公布为文物保护单位，也未登记为不可移动文物的建筑物、构筑物[1]。或者简单地说，历史建筑是经城市、县人民政府确定公布的具有一定保护价值，能够反映历史风貌和地方特色的建筑物、构筑物[2]。

历史建筑是城市在发展演变过程中留存下来的重要历史载体。很多城市尽管没有获得历史文化名城、历史文化街区等称号，但保存有数量不小的历史建筑。历史建筑理论上可以包括一切建筑类型，但实践中主要是指老房子、近现代建筑，有时候也把工业遗产纳入。

在相当长的时间里，历史建筑未能得到广泛重视。推进历史建筑的普查确定工作，摸清家底，做好历史建筑的确定、挂牌和建档，加强历史建筑的保护和合理利用，有利于展示城市历史风貌，留住城市的建筑风格和文化特色，也是践行新发展理

① 见《历史文化名城名镇名村保护条例》附则。
②《历史文化名城保护规划标准》（GB/T 50357—2018）。

念、树立文化自信的一项重要工作①。

【阅读】历史建筑的保护标志

历史建筑的标志，没有全国性的统一规范或要求。各地可以根据各地历史建筑的数量情形和实际需要制作。例如，广州市历史文化名城保护委员会公布的广州市历史建筑标志牌制作手册，对于标志牌的规格、选材、制版、加工、安装等环节进行了统一要求（图1-8）。

图1-8　历史建筑标志示例

五、工业遗产

18世纪下半叶工业革命以来，直至当代，世界各地留下了大量的工业遗存遗迹。1978年成立的国际工业遗产保护联合会（The International Committee for the Conservation of Industrial Heritage，TICCIH），于2003年7月在俄罗斯下塔吉尔会议上通过《关于工业遗产的下塔吉尔宪章》，该宪章认为，那些为工业活动而建造的建筑物与构筑物、其生产的过程与使用的生产工具，以及所在的城镇与景观，连同其他的有形和无形的表现，都具有其基本的重大价值。因此，"工业遗产是指工业文明的遗存，它们具有历史的、科技的、社会的、建筑的或科学的价值。这些遗存包括建筑、机械、车间、工厂、选矿和冶炼的矿场和矿区、货栈仓库，能源生产、输送和利用的场所，运输及基础设施，以及与工业相关的社会活动场所，如住宅、宗教和教育设施等"②。

中国也存在大量的工业遗存遗迹。为推动工业遗产保护与利用，发展工业文化，

---

① 住房和城乡建设部：《关于加强历史建筑保护与利用工作的通知》，建规〔2017〕212号。

② 国际工业遗产保护联合会：《关于工业遗产的下塔吉尔宪章》（2003），联合国教科文组织世界遗产中心等：《国际文化遗产保护文件选编》，北京：文物出版社，2007年，第251—252页。

2016 年，相关部门开始在辽宁、浙江、江西、山东、湖北、重庆和陕西等省市开展"国家工业遗产"认定试点工作。2018 年 11 月，由工业和信息化部发布《国家工业遗产管理暂行办法》，进一步完善"国家工业遗产"的认定办法。根据该办法，国家工业遗产是指在中国工业长期发展进程中形成的，具有较高的历史价值、科技价值、社会价值和艺术价值，经工业和信息化部认定的工业遗产。国家工业遗产核心物项是指代表国家工业遗产主要特征的物质遗存和非物质遗存。物质遗存包括作坊、车间、厂房、管理和科研场所、矿区等生产储运设施，以及与之相关的生活设施和生产工具、机器设备、产品、档案等；非物质遗存包括生产工艺知识、管理制度、企业文化等[①]。显然，其内涵较《关于工业遗产的下塔吉尔宪章》有所拓展，一是遗存的时代可上溯至古代，二是类型可延伸至制度文化。

2017 年 12 月至 2020 年 12 月，国家工业遗产名单已公布四批共 166 项国家工业遗产。此外，四川、陕西等部分地区的工业和信息化主管部门，结合本地区的工业遗存实际，参照《国家工业遗产管理暂行办法》组织开展省级工业遗产的认定和管理工作，也公布了一批省级工业遗产名单。

【阅读】第一批国家工业遗产名单及核心物项

2017 年 12 月 20 日，经工业遗产所有权人自主申请并报本级人民政府同意、相关省市工业和信息化主管部门推荐、专家评审和网上公示等程序，确定了第一批国家工业遗产名单，具体如表 1-8 所示。

表 1-8　第一批国家工业遗产名单

序号	名称	地址	核心物项
1	张裕酿酒公司	山东省烟台市芝罘区	地下酒窖、"张裕酿酒公司"老门头、"张裕路"石牌及张裕地界石、1892 俱乐部（张弼士故居）及张裕金库、亚洲桶王及清代进口橡木桶、板框过滤机、蒸馏器、金星高月白兰地葡萄酒、1912 年孙中山"品重醴泉"题词、1915 年巴拿马万国博览会奖牌、1937 年解百纳注册证书
2	鞍山钢铁厂	辽宁省鞍山市铁西区	昭和制钢所运输系统办公楼、井井寮旧址、昭和制钢所迎宾馆、昭和制钢所研究所、昭和制钢所本社事务所、烧结厂办公楼、东山宾馆建筑群（主楼、1 号楼、2 号楼、3 号楼、贵宾楼）、北部备煤作业区门型吊车、建设者（XK51）机车车头、昭和制钢所 1 号高炉、老式石灰竖窑、2300mm 三辊劳特式轧机、401 号电力机车、1150 轧机、1100 轧机、鞍钢宪法
3	旅顺船坞	辽宁省大连市旅顺口区	船坞、木作坊、吊运库房、船坞局、电报局、泵房、坞闸 1 部、台钳 3 部
4	景德镇国营宇宙瓷厂	江西省景德镇市珠山区	锯齿形、人字形、坡字形老厂房，陶瓷生产原料车间、成型车间、烧炼车间、彩绘车间、选瓷包装车间，四代窑炉遗址、上世纪 50 到 80 年代陶瓷成型作业线、陶瓷生产工具及相关历史档案资料
5	西华山钨矿	江西省赣州市大余县	矿选厂、机械厂工业建筑群、主平窿、前苏联专家办公及居住场所、勘探原始资料、全套前苏联俄语版采选设计文本、图件

---

① 工业和信息化部：《国家工业遗产管理暂行办法》，工信部产业〔2018〕232 号。

序号	名称	地址	核心物项
6	本溪湖煤铁公司	辽宁省本溪市溪湖区	本钢一号高炉、洗煤厂、2 号黑田式焦炉、铁路机务段与编组站、本钢第二发电厂冷却塔、洗煤车间、煤铁公司事务所（小红楼）、煤铁公司旧址（大白楼）、中央大斜井、彩屯煤矿竖井、东方红火车头、EL 型电力机车及敞车
7	宝鸡申新纱厂	陕西省宝鸡市金台区	窑洞车间、薄壳工厂、申福新办公室、乐农别墅、1921 年织布机、1940 年代①电影放映机
8	温州矾矿	浙江省温州市苍南县	鸡笼山矿硐群、南洋 312 平硐、1 号煅烧炉、1 号结晶池、福德湾村矿工街巷
9	菱湖丝厂	浙江省湖州市南浔区	码头、茧仓库、50 吨水塔及配套水池、烟囱、锅炉房、立缫机 2 台、复整车间厂房、复摇机 8 组、黑板机 2 台、灯光检验设备、宿舍 3 栋、招待所、医务所、广播室、大礼堂、园林景观、徐家花园及厂志
10	重钢型钢厂	重庆市大渡口区	钢铁厂迁建委员会生产车间旧址、双缸卧式蒸汽机、蒸汽火车头 2 台及铁轨、烟囱 3 处、铣床、压直机、刮头机、相关档案资料
11	汉冶萍公司—汉阳铁厂	湖北省武汉市汉阳区	矿砂码头、高炉凝铁、汉阳铁厂造钢轨、1894 年铸铁纪念碑、汉阳铁厂造砖瓦、卢森堡赠送相关资料、转炉车间、电炉分厂冶炼车间、电炉分厂维修备品间、水塔、钢梁桁架、铁路和机车、烟囱及管道设施
12	汉冶萍公司—大冶铁厂	湖北省黄石市西塞山区	1921 年冶炼高炉残基、瞭望塔、水塔、高炉栈桥、日式建筑 4 栋、欧式建筑 1 栋、钢轨
13	汉冶萍公司—安源煤矿	江西省萍乡市安源区	总平巷、盛公祠（萍矿总局旧址）、安源公务总汇（谈判大楼）、株萍铁路萍安段、萍乡煤矿工程全图、萍乡煤矿机土各矿周围界限图

第三节　乡村型文化遗产

　　乡村型文化遗产按其保护范围大小和层次高低差异，大体可以分为历史文化名镇、历史文化名村、传统村落、少数民族特色村寨、文物保护单位、一般乡村的历史文化遗产、文化生态保护区七类。其中的镇、村、村落、村寨等名目，皆属于乡村型基层政区或聚落，具有乡村的一般属性。国外的历史性小城镇、古村落、乡土建筑等概念与之相关。20 世纪中期以来，国际上就开始对乡村聚落、乡土建筑关注、研究与保护，国际古迹遗址理事会先后出台《关于历史性小城镇保护的国际研讨会的决议》（1975 年）和《关于乡土建筑遗产的宪章》（1999 年）等一系列有关乡村聚落、乡土建筑保护方面的文献，联合国教科文组织还陆续将数十处乡村聚落与乡土建筑列为世界文化遗产。1961 年，中国乡村地区就有不少革命遗址及革命纪念建筑物、石窟寺、古建筑及历史纪念建筑物、石刻等被列入第一批全国重点文物保护单位。2002 年修订的《中华人民共和国文物保护法》和 2008 年出台的《历史文化名城名镇名村保护条例》，开始将历史文化名镇名村纳入法制保护轨道。自 2012 年开始，住房和城乡建设部、文化部、国家文物局、财政部等联合开展"中国传统村落"评审，大大扩展了

---

　　① 应为 20 世纪 40 年代。

乡村文化遗产的保护对象。因此，我们有必要系统认识乡村型文化遗产。

一、历史文化村镇

历史文化村镇（historic towns and villages），是历史文化名镇名村的简称。根据《中华人民共和国文物保护法》第十四条，历史文化村镇的定义可简单表达为：保存文物特别丰富并且具有重大历史价值或者革命纪念意义的城镇、村庄。根据《历史文化名城名镇名村保护条例》第七条，历史文化村镇的具体含义可以进一步理解为：保存文物特别丰富，历史建筑集中成片，保留着传统格局和历史风貌，历史上曾经作为政治、经济、文化、交通中心或者军事要地，或者发生过重要历史事件，或者其传统产业、历史上建设的重大工程对本地区的发展产生过重要影响，或者能够集中反映本地区建筑的文化特色、民族特色的镇和村庄。显然，后者的含义较前者的定义范围要宽，要求更多。这里的镇，指的是建制镇，但不包括县和县级市人民政府驻地所在的城关镇。在乡村地域，与乡相比，建制镇往往经济发展较好，人口规模较大，并以非农业人口为主。这里的村，指的是行政村。历史文化村镇是中国历史文化遗产的重要组成部分，也是乡村型历史文化遗产保护的主要对象。

历史文化村镇有中国历史文化名镇名村和省（区、市）级历史文化名镇名村之别。少数较大的省辖市也评选市级历史文化名镇名村。2003 年开始，由建设部（现住房和城乡建设部）和国家文物局联合，在各省（区、市）核定公布的历史文化村镇基础上，严格按照国家有关评价标准，选择具有重大历史、艺术、科学价值的历史文化名镇、名村，经专家论证，确定为中国历史文化名镇、名村。评选的标准主要有四方面：①历史价值与风貌特色突出，指建筑遗产、文物古迹和传统文化比较集中，能较完整地反映某一历史时期的传统风貌、地方特色和民族风情，具有较高的历史、文化、艺术和科学价值，现存有清代以前建造或在中国革命历史中有重大影响的成片历史传统建筑群、纪念物、遗址等，基本风貌保持完好。②原状保存程度较好，指镇内历史传统建筑群、建筑物及其建筑细部乃至周边环境基本上原貌保存完好；或因年代久远，原建筑群、建筑物及其周边环境虽曾倒塌破坏，但已按原貌整修恢复；或原建筑群及其周边环境虽部分倒塌破坏，但"骨架"尚存，部分建筑细部亦保存完好，依据保存实物的结构、构造和样式可以整体修复原貌。③现状具有一定规模，指镇的总现存历史传统建筑的建筑面积须在 5000 平方米以上。④已编制了科学合理的村镇总体规划；设置了有效的管理机构，配备了专业人员，有专门的保护资金。

至 2019 年，经过评审，已经公布 7 批中国历史文化名镇名村，其中，中国历史文化名镇 312 个，中国历史文化名村 487 个（表 1-9）。这些村镇在中国的各省（区、市）都有分布，以太湖流域、皖南、川黔渝交界、晋中南、粤中等区域相对集中，基本上能够反映中国不同地域历史文化村镇的传统风貌。

表 1-9　中国历史文化名镇名村（第 1—7 批）的省（区、市）数量分布表

省（区、市）	名镇/个	名村/个	省（区、市）	名镇/个	名村/个
北京	1	5	湖北	13	15
天津	1	1	湖南	10	25
河北	8	32	广东	15	25
山西	15	96	广西	9	29
内蒙古	5	2	海南	4	3
辽宁	4	1	重庆	23	1
吉林	2	1	四川	31	6
黑龙江	2	0	贵州	8	16
上海	11	2	云南	11	11
江苏	31	12	西藏	5	4
浙江	27	44	陕西	7	3
安徽	11	24	甘肃	8	5
福建	19	57	宁夏	0	1
江西	13	37	青海	1	5
山东	4	11	新疆	3	4
河南	10	9	合计	312	487

　　相比历史文化名城，历史文化村镇的特色更为明显。为了便于对历史文化村镇进行多样化的保护与有针对性的管理，根据历史文化村镇的特色，对历史文化村镇进行分类很有必要。例如，王景慧较早从现状特点和保存状况角度，把历史文化村镇分为完整古镇型、历史街区型、传统古村型、民族村落型、家族聚落型五类[①]；赵勇从综合特色角度，把历史文化村镇分为建筑遗产型、民族特色型、革命历史型、传统文化型、环境景观型、商贸交通型六类，另从保护状况（state of conservation，SOC）、景观差异角度对历史文化村镇进行分类[②]。这样的分类结果具有一定的合理性，但在划分标准上存在内容过多重叠或不一致，在相关类型概念上也不容易区分。例如，前者把名镇与名村分开，分类视角不统一；后者则把"革命历史型"的典型特征理解为"在历史上发生过重大政治事件或战役的村镇"，含义不准确。以此，可以考虑从主要传统功能视角，把历史文化村镇划分为农耕型、工贸型、行政型、军事型、交通型、宗教型、纪念型七类，具体情况如表 1-10 所示。

表 1-10　中国历史文化村镇的传统功能类型

类型	主要特征	示例
农耕型	以传统耕作作业或渔业为主，中华民国及其以前较少或缺乏非农产业	静升镇（晋）、乌镇（浙）、木渎镇（苏）、沙湾镇（粤）、爨底下村（京）、西湾村（晋）、俞源村（浙）、西递村（皖）、流坑村（赣）
工贸型	以传统手工业、矿业、商业贸易等非农产业为主业或知名	周庄镇（苏）、乌镇（浙）、南浔镇（浙）、涞滩镇（渝）、浒湾镇（赣）、黑井镇（滇）、陈炉镇（陕）、鸡鸣驿村（冀）、渔梁村（皖）、桂峰村（闽）、汪口村（赣）
行政型	因曾为一定区域的县级或县级以上（含部族政权）行政中心而知名	广府镇（冀）、里耶镇（湘）、昭化镇（川）、旧州镇（黔）、城村（闽）、偏城村（冀）

　　[①] 王景慧：《历史文化村镇的保护与规划》，国家文物局文保司，无锡市文化遗产局：《乡土建筑保护论坛文集》，南京：凤凰出版社，2008 年，第 67—71 页。

　　[②] 赵勇：《中国历史文化名镇名村保护理论与方法》，北京：中国建筑工业出版社，2008 年，第 60—61 页。

续表

类型	主要特征	示例
军事型	因历史上具有重要军事意义而知名	娘子关镇（晋）、碣石镇（粤）、古北口镇（京）、鹏城村（粤）、张壁村（晋）、云山屯村（黔）
交通型	因历史上交通位置重要而知名	上津镇（鄂）、荆紫关镇（豫）、靖港镇（湘）、上甘棠村（湘）、丙安村（黔）、南长滩村（宁）
宗教型	因寺庙而知名或依靠寺庙发展起来的村镇	昌珠镇（藏）、上清镇（赣）、多伦淖尔镇（蒙）、萨迦镇（藏）、美岱召村（蒙）、五当召村（蒙）、郭麻日村（青）
纪念型	因作为近现代的重要事件发生地或著名人物居住地而知名	古田镇（闽）、永陵镇（辽）、黄桥镇（苏）、渼陂村（赣）、杨家沟村（陕）、冉庄村（冀）、翠亨村（粤）

【阅读】江西省浒湾镇

浒湾镇位于江西省抚州市金溪县西部，2014年入选第六批中国历史文化名镇。浒湾镇是明清时期江西省的雕版印书中心，鼎盛时期集中有60多家刻书作坊，印书、卖书等从业人员达三千多人，饮誉全国。俗谚"临川才子金溪书"的"金溪"，就是指的该地。浒湾老镇区的前书铺街、后书铺街和礼家巷三条传统古街巷，现有保存完好的与雕版印书、卖书有关的古建筑120多栋，其赣式建筑的规模、类型、数量，在江西省罕见。参见图1-9。

图1-9　浒湾雕版印刷博物馆

二、传统村落

传统村落俗称古村落，是指具有较丰富、完整的物质形态和非物质形态传统文化面貌的农村聚落。按照中国政府的相关文件，传统村落是指"村落形成较早，拥有较丰富的传统资源，具有一定历史、文化、科学、艺术、社会、经济价值，应予以保护的村落"[1]。有学者认为，传统是指从历史传承下来的思想、文化、道德、风俗、艺术、制度及行为方式等具有本质性的模式、模型和准则的总和[2]。也有学者认为，中国人所

---

① 住房和城乡建设部，文化部，国家文物局，财政部：《关于开展传统村落调查的通知》，建村〔2012〕58号。

② 参见单德启：《从传统民居到地区建筑》，北京：中国建筑工业出版社，2004年，第4页。

说的"传统",更多的时候还是民间"风俗",就是把前人的生活习俗和社会活动等经验统一起来进行传承,让后来的人们尽量遵照"传统"生活和进行社会活动[①]。一般意义上说,传统处于"变"与"不变"的动态平衡之中,既有对过去某些方面的坚守与保留,也有面向未来的改造与创新,其中相对不变或稳定的内容就是传统的本质。村落是农村聚落的简称,是人类聚落类型中最早的一种类型。早期的村落大都由同姓、同宗等有血缘联系的人类聚居而成。

现在特称的"中国传统村落",是指中华民国以前建村,村落选址未有大的变动,人们一直居住生活,并保留有较完整的历史建筑环境、建筑风貌,具有独特民俗民风的自然村落。中国传统村落是世界上数量最多、内容最为丰富的农耕文化展示地,也是中国规模最大、保存最为完整,且仍然鲜活的传统文化遗产集中地;其所拥有的物质形态和非物质形态文化遗产,承载着中华传统文化的精华,具有较高的历史、文化、科学、艺术、社会、经济价值。自2012年正式启动中国传统村落保护工作以来,全国范围共普查登记了约2万个传统村落,先后进行了5次国家级评选;到2018年,经过评选进入中国传统村落名录的村落已有6809个,各省(区、市)的分布情况见图1-10。尽管看起来中国传统村落的数量颇大,但是,相比全国261.7万个自然村来说,进入中国传统村落名录的村落仅占村落总数的2.6%。可见,开展中国传统村落的保护工作意义重大。

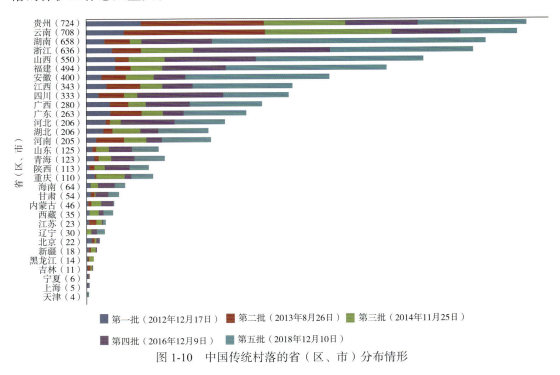

图 1-10　中国传统村落的省(区、市)分布情形

① 周建明:《中国传统村落——保护与发展》,北京:中国建筑工业出版社,2014年,第5页。

其实，进入中国传统村落名录的条件并不苛刻，只需具有下列三方面条件之一即可：①传统建筑风貌完整；②选址和格局保持传统特色；③非物质文化遗产活态传承。具体来讲，要求传统村落现存建筑有一定的久远度，文物保护单位的等级达到标准，传统建筑的占地规模、现存传统建筑（群）和周边环境保存有一定的完整性，建筑的造型、结构、材料及装饰有一定的美学价值，并有对传统技艺的传承；传统村落在选址、规划等方面，代表了所在区域、民族及特定时期的典型特征，具有一定的科学、文化、历史及考古价值，并与周边的自然环境相协调，承载了一定的非物质文化遗产。

中国传统村落与中国历史文化名村既有联系又有区别。中国历史文化名村是中国传统村落的优秀代表，因而，中国历史文化名村自然地被列入中国传统村落名录；中国历史文化名村的评选基本上以行政村为单位，而中国传统村落的评选主要以自然村为单位。

【阅读】湖南省张谷英村

张谷英村位于湖南省岳阳市岳阳县张谷英镇，始建于明代万历年间，至今已存在400多年。该村现保留1700多座明清建筑，比较完整的院落群有"当大门""上新屋""潘家冲"三处。规格不等而又相连的院落往往有过厅、会客堂屋、祖宗堂屋、后厅等，另有与厢房、耳房等围合而成的天井。顺着屋脊望去，该村建筑就变成了无数个"井"字（图1-11）。该村作为南方汉民族聚族而居（张姓一族数千人共同生活在一起）的代表，规模宏大、布局巧妙，把传统村落的建筑艺术、民俗文化、宗亲文化、耕读文化、明清风貌等集于一身。2001年，该村古建筑群被确定为全国重点文物保护单位；2003年该村被授予首批"中国历史文化名村"称号；2012年被列入首批中国传统村落名录。

图1-11　张谷英村"当大门"鸟瞰

2014年，住房和城乡建设部等出台的《关于切实加强中国传统村落保护的指导意见》，要求列入中国传统村落名录的村落文化遗产得到基本保护，具备基本的生产生活条件、基本的防灾安全保障、基本的保护管理机制，逐步增强传统村落保护发展的综合能力[1]。2016年住房和城乡建设部等部门联合出台的《中国传统村落警示和退出暂行规定（试行）》，正式建立中国传统村落退出机制，对因保护不力、造成村落文化遗产保护价值严重损害的情形提出警告，或从已公布的《中国传统村落名录》中予以除名[2]。2017年出台的《关于实施中华优秀传统文化传承发展工程的意见》，强调要实施"中国传统村落保护工程"，意味着传统村落成为中华优秀传统文化重要载体之一。

三、少数民族特色村寨

少数民族特色村寨是指少数民族人口相对聚居，且比例较高，生产生活功能较为完备，少数民族文化特征及其聚落特征明显的自然村或行政村。少数民族特色村寨在产业结构、民居式样、村寨风貌以及风俗习惯等方面都集中体现了少数民族经济社会发展特点和文化特色，集中反映了少数民族聚落在不同时期、不同地域、不同文化类型中形成和演变的历史过程，相对完整地保留了各少数民族的文化基因，凝聚了各少数民族文化的历史结晶，体现了中华文明多样性，是传承民族文化的有效载体，是少数民族和民族地区加快发展的重要资源[3]。

保护与发展少数民族特色村寨，是社会主义新农村、新牧区建设和乡村振兴的重要组成部分，是民族工作的重要组成部分，也是保护中华文化多样性的重要举措。做好这项工作，对于促进民族地区经济发展，传承和弘扬少数民族传统文化，增强民族自豪感，提高各民族的凝聚力、向心力，巩固和发展平等、团结、互助、和谐的社会主义民族关系具有重要意义。

2009年，国家民族事务委员会与财政部开始实施少数民族特色村寨保护与发展项目。截至2020年，已命名3批1652个"中国少数民族特色村寨"。这些村寨大多已进入中国传统村落或省级传统村落名录。自少数民族特色村寨保护与发展工作开展以来，一大批民居特色突出、产业支撑有力、民族文化浓郁、人居环境优美、民族关系和谐的少数民族特色村寨涌现，在保护少数民族传统民居、弘扬少数民族优秀文化、培育当地特色优势产业、开展民族风情旅游、改善群众生产生活条件、增加群众收入、巩固民族团结等方面取得了显著成效。

---

① 住房和城乡建设部，文化部，国家文物局，财政部：《关于切实加强中国传统村落保护的指导意见》，建村〔2014〕61号。

② 住房和城乡建设部办公厅等：《中国传统村落警示和退出暂行规定（试行）》，建办村〔2016〕55号。

③ 国家民族事务委员会：《少数民族特色村寨保护与发展规划纲要（2011—2015年）》，2012年12月5日。

【阅读】贵州少数民族村寨的类型[①]

贵州是一个多民族的省份，拥有 17 个世居少数民族，少数民族人口占全省总人口的 36%。全国已命名的 1652 个中国少数民族特色村寨中，贵州占 312 个。

由于贵州各地的少数民族特色村寨数量多，情况不同，一些地区总结了一套分级分类方法。例如，黔南布依族苗族自治州将民族村寨级别分为一级、二级和三级，类型分为传统型、融合型和创新型。其中，一级民族村寨 47 个，一般历史或民族文化底蕴浓厚、资源优势明显，已列入中国传统村落、中国民族村寨或中国历史文化名村；二级民族村寨 41 个，大多自然资源和历史或民族文化底蕴较好，已列入省级民族村寨；三级民族村寨 12 个，具有一定自然资源和历史或民族文化底蕴，村寨户数在 100 户以上，传统民居占 60% 以上且保存完好。该州通过分级分类，从整体上认知全州的少数民族特色村寨，为其保护与发展奠定了整体认知基础。

四、乡村文物保护单位

乡村文物保护单位是指位于乡村地域的文物保护单位，包括全国重点文物保护单位、省级文物保护单位和市县级文物保护单位。乡村地域发布有现有的大多数全国重点文物保护单位。

相比城市，乡村文物保护单位具有较为明显的乡村特色。其一，乡村文物保护单位的保护级别低多高少。乡村文物保护单位以市县级为主，全国重点、省级的数量所占比例较小。一般情况下，乡村中的文物保护单位数量随级别的提高而递减。其二，乡村文物保护单位的类型多样。虽然乡村文物保护单位各种类型几乎都有，但以古遗址、古墓葬、近现代重要史迹及代表性建筑、石窟寺及石刻等类型为多，古建筑类型的文物保护单位数量相对较少。其三，乡村文物保护单位的分布点多面广。由于乡村地域广阔，乡村文物保护单位的分布总体较为分散，但少数区域相对集中，如汾渭平原地区、中原地区、太湖平原地区。

乡村文物保护既有的工作相对薄弱、专业人员较为缺乏、保护资金十分有限，加之乡村居民的文物保护意识淡薄，乡村文物保护单位的保护与管理面临很多压力和很多问题。

【阅读】甘肃省大地湾遗址

大地湾遗址位于甘肃省天水市秦安县五营乡邵店村清水河（葫芦河支流）南岸的二级、三级阶地交接的缓坡上。该遗址距今 4800—6000 年，自新石器时代早期延及

---

① 根据李少鹏《少数民族特色村寨建设应着力于五个方面》（《贵州民族报》2020 年 11 月 24 日）改写。

仰韶文化早、中、晚各期，总面积约 275 万平方米。考古工作者在该遗址共清理发掘出房屋遗址 240 座、灶址 98 个、灰坑和窖穴 325 个、墓葬 71 座、窑址 35 座及沟渠 12 段，累计出土陶器 4147 件（图 1-12）、石器（包括玉器）1931 件、骨角牙蚌器 2218 件及动物骨骼 1.7 万多件。

图 1-12　大地湾遗址出土的彩陶

大地湾遗址历史渊源早、延续时间长、文化类型多、技艺水平高、分布面积广、面貌保存好，对于研究建立渭河上游史前文化序列、探索中华文明起源的历史进程，具有十分重要的意义。1988 年该遗址被公布为全国重点文物保护单位。

五、文化生态保护区

文化生态是指自然环境、生产生活方式、经济形式、语言背景、社会组织、意识形态、价值观念等诸方面构成的相互作用的体系。文化生态保护区是指在一个特定的区域中，通过修复一个非物质文化遗产，使其与相关的物质文化遗产（如不可移动文物、可移动文物、历史文化街区和村镇等）互相依存，与人们的生活、生产紧密相关，也与当地的自然、经济和社会环境和谐共处。《中华人民共和国非物质文化遗产法》规定，"对非物质文化遗产代表性项目集中、特色鲜明、形式和内涵保持完整的特定区域，当地文化主管部门可以制定专项保护规划，报经本级人民政府批准后，实行区域性整体保护"。划定文化生态保护区，将民族、民间文化遗产原状地保存在其所属的区域及环境中，使之成为"活文化"，是保护文化生态的一种有效方式。

国家级文化生态保护区，是指以保护非物质文化遗产为核心，对历史文化积淀丰厚、存续状态良好，具有重要价值和鲜明特色的文化形态进行整体性保护，并经文化和旅游部同意设立的特定区域①。设立国家级文化生态保护区，以非物质文化遗产为核心加强文化生态保护，对于推动非物质文化遗产的整体性保护和传承发展，维护文化生态系统的平衡和完整；对于提高文化自觉，建设中华民族共有精神家园，增进民族团结，增强民族自信心和凝聚力；对于促进经济社会全面协调和可持续发展，具有重要的意义②。随着非物质文化遗产保护工作的深入开展，目前已设立一批国家级文化生态保护实验区。

已批准设立的国家级文化生态保护实验区（截至 2021 年）见表 1-11。

表 1-11　已批准设立的国家级文化生态保护实验区（截至 2021 年）

序号	名称	设立省（区）	批准时间
1	闽南文化生态保护实验区	福建省	2007 年
2	徽州文化生态保护实验区	安徽省、江西省	2008 年
3	热贡文化生态保护实验区	青海省	2008 年
4	羌族文化生态保护实验区	四川省、陕西省	2008 年
5	客家文化（梅州）生态保护实验区	广东省	2010 年
6	武陵山区（湘西）土家族苗族文化生态保护实验区	湖南省	2010 年
7	海洋渔文化（象山）生态保护实验区	浙江省	2010 年
8	晋中文化生态保护实验区	山西省	2010 年
9	潍水文化生态保护实验区	山东省	2010 年
10	迪庆民族文化生态保护实验区	云南省	2010 年
11	大理文化生态保护实验区	云南省	2011 年
12	陕北文化生态保护实验区	陕西省	2012 年
13	铜鼓文化（河池）生态保护实验区	广西壮族自治区	2012 年
14	黔东南民族文化生态保护实验区	贵州省	2012 年
15	客家文化（赣南）生态保护实验区	江西省	2013 年
16	格萨尔文化（果洛）生态保护实验区	青海省	2014 年
17	武陵山区（鄂西南）土家族苗族文化生态保护实验区	湖北省	2014 年
18	客家文化（闽西）生态保护实验区	福建省	2017 年
19	说唱文化（宏丰）生态保护实验区	河南省	2017 年
20	藏族文化（玉树）生态保护实验区	青海省	2017 年
21	武陵山区（渝东南）土家族苗族文化生态保护实验区	重庆市	2018 年
22	河洛文化生态保护实验区	河南省	2020 年
23	景德镇陶瓷文化生态保护实验区	江西省	2020 年

六、农业文化遗产

农业文化遗产的概念，源于 2002 年联合国粮食及农业组织在全球环境基金（Global Environment Facility，GEF）的支持下，联合有关国际组织和国家发起的一个大型项目"全球重要农业文化遗产"（Globally Important Agricultural Heritage Systems，GIAHS）。由于该项目旨在建立全球重要农业文化遗产及其有关的景观、生物多样性、知识和文化保护体系，并因在世界范围内得到认可与保护而成为可持续管理的基础，于是，联

---

① 文化和旅游部：《国家级文化生态保护区管理办法》，2018 年 12 月 10 日。
② 文化部：《关于加强国家级文化生态保护区建设的指导意见》，文非遗发〔2010〕7 号。

合国粮食及农业组织将农业文化遗产定义为，"农村与其所处环境长期协同进化和动态适应下所形成的独特的土地利用系统和农业景观，这种系统与景观具有丰富的生物多样性，而且可以满足当地社会经济与文化发展的需要，有利于促进区域可持续发展"。2014 年，国际灌溉排水委员会（International Commission on Irrigation and Drainage，ICID）开始组织评选的"世界灌溉工程遗产"，也属于农业文化遗产范畴。

中国是农业大国，有着悠久的农耕历史，留下了众多的农业文化遗产。为保护传承几千年来的农业文化遗产，2012 年，农业部[①] 开始启动"中国重要农业文化遗产"项目评选活动，至 2020 年，共有 5 批 118 项列入。中国重要农业文化遗产是指人类与其所处环境长期协同发展中，创造并传承至今的独特的农业生产系统，这些系统具有丰富的农业生物多样性、传统知识与技术体系和独特的生态与文化景观等，对我国农业文化传承、农业可持续发展和农业功能拓展具有重要的科学价值和实践意义。这些遗产是中华传统农耕方式的优秀代表，呈现出活态性、适应性、复合性、战略性、多功能性和濒危性等显著特征，具有悠久的历史渊源，独特的农业产品，丰富的生物资源，完善的知识技术体系，较高的美学和文化价值，以及较强的示范带动能力[②]。

第一批中国重要农业文化遗产名单见表 1-12。

表 1-12　第一批中国重要农业文化遗产名单

序号	名称	地址	主要特点
1	河北宣化传统葡萄园	河北省宣化市宣化古城	古城至今仍沿用传统的漏斗架栽培方式。漏斗架适于观赏和乘凉休闲，且具有光能集中、肥源集中、水源集中、抗风、抗寒等特点。宣化独特的地理和自然条件孕育了宣化牛奶葡萄的独特品质，素有"刀切牛奶不流汁"的美誉
2	内蒙古敖汉旱作农业系统	内蒙古自治区赤峰市敖汉旗	境内兴隆洼文化遗址出土的黍粟，距今已有 7700 年到 8000 年的历史。另发现大量的石器、骨器等，其中石杵、石斧、石铲、石刀等，大多为原始农耕生产用具。至今敖汉旗仍保留原始农业种植形态，是旱作农业系统的典型代表
3	辽宁鞍山南果梨栽培系统	辽宁省鞍山市千山区	南果梨原产于鞍山市千山区大孤山镇对桩石村。南果梨祖树自发现至今已有 150 多年历史。依靠自身独特的地理、气候条件和栽培经验，鞍山南果梨皮薄肉厚、果肉细腻多汁、香味浓郁，是中国"四大名梨"之一
4	辽宁宽甸柱参传统栽培体系	辽宁省丹东市宽甸满族自治县振江镇石柱子村	400 多年来，经历代参农培育，已形成圆膀圆芦、草芦、线芦、竹节芦四个特有品系，成为人参家族的一个独特种类，是当地"一村一品"重要产业
5	江苏兴化垛田传统农业系统	江苏省泰州市兴化市垛田、缸顾等地	当地先民在沼泽高地之处垒土成垛，渐而形成一块块垛田。垛田块面积不大，形态各异，四周环水，形同小岛，总面积 6 万多亩[③]。至今，垛田还保存着传统的农耕方式，用天然生态的肥料种植蔬菜，其品质和产量都远超普通大田
6	浙江青田稻鱼共生系统	浙江省丽水市青田县	青田县稻田养鱼至今已有 1200 多年的历史，今面积 8 万亩。种养模式生态高效，鱼为水稻除草、除虫、耘田松土，水稻为鱼提供小气候、饲料等。田鱼品种优良，肉质细嫩。青田田鱼与青田民间艺术结合，派生出独特的民间舞蹈——青田鱼灯舞

① 现农业农村部。

② 农业部:《关于开展中国重要农业文化遗产发掘工作的通知》（农企发〔2012〕4 号）、《中国重要农业文化遗产认定标准》（2012 年）。

③ 1 亩≈666.67 平方米。

序号	名称	地址	主要特点
7	浙江绍兴会稽山古香榧群	浙江省绍兴市会稽山脉	绍兴先民利用陡坡山地，构筑梯田，种植香榧树，香榧林下间作茶叶、杂粮、蔬菜等作物，"香榧树—梯田—林下作物"的复合经营体系，构成独特的水土保持和高效产出的陡坡山地利用系统
8	福建福州茉莉花种植与茶文化系统	福建省福州市	先民在闽江边沙洲种植茉莉花，在海拔600—1000米的高山上发展茶叶生产，逐渐形成适应当地生态条件的茉莉花基地（湿地）—茶园（山地）的有机生态农业系统，既保持了生态系统的生物多样性，又提高了单位面积的生产效益
9	福建尤溪联合梯田	福建省三明市尤溪县联合乡（今联合镇）	自宋朝以来，村民使用木犁、锄头等工具开垦梯田、种植水稻，成为村民几百年来的主要生存方式。联合梯田通过山顶竹林截留、储存天然降水，再让溪流流入村庄和梯田，形成特有的"竹林—村庄—梯田—水流"山地农业体系
10	江西万年稻作文化系统	江西省上饶市万年县	距今14 000年的仙人洞、吊桶环古文化遗址，是当今所知世界最早的栽培稻遗址，为万年县打下了农耕文明的深深烙印。万年县贡米体长粒大、形状如梭、其白如玉、光洁透亮
11	湖南新化紫鹊界梯田	湖南省娄底市新化县水车镇雪峰山余脉	紫鹊界梯田总面积26万余亩，核心区域面积2万余亩，盛于宋明时期，是苗族、瑶族、侗族、汉族等历代先民共同创造的劳动成果，是南方稻作文化与苗瑶山地渔猎文化交融糅合的历史遗存。依靠森林植被、土壤和田埂综合形成自然的储水保水系统，构成纯天然自流灌溉工程
12	云南红河哈尼稻作梯田系统	云南省红河哈尼族彝族自治州元阳、红河、金平、绿春4县	红河哈尼梯田已有1300多年的耕种历史，现面积约18万公顷，养育着哈尼族等10个民族约126万人口。森林在上、村寨居中、梯田在下，水系贯穿其中，是它的主要特征。以哈尼族"寨神林"崇拜为核心的传统森林保护理念，使这里的自然生态系统保存良好，为梯田提供着丰富水源
13	云南普洱古茶园与茶文化系统	云南省普洱市	普洱市是世界茶树的原产地之一，也是世界上保存面积最大的古茶园分布区，拥有完整的茶树垂直演化系统，制茶历史悠久，形成了独具特色的茶文化
14	云南漾濞核桃—作物复合系统	云南省大理白族自治州漾濞彝族自治县苍山西镇光明村	16世纪就有核桃生产，现在光明村树龄在200年以上的核桃树有6000多株，以果大、壳薄、仁白、味香、出仁出油率高、营养丰富而誉满中外。核桃与各种农作物间套作复合栽培，核桃生长快、结果早、结果多，还能多收粮食
15	贵州从江侗乡稻鱼鸭系统	贵州省黔东南苗族侗族自治州从江县	每年谷雨前后，侗乡人把秧苗插进稻田，鱼苗放进稻田，等到鱼苗长到两三指，又把鸭放入稻田。稻田为鱼和鸭的生长提供了生存环境和丰富的饵料，鱼和鸭为稻田清除了虫害和杂草，其粪便又是好的有机肥。稻、鱼、鸭的共生方式在从江县已经延续了上千年
16	陕西佳县古枣园	陕西省榆林市佳县朱家坬镇泥河沟村	是世界上保存最完好、面积最大的千年枣树群，总面积36亩，现存活各龄古枣树1100余株。黄河沿岸坡地上的枣树具有增加空气湿度、保持水土、涵养水源和防风固沙等方面的生态功能
17	甘肃皋兰什川古梨园	甘肃省兰州市皋兰县什川镇	自明嘉靖年间开始栽植梨树。现存古梨树大多在300年以上，仍然硕果累累。当地人将种植梨树称为种"高田"，果农不仅要为梨树松土、施肥，早春"刮树皮"、花期"堆砂"防虫，更需要给果树修枝整形、疏花疏果、竖杆吊枝、采摘果实，形成了独特的栽培方式与农耕文化
18	甘肃迭部扎尕那农林牧复合系统	甘肃省甘南藏族自治州迭部县益哇乡	明清"杨土司"时期，农林牧复合系统逐渐发展起来。游牧、农耕、狩猎和樵采等多种生产活动的合理搭配使劳动力资源得到充分利用，汉地农耕文化与藏传游牧文化的相互交融形成了特殊的农业文化
19	新疆吐鲁番坎儿井农业系统	新疆维吾尔自治区吐鲁番盆地	坎儿井总长度约5000千米，是世界上最大的地下水利灌溉系统，主要由竖井、暗渠、明渠、涝坝四部分组成。其所具有的自流灌溉功能，克服了缺乏动力提水设备的问题，减少了水分的蒸发，是世世代代居住当地的各族劳动人民改造和利用自然的巧妙创造

第四节　城乡文化遗产保护的意义

改革开放以来，中国文化遗产的保护取得了巨大成就。之所以如此，是因为中国共产党和中国政府已经越来越深刻地认识到历史文化遗产保护的意义。例如，习近平同志多次考察调研中国各地的著名文化遗产，并就文化遗产保护问题多次作出重要指示批示；中共十九大报告更将"加强文物保护利用和文化遗产保护传承"作为坚定文化自信的重要内容。文化遗产保护的意义是文化遗产价值的总体反映。在城乡建设中系统保护、利用、传承好历史文化遗产，对延续历史文脉、推动城乡建设高质量发展、坚定文化自信、建设社会主义文化强国具有重要意义[①]。具体说来，当今城乡文化遗产保护的意义主要体现在以下几个方面。

一、挖掘遗产内涵

城乡聚落是文化遗产的集聚地。城乡文化遗产作为一种相对稀缺的资源，具有多方面的价值，如历史价值、艺术价值、科学价值、文化价值、社会价值、经济价值等。要使遗产资源得到科学、合理的保护和适当、有益的利用，需要对遗产的价值内涵不断挖掘、研究。只有深入、全面地分析、认识遗产的价值内涵，才能真正贯彻文物工作的"保护为主、抢救第一、合理利用、加强管理"方针[②]，以及非物质文化遗产"应当注重其真实性、整体性和传承性"的保护原则和"应当尊重其形式和内涵"的利用原则[③]，才能使文化遗产持续发挥其作用。因此，挖掘遗产价值既是城乡文化遗产保护利用过程中的基础工作和关键环节，也是城乡文化遗产的持续魅力所在。

二、延续历史文脉

文脉是指保留群体记忆的文化脉络，包括历史时期留存下来的具有物质性的文化要素、线索、框架、结构、肌理等。城乡聚落在历史发展过程中，形成了各种各样的具有地域特色的生产、生活设施和物品。它们有的已淹没、消失在历史长河中，有的则一直保存、留存到现在，有的偶然在今天被重新发现，成为特定地域特定人群具有

---

① 中共中央办公厅，国务院办公厅：《关于在城乡建设中加强历史文化保护传承的意见》（2021年）。

②《中华人民共和国文物保护法》（2017年修正）。

③《中华人民共和国非物质文化遗产法》（2011年）。

特定时代标识的历史遗产（legacy of history）、遗迹。这些遗产、遗迹往往具有强化民族、族群记忆的独特功能，因而容易上升成为一个民族或族群的精神纽带，一个城市或乡村的地方文脉。保护意味着让地方历史文脉延续，损毁意味着把族群精神纽带割断。保护还是损毁，对一村、一城乃至一族、一国所产生的相应的正面或负面影响都非常大。

【阅读】耶路撒冷旧城哭墙

哭墙又称西墙（Wailing Wall，Western Wall），长约50米，高约18米，由大石块筑成，是以色列首都耶路撒冷旧城古代犹太国第二圣殿护墙的一段，也是第二圣殿护墙的仅存遗址（图1-13）。犹太教徒把该墙视为第一圣地，因而，犹太教徒来到这里时必须哀哭，以表示对古神庙的哀悼。千百年来，流落在世界各地的犹太人回到耶路撒冷时，便会来到这段石墙前沉痛祷告，哭诉流亡之苦，故这段石墙被人称为"哭墙"。犹太人小孩在过13周岁生日时，父母往往要带着孩子来到哭墙前，告诉孩子应该信仰什么，如何看待自己的祖先，怎样了解自己的民族。

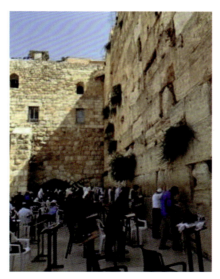

图1-13　在哭墙前祷告的人们

哭墙已经成为2000多年来流离失所的犹太人的精神家园，也是犹太人心目中最为神圣的处所。

三、弘扬传统文化

传统的传承成为一个问题或被问题化，是近代以来才出现的现象。在近代以前的非西方社会，传统的传承几乎是不言而喻的、无意识的①。传统文化是指各民族历史上形成的各种思想、观念、形态的总和，包括历代存在过的种种物质的、制度的和精神的文化实体和文化意识。无论人们怎样看待传统文化，是激烈批判还是热烈拥抱，传统文化永远是人类社会的一个组成部分。2013年，习近平同志曾指出："一个国家、一个民族的强盛，总是以文化兴盛为支撑的，中华民族伟大复兴需要以中华文化发展繁荣为条件。"②城市、乡村作为中国传统文化最为重要的载体，除了历史文化名城名镇名村留存的传统建筑、街巷空间能够让人赏心悦目，更重要的是，城市、乡村代代相传的一些公序良俗、节庆典礼和优秀的民间艺术等，仍然能够被生活于此的人群自然地或有意识地发扬、光大。有了城乡各地人民的共同努力，中华民族文化的伟大复兴未来可期。

【阅读】陕北民歌博物馆

"羊啦肚子手啦巾哟，三道道蓝；咱们见个面面容易，拉话话难……"过去，陕北农民站在黄土高坡上引吭高歌，婉转、高昂的曲调在山峁间回荡；如今，在位于陕西省榆林市榆阳区的陕北民歌博物馆，通过穹幕影院（图1-14）、真人演唱、实景还原、民歌教学、录音制作等多种形式，全面展示陕北民歌的发展脉络，让陕北民歌的艺术内涵进行空间的升华，以期永久延续陕北民歌的生命之火、艺术之光。陕北民歌2008年被列入第二批国家级非物质文化遗产名录。黄土高原独特的自然环境和地理风貌，赋予了陕北民歌高亢粗犷的浓郁地方特色。2018年该博物馆建成后，很受陕北当地和内蒙古、山西等地观众的喜爱，前来参观、学习者络绎不绝。

图1-14　陕北民歌博物馆的穹幕影院

---

① （美）E.希尔斯：《论传统》，傅铿、吕乐译，上海：上海人民出版社，1991年，第27—29页。

② 《习近平在山东考察：汇聚全面深化改革的强大正能量》，http://www.gov.cn/ldhd/2013-11/28/content_2537584.htm，2013-11-28。

四、助力城乡繁荣

　　文物是不可再生的文化资源。非物质文化遗产是不可多得的文化资源。当前，文化遗产富集的地方，在城市地区往往为老城、旧城，在农村地区往往为各地经济发展相对滞后的闭塞、偏远区域。中国绝大部分城市的老城、旧城，虽然历史悠久，但大多人口密集、建筑老旧、街巷狭窄、设施老化、环境脏乱、工业衰落、商业萧条，总体面貌不堪，经济发展不快，对城市新旧居民都缺乏应有的吸引力。中国广大农村星罗棋布的传统村镇聚落，虽然自然环境宜人，但大多民居危旧、人口空心、经济贫弱、生活不便，经济社会发展缺乏持久的推力与活力。合理利用文化遗产资源，丰富城乡景观，增加居民选择，振兴城乡经济，活跃城乡文化，对于实现文化遗产资源富集地区的持续繁荣，具有重要意义。

【阅读】安徽宏村

　　皖南是传统村落分布密集的区域。宏村位于皖南黟县黄山风景区，完好地保存了明清徽州风格宅院140余幢（图1-15），有着"古民居建筑博物馆"之美誉。宏村自2003年进入世界文化遗产名录以来，游客越来越多。为了保持宏村的传统村落风貌，更好地引导旅游业良性发展，与宏村只有一路之隔的宏村艺术小镇于2016年正式建成。宏村艺术小镇深入挖掘古建筑、文化、遗产等传统艺术内涵，延伸产业链条，引入各类经营主体近千家，成为宏村服务业态的集聚区。这样，既将资源消耗大、环境压力大、影响遗产地风貌的业态杜绝在宏村之外，也进一步推动了宏村旅游业的升级、发展。宏村旅游业发展蒸蒸日上，但其周边传统村落的发展情况并不如意。在区域经济共同发展的大背景下，弱势的传统村落如何借力宏村，找准定位，打造自己的村落品牌，则是一个值得认真研究的具有普遍性的问题。

图1-15　安徽黟县宏村景色

第二章　城乡文化遗产的价值与特色

　　随着遗产概念的拓展，遗产的内容变得丰富起来，遗产也受到人们越来越多的关注。之所以如此，是因为遗产"代表着财富"[①]，其本质是"有价值的事物"[②]，而遗产的内容或形式也往往让人着迷。

　　城乡文化遗产具有不同的类型和内涵，自然，不同类型和内涵的文化遗产，其蕴含的多样价值和呈现的人文特色也就各不相同。例如，国家历史文化名城申报的首要条件是应具有"重要历史文化价值"[③]，中国历史文化名镇名村评选基本的和首要的条件是村镇的"历史价值与风貌特色"[④]，中国传统村落保护要求"注重村落价值的完整性，挖掘和保护传统村落的历史、文化、艺术、科学、经济、社会等价值"[⑤]，申报国家级文化生态保护区的首要要求是"传统文化历史积淀丰厚，具有鲜明地域或民族特色，文化生态保持良好"[⑥]。因此，开展城乡文化遗产保护工作，需要科学、正确、合理地认识文化遗产的价值与特色。

---

　　① 《关于在国家一级保护文化和自然遗产的建议》（1972 年联合国教科文组织第 17 届会议通过）第四条，张松：《城市文化遗产保护国际宪章与国内法规选编》，上海：同济大学出版社，2007 年，第 56 页。

　　② Howard P，Historic Landscapes and the Recent Past ：Whose History ？，Gibson L and Pendlebury J，*Valuing Historic Environments Aldershot*，Ashgate Publishing，2009，pp. 51—63.

　　③ 住房和城乡建设部，国家文物局：《国家历史文化名城申报管理办法（试行）》，建科规〔2020〕6 号。

　　④ 《中国历史文化名镇（村）评选办法》（已撤销），《关于公布中国历史文化名镇（村）（第一批）的通知》（2003 年）。

　　⑤ 住房和城乡建设部，文化部，国家文物局，财政部：《关于切实加强中国传统村落保护的指导意见》，建村〔2014〕61 号。

　　⑥ 文化和旅游部：《国家级文化生态保护区管理办法》，2018 年 12 月 10 日。

第一节 城乡文化遗产的价值构成

早在 1931 年，国际上就已开始强调"保护具有艺术、历史和科学价值的纪念物"[①]；中国在 1960 年颁布的《文物保护管理暂行条例》中同样强调被保护文物"具有历史、艺术、科学价值"。到 1972 年联合国教科文组织巴黎大会通过的《保护世界文化和自然遗产公约》，"文化遗产"的定义即强调要"从历史、艺术或科学角度"来认识"纪念地"和"建筑群"的价值，"从历史、审美、人种学或人类学角度"来认识"遗址"的价值。可见，认识文化遗产的价值是文化遗产保护的基础和出发点。

对于文化遗产的价值，目前学术界的认识并不一致，主要观点可以归纳为表 2-1。尽管如此，可以肯定的是，文化遗产的价值具有多样性，既包括历史、艺术、科学方面的价值，也可能产生社会、文化、生态、经济、旅游等方面的价值。其中，历史、艺术、科学方面的价值是文化遗产的本体价值，属于非使用价值；社会、文化、生态、经济、旅游等方面的价值是文化遗产的延伸价值，属于使用价值。城乡文化遗产的价值高低，是文化遗产多方面价值的综合反映，是判断文化遗产重要程度的主要方面。因此，需要准确认识文化遗产的价值内涵。

表 2-1 国内外不同学者和组织对文化遗产价值的分类[②]

学者和组织	文化遗产的价值分类
Reigl（1902 年）	纪念价值、当代使用价值
国际古迹遗址理事会（1931 年）	历史价值、艺术价值、科学（考古）价值
联合国教科文组织（1972 年）	历史、艺术、科学角度具有突出普遍价值
Frey（1997 年）	货币价值、选择价值、存在价值、遗赠价值、声望价值、教育价值
Zancheti（1997 年）	文化价值（认同价值、美学价值、技术价值、稀有价值）、社会经济价值（经济价值、功能价值、教育价值和政治价值）
English Heritage（1997 年）	文化价值、教育和学术价值、经济价值、资源价值、娱乐价值、美学价值
国际古迹遗址理事会澳大利亚委员会（1997 年）	美学价值、历史价值、科学价值、社会价值、精神价值
Mason（2002 年）	社会文化价值（历史价值、文化/符号价值、社会价值、精神/宗教价值、美学价值）、经济价值（使用价值、非使用价值）
徐嵩龄等（2003 年）	文化价值（美学价值、精神价值、历史价值、社会学价值、人类学价值和符号价值）、经济价值
English Heritage（2008 年）	证物价值、历史价值、美学价值、社会价值

[①]《关于历史性纪念物修复的雅典宪章》（第一届历史古迹建筑师及技师国际会议采纳，雅典，1931 年）第二条，张松：《城市文化遗产保护国际宪章与国内法规选编》，上海：同济大学出版社，2007 年，第 323—327 页。

[②] 根据屠李《皖南传统村落的遗产价值及其保护机制》，南京：东南大学出版社，2019 年，第 22 页。

学者和组织	文化遗产的价值分类
肖建莉（2012年）	存在（内在）价值、使用（外在）价值
陈耀华和刘强（2012年）	本体价值（科学价值、历史文化价值和美学价值）、直接应用价值（科学研究价值、教育启智价值、旅游休闲价值、山水审美价值、实物产出价值）、间接衍生价值（产业发展、社会促进）
中国古迹遗址保护协会①（2015年）	历史价值、艺术价值、科学价值、社会价值、文化价值

一、历史价值

历史价值是指文化遗产作为历史见证或证据的价值②。这是城乡文化遗产的首要价值和基础性价值。《关于古迹遗址保护与修复的国际宪章》（简称《威尼斯宪章》）第1条指出："历史古迹的概念不仅包括单个建筑物，而且包括能从中找出一种独特的文明、一种有意义的发展或一个历史事件见证的城市或乡村环境。"现存的任何历史遗迹、遗物、风俗习惯，作为历史时期的产物，都打上了特定时代的烙印。这样，现存的所有历史遗迹、遗物和非物质文化遗产都必然具有历史价值。那么，如何来认识和理解文物古迹等城乡文化遗产的历史价值？

历史，一般指人类社会的过去状况，是人类社会过去事件和活动的总称。研究历史，就是要通过有关事实来复原和解释一系列人类事件和活动的进程。在近代以前，人们主要通过十分有限的传世文字材料（古籍）和口耳相传的记忆来保存、认识历史事实。显然，单靠这样一些材料很难清楚地复原、认识和解释历史。19世纪以来，文物古迹作为特定历史时期的重要实物，也开始成为保存历史信息，佐证、认识历史事实，甚至解开历史之谜的重要材料。

一是保存历史信息。漫长历史时期遗留下来的文物、古迹，保存了特定历史时期的某种历史信息。例如，甲骨文、金文、简牍等出土文献中保存有许多传世文献中所没有的历史信息，对于认识先秦、秦汉时代的某些历史事实很有帮助；唐宋以来官方编写的起居注、实录、档案等，民间留存的家谱、族谱、契约文书等，也属于不同形式的历史文献，据此可以复原活生生的、丰富多彩的官方、民间社会生活；重要的存世建筑、建筑遗址、出土器物、石雕石刻等，保存的则是文字图画记录方式无法表达或无法很好表达的方面，对于深入、形象地了解、认识特定时代的物质文明与精神生活十分难得。

---

① 又称国际古迹遗址理事会中国国家委员会。

② 参见国际古迹遗址理事会中国国家委员会《中国文物古迹保护准则2015》中"中国文物古迹保护准则及阐释"第3条。

【阅读】徽州文书与历史研究

徽州文书是指 20 世纪 50 年代以来在"徽州"地区（指宋代以来徽州所辖的歙、黟、休宁、婺源、绩溪、祁门六县，当今皖南地区和赣东北一部）相继发现的从宋代到民国时期的文书档案，内容包括交易文契、合同文书、承继文书、私家账簿、官府册籍（图 2-1）、政令公文、诉讼文案、会簿会书、乡规民约、信函书札等。这些徽州文书批量大、品相好、跨时长、种类全，涵盖经济、社会、文化诸领域，是传统时代徽州社会、文化发展及生产、劳动、社会交往、风俗习惯、宗教信仰等状况的最真实、具体的反映，为人们研究了解中国封建社会后期农村社会实态，提供了相当丰富和具有典型意义的资料。正是由于徽州文书的发现，才诞生了徽学这门崭新的学科。

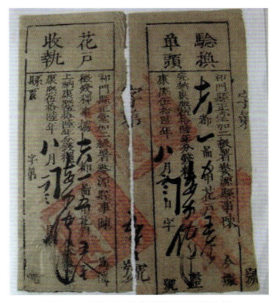

图 2-1　清初徽州府祁门县田赋收据

【阅读】中国传统民居保存的历史信息

中国传统民居保存的历史信息有三方面。一是民居建筑本身的信息。这包括建筑选址、建筑式样、建筑材料、建筑结构、空间布局、建筑装饰等方面内容。中国国土辽阔，传统民居星罗棋布。没有这些民居建筑所保存的建筑历史信息，很难清楚地了解特定时代特定地域传统民居的建筑特征。二是与民居主人相关的信息。这包括民居主人的家庭情况、民居过去的生活使用情况等。这些信息可以反映特定时代特定区域人民的生活习惯、居住习俗等。三是民居与重要历史人物、重大历史事件的联系情况。绝大多数传统民居只具备第一、第二方面的信息，少数传统民居具备第三方面的信息。参见图 2-2。

图 2-2　湖南韶山毛泽东故居

二是佐证、认识历史事实。文字记录的历史传说、故事，有些可信度较高，有些有一定的可信度，有些则可能令人怀疑。一些历史遗迹和遗物的发现，具有重要的历史证据价值，可以使某些历史人物、事件的传说、故事得到佐证，使之成为可靠的历史事实，进而推动相关的研究。

【阅读】永宁寺塔的传说与真实

北魏首都洛阳的永宁寺塔在文献中留下了如雷贯耳的文字传奇。北魏杨衒之在《洛阳伽蓝记》卷一第一篇就说："永宁寺……中有九层浮图一所，架木为之，举高九十丈。上有金刹，复高十丈；合去地一千尺。去京师百里，已遥见之。……浮图有九级，角角皆悬金铎，合上下有一百二十铎。浮图有四面，面有三户六窗，户皆朱漆。扉上各有五行金铃，合有五千四百枚。复有金环铺首，殚土木之功，穷造形之巧，佛事精妙，不可思议。……时有西域沙门菩提达摩者，波斯国胡人也。起自荒裔，来游中土。见金盘炫日，光照云表，宝铎含风，响出天外，歌咏赞叹，实是神功。自云：年一百五十岁，历涉诸国，靡不周遍，而此寺精丽，阎浮所无也。极佛境界，亦未有此。"北魏郦道元《水经注》中也有永宁寺的相关记载，如"浮图下基方十四丈"。这个距今 1500 余年的木塔，换算为今天的高度，竟然高达 147米。这样一座可称之为摩天大楼、令人无比赞叹的古代建筑是否真的存在？一直让人将信将疑。

自 1963 年以来，经过对偶然发现的永宁寺塔塔基遗址进行的几次发掘（图 2-3），考古工作者宣布，发现的永宁寺塔塔基与《洛阳伽蓝记》《水经注》中的记载基本相符。由此，可以推知关于永宁寺塔高达 147 米的记载应该是较可靠的。

图 2-3　北魏洛阳永宁寺塔塔基遗址

二、艺术价值

艺术价值是指文化遗产作为人类艺术创作、审美趣味、特定时代的典型风格的实物见证或作品见证的价值[①]。文物古迹的艺术价值是最早被人们认识到的。绝大部分的历史遗物、遗迹，都是人类有意创造、创作的，自然，其中必然包含了创造者、创作者的审美趣味和艺术水准，能够反映特定时代特定人群的文化情趣。大部分非物质文化遗产，如传统口头文学、传统美术、书法、音乐、舞蹈、戏剧、曲艺和杂技等，也具有重要的艺术价值。但并不是所有的文化遗产都必定具有艺术价值，如人类的日常生活生产遗迹、战争遗迹等。历史遗物、遗迹的艺术价值主要体现在两方面。

其一，作品实体的艺术水准，即艺术形象的美学价值高低。形象是艺术活动特有的存在方式，是构成艺术作品的基本要素。作为人的精神文化产品，艺术作品依存于一定的物质载体，是直观的、具体的，能为人的感官直接感知的感性存在。以个别、具体的感性形式出现的艺术形象，能够有血有肉、有声有色地把生活中的人、事、景、物的外部形态和内在特征真实地表现出来，使人产生一种活灵活现的真实感。因此，只有历史遗物、遗迹，才可以具体而细微地展现出特定时期特定创作者或创造群体的审美趣味和审美水准。

【阅读】成都金沙遗址出土的太阳神鸟金饰

2001 年 2 月 25 日，成都近郊金沙村的管道施工中，一件特别的被揉成一团的金饰件被发掘出土，考古人员小心翼翼地将金饰展开复原后，上面刻画的"太阳"和"鸟"

[①] 参见国际古迹遗址理事会中国国家委员会《中国文物古迹保护准则 2015》中"中国文物古迹保护准则及阐释"第 3 条。

的图案清晰地呈现出来。这就是令人惊叹的成都太阳神鸟金饰（图2-4）。2005年8月16日，这件商周时期的古蜀人创作的太阳神鸟金饰图案从1600余件候选图案中脱颖而出，成为中国文化遗产标志，同时也被推荐为成都城市标志的核心图案。2013年，国家文物局将商周太阳神鸟金饰列入《第三批禁止出国（境）展览文物目录》。通过该金饰造型，人们可以具体感受到古蜀人丰富的哲学思想、宗教思想和非凡的艺术创造力与想象力。

图2-4　太阳神鸟金饰

其二，见证特定时代、地域、人群的创作情趣与艺术水准。这实际上是反映某种艺术品在历史上的地位和在今天的作用，即艺术史价值。作为人的精神文化产品，历史遗物、遗迹所包含的艺术信息，与特定时代、地域和人群所处的政治、经济、文化环境会有十分密切的联系。通过历史遗物、遗迹，人们可以认识、理解特定时代、地域和人群的艺术特征与特色。这方面的价值往往由时代特征决定。

【阅读】东阳卢宅古建筑群木雕

浙江东阳卢宅古建筑群，是中国东南久负盛名的明清古建筑群。雅溪环抱的卢宅，房屋数千间，以肃雍堂为主体建筑。肃雍堂现存自明景泰至民国初的建筑20余座，前后九进，依次是捷报门、国光门、肃雍堂大厅、肃雍正堂、乐寿堂、世雍门楼、世雍堂、中堂、后楼。卢宅最巧夺天工的是建筑木构件上的雕刻，可以说汇集了东阳木雕艺术的精华。无论是斗拱、抬梁、牛腿还是隔扇，每一木构件上的木雕人物、花草、鸟兽图案，皆栩栩如生，凝聚着当地能工巧匠的独特构思和独运匠心。其中的代表作品九狮戏球（图2-5），由高达1.5米余的整块樟木雕成，集中了浮雕、透雕及圆雕等多种技法，堪称东阳木雕的绝品。卢宅古建筑群木雕，反映了明清时期浙江东阳地区民间木雕所达到的艺术高度。

图 2-5 东阳卢宅木雕九狮戏球

三、科学价值

科学价值是指文化遗产作为人类的创造性和科学技术成果本身或创造过程的实物见证的价值[①]。历史遗存、遗迹的绝大多数都是人类的创造、创作、建造的成果。在人类的创造、创作、建造过程中，必定要采取某种技术手段、工艺方法和科学原理才能够实现某种设想。因此，城乡文化遗产的科学价值是不容忽视的。历史遗存、遗迹等文化遗产的科学价值主要体现在两方面。

其一，可以反映特定时代、特定区域、特定人群的科学技术水平，即科学史价值。人类社会的发展与科学技术的发展相辅相成，不同的时代、不同的地域、不同的人群可能有着不同的科学技术水平。历史遗物、遗迹等文化遗产往往就是特定时代、特定区域的科学技术水平的见证物。文化遗产中较为常见的石器、玉器、陶瓷器、金属器、竹木器等的制作水平，在很大程度上可以反映某个时代的手工业技术水平；近现代工业遗产（如实物和技术档案资料）可以反映特定时代、特定产业所达到的科学技术水平；农业文化遗产可以让人们了解农民如何发明特定的知识和技术来建成当前的景观和系统；聚落、城镇、房屋、桥梁、防御工程、水利工程等的建造水平，在很大程度上可以反映某个时代的建筑科技水平。

【阅读】散布南方乡间的廊桥

廊桥在中国发展的历史较长，分布也较广泛，但今天以南方的偏僻乡间较为多见。不同的地域，人们对廊桥也有着不同的称谓。廊桥桥面上建有顶棚或房屋，因而较多地

[①] 参见国际古迹遗址理事会中国国家委员会《中国文物古迹保护准则 2015》中"中国文物古迹保护准则及阐释"第 3 条。

被称为"屋桥""亭桥""瓦桥"。在广西侗族地区，长廊式木梁桥可避风雨，故被称为"风雨桥"；又因桥上建筑华丽、内部装饰考究，也被称为"花桥"。此外，福建寿宁所称"厝桥"，周宁所称"虾姑桥"，松溪所称"饭筷桥"，以及浙江泰顺所称"蜈蚣桥"，庆元所称"鹊巢桥"，都属于廊桥。廊桥一般建造在传统村落村口的河流上，既是村民进出村子的要道，也是村民经常聚集的地方，大多具有交通、交往、标志和休闲、游赏、祭祀等功能，与村民的日常生活密切相关。这些呈现不同结构和样式、形象的廊桥，常常以其别致的形式、不同的风格和精美的建造工艺让人流连忘返。

江西婺源彩虹桥（图2-6），桥长140米，桥面宽3米多，4墩5孔，由11座廊亭组成，廊亭中有石桌石凳。桥墩设计为半船形，可以分解洪水冲击力。该桥建于南宋，距今已有800多年，是古徽州地区最古老、最长的廊桥。

图2-6 江西婺源彩虹桥

其二，有助于探讨某些未知的科学技术原理，了解某些传世物品、工程的制造或创造过程。古代的科学技术水平虽然总体上有限，但是，这并不意味着我们今天的科学技术水平在所有领域、所有环节都超过了古人。古人留下来的某些物品、工程等文化遗产，有些今天的科学家、工程师都还不能进行复制或者进行完美的解释。这就给我们提出了一些有价值的科学问题，使我们通过研究这些令人惊叹的制造品、建造物的科学技术原理，推进未来特定领域的科学技术发展甚至突破。

【阅读】黎巴嫩巴勒贝克神庙与巨石建筑

巴勒贝克神庙（Temples of Baalbek）是黎巴嫩著名古迹，世界文化遗产，位于黎巴嫩贝卡谷地外山麓。"巴勒贝克"意为"太阳之城"。传说公元前2000多年腓尼基人因崇拜太阳神巴勒而修建该庙，使之成为祭祀中心。罗马帝国时代，这里形成了一个庞大的神庙群，供奉着万神之神朱庇特、酒神巴卡斯和爱神维纳斯。整个神庙群被巨石筑成的高耸城墙围绕。

神庙群中最让人感兴趣的是朱庇特神庙下的巨石平台（图2-7）。平台的西南墙边有被称为"三石奇迹"（Marvel of the Three Stones）的三块巨石，长 19—20 米、宽 4.5 米、厚 3.6 米，每块巨石体积近 20 立方米，估计重达 800 吨，附近还有一块石头估计重达 1100 吨。这些巨石表面相当平整，是人类有史以来创造的最大的建筑用石。这些巨石是在 4000 多年前从几英里[①] 以外的采石场搬运到巴勒贝克神庙的。巴勒贝克神庙的前管理员米歇尔·阿洛夫（Michel Alouf）说："虽然它们体形庞大，但它们放置的位置非常精确，接合处十分密实，两块石头间几乎容不下一根针。这些巨石让游览者产生的困惑感和震慑感是无法用言语表达的。"

图 2-7　黎巴嫩巴勒贝克神庙与巨石建筑

这些巨石到底是什么时代的建筑？是什么人切割、建造的？是如何切割、搬运和建造的？这种非常高超而精确的技术即使用今天的技术原理都无法完全复制、重复和合理解释。显然，这个神庙遗址还有很多需要研究的东西。

四、社会价值

社会价值是指文化遗产在知识的记录和传播、文化精神的传承、社会凝聚力的产生等方面所具有的社会效益和价值[②]，包含了记忆、情感、教育等内容。历史遗物、遗迹之所以要进行保护，是因为除了其本体所具有的历史、艺术或科学价值，由本体价值延伸出的社会价值更为重要、更有现实意义。历史遗物、遗迹对社会大众产生的影响无疑具有人员量大、覆盖面广、持续时间长的特征。在历史遗物、遗迹等文化遗产的利用过程中，其社会价值主要表现在三方面。

其一，可以推动文化遗产知识的多样化记录和大范围传播。历史遗物、遗迹等文化

---

① 　1 英里≈1609.34 米。

② 　参见国际古迹遗址理事会中国国家委员会《中国文物古迹保护准则 2015》中"中国文物古迹保护准则及阐释"第 3 条。

遗产由于本身的稀缺性、珍贵性，对社会大众往往具有较广泛的吸引力。大众通过多种途径，如拓片、复制、摄影、录像及各种媒体、网络等，能够多样化、多渠道记录和展示历史遗物、遗迹，既增加了普通大众的历史文化知识，也为文化遗产的保护和传播提供了新的方式。

【阅读】游人众多的秦始皇兵马俑博物馆

秦始皇兵马俑博物馆（图 2-8）位于陕西省西安市临潼区，成立于 1975 年 11 月，1979 年 10 月 1 日正式开馆。其是在兵马俑坑原址上建立的遗址类博物馆，也是中国最大的古代军事博物馆。共有一号、二号、三号兵马俑坑。截至 2020 年，秦始皇兵马俑博物馆已接待海内外观众超过 8000 万人次。

图 2-8　秦始皇兵马俑博物馆

其二，有助于民族文化精神的传承。"文物承载灿烂文明，传承历史文化，维系民族精神，是老祖宗留给我们的宝贵遗产，是加强社会主义精神文明建设的深厚滋养。"[1] 优秀的历史遗物、遗迹等文化遗产往往能够反映一个民族的文化精神，潜移默化地影响社会大众，使社会大众接受民族文化的浸润、洗礼，从而培养社会大众对民族文化的自豪感，增强社会大众对民族文化的自信心。例如，中华儒家文化的千年传承，绵延不断，无疑就得益于中国境内无数相关的历史遗物、遗迹等。

【阅读】惊现乡野的"忠孝廉节"石刻

湖南省永州市江永县上甘棠村是中国历史文化名村、中国传统村落。该村的月坡亭处，留有数十块摩崖石刻，其中写着"忠孝廉节"四个大字的一处石刻分外醒目（图 2-9）。该四字每字高 1.8 米，宽 1.3 米，为南宋文天祥的手迹。南宋末年，周敦颐的理学思想经过朱熹等的推崇，得到宋朝官方认可，"忠孝廉节"四字充分体现了理学的深刻内涵。"忠孝廉节"可谓文天祥的自我鞭策，表明了他一生的信仰与追求。

---

① 《习近平对文物工作作出重要指示》，http://www.xinhuanet.com/politics/2016-04/12/c_1118599561.htm，2016-04-12。

后来，文天祥用 47 岁的血肉之躯，实践了"忠孝廉节"的崇高诺言。"忠孝廉节"作为中华优秀传统文化，内涵丰富，底蕴深厚，影响广泛。在湖南永州零陵古城东门福寿亭、长沙岳麓书院，广东广州玉岩书院，福建福州鼓山八仙岩、三明黄氏家祠、晋江五店市传统街区，江苏南京高淳蒋山，江西萍乡莲花县刘氏祠堂等地，也都留有这四个遒劲有力的大字。

图 2-9　湖南省江永县上甘棠村"忠孝廉节"石刻

其三，有助于社会凝聚力的产生与增强。凝聚力是群体、组织和社会的重要特征，是维系社会生存的最基本的力量。没有凝聚力，家将不家，国将不国，社会系统就会走向瓦解。社会凝聚力所具有的巨大稳定功能，可以使社会成员团结一致，减少和消除其中不健康的分裂和冲突因素，使组织结构保持稳定，并不断强大。语言文字、宗教信仰、风俗习惯、象征物等非物质、物质文化遗产所具有的特质，可以导致一个国家、一个民族、一个群体凝聚力的产生、增强乃至固化。

【阅读】波兰华沙老城的重建

位于波兰首都华沙市中心的华沙老城，始建于 13 世纪末。第二次世界大战期间，华沙市 85% 以上的建筑物毁于战火，约 80 万人死于战争。第二次世界大战后，就华沙的重建问题曾有过两种主要意见，一是在华沙老城的原址上重建首都，二是在华沙附近选择另外一个地方重建首都。经过争论，最后波兰人民选择了前者，并决定恢复华沙老城的战前模样。第二次世界大战前，出于对祖国建筑文化遗产的热爱，华沙大学建筑系的师生把华沙老城的主要街区、重要建筑物都进行了测绘记录。战争爆发后，他们把这些测绘资料全部藏到山洞里。这样，房屋、街道虽然在战争中损毁了，但其测绘图像得到了保存，使古城原貌恢复成为可能。当恢复华沙老城的消息传开后，流浪在国外的波兰人一下子归来 30 万人参与重建，新城市很快从一片瓦砾中拔地而起，成为当时人们津津乐道的"华沙速度"。1945—1966 年华沙老城（图 2-10）

的重建，被视为波兰人民团结一致的象征，波兰民族历史的见证。华沙老城作为在战争废墟上复原的文化遗迹，是波兰人民不屈精神的代表，成为波兰民族文化的象征性空间。

图 2-10　波兰重建的华沙老城一角

1980 年，华沙老城作为特例被列入《世界遗产名录》。世界遗产一般是拒绝接受重建建筑物的。波兰人民自发地保护自己的民族文化和历史传统，为世界所有的古城作出了榜样，也对欧洲的古城保护产生了重要影响，受到遗产保护专家的高度评价。

五、文化价值

文化价值是指文化遗产所包含的文化多样性、文化传统的延续及非物质文化要素等相关内容[①]。文化价值是文化遗产历史、艺术、科学诸价值总体的外在延伸。文化是历史的积淀。人是文化的载体，文化价值是由人创造出来的。传统文化除了由人类自身代代相传以外，很多情况下，文物古迹等前人留下的遗产也是文化传承、延续的载体。人的文化需要是复杂多样的，所形成的文化价值关系也是形形色色的。文物古迹等文化遗产所体现的当代文化价值主要体现在四方面[①]。

其一，文物古迹因其体现民族文化、地域文化、宗教文化的多样性特征而具有的价值。2005 年 10 月，在第 33 届联合国教科文组织大会通过的《保护和促进文化表现形式多样性公约》中，"文化多样性"被定义为各群体和社会借以表现其文化的多种不同形式。这些表现形式可在各群体和社会内部，以及群体之间和社会之间表达、弘扬与传承。文化多样性是人类社会的基本特征，也是人类文明进步的重要动力。尊重文化多样性是发展本民族、本区域、所信仰文化的内在要求。尊重文化多样性，需

---

① 参见国际古迹遗址理事会中国国家委员会《中国文物古迹保护准则 2015》中"中国文物古迹保护准则及阐释"第 3 条。

要尊重本民族、本区域、所信仰的文化，培育和发展本民族、本区域、所信仰的文化，而这些文化的组成内容很多就体现或蕴藏在文物古迹等文化遗产中。可以说，文化价值就是"指对文化群体具有重要意义的信仰"①，包括政治的、制度的、宗教的、精神的和道德的等。现行国家历史文化名城的申报条件要求"突出体现中华民族文化多样性、集中反映本地区文化特色、民族特色或见证多民族交流融合"②，就是例子。

【阅读】西藏宗教建筑的魅力

雄奇的青藏高原孕育了丰富多彩的藏族文化。千百年来保留下来的寺院经堂和宫殿建筑，是西藏地区珍贵的宗教文化遗产。西藏地区有1700多座寺院，宗教包括佛教、苯教、伊斯兰教、道教和天主教等。作为最具特色的藏传佛教，其绝大部分寺院都有悠久的历史，并且收藏着大批有很高艺术鉴赏和历史价值的文物。举世闻名的大昭寺，富丽堂皇的布达拉宫（图2-11），享有盛名的拉萨三大寺——甘丹寺、哲蚌寺和色拉寺，以及日喀则扎什伦布寺等，都是中国重要的文化遗产。这些藏式寺庙建筑吸收了汉族等兄弟民族的建筑形式和印度、尼泊尔和中亚古代建筑艺术的一些内容，结合本民族的文化特征和审美要求，经过再创作，形成了自己的寺院建筑文化特色，是对人类多样性建筑文化的一份独特贡献。

图2-11　布达拉宫

其二，文物古迹所依存的自然、景观、环境等要素因被赋予文化内涵而具有的价值。部分不可移动的文物古迹，如古建筑、古墓葬、石窟寺、石刻、壁画、近现代重要史迹和代表性建筑等，是特定时期人们在居住、生活、生产、军事、信仰等方面留下的文化遗产或遗迹。这些文化遗产或遗迹所依存的部分自然、景观、环境等要素，往往具有一定的文化内涵，因而能够产生不同程度的文化意义。例如，作为"自然与人类的共同作品"的文化景观、文化线路和作为人类文化遗产的运河等，就常常涉及

---

① 联合国教科文组织世界遗产中心等：《国际文化遗产保护文件选编》，北京：文物出版社，2007年，第165页。

② 住房和城乡建设部、国家文物局：《国家历史文化名城申报管理办法（试行）》，建科规〔2020〕6号。

或离不开相关的自然要素。

【阅读】泰山

泰山位于山东省中部，海拔1532.7米，雄峙中国东方。为传统所称的"五岳之首"，以"五岳独尊"而闻名于世。

泰山因其高，被古人视为"直通帝座"的天堂，成为百姓崇拜、帝王告祭的神山。自秦始皇开始到清代帝王，史籍记载先后有13代帝王亲登泰山封禅或祭祀，有24代帝王遣官祭祀72次。由于历代帝王官宦、文人墨客把泰山视为"国家柱石"，在这里留下了大量遗址、遗迹、遗物，因而，泰山积淀了厚重的历史文化。例如，古建筑和碑刻既是泰山人文景观的主体，又与自然景观相融合，巧妙借用自然地势，以人工之力加强和美化自然环境，充分体现其因景而设、因景而建的特点[①]。自然与人文浑然一体（图2-12）。

图 2-12 山东泰山"五岳独尊"石刻

由于泰山具有世界意义的地质科学价值和珍贵的历史文化价值，被誉为"自然遗产与文化遗产融为一体的典范"。1987年底被联合国教科文组织列入《世界遗产名录》，成为世界文化与自然双重遗产。

其三，文物古迹所体现的优良文化传统和民族精神。保护历史文化名城、名镇、名村和传统村落的文物古迹，实际上是在延续城乡的历史文脉，尤其是民族、地域的优良文化传统。中国传统文化的基本精神，就是中华民族的民族精神。例如，许多乡村家庭堂屋供奉的"天地国亲师"神位，就体现了中华民族尊天敬地、爱国孝亲、尊师重教的传统价值观念。

其四，与文物古迹相关的非物质文化遗产所具有的价值。传统村落、传统街区及

---

① 李继生：《泰山遗产的特征及其价值》，《中国园林》1989年第1期，第57—58页。

古建筑、古墓葬、石窟寺、石刻、壁画等文物古迹，必然浸润着某些方面的非物质文化遗产内涵。例如，传统村落、传统街区中可能流传有传统口头文学、曲艺及作为其载体的地方语言或民族语言，保留有独特的传统礼仪、节庆等民俗和村规民约；古建筑的装饰性构件中可能保留有传统对联、书法、美术等作品。这些非物质文化遗产作为传统村落、传统街区、古建筑的灵魂，已经成为当地人们现实文化生活的一部分，某些甚至与当地的经济社会发展密切相关。

【阅读】安徽泾县的宣纸

"中国传统村落"泾县小岭村，以生产宣纸而知名，有谓"崇山峻岭，所出宣纸为他纸冠"。宣纸是中国传统手工纸品的杰出代表，也是古往今来书画家的最爱。安徽泾县境内，山地适合青檀树的生长，冲积平原则适宜生产长秆水稻，青檀树和水稻秆均为宣纸制造提供了优质的原料。宣纸以青檀皮为主料，按比例配入沙田稻草浆，整个生产过程由140多道工序组成。传承下来的宣纸传统制作技艺（图2-13），为首批国家级非物质文化遗产，并被列入联合国人类非物质文化遗产名录。

图2-13　安徽泾县的宣纸传统制作技艺

泾县"人民共食力于宣纸也"，推动了宣纸产业的较快发展。现有宣纸、书画纸及加工艺术品企业350余家，主要分布在丁家桥镇、泾川镇、黄村镇和榔桥镇，涉及宣纸生产、手工书画纸、吊帘、喷浆和机制书画纸五类，先后形成了"曹氏""红星""汪六吉""汪同和""三星""曹鸿记"等十几个品牌。泾县约占全国书画纸市场50%的份额，是全国最大的手工纸生产基地。

六、经济价值

经济价值是指事物对于人和社会在经济上的意义。价值本是一个经济学概念。研究文化遗产的价值时不应回避其经济价值。文化遗产是过去人类生产、生活的遗存与习俗、习惯的遗留，是人类劳动物化或非物化的体现，必然具有经济价值。《马丘比丘宪章》（1977 年）已认识到文化遗产的经济价值，在谈到"文化和历史遗产的保存和保护"问题时就指出："保护、恢复和重新使用现有历史遗址和古建筑必须同城市建设过程结合起来，以保证这些文物具有经济意义并继续具有生命力。"[①] 这意味着，文化遗产保护工作要具有可持续性，必须注意适度利用和开发文化遗产的经济价值。事实上，文化遗产资源的利用，有益于消除贫困、增加就业、增加文化产业和服务业的总产出和总收入水平[②]。中国相关部门在制定传统村落保护相关政策时也充分认识到这一点，明确把"民生为本"视为中国传统村落保护的基本原则之一，把"挖掘经济价值，发展传统特色产业和旅游"列入合理利用文化遗产的重要内容[③]。近些年来，国家之所以投入大量资金保护与发展传统村落，是因为在很大程度上希望合理利用和开发传统村落文化遗产资源，以促进经济发展滞后乡村地区的持续减贫、脱贫及其成果巩固。文化遗产的经济价值包括直接经济价值和间接经济价值。

一是文化遗产的直接经济价值。直接经济价值指文化遗产本身带来的经济收益，如文化遗产景点的门票收入，古城街区和名镇、名村非国有传统民居建筑的转让、出租、抵押收入，文物的合法交易，等等。

二是文化遗产的间接经济价值。间接经济价值指文化遗产为遗产所在地带来的综合经济利益，如文化遗产的文创产品收入，遗产所在地的餐饮收入、住宿收入、娱乐休闲收入及其他相关收入，等等。尤其是文创产品收入近年来上升很快。文创产品即文化创意产品，是指依靠创意人的智慧、技能、天赋和文化积淀，对文化资源、文化用品进行创造与提升，通过知识产权的开发和运用，借助现代科技手段产出的高附加值产品。各种艺术品、文化旅游纪念品、办公用品、家居日用品、科技日用造型设计等都可能成为文创产品。

【阅读】故宫每年赚多少钱？

作为世界历史文化遗产，故宫与普通公众有着密切的利益关系，对于其如何管理和运作，公众颇为关注。据报道，近年故宫的门票价格旺季是 60 元，淡季为 40 元，2018 年门票总收入达 8 亿元。除了门票收入外，故宫的系列文创产品（图 2-14）收入在 2017 年已达 15 亿元。

不过，故宫的门票收入并非自己掌管。故宫博物院发言人称，故宫实行预算制度，所有门票收入上缴国库，依靠年度预算，经财政部、文化和旅游部逐级批复后，才能投入使用。使用去向完全用于文物保护，除书画、陶瓷器等"可移动文物"的保

---

① 联合国教科文组织世界遗产中心等:《国际文化遗产保护文件选编》，北京：文物出版社，2007 年，第 105 页。

② 顾江:《文化遗产经济学》，南京：南京大学出版社，2009 年，第 24 页。

③ 住房和城乡建设部，文化部，国家文物局，财政部:《关于切实加强中国传统村落保护的指导意见》，建村〔2014〕61 号。

护、修复外，还有故宫建筑群等"不可移动文物"的维护、修缮。

图 2-14　故宫的系列文创产品

七、生态价值

生态价值是指文化遗产和人类创造的自然—人工生态系统对于人所具有的"环境价值"。自然界系统整体的稳定平衡是人类存在（生存）的必要条件，因而对人类的生存发展具有环境价值。大部分情况下，环境价值难以具体衡量。但是，当生产力发展到一定阶段，自然再生产往往无法满足人类的全部需要，人类需要投入必要的劳动对自然生态系统进行保护、改造，对自然物质进行社会再生产。于是，这种社会再生产过程，与凝结在商品中的人类劳动一样，给自然物质赋予了可以计量的经济价值，从而使得生态价值有可能进行衡量。文化遗产的生态价值可以表现为两方面。

一是文化遗产本身所具有的生态价值。例如，历史时期留下来的人工修筑的运河、护城河、堰塘、园圃等水体与绿地系统，属于具有基础设施意义的文化遗产，往往具有很大的生态价值。又如，经过历史时期各地长期的农业生产活动选择、繁育而成的传统优良农业种质资源，属于非物质性遗产，是数千年来大自然和人类共同培育出来的，既具有重要的区域农业经济价值，也是确保未来人类基本生存所需、不断提高农业生产力的一个重要宝库。再如，一些乡村传统的村规民约，其中就包含保护当地生态的内容。

【阅读】京杭大运河的生态基础设施价值

京杭大运河（图 2-15）作为区域生态基础设施，对维护国土生态安全和促进区域可持续发展具有独特意义。其一，京杭大运河是对区域生态系统结构有广泛影响的半自然生态系统。运河纵贯南北多种不同类型的自然、半自然、人工生态系统，自身形成了复杂的生态系统，具有生态调节能力。其二，京杭大运河拥有丰富的湿地生态系统留存。运河河道大多借用天然河道、水体修筑，尽管历史时期运河有过改道，沿途水体有过不小变迁，但还是保留下不少湖泊、水库、沼泽、滩涂，它们一直在发挥重要的生态功能，是运河遗产不可分割的组成部分[①]。

图 2-15　京杭大运河一段

【阅读】锦屏"六禁碑"的生态意义

贵州省锦屏县河口乡文斗村是首批入选中国传统村落名录的苗族村寨，是远近闻名的"杉木之乡"。村中现保存有几块刊刻于清朝乾隆三十八年（1773 年）以保护村寨森林资源等为主要目的的石碑，被称为"六禁碑"（图 2-16）。石碑的主要内容[②] 如下。

图 2-16　贵州省锦屏县文斗村"六禁碑"

众等公议条禁，开列于左：

一禁：不俱（拘）远近杉木，吾等所靠，不许大人小孩砍削。如违，罚银十两。

一禁：各甲之阶分落，日后颓坏者自己补修。不遵禁者罚银五两，与众补修，留传后世子孙遵照。

① 俞孔坚等：《京杭大运河国家遗产与生态廊道》，北京：北京大学出版社，2012 年，第 46—47 页。

② 贵州省锦屏县志编纂委员会：《锦屏县志》，贵阳：贵州人民出版社，1995 年，第 898 页。

一禁：四至油山，不许乱伐乱捡。如违，罚银五两。

一禁：今后龙之阶，不许放六畜践踏。如违，罚银三两修补。

一禁：不许赶瘟猪牛进寨，恐有不法之徒宰杀。不遵禁者，送官治罪。

一禁：逐年放鸭，不许众妇女挖阶前后左右锄膳。如违，罚银三两。

"六禁碑"被誉为中国现存最早的环保古碑，是文斗村的镇村之宝。如今，寨子里古木苍翠、处处绿荫的景象，与文斗村长期以来形成的生态保护习俗关系密切。

二是历史时期形成的自然—人工生态系统所带来的生态经济效益。例如，广大农村的各类农田生态系统、珠江三角洲的桑基鱼塘生态系统，一直在发挥着程度不同的生态效益。相比城市，乡村生态系统要"自然"得多，尤其是一些历史悠久的传统村落。在相当一部分的传统村落中，千百年来，人们日出而作、日落而息，生产和生活所需取之于斯、用之于斯，十分自然地融入生态系统之中，形成一个运行良好的自然—人工生态系统。这样的自然—人工生态系统，显然与人们的生产和生活是不可分割的。

【阅读】云南红河哈尼梯田与水

云南红河哈尼族人主要生活于哀牢山海拔800—2500米的山区地带。哀牢山"一山有四季，十里不同天"，从山麓至山顶依次分布着南亚热带、中亚热带、北亚热带、暖温带、温带和寒温带气候，呈现出典型的垂直气候特征。哈尼族人选择在冬暖夏凉、气候适中的山腰地带建寨，将村寨之下炎热湿润的山坡开垦为梯田，以利于水稻种植。这样，红河哈尼族乡土聚落形成了以森林、村寨和梯田为核心要素，以水系为串联的"森林—村寨—梯田—水系"四者同构的立体景观格局（图2-17）。

图2-17　云南红河哈尼梯田景观

水系在聚落景观体系中有着特殊的重要作用，更是梯田农业生产的命脉。哀牢山亚热带山区降水丰沛，高海拔地区存在的砂岩层地质结构和森林厚实的落叶层具有极强的水源涵养能力，而溢出地表的水，先被哈尼族人引入村寨供日常生活需要，随后流入梯田。水流顺着层层梯田，由上而下，长流不息，形成"山有多高，水有多高"的水文景观特征。水将林、寨、田密切联系起来，形成一个可持续发展的生态循环和聚落系统，体现了人与自然高度和谐的依存关系，也反映出哈尼族人在改造和利用自然中的智慧①。

2013 年，红河哈尼梯田入选世界文化遗产的文化景观遗产名录。

第二节　城乡文化遗产的特色呈现

特色是指一个事物或一类事物显著区别于其他事物的风格和形式。人类由于所处生存环境和生活状况的巨大差异，产生了语言文字、风俗习惯、生活方式、宗教信仰、衣冠服饰、肤色人种等方面的不同。世界各个国家、各个地区的文化遗产都是人类在不同的自然条件、不同的文化环境中创造出来的，由此形成了不同形式、不同风格的文化艺术和文化遗产②。可以说，文化传统和历史环境是形成地域特征或地方特色的关键因素。例如，城市型文化遗产与乡村型文化遗产的文化内涵具有很大的差异。这些差异大体可以由表 2-2 反映出来。

表 2-2　城市型文化遗产与乡村型文化遗产的特征比较

项目		城市型	乡村型
遗产类型	物质文化遗产	精品多	精品少
	非物质文化遗产	高雅项目多	特色项目多
	文化景观遗产	极少	很多
	记忆遗产	以官方收藏古籍为主	以民间文书为主
遗产分布		相对集中	大分散，小集中
遗产时代		古代、近代为主	近代、现代为主
产业特征		工业为主	农业为主
存在形态		静态为主	活态为主
物质权属		国家所有为主	私人所有、集体所有为主
总体特色		不很明显	比较明显
保护现状		相对较好	相对较差

由于文化遗产是经过长期的历史淘洗、沉淀而留存下来的，往往能够反映出本民族、本地区最具有本质性和代表性的经验与特征。联合国教科文组织十分推荐的《巴拉宪章》就非常强调被保护场所的"地方感"（sense of place）及其"文化重要性"③。地方感就是人们对特定地域或地方特色的认同、依赖与依恋。认真总结遗产地的文化遗产价值，充分认识相关的特征，对于进一步挖掘、提升文物古迹的文化价值，弘扬、传承民族文化和地域文化，具有重要意义。

中国历史悠久、地大物博、民族众多。经过漫长历史长河的滋养、浸润，不同民

---

① 高凯：《红河哈尼梯田文化景观的形与神》，《昆明理工大学学报》（社会科学版）2013 年第 6 期，第 91—97 页。

② 罗哲文：《中国文化遗产的特色》，《中国文化遗产》2004 年第 1 期，第 9 页。

③ 《巴拉宪章》全称《保护具有文化重要性的处所宪章》，国际古迹遗址理事会澳大利亚委员会于 1979 年通过，1999 年修订。"文化重要性"一词与"遗产意义"和"文化遗产价值"具有相同的含义。参见：联合国教科文组织世界遗产中心等：《国际文化遗产保护文件选编》，北京：文物出版社，2007 年，第 159 页。

族、不同自然条件地区，同样形成了丰富多彩、数量众多、特色明显的文化遗产，如历史传统、生活习俗、人文条件、审美观念等。中国城乡文化遗产的特色，由于要符合有关名城、名镇、名村称号的申报要求，学者通常习惯从民族特色和地方特色两方面进行认识。其实，从本质上讲，民族特色主要是从社会人类学的视角（注重社会群体的结构和功能，如亲族、婚姻、经济、宗教、地域组织等）来认识的，地方特色主要是从人文地理学的视角（注重各种人文现象的地理分布、扩散和变化，以及人类社会活动的地域结构等）来考察的。然而，由于二者的主要考察对象基本一致，规划编制者在实际的城乡文化遗产保护工作中往往不是从学术的不同视角加以区别，而是根据是否属于民族地区来进行判断：称民族地区的文化遗产具有民族特色，否则统称为地方特色。这种做法虽然简便易行，但并不科学、合理。事实上，一个区域、一个城市常常多民族混居，其地方特色中可能包含诸多的"民族特色"，像首都北京文化遗产的地方特色中可能包含蒙古族特色、满族特色；一个地域聚居型民族所体现的"民族特色"实际上就是地方特色，如新疆维吾尔自治区的地方特色主要指的是维吾尔族特色，内蒙古自治区的地方特色主要指的是蒙古族特色。相对来说，《历史文化名城名镇名村保护条例》规定申报历史文化名城、名镇、名村提供的资料内容只说"地方特色"较为合理。因此，进行地方特色、民族特色区分时，可以进一步从文化遗产的内容，即通过传统或过往的功能、住房、服饰、饮食、语言、信仰、节庆等日常的显性文化层面来进行文化遗产的特色认识。

一、本体功能特色

聚落是人类聚居和生活的场所。特定区域的城市或乡村聚落对本地及其周围地区居民在经济、政治、文化等方面所起的主要作用，反映着特定聚落的本体功能特征和性质。不同地区、不同时代、不同规模的聚落，其功能多不相同，有的聚落功能较为单一，有的聚落功能相对多样。

传统聚落的功能类型可以分为农业与非农业两大类。前者包括种植业、牧业、渔业、林果业和狩猎业等，后者包括政治、商业、贸易、交通、工矿业、文化、军事等。一个传统聚落，无论是城镇还是乡村，无论其规模是大还是小，其存在和发展无疑都离不开聚落自身所发挥的功能。传统城镇聚落和乡村聚落具有的功能差异较大。

中国传统城镇聚落的功能以非农业为特色。明清以来，中国绝大部分城镇往往首先是一定行政区域（省、府、县）的行政中心。由于这些城镇是一级地方政府的治所，聚集的从事非农业的人口必然较多，然后，在行政功能的基础上，其经济、文化等方面功能也会逐渐增强，而成长为一地的交通中心、商业中心、贸易中心、手工业中心、教育中心、宗教中心等。也有少量的城镇，由于其先具有重要的交通地位、经济地位或文化地位，之后再赋予其一定区域的行政管理职能而上升成为行政中心。传统城镇作为一定区域的政治、经济、文化中心，是传统城市文明的载体，既承担着行政、教化和非农经济活动，也发挥着联系农村和为农业服务的作用[1]。

【阅读】明代山东运河城镇功能的变迁

明代由于京杭大运河的畅通，山东运河沿岸一带交通便利，农业发展，商帮活跃，城镇呈现出繁荣的局面：城镇人口增加，城区扩大，商业发达，手工业繁盛，社会风俗和人们的思想观念都发生了变化。城镇的繁荣与发展，无疑造成了山东运河城镇政治功能、军事功能、经济辐射功能、文化功能的全面增强与显著变化。尤其是运河沿岸城镇交通、商业、贸易功能的增强，改变了山东运河城镇以往以政治功能为主的传统格局，并在一定程度上促进了运河城镇文化功能的发展[2]。参见图2-18。

图2-18　穿过山东聊城古城的大运河

中国传统乡村聚落的功能以农业为特色。明、清、民国时代，中国仍然属于传统经济时代，农业为本，以农立国。由于人口众多、生产力水平不高，城市经济不发达，绝大部分人口只能以农为业，长期居住生活在农村。这样，中国的乡村聚落不但数量庞大、人口众多、分布广泛，而且发展出多姿多彩的农耕文明，即人们围绕着农业活动而形成的具有地域特色的生产关系、居住关系、家庭关系、社会关系、文化关系等。因此，传统村落能够"体现着当地的传统文化、建筑艺术和村镇空间格局，反映着村落与周边自然环境的和谐关系。可以说，每一座蕴含传统文化的村落，都是活着的文化遗产，体现了一种人与自然和谐相处的文化精髓和空间记忆"[3]。

---

① 薛凤旋：《中国城市及其文明的演变》序言，北京：世界图书出版公司，2010年。

③ 仇保兴：《深刻认识传统村落的功能》，《人民日报》2012年11月29日。

二、居住特色

城乡聚落是由各类建筑物组成的，而民居是其中的主体。传统民居是物质文化遗产的重要组成部分。通过认识和分析特定地域的传统民居建筑情形，可以了解该地传统时代居民的居住特色。居住特色可以从聚落的位置与功能设施布局、民居的平面布局与立面形式、民居的建筑材料与结构、民居的居住习俗等方面进行分析。

一是聚落的位置与功能设施布局。城市与村落是不同的聚落类型。依据规模和内涵的差异，聚落可分为不同的等级，小型的诸如村落、集镇，大型的诸如不同规模的城市等。各级政府部门公布的历史文化名城属于大型聚落，一般对应于县级行政区驻地及其以上的城市；历史文化名镇名村、传统村落属于小型聚落，一般对应于县级行政区驻地之下的镇、村。传统时代的聚落，规模不是很大，其位置的选择往往颇为慎重。聚落位置的选择，常常要考虑到水利、地形、地貌等资源环境条件。明清以来，由于传统的风水思想对于聚落和建筑的选址、规划产生了广泛的影响，有相当一部分聚落（含民居、陵墓）的周围环境可以依据传统的风水原则进行特征分析。具有政治功能的大型传统聚落，如政区治所所在地城市，在建设过程中往往有过不同程度的规划，其内部道路系统多具有规则性，功能设施也体现出多样性。例如，道路有一定的等级差异，城内有居住区、商业区、生产区乃至埋葬区等。

【阅读】风水与张谷英村建筑

几千年来，中国人民一直在追寻"天人合一"的理想人居，寻求人与自然的协调。中国很多传统村落，其选址、规划和布局都十分注重传统风水的因素配合。风水之法起源于早期人们选择聚落居址位置的朴素方法，即相地术、堪舆术。秦汉时由阳宅（在世时住宅）推及阴宅（死后葬地）。《葬书》（传晋代郭璞撰）解释风水之法时称："葬者，乘生气也。气乘风则散，界水则止，古人聚之使不散，行之使有止，故谓之风水。风水之法，得水为上，藏风次之。"清代范宜宾注释称：无水则风到而气散，有水则气止而风无，故风水二字为地学之最，而其中以得水之地为上等，以藏风之地为次等。也就是说，良好风水的最基本条件在于"得水""藏风"。只有"得水""藏风"之地才能实现聚气，也才能成为风水宝地。什么样的地方才算得上"得水""藏风"之地？需要背有靠山，即有"龙脉"依附，前有"朱雀"，后有"玄武"，左右分别有"青龙""白虎"环护，山势围合，有山有水，才能构成一个藏风聚气的独立空间（图 2-19）。明清时代，风水思想发展成为一种具有强烈神秘性、包含很多迷信成分的民间方术。现存的传统村落绝大部分形成于明清时代。因而，认识风水是打开传统村落文化景观大门的钥匙。

图 2-19　古代风水宝地的环境模型

　　湖南省岳阳市岳阳县张谷英镇张谷英村，位于岳阳县东渭洞笔架山下。该村至今已存在 500 多年，保留了 1700 多座明清建筑，其建筑规模之大，建筑风格之奇，建筑艺术之美，在湖南省内并不多见。相传早在明代洪武年间，风水先生江西人张谷英沿幕阜山脉西行至渭洞，见这里群山起伏，低地似盆，流水潺潺，自然环境优美，顿生迁居于此的念头。他按照风水原则，经过细致勘测后，选择了今张谷英村当大门一带作为宅地，规划建设屋舍，于是，张谷英村落逐渐成长起来。今所见该村，呈半月形分布在龙形山脚（图 2-20），总体布局依地形呈"丰"字形干枝式结构，主屋大门前的渭溪河迂回曲折，穿村而过，成了天然的护村河。大门内的坪上有两口人工池塘，分列左右，既为得水聚气之处，也做储水救灾之用。张谷英村几经沧桑，至今仍然基本保留原状。

图 2-20　张谷英村的风水选择与设计

二是民居的平面布局与立面形式。传统民居的平面布局是指民居在设计建造过程中因对各房间的功能进行分别而形成的平面空间组合形式。早在新石器时代的龙山文化时期，原始村落中已经出现分室房屋。例如，西安客省庄龙山文化建筑遗址就发现"吕"字形建筑平面，有明显的功能不同的内外两室。西周时代，已开始出现四合院式的建筑空间形态。四合，"四"指东、西、南、北四面，"合"指四面房屋围合，形成一个"口"字形。北京标准四合院的四面由正房（北房）、倒座房（南房）、东西厢房围绕，中间是露天庭院。四合院是中国北方传统住宅的统称，是汉族民居形式的典型，在中国传统民居中历史最为悠久，分布也最为广泛。由于地域自然、经济、社会、环境条件的不同，民居的平面布局往往会呈现出明显的地域特色。

传统民居的立面形式是指民居建筑的外貌特征。一般来说，反映主要出入口或比较显著地反映房屋外貌特征的立面称为正立面，其余的外立面相应称为背立面、侧立面，屋顶可视为第五立面。传统民居的大门、山墙、屋顶形式往往构成传统民居外立面的地域景观特色。

【阅读】北京的四合院

1271年元朝建立，北京开始成为广域王朝的都城，由此北京城市建设出现了划时代的变化。元大都的城市建设除了宫殿、官署，也有大规模的民居，而四合院是元大都民居建设的基本形式。经过数百年的营建活动，北京四合院从平面布局到内部结构、内部装修都形成了独特的北京风格。

北京标准的四合院，一般面向东西方向的胡同，坐北朝南。基本形式是分居四面的北房、南房和东西厢房，四周再围以高墙。四合院唯一向街的大门，辟于宅院东南角的"巽"位。房间总数一般是北房3正房2耳房共5间，东房、西房各3间，南房不算大门4间，连大门洞、垂花门合计17间。若以每间11—12平方米计算，全部面积约200平方米。北房老人住，中间为大客厅（中堂间）；长子住东厢房，次子住西厢房；佣人住南房，女儿住后院。富裕的人家或人口较多的人家，可以建设三个或四个四合院，前后相连。四合院围合的中间庭院，四面房子都向院落方向开门，其中往往种植海棠树、放置石榴盆景、饲鸟养鱼。四合院的这个庭院相当于传统大家庭的露天起居室，是十分理想的室外生活空间，每当夏日晚间，一家人坐在院中乘凉、休息、聊天、饮茶，十分惬意（图2-21）。

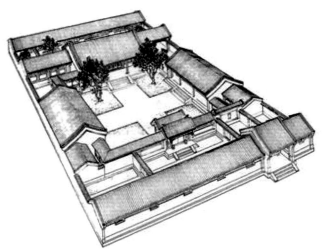

图 2-21　北京四合院模型

　　三是民居的建筑材料与结构。任何建筑的建造都需要一定的物质材料，传统民居也不例外。在传统民居建造过程中，房屋的主结构、墙体和屋顶需要大量使用建筑材料。中国传统民居的建筑材料大多为自然材料，如木材、石材、生土等，尤其是木材，在传统民居中具有特别重要的地位，也有人工合成的材料，如烧制的砖、瓦、陶瓷小件等。墙体材料多为夯土、泥砖，也有青砖、石、木、竹等；屋顶一般用小青瓦来覆盖，较为贫穷、偏僻的地方则用茅草、石板、树皮等覆盖。

　　由于大部分区域传统民居的主结构材料为木材，中国古代逐渐发展出抬梁式、穿斗式、井干式三种木结构类型。其中，抬梁式结构北方民居较多，穿斗式结构南方民居较多，井干式结构多应用于木材丰富的地区。

【阅读】福建永定土楼

　　永定土楼位于福建省西南的龙岩市山区。永定2200多平方千米的土地上，分布着2万多座土楼，其中3层以上的大型建筑近5000座，圆楼360多座。土楼的主人属于汉族支系客家人。相当长的历史时期，这里地势险峻，人烟稀少，盗匪横行。传统时代，以农为主，聚族而居是集中力量、共御外敌的较好选择。当地山民吸收中国传统建筑规划的"风水"理念，适应聚族而居的生活和防御要求，利用当地的生土、木材、鹅卵石等建筑材料，建成一处处既高大、坚固，又便于生活、防御的生土高层建筑，将源远流长的生土夯筑技术推向极致。土楼依山就势，或方或圆，错落有致地分布在山间狭小的平地上（图2-22）。

　　闽粤赣交界山区的客家人来自西晋以降的中原地区。起初，他们沿用中原古老的生土建筑技术，利用当地竹、木、泥、石等自然材料建造简便的木屋、土屋，后来慢慢发展到建造泥墙瓦顶的土楼。到清乾隆年间，明末才传入中国的烟叶在永定种植渐广，其

图 2-22　福建永定侨福楼大门

条丝烟更是畅销国内、南洋诸地，大批烟商因此大发其财。于是，当地部分民众有了大兴土木、建造大型土楼的经济基础。由于土楼造型美观，功能配置和建造技术日臻完善，逐渐影响到周边客家地区的民居建筑，成为一种特色显著的地域民居类型。

四是民居的居住习俗。居住习俗是指房屋的居住利用风俗，是一个国家、民族或地域民众在长期的居住生活中所创造的、独特的民俗习惯模式。例如，居所新建时的一系列仪式，居所内部物品的摆设，家庭成员住房的分配及住房之间的相互协调，等等。中国的居住习俗丰富多彩，几乎每个民族都有自己独特的居住习俗，如北方汉族的窑洞与四合院的居住习俗不同，南方客家人的土楼和苗族的吊脚楼、藏族的碉楼的居住习俗也不相同。民居的居住习俗，与各个区域的自然环境、历史文化传统、社会制度及文化的传播交流等方面关系密切。传统民居既是一个民族物质文化和精神文化的结晶，也是各民族之间文化传播和交流的产物。从传统民居的居住习俗中，不仅可以看到每个民族的观念、信仰、审美和生活情趣，也能够看到各个民族之间相互学习、水乳交融的过程[1]。

【阅读】滇南"一颗印"民居的营造仪式[2]

滇南"一颗印"民居是分布在云南南部的汉、彝、回、蒙古等各族共同居住的基本民居类型。其营造过程包含动土、动木、发马、立房、飘梁、奠土六项仪式。

（1）动土。其是石匠正式进场进行建筑基础石作的日子。在地师（风水先生）挑好的黄道吉日，抬鱼、鸡蛋、猪肉三牲到宅基地中央供奉，主人或村中长者燃香、烧黄钱及纸金银元宝给"土地爷"，并祈祷磕头烧香。

（2）动木。其是大木匠师正式进场的日子。按地师看好的日子，掌墨匠师从脊析

---

① 赵丙祥：《民居习俗》，北京：中国社会出版社，2008 年，第 1 页。

② 杨立峰，莫天伟：《仪式在中国传统民居营造中的意义——以滇南"一颗印"民居营造仪式为例》，《建筑师》2006 年第 6 期，第 88—91 页。

木的根部锯下一小段写上"圆木大吉"供入家堂，待砌墙时把这段木头放入左山尖中，同时制作一个木神牌位供于家堂中，到举行奠土仪式时烧掉。

（3）发马。其是在立房（立架）前夜子时秘密举行的接鲁班先师前来保护立房顺利进行的仪式。地点一般是在建房人家所在村外的十字路口。

（4）立房。在地师看好的吉日良辰进行，要求房主在基地中央点烛、焚纸、祈福。

（5）飘梁（上梁）。大梁就位是房屋正式建成的标志，飘梁日就是房屋的生日。飘梁日要根据屋主人的生辰八字推算合适的日子。飘梁仪式（图2-23）有预备、点梁（把鸡冠血滴点包布大梁的不同部位）、飘梁三步。是日，亲朋好友要前来祝贺分享新房建成之乐。

（6）奠土。即新房子的生日仪式。至少要举办三年，当天要请道士诵经，并把动木仪式后供奉于家堂的木片烧成灰烬，埋在堂屋后壁正中墙根下。

图2-23 滇南民居营造的飘梁仪式

三、服饰特色

服饰源于人们生活的必需。服饰作为民族物质文化与非物质文化传承的主要载体，包括服装、鞋、帽、袜子、手套、围巾、领带、配饰、包、伞等。就服饰本身而言，无论是物化的、有形的布料、款式、图案、色彩、饰品所表达和包含的历史记忆、寓意，还是无形的纺织、裁剪、制作、刺绣等传统手工技能所展现和反映的工艺水平，都是民族性特征的展现[①]。中国56个民族的传统服饰，都具有各自民族的文化特色，尤其是少数民族。服饰作为一个民族物质文化与精神文化相结合的产物，往往能够折射出一个民族的历史、经济、宗教、审美、工艺、习俗等多方面的独特内涵。

随着时代的发展，文化交流传播的频繁，民族服饰的特征在逐渐弱化，用途和功能也在逐渐变化。例如，民族服饰的审美功能、民族识别功能等社会功能在逐渐增

---

① 冯敏、张利：《论民族服饰与非物质文化遗产保护》，《四川民族学院学报》2011年第5期，第16—21页。

强，而实用功能在逐渐削弱。民族服饰正慢慢地退出人们的日常生活，而仅作为一种记忆符号或标志被保留下来，只在需要的某些特殊场合出现，或作为艺术品被展览、收藏和欣赏[①]。

【阅读】苗族传统服饰的区域差异

苗族主要分布在贵州、湖南、云南、重庆、湖北、四川、海南、广西等省（区、市）。由于历史条件、经济状况、自然环境、生活习惯和审美情趣等，各地服饰的差异较大，省与省、县与县，甚至苗寨与苗寨之间也不相同。据清代《百苗图》所载，"样式凡八十三种"。另有考察资料称有样式百余种。到中华人民共和国成立前夕，苗族妇女服饰可分为三大类：第一类流行于贵州、云南、川南、广西、海南岛等地，穿百褶裙，但裙子长短不一，以黔东南差别最大。分布在广西的融水、黔东南的大部和黔西南等地的苗族妇女，喜穿藏青色的衣裙，又特别喜爱佩戴银饰。第二类流行于湘西、黔东北和渝东等地区，穿长裤大襟衣，衣缘、裤脚都镶花边，不穿裙。贵州的贵筑、罗甸、都匀，云南的麻栗坡等地部分苗族妇女的衣着也属这一类型。第三类流行于鄂西、湖南城步和麻阳、渝东、贵州的天柱等地区，男女穿着皆同汉族，基本上没有民族特点或者不很显著。各地苗族男子服饰的制作大都比较简单，年轻人普遍包头巾[②]。

总体来说，苗族服饰保持着中国民间的织、绣、挑、染的传统工艺技法，花团锦簇，流光溢彩，显示出鲜明的民族艺术特色。苗族服饰作为苗族形象标志之一，常常成为苗族地区乡村、城镇的流动风景。

图 2-24 为清代"短裙苗"服饰。

图 2-24　清代"短裙苗"服饰

---

① 黄伯权：《民族传统服饰的当代变迁》，《西南民族大学学报》（人文社会科学版）2011 年第 1 期，第 15—21 页。
② 苗族简史编写组：《苗族简史》修订版，北京：民族出版社，2008 年，第 359—360 页。

四、饮食特色

"民以食为天"，饮食是人类生存的必需。人类饮食的发展过程大体可分为自然饮食（生食）为主时期与调制饮食（熟食）为主时期。历史早期以自然饮食为主。随着熟食的普及，不同的人群、部族、民族因其赖以长期生存的气候条件、物产、生活环境和生活习惯、宗教信仰等方面差异，各地逐渐发展出多样化、特色化的饮食调配、制作及烹饪方法。中国地域辽阔，具有数千年的熟食历史，不同地域的饮食文化往往呈现出各自不同的特色。

一般来说，中国人一日三餐以米、面为主食，种植水稻的东南地区以米食为主，种植小麦的东北、西北和华北地区以面食为主。无论是米食还是面食，主食的制作方法种类繁多，主食的品种也丰富多样。

中国菜的用料多样，烹饪讲究，注重色、香、味、形俱佳。地域不同，人们的口味也不尽相同，如南方人大多口味清淡，北方人大多口味较重。由此，在中国就形成了具有地方特色的菜肴文化。最有代表性的是鲁菜、川菜、粤菜和淮扬菜四大菜系，如果进一步细分，则有鲁菜、川菜、苏菜、粤菜、浙菜、闽菜、湘菜、徽菜八大菜系。有的菜系还形成了本菜系的地方流派。各地的菜肴在原料选用、烹调技艺和口味等方面都有自己的鲜明特点。

【阅读】中国地方菜的特色

鲁菜源自山东，流行于中国北方。山东近海，多海鲜类的菜肴，清、脆、嫩、鲜、醇是鲁菜的特色，名菜有糖醋鲤鱼等。川菜流行于西南地区，集麻、辣、酸、鲜、香于一身，人称"百菜百味"，名菜有鱼香肉丝等。淮扬菜调味讲究保持本味，追求清淡而鲜嫩，爽口而味醇，又讲究刀工、配色和造型，名菜有狮子头等。粤菜用料较广，菜式新颖，口味讲究，形成清、爽、鲜、淡、香的风味特色。浙菜制作精细，味道鲜嫩，名菜有龙井虾仁等。闽菜多以海产品为原料，汤菜品种多样，汤鲜味美，名菜有佛跳墙等。湘菜多用辣椒，油重色浓，酸辣鲜香，名菜有剁椒鱼头（图 2-25）等。徽菜以烹制山珍野味著称，名菜有符离集烧鸡等。此外，北京烤鸭、东北酸菜白肉、重庆火锅等也是闻名遐迩的地方特色菜肴。

图 2-25　湘菜剁椒鱼头

饮，主要是指酒和茶。中国既是一个酒的国度，也是一个茶的国度。酒在中国有数千年的历史，形成了独具特色的酒文化。酒文化内容包括酿酒工艺技术及其规范，饮酒风俗礼仪，饮酒器具，与酒相关的令、诗、文、词、曲、掌故等方面。中国传统酒类主要有白酒、黄酒、葡萄酒、药酒。白酒是中国人民最喜爱的酒种之一。著名的白酒主要有茅台酒、五粮液、汾酒、西凤酒、泸州老窖特曲、桂林三花酒、酒鬼酒、古井贡酒、董酒、洋河大曲、剑南春等。

中国作为茶的故乡，5000 年前已发现茶叶，3000 多年前就开始了茶树的种植。数千年的饮茶植茶史，形成了中国悠久多彩的茶文化。茶文化是有关饮茶的文化，包括对各种茶的欣赏、泡茶技艺、饮茶感受及其相关的文学艺术作品等，其物质形态表现为与茶相关的文物、遗迹、书画、诗文、歌舞、茶艺和各种茶实物、茶具等；精神形态则表现为茶德、茶道，以及以茶待客、以茶养廉、以茶养生等品格。无论是汉族还是少数民族，都已经养成了颇有特色的饮茶习惯。在几千年的植茶制茶史中，中国人民生产出了品种多样的茶叶，如绿茶、黑茶、红茶、黄茶、白茶等。目前，中国已形成华南、江南、西南、江北四大产茶区。其中，绿茶是中国产量最大的一种茶品。据统计，中国茶叶中能叫出名字的茶叶有一千多种，而能称得上"中国名茶"的茶叶可达数百种。中国名茶中以绿茶所占的席位最多。

【阅读】中国的绿茶

中国是世界上最大的绿茶生产地。绿茶约占中国茶叶生产总量的 75%，其余的主要是红茶、发酵黑茶和乌龙茶，白茶和黄茶是"小众"产品，所占比例很小。中国绿茶种类繁多，按加工方式可有四个代表性分类[1]。

（1）蒸青：指采用蒸汽杀青制作的绿茶，是非常传统的绿茶。明代锅炒杀青技术普及后，草青气较重的蒸青茶沦为非主流绿茶。湖北恩施玉露是目前硕果仅存的蒸青

---

[1] 徐纬:《品读中国茶》，上海：上海科学技术出版社，2013 年，第 64—65 页。

历史名茶。

（2）炒青：指采用锅炒、滚筒滚炒等干热方式杀青，干燥时茶叶在锅中或滚筒内炒干的绿茶。炒青绿茶在干燥过程中持续受力，内含物质不断渗出，香气浓郁。炒青是现代中国绿茶中最主流的品种。著名的龙井茶（扁炒青）属于炒青绿茶，中国出口绿茶主打的眉茶和珠茶分别是长炒青（眉形）和圆炒青（圆形）。

（3）烘青：采用与炒青同样的干热方式杀青，干燥时茶叶平铺在烘笼上或烘干机内静态烘干的绿茶。因干燥过程中无外力作用，烘青绿茶滋味鲜醇，香气清正。黄山毛峰属烘青绿茶，花茶茶坯也大多采用烘青。

（4）晒青：采用与炒青一样的干热方式杀青，干燥时茶叶平铺于日光下晒干的绿茶。晒时要适时翻茶，以便干燥均匀。因加工成本低，传统晒青大多为原料和工艺较粗放的低档绿茶。目前只有少数地方因传统特色需要保留生产。普洱茶的原料就是云南大叶种晒青茶。

中国绿茶的传统主产地在安徽、浙江和福建。安徽出产的名茶有绿牡丹、黄山毛峰、霍山黄芽、六安瓜片、太平猴魁等；浙江以龙井茶最为知名，而珠茶产量大，出口多；福建是茉莉花茶的最高产区。

五、语言特色

人们彼此的交往离不开语言。语言是人类进行沟通交流的表达方式，是民族的重要特征之一。一般来说，各个民族都有自己的语言。不同的地区，有不同的语言或方言，甚至在同一地区，不同的社会阶层、不同年龄的人之间可能都会有特殊的词汇来表达他们独特的情感。根据语言的要素特征和起源关系，世界上的主要语言被语言学家分成汉藏语系、印欧语系、乌拉尔语系、阿尔泰诸语等9个不同的语系，每个语系又包括有数量不等的语种。这些语系与语种都有一定的地域分布，不同的语言在发展过程中也会不断地借鉴、融合。一种语言往往有多种方言。方言是语言的地方变体或支派。一般来说，方言是不见于书面语的特殊口语。文字是记录语言的符号。

中国是一个多民族、多语言、多文种的国家，56个民族使用130余种语言和约30种文字[①]。其中，属于汉藏语系的汉语，是中国汉民族的共同语，也是中国乃至世界上使用人数最多的语言。现代汉语有标准语（普通话）和方言之分，方言通常分为北方方言、吴方言、湘方言、赣方言、客家方言、粤方言、闽方言七大方言区，各方言区内又分布着若干次方言和许多种"土语"。其中，使用人数最多的北方方言，又分为北方官话、西北官话、西南官话、下江官话四个次方言区。除回族、满族一般使

---

① 国家语言文字工作委员会：《中国语言文字事业年鉴2016》，北京：中国传媒大学出版社，2017年，第90页。

用汉语外，其他少数民族大多使用一种民族语言，少数使用两种或两种以上语言。这些少数民族语言大体上分别属于汉藏、阿尔泰、南亚、南岛、印欧 5 个语系。

"人类文化的载体主要有实物、文献和口语三种，口语承载的是最原始最重要最丰富最有草根价值的文化。"[①] 虽然普通话已经成为中国的主流交际语言，但人们事实上在合适的场合仍习惯使用本族、本土的语（方）言去填补各自内心深处的乡音需求与乡土情怀。况且，民族、地方语言往往还具有宝贵材料价值与重要的文化载体功能。因此，语言本身既是非物质文化遗产，也是深入理解和认识地域其他相关文化遗产内涵的无可替代的方面。

【阅读】北方方言

北方方言也称官话方言，即广义的北方话，通常也叫"大北方话"。在汉语各大方言中，官话方言有它突出的地位和影响。近千年来，中国许多优秀的文学作品，从唐宋白话到元曲到明清小说，都是在北方话的基础上创作的；加上从元代以来以北京为中心的北方话通行地区一直是中国政治、经济、文化高度集中的心脏地带，官场上办事交际自然都习惯使用北方话，因而有"官话"之称。实际上，"官话"是汉语各方言区的人共同使用的交际语言，现在全国推行的普通话，就是在"官话"的基础上发展起来的现代汉民族共同语。北方方言以北京话为代表，通行于中国北方地区各省（区、市）和贵州、四川、云南及华中地区的部分县市，使用人口约占汉族总人数的73%。北方方言内部按其语言特点一般可以分为四个支系，即四个方言片或四个次方言：①华北官话，分布在京、津两市，河北、河南、山东、辽宁、吉林、黑龙江，还有内蒙古一部分地区。②西北官话，分布在山西、陕西、甘肃等地和青海、宁夏、内蒙古的一部分地区。新疆汉族使用的语言也属西北方言。③西南官话，分布在四川、云南、贵州等地及湖北大部分、广西西北部、湖南西北角等地区。④江淮官话，俗称下江官话，通行于安徽长江两岸地区，江苏长江以北大部分地区（徐州一带除外），长江南岸镇江以上、南京以下地区，以及江西沿江地带。

【阅读】水族与水书

水族约在七八百年以前分批从江西、广西、湖南等地迁至今日贵州三都县境内，选择在云贵高原这片苍莽翁郁的山脉深处繁衍生息。水族村寨多建在高高的山腰上，村寨后是绿树覆盖的山梁，村前是栽种水稻的层层梯田。梯田之下的深深山谷里，是蜿蜒南去的都柳江。村寨与山体相融，炊烟随青黛消散，如诗如画。水族人民深居山野偏僻之壤，鲜少与外界信息互通，却将古老的中原文化碎片保留至今，堪称一朵个性十足的文化奇葩。水族的古老文字"水书"则是这朵奇葩上最靓丽最重要的一瓣。水书又称"水文"，水语称为"泐虽"，有400多个单字，是一套类似先秦时代甲骨文和金文的古老文

---

① 钱亦蕉：《方言就是非物质遗产》，《新民周刊》2012 年第 44 期，第 26—30、41 页。

字符号。过去，只有家境殷实的贵族人家才能保有水书，而当地的水书先生因为能够读懂水书、运用水书，往往都是所居村寨中德高望重的人。水书是水族文化的主要载体，对于水族人生活的方方面面都有深远影响。例如，一年四季中何时播种、施肥、收割，进山打猎该朝哪个方向，传世水书中都记载有相应的推算方法。水书中保存的先祖智慧，由于融入生活劳作之中，对提高水族人的生产效率提供了巨大的帮助。

六、信仰特色

信仰是指对某种思想、宗教或某人、某物、某现象的信奉敬仰。信仰属于个人的意识行为，是人类心灵的主观产物。原始意义上的信仰是指天地信仰与祖先信仰。天地信仰源于人类早期对自然物与自然现象的敬畏，祖先信仰源于人类早期对祖先的崇拜、纪念。人们通过对天地、神明、祖先的各种崇拜祭祀活动，祈求风调雨顺、降福免灾。

人们对未来的祈求、对生活的理解，往往需要借助一定的仪式或程式表达出来。汉代以后，中国人民主要信仰的是儒家、佛家、道家三者的思想，但影响民间生活的信仰常常是传统信仰与各种宗教信仰结合、杂糅的信仰体系（图 2-26）。传统中国是一个多神的国度，庙宇宗祠林立，供奉着各种各样的神灵，神仙信仰对中国民众的价值观念、行为准则产生了深刻的影响，成为他们日常生活中的一部分。由于各地、各民族的历史文化传统不同，各地民间的信仰也呈现出多样性和地域性。普通百姓的信仰和崇拜活动的宗教色彩不强，而大多是出于实际生活需要的目的，具有显著的功利性和实用主义倾向。祈求福、禄、寿、禧、财，既是民间信仰的宗旨，也是老百姓生活的梦想。

图 2-26　鄂西北某地糅合佛教元素的天主教堂

【阅读】中国民间的传统信仰对象

中国民间的传统信仰对象虽然多种多样，但大体可以分为四类。

（1）灵魂。中国传统相信万物有灵，不但相信人是由肉体与灵魂所组成的，而且相信人所役使的牲畜（如牛、马、鸡）、使用的器物（如门、寨、井、灶、仓等）也有灵魂。

（2）自然神。其包括太阳神、风神（风伯）、雨师（玄冥）、电母、雷神、水神（河伯、江神）、山神、树神等诸种人格化的自然物。

（3）生育神。其是由多子多福传统而衍生的民间信仰对象，包括子孙娘娘、助产神（如东南地区的陈靖姑）、送子观音（由佛教观音讹变）等。

（4）行业神。因对历史上出现的、拥有独特技能与工艺者的敬仰而产生的崇拜。例如，造字神（仓颉）、造纸神（蔡伦）、药王（扁鹊、孙思邈）、茶神（陆羽）、酒神（杜康）、鲁班、武圣（孙武、关公、岳飞）等。

七、节庆特色

节庆是地域社会约定俗成、世代相传的一种主题特定的大型文化现象或文化活动。这种现象或活动，往往是在不同国家、不同民族、不同区域的长期生产、生产活动实践中产生的。节庆的种类很多。从节庆性质来说，可分为单一性节庆和综合性节庆；从节庆内容来说，可分为祭祀性节庆、纪念性节庆、庆贺性节庆、社交游乐性节庆等。由于节庆活动在特定时期举办，往往具有鲜明的地方特色和群众基础，很容易成为国家、民族或区域历史、经济状况和文化现象的一方综合视窗。

中国节庆活动丰富多彩。在中华民族漫长的历史中所形成的春节、清明、端午、中秋、重阳等众多传统节日和少数民族节日，是中华民族优秀传统文化的历史积淀，是中华民族精神和情感传承的重要载体，是维系祖国统一、民族团结、文化认同、社会和谐的精神纽带，是中华民族生生不息的不竭动力[1]。但是，同一个节日、同一个区域，节日习俗可能有不小的差异，很值得研究。

【阅读】江西各地的春节习俗[2]

江西各地的春节习俗异彩纷呈，同一个市、同一个县，甚至同一个镇，习俗都有可能不统一。例如，九江市，除修水送灶神为腊月二十三以外，其他大部分地区为腊月二十四；抚州市，除广昌、南城、黎川、南丰、崇仁等地小年是在腊月二十四以外，其他大部分地区都是腊月二十五过小年；吉安市，除安福和永新有大年三十上坟祭祖之俗

---

[1] 李松：《中国节庆文化丛书》"后记"，合肥：安徽人民出版社，2014年。
[2] 周巍峙，雒树刚，周建新：《中国节日志·春节》江西卷，北京：光明日报出版社，2017年，第42页。

以外，其他地区未见有上坟的习俗；上饶市，婺源的春节习俗与上饶市其他地区有很大的区别；宜春市，除丰城、樟树、高安三地有"拜新香"的习俗以外，在宜春市其他地区未见该习俗；赣州市，龙南在大年初二举行添丁仪式，宁都则在正月十四举行。

第三节　城乡文化遗产的价值评估

城乡文化遗产的价值多样，特色鲜明，因而，需要较为准确地评估一地的文化遗产价值。在城乡文化遗产保护过程中，合理、科学地评估城乡文化遗产的价值是保护工作不可或缺的一环。但是，要综合认识并评估特定城乡文化遗产的价值并不容易。

国外文化遗产评估以文化遗产的普遍价值为主，较为重视文化遗产的历史久远度、自身发展过程的特点，同时，也适度关注文化遗产在促进人们理解历史文化、体现本土传统风尚的作用，以及与周边环境的关联度[1]。国内针对历史文化遗产虽然尚未形成普适性的评估体系，但提出了申请历史文化名城名镇名村的基本标准：①保存文物特别丰富；②历史建筑集中成片；③保留着传统格局和历史风貌；④历史上曾经作为政治、经济、文化、交通中心或者军事要地，或者发生过重要历史事件，或者其传统产业、历史上建设的重大工程对本地区的发展产生过重要影响，或者能够集中反映本地区建筑的文化特色、民族特色[2]。由此，不少学者在保护工作的某些环节中尝试引入一些价值评估方法，有针对性地构建了一些评估体系，对于城乡特定文化遗产的价值认识具有一定的意义。例如，各省（区、市）对历史文化街区、名镇名村、传统村落等文化遗产的评选较多参考《中国历史文化名镇（名村）评价指标体系（试行）》[3]、《传统村落评价认定指标体系（试行）》（2012年）。此外，涉及专项评估的国家技术规范已有《中国文物古迹保护准则》《历史文化名城保护规划标准》《历史文化名村保护与修复技术指南》。《中国文物古迹保护准则》在历史、艺术和科学价值的基础上，增加了文化价值和社会价值的分析，普适性强，适用于所有实物遗存，尤其是文物古迹的保护管理。《历史文化名城保护规划标准》要求历史文化名城保护规划必须分析城市的历史、社会、经济背景和现状，体现名城的历史价值、艺术价值、科学价值和文化内涵，适用于历史悠久、规模较大、遗产较丰富的城市。《历史文化名村保护与修复技术指南》强调分析历史、文化、艺术、技术等方面价值内容，从而为名村保护与修复提供依据。

下面就常用的层次分析法（analytic hierarchy process，AHP）和研究者提出的综合评价法做简单介绍与评析。

---

① 朱亚光，方遵，雷晓鸿：《建筑遗产评估的一次探索》，《新建筑》1998年第2期，第22—24页。
② 《历史文化名城名镇名村保护条例》（2008年公布，2017年修订）。
③ 《全国历史文化名镇（名村）评选和评价办法》（2003年）。

一、层次分析法

层次分析法由美国学者托马斯·萨蒂（T. L. Saaty）教授于 20 世纪 70 年代初提出，是一种解决多目标复杂问题的定性与定量相结合的系统分析方法。它根据对一定客观事实的判断，把复杂问题分解为若干有序层次，并就每一层次的相对重要性给予定量表示，然后利用数学方法确定出表达每一层次全部元素的相对重要性次序的数值，再利用数值求出各层次的优劣次序，从而比较有效地解决那些难以用定量方法解决的问题。该方法的特点在于能够利用较少的定量信息使决策的思维过程数学化，从而为多目标、多准则或无结构特性的复杂决策问题提供简便的决策方法。

1. 一般评估步骤

（1）构建评估体系。构建一个由目标层、准则（指标）层、对象层组成的指标体系。要求在深入分析对象问题的基础上，将有关的各个因素按照不同属性自上而下地分解成若干层次，同一层次的诸因素从属于上一层次的因素或对上一层次因素有影响，同时又支配下一层次的因素或受到下一层次因素的作用。如表 2-3① 所示，最上层（A 层）为目标层，通常只有 1 个因素，最下层（D 层）通常为对象层，中间可以有一个或几个层次，通常为准则层（B 层、C 层）。

表 2-3　历史文化村镇保护评价体系设计

A 层	B 层	C 层	D 层
历史文化村镇保护	物质文化遗产 B1	自然环境 C1	D1 聚落自然环境和谐度
			D2 自然生态环境完整性
			D3 自然生态环境美感度
		空间形态 C2	D4 整体形态风貌完整性
			D5 街巷空间格局完整性
			D6 空间形态风貌美观度
		建筑特色 C3	D7 文物古迹保存真实性
			D8 乡土建筑保护完整性
			D9 建筑艺术文化价值度
	非物质文化遗产 B2	历史影响 C4	D10 村镇历史沧桑久远度
			D11 历史事件名人影响度
			D12 村镇历史职能鲜明性
		民俗文化 C5	D13 传统文化民俗独特性
			D14 民俗风情工艺保持度
			D15 民俗稀有物产遗存度

（2）设计调查问卷、专家打分。为了获得各个指标的权重，需要确定指标之间的相对重要性，这往往通过设计调查问卷、邀请专家打分的方式完成。问卷多采用表格式的 1—9 标度法。数字越大，表明指标越重要：最大为 9，表示极端重要；最小为 1，表示同等重要。

（3）构造判断矩阵、计算权重。构造判断矩阵是层次分析法的关键一步。把专家对每

---

① 赵勇、张捷、李娜、等：《历史文化村镇保护评价体系及方法研究》，《地理科学》2006 年第 4 期，第 497—505 页。

一层次各因素的相对重要性给出的判断数值写成矩阵形式，就是判断矩阵。通过判断矩阵计算出最大特征值所对应的特征向量，在进行一致性检验后，以之作为权重值。判断矩阵权重计算的方法有两种，即几何平均法（根法）和规范列平均法（和法）。

（4）确定具体评分标准。根据权重计算每一项指标在实际评价中的得分，以及在总体评价中所占的比重。

2.《中国历史文化名镇（名村）评价指标体系（试行）》评估框架

住房和城乡建设部、国家文物局发布的《中国历史文化名镇（名村）评价指标体系（试行）》属于层次分析法。该指标体系是在赵勇等[1]研究的基础上调整、简化而成的。该指标体系分总目标层（A层）、准则层（B层）、标准层（C层）、基本指标层（D层、E层）和指标对象层（F层）。历史文化名镇（名村）评价指标框架体系和历史文化名镇（名村）保护评价体系层次结构模型分别如表 2-4、图 2-27[2] 所示。

表 2-4 历史文化名镇（名村）评价指标框架体系

A层	B层	C层	D层	E层	F层
历史文化名镇（名村）保护评价体系	B1 价值特色	C1 物质文化遗产	D1 古迹建筑	E1 文化古迹价值	F1 拥有文物保护单位的最高级别
				E2 历史典型建筑	F2 拥有集中反映地方建筑特色的宅院府第、祠堂、驿站、书院的数量
					F3 拥有体现村镇特色、典型特征古迹（指城墙、牌坊、古塔、园林、古桥、古井、300 年以上的古树等）的数量
				E3 传统建筑工艺	F4 传统建筑建造工艺水平
			D2 传统街巷	E4 传统街巷数量	F5 拥有保存较为完整的历史街巷数量
					F6 拥有传统建筑景观连续的最长历史街区长度
			D3 空间环境	E5 核心区风貌保存	F7 核心保护区占地面积规模
					F8 核心保护区现存历史建筑及环境占地面积占核心区全部用地面积的比例
				E6 现存建筑规模	F9 现存历史传统建筑面积
				E7 空间格局特色	F10 聚落自然环境和谐优美度
					F11 空间格局及功能特色
		C2 非物质文化遗产	D4 历史影响	E8 历史影响	F12 现存传统建筑、文物古迹最早修建年代
					F13 历史事件或名人影响的等级
					F14 重大历史事件发生地或名人生活居住地原有建筑保存完好情况
			D5 文化民俗	E9 文化民俗	F15 拥有地方特色的传统节日、传统手工艺和传统风俗类型的数量
					F16 源于本地，并广为流传的诗词、传说、戏曲、歌赋的范围等级
			D6 生活延续	E10 生活延续	F17 保护核心区常住人口中原住居民比例
	B2 保护措施	C3 保护措施	D7 保护规划	E11 保护规划	F18 保护规划编制与实施
			D8 修复措施	E12 修复措施	F19 历史建筑、文物古迹造册登记并挂牌保护情况
					F20 实行保护修复的规划建设公示情况
					F21 设置居民和游客具有保护警醒标志情况
			D9 保障机制	E13 保障机制	F22 制定保护管理办法
					F23 设立保护机构、配备人员
					F24 筹集保护维修资金

① 赵勇，张捷，李娜，等:《历史文化村镇保护评价体系及方法研究》,《地理科学》2006 年第 4 期，第 497—505 页。

② 赵勇:《中国历史文化名镇名村保护理论与方法》,北京:中国建筑工业出版社，2008 年，第 83 页。

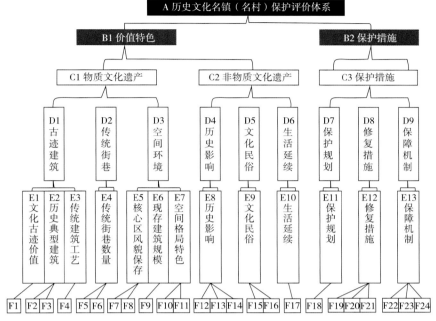

图 2-27　历史文化名镇（名村）保护评价体系层次结构模型

为方便操作实施，《中国历史文化名镇（名村）评价指标体系（试行）》只保留了A层、B层和F层。《中国历史文化名镇（名村）评价指标体系（试行）》的评估目的主要服务于传统村镇的评优，即从众多的申报村镇中选出中国历史文化名镇名村。因而，该体系侧重于价值评估和保存状况两方面，具有以定量评价为主、评价测度较为直观的特点[①]。目前，国内各省（区、市）拟定的区域评选办法多参考该体系。

3. 《传统村落评价认定指标体系（试行）》评估框架

该指标体系是为国家相关主管部门评价传统村落的保护价值，认定传统村落的保护等级，进而推荐国家级传统村落而设计的，具体内容由村落传统建筑、村落选址和格局、村落承载的非物质文化遗产三部分（表 2-5、表 2-6、表 2-7）组成。

表 2-5　村落传统建筑评价指标体系

类别	序号	指标	指标分解	分值标准及释义	满分
定量评估	1	久远度	现存最早建筑修建年代	明代及以前，4分；清代，3分；民国，2分；中华人民共和国成立至1980年以前，1分	4
			传统建筑群集中修建年代	清代及以前，6分；民国，4分；中华人民共和国成立至1980年以前，3分	6
	2	稀缺度	文物保护单位等级	国家级，5分，超过1处每处增加2分；省级，3分，超过1处每处增加1.5分；市县级，2分，超过1处每处增加1分；列入第三次文物普查的登记范围，1分，超过1处每处增加0.5分。满分10分	10

---

① 赵勇，张捷，李娜，等：《历史文化村镇保护评价体系及方法研究》，《地理科学》2006年第4期，第497—505页。

类别	序号	指标	指标分解	分值标准及释义	满分
定量评估	3	规模	传统建筑占地面积	5公顷以上，15—20分；3—5公顷，10—14分；1—3公顷，5—9分；0—1公顷，0—4分	20
	4	比例	传统建筑用地面积占全村建设用地面积比例	60%以上，12—15分；40%—60%，8—11分；20%—40%，4—7分；0—20%，0—3分	15
	5	丰富度	建筑功能种类	居住、传统商业、防御、驿站、祠堂、庙宇、书院、楼塔及其他种类。每一种类得2分，满分10分	10
定性评估	6	完整性	现存传统建筑（群）及其建筑细部乃至周边环境保存情况	（1）现存传统建筑（群）及建筑细部乃至周边环境原貌保存完好，建筑质量良好且分布连片集中，风貌协调统一，仍有原住居民生活使用，保持了传统区的活态性，12—15分；（2）现存传统建筑（群）及细部乃至周边环境基本上原貌保存较好，建筑质量较好且分布连片，仍有原住居民生活使用，不协调建筑少，8—11分；（3）现存传统建筑（群）部分倒塌，但"骨架"存在，部分建筑细部保存完好，有一定时期风貌特色，周边环境有一定破坏，不协调建筑较多，4—7分；（4）传统建筑（群）大部分倒塌，存留部分结构构件及细部装饰，具有一定历史与地域特色风貌，周边环境破坏较为严重，0—3分	15
	7	工艺美学价值	现存传统建筑（群）所具有的建筑造型、结构、材料或装饰等美学价值	（1）现存传统建筑（群）所具有的造型（外观、形体等）、结构、材料（配置对比、精细加工、地域材料）、装修装饰（木雕、石雕、砖雕、彩画、铺地、门窗隔断）等具有典型地域性或民族性特色，建造工艺独特，建筑细部及装饰十分精美，工艺美学价值高，9—12分；（2）建筑造型、结构、材料或装饰等具有本地域一般特征，代表本地文化与审美，部分建筑具有一定装饰文化，美学价值较高，5—8分；（3）建筑造型、结构、材料或装饰等不具备典型民族或地域代表性，建造与装饰仅体现当地乡土特色，美学价值一般，0—4分	12
	8	传统营造工艺传承	至今仍应用传统技艺营造日常生活建筑	（1）至今日常生活建筑营造仍大量应用传统材料、传统工具和工艺，采用的传统建筑形式、风格与传统风貌相协调，具有传统禁忌与地方习俗，成为非物质文化遗产，技术工艺水平有典型地域性，8—10分；（2）至今日常生活建筑营造较多应用传统材料、传统工具和工艺，采用的传统建筑形式、风格与传统风貌相协调，具有传统禁忌与地方习俗，技术工艺水平有地域代表性，5—7分；（3）至今日常生活建筑营造较少应用地域性传统材料、传统工具和工艺，采用的传统建筑形式与风格或与传统风貌一定程度上协调，营造特色有地域代表性，0—4分	8
			合计		100

表 2-6 村落选址和格局评价指标体系

类别	序号	指标	指标分解	分值标准及释义	满分
定量评估	1	久远度	村落现有选址形成年代	明清及明清以前，5分；民国，3分；中华人民共和国成立后，1分	5
	2	丰富度	现存历史环境要素种类	古河道、商业街、公共建筑、特色公共活动场地、堡寨、城门、码头、楼阁、古树及其他历史环境要素种类。每一种类得2分，满分15分	15

类别	序号	指标	指标分解	分值标准及释义	满分
定性评估	3	格局完整性	村落传统格局保存程度	（1）村落保持良好的传统格局，街巷体系完整，传统公共设施利用率高，与生产、生活保持密切联系，整体风貌完整协调，格局体系中无突出不协调新建筑，26—30分； （2）村落基本保持了传统格局，街巷体系较为完整，传统设施活态使用，与生产、生活有一定联系，格局体系中不协调新建筑少，不影响整体风貌，16—25分； （3）村落保留了一定的集中连片格局，保持了较为完整的骨架体系，能较为完整看出原有的街巷体系，传统设施基本不使用，格局体系中不协调新建筑较多，影响了整体风貌，6—15分； （4）传统区保持了少量的传统基本骨架体系，能零散看出原有的街巷体系，传统设施完全不使用，传统区存在较多新建不协调建筑，风貌非常混乱，0—5分	30
	4	科学文化价值	村落选址、规划、营造反映的科学、文化、历史、考古价值	（1）村落选址、规划、营造具有典型的地域、特定历史背景或民族特色，村落与周边环境能明显体现选址所蕴含的深厚的文化或历史背景，有很高的科学、文化、历史、考古价值，25—35分； （2）村落选址、规划、营造具有一定地域和文化价值，村落与周边环境能体现选址所蕴含的深厚的文化或历史背景，有较高的科学、文化、考古、历史价值，15—24分； （3）村落选址、规划、营造保持本地区普遍的传统生活特色，村落与周边环境勉强体现选址所蕴含的深厚的文化或历史背景，科学、文化、历史、考古价值一般，0—14分	35
	5	协调性	村落与周边优美的自然山水环境或传统的田园风光保有和谐共生的关系	（1）村落周边环境保持良好，与村落和谐共生，清晰体现原有选址理念，11—15分； （2）村落周边环境有一定程度改变，但与村落较和谐，能够体现原有选址理念，5—10分； （3）村落周边环境遭受较为严重的破坏，与村落建设相冲突，几乎不能体现原有选址理念，0—4分	15
			合计		100

表 2-7 村落承载的非物质文化遗产评价指标体系

类别	序号	指标	指标分解	分值标准及释义	满分
定量评估	1	稀缺度	非物质文化遗产级别	世界级15分；国家级10分；省级5分（多项不累加）	15
	2	丰富度	非物质文化遗产种类	省级，每项1分；国家级，每项2分。满分5分	5
	3	连续性	至今连续传承时间	至今连续传承100年以上，15分；连续传承50年以上，8分	15
	4	规模	传承活动规模	全村参加，5分；30人以上，4分；10—30人，3分；10人以下，2分	5
	5	传承人	是否有明确代表性传承人	有，且为省级以上，5分；有，且为市级以上，3分；无，0分	5

类别	序号	指标	指标分解	分值标准及释义	满分
定性评估	6	活态性	传承情况	（1）传承良好，具有传承活力，25 分； （2）传承一般，无专门管理，18 分； （3）传承濒危无活力，10 分	25
	7	依存性	非物质文化遗产相关的仪式、传承人、材料、工艺、其他实践活动等与村落及其周边环境的依存程度	（1）遗产相关生产材料、加工、活动及其空间、组织管理、工艺传承等内容与村落特定物质环境紧密相关，不可分离，26—30 分； （2）遗产活动空间、工艺传承与村落空间具有一定依赖性，活动组织与村民联系密切，具有民间管理组织，16—25 分； （3）遗产活动组织与工艺传承与村落较为密切，为本地域共有特色遗产，具有代表性，6—15 分； （4）遗产可不依赖村落保持独立传承，0—5 分	30
合计					100

二、综合评价法

综合评价法是在以评优为目的的《中国历史文化名镇（名村）评价指标体系（试行）》基础上，主要针对其中的某些不足而提出的综合评价体系。设计者认为该体系可以服务于历史文化村镇的整个保护过程。该方法采取对同一个价值要素形成"特征评估—真实完整性评估—保护措施评估—监测预警评估"的动态评估体系，以期提高评选的合理性和保护的有效性[①]。

1. 评估步骤

（1）选择目标评估方法。历史文化村镇的价值评价包括特征评价和真实完整性评价两方面。特征评价具有地域性、复杂性、模糊性的特点（如历史建筑的典型性、聚落环境的优美度等），适合采取定性比较的方法。真实完整性评价具有可度量性的特点（如原住居民的比例、历史建筑的年代与数量等），适合采取定量比较的方法。因此，需要选择与评估目标相适应的评估方法。

（2）引入第三方评估机构。第三方评估可以通过专业人员在现场的考察，对申报材料进行审核或对保护状况进行评估，具有专业性、客观性、权威性等特点，可以弥补现有"自下而上"程序的不足。

2. "历史文化名镇（名村）综合评价"评估框架

该评估体系的框架从现行《中国历史文化名镇（名村）评价指标体系（试行）》的"树状"向"网络状"结构转变，增加了纵向层级。

---

① 邵甬，付娟娟：《以价值为基础的历史文化村镇综合评价研究》，《城市规划》2012 年第 2 期，第 82—88 页。

　　由图 2-28 可知，层次分析法和综合评价法均基于若干有序层次，就每一层次全部元素的相对重要性进行定量表达，既具有一定的客观、合理性，也存在不可避免的缺陷与不足。一些学者指出，前者的优点是方便操作，应用广泛，影响较大，而不足之处在于，一是某些关键指标（如名村名镇体现的"价值特色"）的含义模糊，计量重复（如图 2-27 的 E4、E6 指标的内容具有重复性），并不容易理解；二是某些指标的设计赋分过高，容易造成传统村落分布的区域性集中；三是先专家打分确定权重，后进行评分，主观性影响较多；四是不太适宜具体村镇保护规划编制中的价值评估和决策管理评估。后者的优点是通过增加纵向层级，形成网状系统，建立了针对同一个价值构成要素的多目标动态评价体系，较为符合历史文化村镇保护的活态特征，但由于操作不便，目前并没有实际应用检验。其实，这两种方法共同的、最大的不足在于过于注重村镇现存的物质性要素，没有反映作为孕育村镇文化遗产的中国历史文化的纵深和宏观背景差异，因而，其评估结果对于具体村镇文化遗产的长期保护实践意义有限。

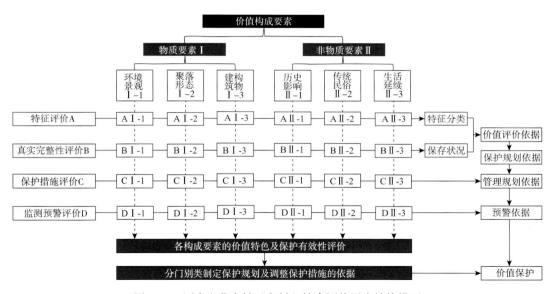

图 2-28　历史文化名镇（名村）综合评价层次结构模型

　　文化遗产的价值评估是城乡文化遗产保护的起点和基础。要科学、合理地评估城乡文化遗产的价值，需要注意并加强几方面的工作。一是价值评估应该定量与定性相结合。定量评价可以使评估内容在评价测度上更加直观，但定性评价能够较充分地挖掘保护对象的深层价值。二是价值评估应具有区域可比性。即应明确文化遗产在国家层面、省域层面甚至市域、县域层面的相对价值，以突出文化遗产的地域特征和个体特征。忽略遗产的相对价值就会只看到普遍价值，很难体现出地方文化特色。三是价值评估应注重遗产价值的多样性。文化遗产是一个多结构、多层次、多属性的复杂综合体，其外延相对明确（如建筑的建造年代、建筑的结构形式等），但内涵难以清晰

（如影响价值的诸因素及诸因素间的相关性等），因此，不宜过度拘泥于对遗产保护原真性（authenticity，或译作真实性）、完整性的僵化认识。随着现代科学技术手段的日新月异，需要开发更为科学、合理、方便、快捷的，既便于评估又有利于决策管理的城乡文化遗产的价值评估方法。

第三章　城乡文化遗产保护历程

　　文化遗产保护的意愿与行动由来已久。自古以来，中国十分重视自身的历史与文化传承，保护并利用重要文化遗产自是题中应有之义。先秦文献《春秋左传·昭公十五年》有云："夫有勋而不废，有绩而载，奉之以土田，抚之以彝器，旌之以车服，明之以文章，子孙不忘，所谓福也。"[①] 其中就已包含子孙后代不忘前代的意思。早在2200多年前的西汉初年，汉高祖刘邦专门发布保护前代帝王陵墓之诏（图3-1）[②]；隋初开皇二年（582年），隋文帝在考虑将王朝都城迁往长安（今陕西西安）的时候，曾想到要利用前朝旧都长安之地建立隋都，只是由于当时的汉长安城"水皆咸卤，不甚宜人"[③] 而作罢；1644年，清朝定都北京后，更是设法维护和利用明紫禁城等前朝宫殿。比较起来，在古代、中世纪的西方地中海世界，无论是古代的罗马帝国、波斯帝国，还是中世纪的罗马教廷，它们在对外战争或宗教战争中都有意对他国或异教徒的建筑物大肆进行破坏。例如，公元前480年的希腊波斯战争中，雅典卫城就被波斯人彻底破坏。于是，本来利于持久、便于维护的近代以前的西方石构建筑，今天在地中海沿岸非天主教世界看到的大都是残垣断壁；本来容易腐朽、不便维护的古代东方木构建筑，今天在首都北京却还能欣赏到已有600年历史的故宫（1420年建成）的完整与壮丽。

---

　　① 大意：一个人如果有了功勋而不被抹杀，有了成绩而载之册籍，并用土田、祭器、车服、旌旗来奖赏他，让子孙后代永远记得他，这才可称幸福！

　　②《汉书》卷一上《高帝纪第一》云："（汉高帝十二年）十二月诏曰：秦皇帝、楚隐王、魏安釐王、齐愍王、赵悼襄王皆绝亡后，其与秦始皇帝守冢二十家，楚、魏、齐各十家，赵及魏公子亡忌各五家，令视其冢，复亡与它事。"

　　③《隋书》卷七十八《庾季才传》。

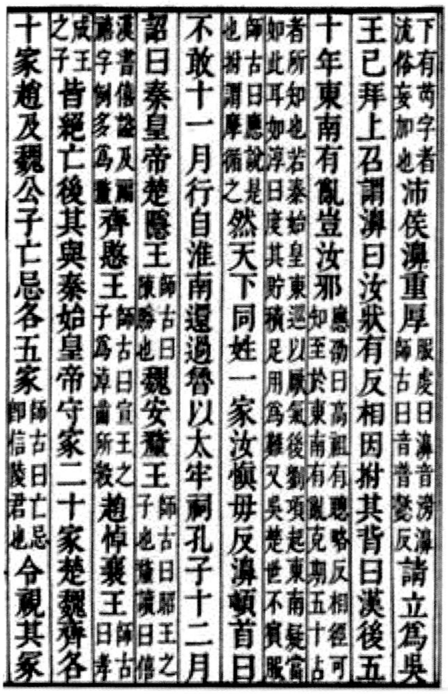
下有苟字者流俗妄加也沛侯濞重厚服虔曰濞音滂濞師古曰音普懿反請立為吳王已拜上召謂濞曰汝狀有反相因拊其背曰漢後五十年東南有亂豈汝邪應劭曰高祖有聰略反相徑可知至於東南有亂克期五十占者所知也若秦始皇東巡以厭氣後劉項起東南疑當如此耳如淳曰度其貯積足用為難又吳楚世不賓服師古曰應說是也拊謂摩循之然天下同姓一家汝慎毋反濞頓首曰不敢十一月行自淮南還過魯以太牢祠孔子十二月詔曰秦皇帝楚隱王師古曰陳勝也魏安釐王師古曰昭王之子也釐讀曰僖漢書僖諡及謚字例多為釐齊愍王師古曰宣王之子為淖齒所殺趙悼襄王師古曰孝成王之子皆絕亡後其與秦始皇帝守冢二十家楚魏齊各十家趙及魏公子亡忌各五家師古曰亡忌即信陵君也令視其冢

图 3-1 《汉书》卷一上《高帝纪第一》书影

但是，有意思的是，走出中世纪以后，现代意义的文化遗产保护与利用活动同样开始于西方。显然，这是十分值得人们思考的问题。通过了解城乡文化遗产保护的历程，我们可以进一步认识和思考历史文化遗产保护的意义、内容与方法，并总结其中的经验与教训。

【阅读】罗马斗兽场的破坏与修复[①]

罗马斗兽场（图 3-2）是罗马乃至整个意大利的象征。斗兽场建于公元 72—80 年，由石头构成，用于举行人与兽或人与人之间的搏斗表演，是古罗马时期最大的角斗场。217 年，斗兽场遭雷击引起大火，受到部分毁坏，不久修复。442 年、508 年发生的两次强烈地震，严重损坏了斗兽场的结构。在漫长的中世纪，由于该建筑物并没有受到任何保护，损坏进一步加剧。15 世纪，罗马教廷甚至拆除了斗兽场的部分石料来修建教堂。直到 1749 年，罗马教廷以早年有基督徒在此殉难为由才宣布其为圣地，并对其进行保护。19 世纪初，斗兽场又被用作马车夫的庇护所、火药厂仓库。1804 年，政府下令禁止对斗兽场的滥用。1806 年，政府正式对斗兽场进行系统修复。这次修复工程是 19 世纪的第一次大规模工程，对后来遗址的干预和现代建筑遗产保护理论的提出有很大的影响。

① （芬兰）尤嘎·尤基莱托：《建筑保护史》，郭旃译，北京：中华书局，2011 年，第 105—120 页。

图 3-2　罗马斗兽场现状

文化遗产保护的历程，可从保护主体、保护对象、保护范围、保护原则、保护制度方面分别进行探讨。

第一节　保护主体：从官方到民间

文化遗产的保护主体，是指承担保护责任、从事保护工作的政府部门及社会有关组织、机构和个人。保护工作包括行政、法律、财政、技术、日常管理等多方面。今天，从事这类保护工作的主体可包括各国政府、国际国内组织、各级各类文化遗产保护机构、社区与公众。应该说，文化遗产的保护主体经历了从政府官方逐渐扩展到民间社会的漫长过程。

一、政府主导

承担文化遗产保护主要责任的保护主体历来是政府。这是因为，其一，保护对象大多由政府确定。文化遗产数量众多，大规模的保护行为需要大量的经费支持、保障，自然，纳入保护对象范围的文化遗产必定是少数。例如，2200 余年前的西汉初年刘邦下诏特别保护的前代帝王陵墓只有"皆绝亡后"的秦皇帝、楚隐王、魏安釐王、齐愍王、赵悼襄王等。到北宋初的 966 年，宋太祖赵匡胤要求政府祭祀的历代帝王虽然增加到 79 位，但其实又划分为四个不同的保护层次[①]。今天，国家、省（区、市）、市（县、区）各级文物保护单位，国家、省（区、市）级历史文化名城名镇名村和传统村落等，也需要各级政府相关部门进行评审选择。其二，保护对象大多属于国家所有。文化遗产的归属权是一个相当复杂、颇有争议的问题。文化遗产究竟属于全人类还是

---

① 司义祖整理：《宋大诏令集》，北京：中华书局，1962 年，第 585—586 页。

某个特定群体，也是文化遗产学界关注的前沿问题。1972年联合国教科文组织通过的《保护世界文化和自然遗产公约》强调，"本国领土内的文化遗产和自然遗产的确定、保护、保存、展出和传与后代，主要是有关国家的责任"。一直以来，中国境内的文物归属权也适用传统的国家所有权理论。《中华人民共和国文物保护法》第五条规定："中华人民共和国境内地下、内水和领海中遗存的一切文物，属于国家所有。古文化遗址、古墓葬、石窟寺属于国家所有。国家指定保护的纪念建筑物、古建筑、石刻、壁画、近代现代代表性建筑等不可移动文物，除国家另有规定的以外，属于国家所有。"只有少量的"纪念建筑物、古建筑和祖传文物以及依法取得的其他文物"可属于集体所有和私人所有。例如，中国列入世界文化遗产名录的项目，除个别民居外，都属于国家所有的不可移动文物。因此，从物权法的角度考虑，作为人民群众管理国家及文化事务的代表，中央政府自然需要承担文化遗产的主要保护责任。其三，国家拥有进行保护的行政强制力。目前，中国对文化遗产具有管理权的国务院行政管理部门涉及文物部门、住房和城乡建设部门、自然资源部门、环境保护部门、工业信息部门、农业农村部门、文化旅游部门等。各级政府部门为了实现行政目的，可以依据法定职权和程序对相对人的人身、财产和行为采取强制性措施。非物质文化遗产往往属于特定民族、族群的集体智慧结晶，其保护、传承和开发也需要各级政府引导。随着被保护对象的不断增加，地方各级政府在文化遗产保护过程中的责任和作用会越来越大。

总体来说，改革开放以来，中国各级政府及相关部门主要通过完善法律法规和规章制度，健全了财政补贴、资源补偿和监督机制，加强了对文化遗产资源的管理，实现了对众多文化遗产资源的有效保护和持续利用。

【阅读】秦始皇陵的保护历程

据《史记》《汉书》记载，项羽攻入关中后，曾大规模破坏秦始皇陵，造成秦始皇陵地面建筑毁于一旦。刘邦击败项羽建立西汉政权，定都长安后，于汉高祖十二年（公元前195年）下诏对秦始皇陵进行保护。自此之后，一直到民国时代，各朝各代的统治者多制定有保护秦始皇陵的措施。尽管如此，历史上秦始皇陵还是受到火灾、盗墓者的多次破坏，保护效果并不如意。

中华人民共和国成立后，秦始皇陵的保护才进入新的时代。1956年，陕西省人民政府公布秦始皇陵为陕西省级重点文物保护单位；1961年3月4日，秦始皇陵被国务院公布为第一批全国重点文物保护单位。1962年，政府对秦始皇陵园进行第一次全面的考古勘察；1974年1月29日，发现秦始皇陵兵马俑（图3-3）；1979年10月1日，秦始皇兵马俑博物馆成立。1987年12月，秦始皇陵及兵马俑坑被联合国教科文组织批准列入《世界遗产名录》。2002年7月，国家发展和改革委员会正式批准建设秦始皇陵遗址公园。2005年7月30日，陕西省人民代表大会常务委员会通过《陕西省秦始皇陵保护条例》，为陕西帝王陵保护立法工作奠定了基础。2013年5月27日，秦始皇陵被列入国家《大遗址保护"十二五"专项规划》。2021 年 5 月 1 日起，修订后的《陕西省秦始皇陵保护条例》正式施行。

图 3-3　刚出土的兵马俑

二、公众参与

政府承担主要责任之外，文化遗产的集体所有者和私人所有者承担文化遗产保护的次要责任。文物的私人或集团保护与收藏很早就有。例如，中国新石器时代的遗址中常常发现埋藏玉器的土坑；多处西周时代遗址中发现有重要青铜器物的窖藏。对于可移动文物来说，私人收藏历来是重要的保护、传承途径。对于不可移动文物来说，情况相对复杂。《中华人民共和国文物保护法》第六条规定："属于集体所有和私人所有的纪念建筑物、古建筑和祖传文物以及依法取得的其他文物，其所有权受法律保护。"这就意味着中国文化遗产（文物）还有集体所有者和私人所有者。例如，乡村的部分私有住宅、家族祠堂等不可移动文物就属于私人所有或家族共有。这些住宅、祠堂平常为居民个人或家族使用、管理，自然地，集体所有者和私人所有者就承担对它们的维护、维修等保护责任。

【阅读】苏州名人故居的产权难题[1]

叫卖和租赁老房子，苏州的《苏州古建筑保护条例》曾经开了先河。

苏州市文物管理委员会负责人曾说，"卖掉老房子的初衷是想为古建筑找一个修缮保护的责任主体，而难卖同样是因为这些名人故居没有一个明确的所有者。"

国家现存的名人故居分为两类：一类是经文物局确认为文物保护单位的房子，另一类是为保护城市风貌由地方政府挂牌、地方房地产管理部门负责、"有相当价值"的名人故居。第一类属于《中华人民共和国文物保护法》保护的不可移动性文物，第二

---

[1]　据朱文轶《名人故居的产权问题》（《三联生活周刊》2003 年第 33 期）改写。

类各地有不同的说法，像北京重点保护的四合院、苏州的控制保护建筑，实际是享受"准文物"待遇。

古建筑学家郑孝燮先生说："'文革'期间大量名人故居通过所有者上缴变为国有财产，但解放后，除个别被政府拨款修葺用于对外开放外，大部分作为集体财产，被许多机关单位、街道、里弄长期使用或者长期出租，基本上都成了'七十二家房客'式的大杂院，有的则长期闲置，无人问津。"产权不清带来了责任主体的模糊，产权分散给故居的保护和维修增加了难度。

解决故居保护的资金困境是各地"卖房"最直接的推动力。一名苏州干部曾说："我们不求所有，但求所在，表面看卖了，但实际上是吸纳民间资本来参与保护，建筑物是不可移动的，它们永远都在每个城市，谁也拿不走。如果明确产权可以继承、转让，投资者也许会少很多后顾之忧，一直苦陷于资金之困的名人故居保护问题可以完全拿上台面来说。"

十分重要的是，非文化遗产所有者承担的文化遗产保护义务。非文化遗产所有者是指遗产所有者之外的社会大众或公众。公众具有文化遗产保护义务，原因如下。

其一，公民享有文化遗产的部分权利。有研究者指出，"文化遗产权是个人、团体及国家等权利主体对文化遗产的享用、传承及发展的权利。享用是主体对文化遗产的接触、欣赏、占有、使用及有限的处分权利，传承是主体对文化遗产的学习、研究、传播的权利，发展则是主体对文化遗产的演绎、创新、改造等权利"①。在我国，大部分不可移动文物属国家所有。国家所有即全民所有，具有公共属性。因此，《中华人民共和国文物保护法》第七条明确规定："一切机关、组织和个人都有依法保护文物的义务。"

其二，文化遗产属于全人类的共同财富。20世纪60—70年代，世界范围内形成了一个保护文物古迹及其环境的高潮，相关国际或地区组织通过了一系列遗产保护宪章和建议，如《威尼斯宪章》（1964年5月）、《保护世界文化和自然遗产公约》（1972年11月，巴黎）、《关于历史地区的保护及其当代作用的建议》（1976年11月，简称《内罗毕建议》）等，以协调各国的历史文化遗产保护工作。随着国际文化遗产保护理念的进步，文化遗产已被国际社会视为全人类享有的共同财富。例如，1964年的《威尼斯宪章》引言中已明确指出：Imbued with a message from the past, the historic monuments of generations of people remain to the present day as living witnesses of their age-old traditions. People are becoming more and more conscious of the unity of human values and regard ancient monuments as a common heritage. The common responsibility to safeguard them for future generations is recognized.（世世代代人民的历史古迹，饱含着过去岁月的信息留存至今，成为人们古老的活的见证。人

① 王云霞：《论文化遗产权》，《中国人民大学学报》2011年第2期，第20—27页。

们越来越意识到人类价值的统一性，并把古代遗迹看作共同的遗产，认识到为后代保护这些古迹的共同责任。）①

1972 年《保护世界文化和自然遗产公约》签署后，这一理念逐渐成为国际共识。例如，1975 年的《有关建筑遗产的欧洲宪章》宣示欧洲的建筑遗产是欧洲"大陆的共同遗产"②。1976 年的《内罗毕建议》进一步指出：Historic areas and their surroundings should be regarded as forming an irreplaceable universal heritage. The governments and the citizens of the States in whose territory they are situated should deem it their duty to safeguard this heritage and integrate it into the social life of our times. （历史地区及其环境应被视为不可替代的世界遗产的组成部分。其所在国政府和公民应把保护该遗产并使之与我们时代的社会生活融为一体作为自己的义务。）①

到 1987 年的《华盛顿宪章》，更把"居民的参与对保护计划的成功起着重大的作用，应加以鼓励。历史城镇和城区的保护首先涉及它们周围的居民"①之内容视为保护工作的原则之一。1999 年，国际古迹遗址理事会澳大利亚委员会修订的《巴拉宪章》，进一步把公众参与定义为："在遗产地保护、诠释和管理中，应当纳入那些与遗产地有特殊关联或对其有特殊意义的公众，或是对遗产地富有社会、精神或其他文化责任的人士的参与。"③

其三，进行文化遗产动态保护的客观要求。动态保护是指通过公众参与来对文化遗产进行保护。这意味着参与到这一过程之中的公众自身也成为保护主体的一部分，甚至公众的生活状态也可能成为保护对象的一部分。可以说，动态保护理论为文化遗产保护的公众参与提供了重要支持。

其四，公众具有参与遗产保护的能力。严格意义上说，公众参与是指在行政立法和决策过程中，政府相关主体允许、鼓励利益相关者和一般社会公众，就利益相关或者涉及公共利益的重大问题，通过提供信息、表达意见、发表评论、阐述利益诉求等方式参与立法和决策过程，以提升行政立法和决策的公正性、正当性与合理性的制度和机制③。考虑到公众的参与能力与水平差异，公众参与政策制定的方式和程序可以多样，除立法机关代表制度外，民意调查、信息公开、听证会、协商谈判、公民投票等方式都是实现政策制定民主化、科学化的基本制度。今天，没有民间机构和社会大众的参与，文化遗产保护的行政、法律、财政、技术、日常管理等工作将很难取得满意的效果。

① 英文采自国际古迹遗址理事会西安国际保护中心文献（http://www.iicc.org.cn/Publicity1.aspx?acid=215）；中文译文采自：国家文物局法制处：《国际保护文化遗产法律文件选编》，北京：紫禁城出版社，1993 年。
②《有关建筑遗产的欧洲宪章》（吴黎梅、张松译），《理想空间》2006 年第 15 期。
③ 联合国教科文组织世界遗产中心等：《国际文化遗产保护文件选编》，北京：文物出版社，2007 年，第 165 页。

【阅读】公众如何参与城乡遗产保护？[①]

以往遗产保护更多关注政府如何采取行动，而忽略公众在遗产保护中应承担的责任与义务。随着物质生活水平和受教育程度的普遍提高，中国民众自身的公民意识有了巨大提升，对影响自身利益的公共政策的决策过程有了参与的愿望。虽然传统村落和历史街区保护的公众参与问题越来越受到各级政府和专业人员的重视，但是，相关实践表明，公众参与往往只是流于形式。那么，公众如何才能较好地参与城乡遗产保护？

其一，需要适当提升公众的专业素质。需要让公众掌握遗产保护的足够信息，了解一定的专业知识。信息的公开程度是公众参与的重要基础。只有让公众更多地了解自己的社区，才能激发参与的热情，而专业知识的传播，也是对公众参与公共事务的一种能力建设。

其二，需要给参与者带来实际利益。例如，居住房屋的修缮、公共环境和设施的改善、旅游发展的收益等。这可以提高公众参与的积极性与责任感。

其三，需要采取合理的参与方式。城市社区和乡村社区存在很大不同。以宗族血缘为基础的农村社区，其居民凝聚力很强，而以空间为纽带的城市社区，其居民凝聚力较弱。采取自下而上的参与方式（公众主导）还是自上而下的参与方式（政府主导），其遗产保护效果会有很大不同。

浙江省兰溪市诸葛村是公众参与遗产保护的成功例子。该村是目前已知的最大的诸葛亮后裔聚居地，1996年被公布为国家重点文物保护单位。该村现存的100多座明清时期建筑，格局和风貌都比较完整。该村文化遗产能够得到较好的保护与利用，与该村自1986年开始采用村民参与的自治管理模式（所有的决策都需经过村民代表大会同意）密切相关。

第二节 保护对象：从静态到活态

作为保护对象的文化遗产，近代以来在我国多被称为"古物""文物"等。文物有可移动文物和不可移动文物之分。可移动文物是指可收藏文物，即历史上各时代的重要实物、艺术品、文献、手稿、图书资料、代表性实物等。不可移动文物也被称为古迹、史迹、文化古迹、历史遗迹或遗址等，包括古建筑、考古遗址及其他历史文化遗迹。不管是可移动文物还是不可移动文物，它们或者被公私收藏，或者为人们所保护展示，具有静态性质，可称为静态遗产（static heritage）[②]。近些年来，随着国际文化遗产保护利用力度的加强，文化遗产的保护范围得到很大拓展，静态遗产之外的活态遗产（living heritage）越来越受到人们的重视。活态遗产概念出现于20世纪90年代，

---

① 改写自丁枫，阮仪三：《我国公众参与城乡遗产保护问题初探》，《上海城市规划》2016年第5期，第46—49页。

② 徐嵩龄：《文化遗产科学的概念性术语翻译与阐释》，《中国科技术语》2008年第3期，第54—59页。

是联合国教科文组织世界遗产委员会针对世界遗产地的保护问题提出的，由 1982 年《佛罗伦萨宪章》提出的活态古迹（living monument）概念引申而来。活态，是指遗产的原初功能仍然在发挥作用。例如，某些古老的聚落还有人群在生产、生活，某些古老的桥梁仍然承担着一定程度的交通功能，某些古老城市的地下管道设施仍然具有排水功能。活态遗产旨在强调文化遗产在本土社区中的动态使用和传承。活态遗产概念的出现，丰富了文化遗产的内涵，也给文化遗产的保护方式提出了新问题。中国现实保护对象中的活态遗产很多，不但包括历史文化名城名镇名村、传统村落、古典园林等物质文化遗产，尤其还包括语言、民俗、信仰等非物质文化遗产。总体来说，人类历史时期的遗产保护的对象类型，有一个从静态保护向活态保护发展的过程。

【阅读】赣州古城福寿沟的保护与利用①

近年来，城市内涝的新闻频频出现在媒体上，"到城市去看海"已经成为人们口头上的调侃词。江西赣州老城区近千年未出现大的内涝，与至今仍在发挥作用的宋代福寿沟城市排水系统有相当大的关系。福寿沟是北宋熙宁年间（1068—1077 年）规划建设的，从诞生至今已 900 余年。福寿沟主干设计科学合理，构造坚固，是人类水利史上的奇迹。近千年来，福寿沟虽经不断改造与维护，但其整体布局没有太大的变化。

赣州是国家历史文化名城。赣州排水系统畅通，离不开当地长期对福寿沟的维护和现代的排水系统的建设。一方面，赣州市政工作者定期对福寿沟进行清淤疏浚维护（图 3-4），确保福寿沟能够正常运转；另一方面，赣州逐步将福寿沟与新的排水体系融为一体，连成网络，使之共同担负起中心城区的排水重任。改造后的排水系统古今合璧，使得赣州城能够千年不涝。

图 3-4　维护中的赣州古城福寿沟

① 改写自韩高峰、黄仪荣：《城市安全视角下排水系统建设的探讨——基于福寿沟的启示》，《现代城市研究》2013 年第 12 期，第 72—76、83 页。

一、静态遗产保护

体量不大而价值较高的可移动物品，往往最先受到人们的重视而被收藏、保护。很早的时候，人们就知道通过储存、埋藏、壁藏等方式来保存有价值的重要物品。例如，中国考古工作者在新石器时代遗址中发现窖藏的玉器；中国早期传说中奉为政权象征的宝物——九鼎，曾被夏、商、周三代相继传递与收藏。这些早期的收藏物品，有的是个体的自发性保存，有的是部族、王朝的意志体现，但人们关注的显然主要还是被收藏物品的经济与政治价值。后来，人们才逐渐重视过去时代某些物品所具有的历史文化价值。例如，西晋咸宁五年（279年）在汲郡（今河南汲县西）发现的战国竹书，全部被西晋王朝收藏于秘书省，并命专人进行系统整理、研究，从而使人们对古老时代的不少问题产生新的认识。到唐代，官方甚至出台了古物保护的明确法律规定。《唐律疏议》"若得古器形制异而不送官者罪亦如之"条注云："得古器、钟鼎之类，形制异于常者，依令送官酬直；隐而不送者，即准所得之器坐赃论减三等。"① 意思是说，民间获得形制稀见的古器物，依法应送官府，并可获得相应报酬；如果私藏不送，则需按非法获取财物罪降等处罚。在西方诸国中，意大利的历史悠久，文化遗产十分丰富。尽管早在公元前2世纪的古罗马时代，就有修复年代更加久远的大理石雕像之举，但是，直到15世纪，罗马教廷才颁布亚平宁半岛第一部旨在防止艺术品破坏与流失的国家法令。到17世纪，罗马教廷又通过相关法令进一步规范文物、艺术品的交易及出境行为②。

体量大且具有持续利用价值的不可移动建筑物，随着建筑技术和人们认识的进步，逐渐进入人们的保护视野。对重要建筑物的保存大大晚于对可移动物品的保存，这很可能是早期建筑材料、建筑工艺、给水排污等方面存在缺陷，容易导致建筑物本身难以长期利用，更无法交易。例如，中国上古时代都城的宫殿建筑物，大多"盖之以茅"③，建筑物的覆盖材料较为简陋、易朽。同时，当古代都城驻于某地时间过长，水质环境容易恶化，加上周期性出现的改朝换代，常常导致统治中心的位置难以稳定，在古代统治者看来，旧都宫殿等大型建筑的保存保护和持续利用不但缺乏很大的经济意义，而且留下了很大的政治隐患。这样，与其花大气力进行保护，还不如让其彻底毁灭。例如，晚至9世纪的唐代安史之乱时，东都洛阳久陷叛军手中，而致其地"宫室焚烧，十不存一；百曹荒废，曾无尺椽"④，造成古代洛阳的繁华盛景一去不复返。不过，如果古代都城不出现严重的水质环境问题，位置可以保持稳定，前朝留下的建筑物还是能够一定程

①《唐律疏议》卷二十七《杂律》。
② 彭顺生：《世界遗产旅游概论》第2版，北京：中国旅游出版社，2017年，第110页。
③《周礼·考工记》"匠人"。
④《旧唐书》卷一百二十《郭子仪传》。

度得到保存、保护和利用的。例如，汉高祖五年（公元前 202 年），刘邦将秦都咸阳南郊的"兴乐宫"重修改建为"长乐宫"，将"章台"改建为"未央宫"，将"甘泉宫"改建为"桂宫"，并使诸宫成为汉都长安宫殿群的建设基础。又如，隋都城大兴（今陕西西安）始建于隋文帝开皇二年（582 年），607 年唐朝建立后仍以该城为都城，改名长安城，并以之基础不断修建和扩充。再如，1215 年蒙古攻占金中都（今北京市）后改名为燕京，后又改名为大都，其新都城同样也选择以金都离宫——大宁宫为中心进行规划建设。相比中国，西方国家的都城位置相对稳定，如雅典、罗马、巴黎等持续作为政权都城的历史已相当悠久。尽管古代这些西方城市就有某些历史建筑物的修复之举，但对历史建筑物的保护与利用形成相关的制度、法规，则要迟至近代时期。例如，法国第一部文化遗产保护法就是 1840 年颁布的《历史性建筑法案》，法国社会对文化遗产的关注就是从历史建筑的保护开始的[①]。

二、活态遗产保护

随着文化遗产保护工作的推进，人们发现仅仅对物质遗产本体进行保护远远不够，很多物质性遗产如果有作为物体灵魂的非物质文化内容注入，既具有活力，也更容易进行长期性、持续性保护。一般认为，非物质文化遗产或无形文化遗产概念出现于 20 世纪 50 年代的日本。国际社会对非物质文化遗产形成保护共识，则晚至 2003 年 10 月联合国教科文组织通过的《保护非物质文化遗产公约》。不过，非物质文化遗产保护的实际行动很早就已经开始了。例如，作为信仰的祭祀活动在中国古代极受重视，有所谓"国之大事，在祀与戎"[②]。祀指祭拜自然界和人类的神物。无论是拜天地、山川，还是祭祖先、神明，都有一套基本规范和程序。现存的古代文献，如《周礼》《礼记》《乐记》《礼记正义》《大学衍义补》等都对上古祭祀的规范和程序有所记录和解释。这些书籍实际上成为古代礼乐制度代代相传的媒介。生活在春秋时期的孔子，正是由于了解了西周的礼乐制度，才大呼："郁郁乎文哉，吾从周！"[③]。又如，民间文艺在中国古代也受到官方的重视。中国第一部诗歌总集《诗经》之"国风""小雅"，便多是朝廷乐师收集整理的民间歌谣。同样，在欧洲西部、南部的一些国家，天主教作为其国教，虽历经多个时代也没有改变。因此，可以说，在漫长的古代、近代社会，各类非物质文化实际上成为大众生产、生活的基本知识和精神支柱，于是，人们在相当程度上既是非物质文化遗产的保护者，也是非物质文化遗产的传承者。

---

① 顾军，苑利：《文化遗产报告——世界文化遗产保护运动的理论与实践》，北京：社会科学文献出版社，2005 年，第 37 页。

②《左传·成公十三年》。

③《论语·八佾》。大意：周朝的礼仪制度多么完备啊，我要遵从周礼！

【阅读】代代相传的黄帝陵祭典[①]

黄帝陵祭典，是指流行于陕西省黄陵县黄帝陵的祀典礼仪。

轩辕黄帝被奉为中华民族始祖。据《竹书纪年》，黄帝逝世后，其臣左彻就开始祭祀黄帝。先秦时代，也有祭祀黄帝活动的零星记载。汉武帝元封元年（公元前110年）冬，汉武帝曾率大军"祠黄帝于桥山"。唐代宗时期，黄帝陵公祭活动成为国家级祭典。北宋初年，宋太祖诏令把黄帝陵列为每年春、秋二时祭祀的对象。明洪武四年（1371年），明太祖朱元璋降旨拨款维修黄帝陵庙，并亲自撰写祭文，派大臣赴桥山致祭。之后的明成祖、宣宗、代宗、英宗、武宗、世宗、穆宗、神宗、熹宗等，都曾派专人赴黄陵主持祭祀活动。清代共派员祭祀轩辕黄帝陵26次，其中顺治时1次，康熙时10次，乾隆时9次，嘉庆时3次，咸丰时3次。辛亥革命后，黄帝被视为中华民族精神信念的载体。1912年3月，孙中山总统委派要员15人专程祭祀黄帝陵，并撰祭词"中华开国五千年，神州轩辕自古传。创造指南车，平定蚩尤乱。世界文明，唯有我先"（图3-5）。1937年4月5日清明节，国共两党在桥山同祭先祖，宣读了毛泽东主席亲笔撰写的《祭黄帝陵文》。

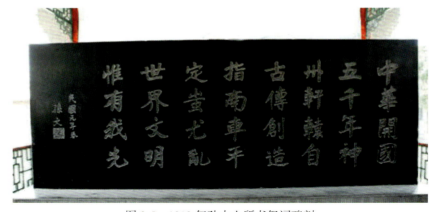

图3-5　1912年孙中山所书祭词碑刻

中华人民共和国成立后，尤其是改革开放以来，黄帝陵祭祀越来越受到海内外中华儿女的关注，祭祀规模也日渐隆重。每年清明节，黄帝陵公祭活动均由陕西省级领导人主持，陕西省人民政府主办，参祭人员包括国家领导人及海内外各界人士、代表。祭祀黄帝已成为传承中华文明，凝聚中华儿女，共谋祖国统一，开创美好生活的一项重大活动。

2006年，黄帝陵祭典被列入中国第一批非物质文化遗产名录。

本来，非物质文化遗产可以在产生、培育她的古老城市、乡村生活的人群中代代相传，但是，随着近代以来的工业化和城市化进程，这些遗产的传承在越来越多的地

---

① 方光华：《黄帝陵祭典千年回顾》，《华夏文化》2016年第2期，第8—9页。

方出现失落、剥离、中断。因此，自 1975 年国际古迹遗址理事会《关于历史性小城镇保护的国际研讨会的决议》和 1976 年联合国教科文组织《内罗毕建议》相继发布以来，尤其是 1987 年《华盛顿宪章》发布以来，对历史城镇、城区和乡村聚落的物质和非物质遗产进行整体性保护逐渐成为国际共识。例如，1999 年国际古迹遗址理事会《关于乡土建筑遗产的宪章》指出，"乡土性不仅在于建筑物、构筑物和空间的实体构成形态，也在于使用它们和理解它们的方法，以及附着在它们身上的传统和无形的联想"[①]。其意如西方学者所说的"古建保护是对场所、建筑物、社区和居民的故事的保护"[②]。中国对于历史城市的保护工作开展较早。1982 年，国务院批转国家基本建设委员会等部门《关于保护我国历史文化名城的请示》，并正式公布国家第一批 24 个历史文化名城名单[③]。同年公布实施的《中华人民共和国文物保护法》，把历史文化名城作为保护对象之一。到 2002 年修订《中华人民共和国文物保护法》时，又正式把历史文化街区、村镇也纳入保护对象范围。

由于遗产保护对象的拓展与完善，中国的遗产保护对象已经形成包括物质文化遗产、非物质文化遗产在内，静态遗产与活态遗产保护相结合的相当完整的文化遗产保护对象体系。

第三节　保护范围：从单体到区域

从空间角度看，城乡历史文化遗产保护的对象范围有一个从小到大、从单体到群体、从局部到区域的发展过程。

一、单体保护时期

在文化遗产保护的早期阶段，由于受到社会认识、保护开支、价值取向、审美崇尚等方面的局限，不可移动遗产的保护只能是在特定的范围内进行选择性单体保护。例如，2200 多年前汉高祖下诏对前代帝王陵墓进行保护，其选择的具体保护对象为"秦皇帝、楚隐王（陈胜）、魏安釐王、齐愍王、赵悼襄王"等少数几处陵墓，选择的

---

① 《关于乡土建筑遗产的宪章》，陈志华：《由〈关于乡土建筑遗产的宪章〉引起的话》，《时代建筑》2000 年第 3 期，第 24 页。

② （美）J. 柯克·欧文（J. Kirk Irwin）《西方古建古迹保护理念与实践》（Historic Preservation Handbook）（秦丽译），北京：中国电力出版社，2005 年，第Ⅻ页。

③ 曹昌智，邱跃：《历史文化名城名镇名村和传统村落保护法律法规文件选编》，北京：中国建筑工业出版社，2015 年，第 397—398 页。

标准为"皆绝亡后",意即这几位帝王都已没有后代；从所采取的保护办法为"与秦始皇帝守冢二十家，楚、魏、齐各十家，赵及魏公子亡忌各五家，令视其冢，复亡与它事"（意为：派给秦始皇陵20户守陵人，楚隐王陵、魏安釐王陵、齐愍王陵各10户守陵人，赵悼襄王陵和魏无忌陵各5户守陵人，专事守护）的情形来看，其保护的级别也不一样：秦始皇陵级别最高，楚隐王陵、魏安釐王陵、齐愍王陵三陵级别次之，赵悼襄王陵和魏无忌陵级别最低。这其实在相当程度上反映了汉初统治者的政治取向。例如，作为农民起义首领陈胜的陵墓（楚隐王陵），其地位与魏安釐王陵、齐愍王陵等同，说明同样为农民出身的汉初统治者刘邦十分同情和敬仰这位农民起义首领。至1000余年后的宋代，建隆二年（961年）宋太祖赵匡胤登基不久，同样下诏让各地设置前代帝王、贤臣的守陵民户，并按时祭祀，稍后又增加前代各帝王陵墓的守陵户二户①。几年后的乾德四年（966年），统治者又下诏令对历代帝王陵墓共79座予以保护。显然，宋代保护的帝陵数量较之汉高祖刘邦时已大为增加。帝王陵墓保护问题之所以受到古代王朝统治者的重视，可能是因为古代盗掘陵墓的现象十分严重。尽管如此，从广域空间视角看，这些被保护的对象仅是点状的单体存在。除了历代帝王陵墓以外，中国古代王朝对其他不可移动遗产的制度性保护就十分有限。

【阅读】宋朝发布的帝王陵墓保护清单②

北宋初年，宋太祖赵匡胤鉴于历代部分帝王生前"功侔造化，道庇生民"，而改朝换代后"或庙貌犹在，久废牲牷；或陵寝虽存，不禁樵采"，即无人祭祀、保护，决定由朝廷对其中79位（列实名者77位）帝王陵墓分情况采取不同的保护措施进行保护，具体情况如表3-1所示。同时，要求这些帝王寝庙所在地的官员，"委逐处长吏及本县令佐常切检校。罢任日，具有无废阙批书历子"，即把官员在任期间对辖区帝王陵墓保护的好坏情形记入官员档案，以作为官员考课升降的参考材料。具体的"祠祭仪注，仍令有司颁下"，即相关的祭祀礼仪由王朝主管部门统一发布。

表 3-1　宋朝的帝王陵墓保护清单

保护级别/对象措施	被保护帝王陵墓及其地点	保护措施
一级 16位帝王	太皞（葬宛丘），炎帝（葬长沙），黄帝（葬乔山），颛顼（葬临河），高辛（葬濮阳），唐尧（葬城阳），虞舜（葬零陵），女娲（葬赵城），夏禹（葬会稽），商汤（葬宝鼎县），周文王（葬咸阳县），周武王（葬咸阳县），汉高祖（葬长陵，在长安北），后汉世祖（葬洛阳界），唐高祖（葬三原县东），唐太宗（葬醴泉县北）	各置守陵五户； 每岁春、秋二时，委所在长吏各设一祭
二级 10位帝王	商中宗太戊（葬内黄县东南），高宗武丁（葬西华县北），周成王（葬毕原），周康王（葬毕原），汉文帝（葬霸陵，在长安东），汉宣帝（葬杜陵，在长安南），魏太祖（葬于邺），晋武帝（葬洛阳），后周太祖文帝（葬富平县），隋高祖文帝（葬富平县）等	各置守陵三户； 每岁一享

① 《宋史》卷一《太祖本纪》，北京：中华书局，1977年。

② 司义祖整理：《宋大诏令集》，北京：中华书局，1962年，第585—586页。

保护级别 / 对象措施	被保护帝王陵墓及其地点	保护措施
三级 15 位帝王	秦始皇帝（葬昭应县），汉景帝（葬阳陵，在长安东北），汉武帝（葬茂陵，在长安西），后汉明帝（葬洛阳），后汉章帝（葬洛阳），魏文帝（葬晋阳山），后魏孝文帝（葬富平县），唐元宗（葬奉先县），唐肃宗（葬醴泉县），唐宪宗（葬奉先县），唐宣宗（葬云阳县），梁太祖（葬伊阙县），后唐庄宗（葬新安县），后唐明宗（葬洛阳东北），后晋高祖（葬寿安县）	各置守陵两户； 每三年一祭，仍并委所 在长吏祀以太牢， 以羊代
四级 38 位帝王	周桓王（葬渑池县），周灵王（葬河南柏亭西），周景王（葬洛阳太仓中），周威烈王（葬洛阳城西隅），汉元帝（葬渭陵，在长安县），汉成帝（葬延陵，在咸阳县），汉哀帝（葬义陵，在扶风），汉平帝（葬慎陵，在洛阳东南），汉殇帝（康陵，在慎陵茔中），汉安帝（葬恭陵，在洛阳北），汉顺帝（葬洛阳西），汉质帝（葬洛阳东南），汉献帝（葬渭城西），魏明帝（葬河清县大石山），高贵乡公（即魏帝曹髦，葬洛阳瀍涧之滨），陈留王（葬平原），晋惠帝（葬太阳陵，在洛阳），晋怀帝（葬平阳），晋愍帝（葬平阳），西魏文帝（葬富平县），东魏孝静帝（葬邺郡），唐高宗（葬奉天县），唐中宗（葬富平县），唐睿宗（葬奉先县），唐代宗（葬富平县），唐德宗（葬云阳县），唐顺宗（葬富平县），唐穆宗（葬奉天县），唐恭宗（葬三原县），唐文宗（葬富平县），唐武宗（葬三原县），唐懿宗（葬富平县），唐僖宗（葬奉天县），唐昭宗（葬缑氏县），梁末帝（葬伊阙县），后唐清泰帝（葬明宗陵南）等	常禁樵采

中国现代意义上的文化遗产保护事业开始于清末民国时期。出台《保存古迹推广办法章程》（1909 年），成立北京大学考古学研究室（1922 年）、故宫博物院（1925 年），组建中央古物保管委员会（1928 年）等相关事项，皆发生在此时期。尤其是 1930 年出台的《古物保存法》可谓中国历史上第一部由国家颁布的文化遗产保护法。该法所称的古物，"是指与考古学、历史学、古生物学及其他与文化有关之一切古物而言"，涵括范围很广，但除可移动文物外，不可移动文物只包括"寺庙或古迹所在地"等单体。中华人民共和国成立初期，对于不可移动文物保护管理所实行的文物保护单位制度，基本上也只对已知的重要的古文化遗址、古墓葬、革命遗址、纪念建筑物、古建筑、碑碣等单体作出保护标志。

二、区域保护时期

其实，在进行遗产保护实践工作时，人们很容易认识到，对于不可移动文物，仅仅保护其建筑单体，并不足以使被保护对象不受损害。于是，把不可移动文物单体周边的一定范围纳入保护范围就成为必然。例如，早在北魏熙平元年（516 年），北魏孝明帝鉴于"古帝诸陵多见践藉"，就曾下诏"所在诸有帝王坟陵，四面各五十步，勿听耕稼"[①]（图 3-6）。当时一步大约当今 1.5 米，"五十步"约 75 米，也就是要求把帝王坟陵周边 75 米的空间纳入保护范围。这可以说是世界历史上最早的保护建筑遗

[①]《魏书》卷九《肃宗纪》，北京：中华书局，1974 年。

产周边原来环境的国家制度。

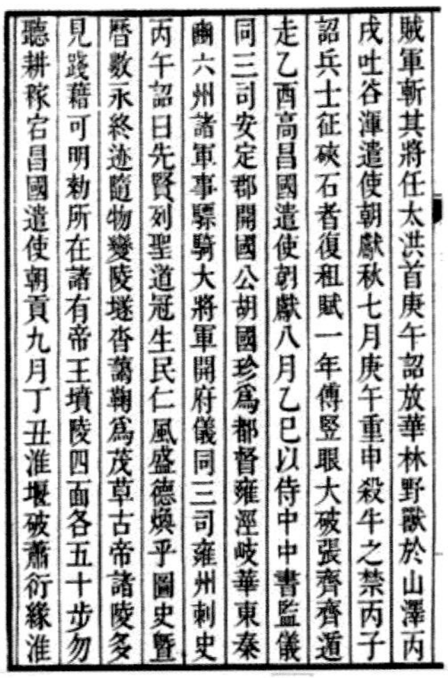

賊軍斬其將任太洪首庚午詔放華林野獸於山澤丙
戌吐谷渾遣使朝獻秋七月庚午重申殺牛之禁丙子
詔兵士征硤石者復租賦一年傅豎眼大破張齊齊遁
走乙酉高昌國遣使朝獻八月乙巳以侍中中書監儀
同三司安定郡開國公胡國珍爲都督雍涇岐華東秦
豳六州諸軍事驃騎大將軍開府儀同三司雍州刺史
丙午詔曰先賢列聖道冠生民仁風盛德煥乎圖史暨
曆數永終迹隨物變陵堘杳藹鞠爲茂草古帝諸陵多
見踐藉可明勑所在諸有帝王墳陵四面各五十步勿
聽耕稼宕昌國遣使朝貢九月丁丑淮堰破蕭衍緣淮

图 3-6 《魏书》卷九《肃宗纪》书影

在西方，1913 年法国通过的《历史古迹法》，最早规定将建筑物、遗址周边 500 米范围内的其他景观也一并列入保护范围[①]，性质上显然与之类似。1931 年，第一届历史古迹建筑师及技师国际会议达成的首部具有国际公约性质的《关于历史性纪念物修复的雅典宪章》，明确提到“应注意对历史古迹周边地区的保护”问题[②]。1964 年第二届会议形成的《威尼斯宪章》，尤其强调保护古迹及其所处环境的重要性：

第六条 古迹的保护意味着对一定范围环境的保护。凡现存的传统环境必须予以保持，决不允许任何导致群体和颜色关系改变的新建、拆除或改动。

第七条 古迹不能与其所见证的历史和其产生的环境分离。除非出于保护古迹之需要，或因国家或国际之极为重要利益而证明有其必要，否则不得全部或局部搬迁古迹[③]。

到 1967 年，英国正式在颁布的《城市宜人环境法》中第一次提出保护区（conservation area）概念。1976 年，联合国教科文组织通过的《内罗毕建议》，“历史和建筑地区”及其保护问题成为其中的核心内容。1983 年，法国在既有法律基础上出台《建筑和城市遗产保护法》，开始形成“建筑和城市遗产保护区”概念[④]。于是，遗产保护需把被保护建筑物周边一定尺度的区域包括在内就成为国际社会共识。

① 顾军，苑利：《文化遗产报告——世界文化遗产保护运动的理论与实践》，北京：社会科学文献出版社，2005 年，第 49—50 页。

② 张松：《城市文化遗产保护国际宪章与国内法规选编》，上海：同济大学出版社，2007 年，第 35 页。

③ 张松：《城市文化遗产保护国际宪章与国内法规选编》，上海：同济大学出版社，2007 年，第 42 页。

④ 张松：《历史城市保护学导论——文化遗产和历史环境保护的一种整体性方法》，上海：上海科学技术出版社，2001 年，第 138—143 页。

这些被保护的区域常被称为"历史地区""历史街区""历史风貌区""传统风貌地区""历史文化保护区""历史地段""历史中心"等。随着保护区范围的扩大，一个城镇、一个村落甚至也成为保护区的一部分。中国早在 1960 年国务院发布的《文物保护管理暂行条例》中，就正式规定"对于已经公布的文物保护单位，应当分别由省、自治区、直辖市人民委员会和县、市人民委员会划出必要的保护范围，作出标志说明，并且建立科学的纪录档案。全国重点文物保护单位的保护范围的确定，应当报经文化部审核决定"（第五条）[①]。这里要求划定的"保护范围"，已具有保护区的雏形。改革开放后，尤其是 1985 年中国加入《保护世界文化和自然遗产公约》后，古迹与其周围环境之间的和谐、协调问题受到越来越多的重视。1999 年国际古迹遗址理事会通过的《关于乡土建筑遗产的宪章》明确提出，"乡土性几乎不可能通过单体建筑来表现，最好是通过维持和保存有典型特征的建筑群和村落来保护乡土性"[②]。2005 年，国际古迹遗址理事会通过的《西安宣言》特别聚焦于古建筑、古遗址和历史区域周边环境的保护问题，"强调有必要采取适当措施应对由于生活方式、农业、旅游或大规模天灾人祸所造成的城市、景观和遗产路线急剧或累积的改变；有必要承认、保护和延续遗产建筑物或遗址周边环境的有意义的存在，以减少上述进程对文化遗产真实性、意义、一致性和多样性所构成的威胁"[③]。从此，重要遗址遗迹和历史区域，像重点文物保护单位、历史文化名城、历史文化名镇名村、历史文化街区、传统村落等，其本体及其周边一定范围，相继成为被保护对象。

在历史地段或历史文化保护区的保护中，由于与人们的生产、生活相联系，具体的保护内容和保护要求自然就会变得多样化。例如，划定在保护范围内的历史建筑、空间形态，以及人们赖以生存的自然环境与人文环境，必然会成为保护工作的重要内容。也就是说，文化遗产保护由单体性保护发展为区域性保护，既是人们保护理念的进步〔如原真性（真实性）原则的提出〕，也是经济社会发展的必然要求。今天，给不可移动的历史文化遗产划定合适的保护范围并编制保护规划成为最基本的保护方法。

第四节　保护原则：从原真到多样

要实现文化遗产保护的主要价值目标，需要有基本的行动准则。现代文化遗产保护遵循的基本原则，有一个从重视艺术完整性，到强调历史原真性（真实性），再发展到尊重遗产多样性的历史过程。这个历史过程，与人们对文化遗产价值认识的逐渐

---

① 国家文物事业管理局：《新中国文物法规选编》，北京：文物出版社，1987 年，第 45 页。

② 《关于乡土建筑遗产的宪章》（赵巍译），《时代建筑》2000 年第 3 期，第 24 页。

③ 联合国教科文组织世界遗产中心等：《国际文化遗产保护文件选编》，北京：文物出版社，2007 年，第 374—377 页。

深化和文化遗产保护技术的不断进步密切相关。

在传统时代，人们重视的主要是有实用价值或现实价值的文化遗产。对于物质文化遗产，人们主要关注的是其经济价值或非经济的利用（政治、宗教、文化）价值，以有益于人们现实的生产、生活需求，如中国古代对玉器、钱币、青铜器的收藏，古代东西方统治者对少量重要建筑的维护、重要器物的收存。对于非物质文化遗产，人们主要关注的是其思想价值和精神价值，以有助于长期的国家、社会控制，如中国古代对儒术的推重，对礼乐的传播。因此，传统社会的遗产保护思想，盛行的只能是实用主义：对其时觉得有用的保存、维护，对其时觉得无益的破坏、抛弃。古代的中国如此，古代、中世纪的西方同样如此。在经济文化水平不高的以传统农业经济为主的时代，这是一种必然。

一、重视艺术完整性时期

现代文化遗产保护运动开始的时候，人们最为关注的是文物古迹的艺术价值。1820 年罗马教廷颁布的相关法律《历史文物及艺术品保护法》，突出了艺术品的地位；1902 年意大利发布的第一部遗产保护法令，其保护对象也为历史、艺术遗产。1931 年通过的《关于历史性纪念物修复的雅典宪章》，其中第二条的相关内容仍称"保护具有艺术、历史和科学价值的纪念物"[①]，明显把"艺术"价值置于首位。这既可能是受到近代早期文艺复兴运动的影响（如 15 世纪教廷不但收藏大量艺术品，还专门发布防止艺术品破坏与流失的法令[②]），也可能是西方资本主义兴起后认识到艺术品的价值而出现过分追逐经济利益所致。由于把艺术价值置于首位，而建筑师是设计建筑作品的艺术家，自然，西方最先关注文物古迹保护工作的"建筑师及技师"，在考虑文化古迹修复的方式时，必然就会如第一届历史古迹建筑师及技师国际会议《关于历史性纪念物修复的雅典宪章》所主张的：以"提升文物古迹的美学意义"为核心，把对文物古迹的"加固工作尽可能地隐藏起来，以保证修复后的纪念物其原有外观和特征得以保留"[③]。事实上，这也成为中国早期非正式的文物古迹修复原则的思想来源。例如，1934 年建筑学家梁思成、刘敦桢一道提出的"整旧如旧"原则（"修理古物之原则……均宜仍旧，不事更新。其新补梁、柱、椽、檩、雀替、门窗、天花板等，所绘彩画，俱应仿古，使其与旧有者一致"[③]）当来源于此；中华人民共和国成立初年建筑学家朱启钤主持北京旧城改造进一步提出的"修旧如旧"原则，亦当来源于此。进入 21 世纪以来，《中国文物古迹保

---

① 张松：《城市文化遗产保护国际宪章与国内法规选编》，上海：同济大学出版社，2007 年，第 35 页。

② 顾军，苑利：《文化遗产报告——世界文化遗产保护运动的理论与实践》，北京：社会科学文献出版社，2005 年，第 21 页。

③ 张松：《城市文化遗产保护国际宪章与国内法规选编》，上海：同济大学出版社，2007 年，第 35—36 页。

护准则》遵循《中华人民共和国文物保护法》，所强调的是"不改变原状"原则①，并没有反映"修旧如旧"原则的文字，但在实际保护工作中，不少却一直在沿用"修旧如旧"原则指导中国传统木结构建筑的修复和保护工程②。建筑师之所以重视文物古迹的艺术价值，其实在很大程度上是因为在发挥其专业素养，履行其专业职责。在 20 世纪的工业时代，经济发展已有较坚实的基础，越来越多的人带着怀旧的情怀，重视某些文物古迹赏心悦目的美学价值，亦属正常。文物古迹艺术价值的高低主要取决于自身的艺术水准、存世数量和完整程度。在艺术水准、存世数量一定的情况下，文物古迹的完整程度自然是衡量其艺术价值的决定性因素。《关于历史性纪念物修复的雅典宪章》被称为"修复宪章"，原因当在此：在建筑师看来，修复历史古迹的主要目的在于保持历史古迹表面上和形式上的完整性。可见，在重视文物古迹（建筑遗产）艺术价值的时期，核心的保护原则即可称为完整性原则。

【阅读】风格性修复与反修复理论

风格性修复（stylistic restoration）是 19 世纪法国建筑师维奥莱特·勒—杜克（Eugène Viollet-Le-Duc，1814—1897 年）所倡导的文物建筑修复理论。他认为建筑之美来源于它自身的结构，主张以一种过去的完成状态进行复建，这种完成状态也许在历史上任何时代都不曾存在过。这种理论的重大缺陷在于修复过程中造成大量历史信息的丢失。

反修复理论（anti restoration theory）是 19 世纪英国艺术评论家约翰·拉斯金（John Ruskin，1819—1900 年）等所倡导的理论。他们极力反对风格性修复的做法，强调时间会带给建筑物的魅力和价值，认为无论历史纪念物多么残破，都应该尽可能保持它的现状并将其留给后世，亦即认为历史建筑物的残破本身就是一个历史过程。

二、强调历史真实性时期

然而，历史遗产不仅仅是文物古迹或纪念物。人们逐渐认识到，艺术价值既然不能覆盖所有的历史文化遗产，自然就不是历史文化遗产的普遍价值和最大价值所在。1964 年第二届历史古迹建筑师及技师国际会议通过的《威尼斯宪章》指出：

历史古迹的概念不仅包括单体建筑物，而且包括能从中找出一种独特的文明、一种有意义的发展或一个历史事件见证的城市或乡村环境。这不仅适用于伟大的艺术作

---

① 《中国文物古迹保护准则》（2015 年）。

② 吴宇环、赵大星：《传统木结构民居性能评价及性能提升研究综述》，张鑫：《土木工程检测鉴定与加固改造——第十四届全国建筑物鉴定与加固改造学术会议论文集》，北京：中国建材工业出版社，2018 年，第 47 页。

品，而且亦适用于随时光流逝而获得文化意义的过去一些较为朴实的作品。

　　《威尼斯宪章》的宗旨明确为"保护与修复古迹的目的旨在把它们既作为历史见证，又作为艺术品予以保护"①。显然，在《威尼斯宪章》中，建筑师已经认识到历史古迹高于艺术价值的"历史见证"价值。建筑师在不长的时间内就产生这样的思想转变，原因可能有三：其一，与人们对遗产保护价值认识的不断进步有关。也就是说，人类对遗产价值的认识，总体上有一个逐渐褪去直接的功利色彩、不断变得超脱的过程②；其二，应该与第二次世界大战结束后成立的联合国教科文组织及其专业机构——国际文物保护与修复研究中心（其工作人员中就有专业研究人员和考古学家③）的参与有关；其三，更重要的是，与第二次世界大战后西方各国修复被破坏、被毁掉的具有民族国家象征意义的重要历史建筑有关。即遗产的国家价值、民族价值越来越被重视。从此，历史性遗产的首要价值在于历史价值就成为国际共识。1972年联合国教科文组织的《保护世界文化和自然遗产公约》指出，构成"文化遗产"主要内容的文物、建筑群、遗址，其"突出普遍价值"，或表现在"历史、艺术或科学角度"，或表现在"历史、审美、人种学或人类学角度"，文化遗产历史价值的基础性位置得到进一步强化。1987年，国际古迹遗址理事会通过的《华盛顿宪章》特别要求："在作出保护历史城镇与城区规划之前必须进行多学科的研究；保护规划必须反映所有相关因素，包括考古学、历史学、建筑学、工艺学、社会学以及经济学"④，这就意味着文化遗产历史价值的判定必须建立在考古学、历史学等专业性的历史研究基础之上。

　　由于文化遗产的历史价值是第一位的，文化遗产的保护原则必须与之相适应，即要尽量保持文化遗产所含历史信息的真实与完整，不致因损害、修改文化遗产所含的历史信息而出现某种程度的误解乃至歪曲。研究历史的目的在于更好地认识历史，吸取历史经验与教训；要较好地认识历史，离不开对构成历史的无数"故事"进行各种形式的复原。文化遗产作为历史时期的有形或无形遗留，无疑是复原某些历史故事的十分难得的见证（物）。因此，保持见证（物）的原真性，实际上就是在维护历史信息或依据历史信息讲述的历史故事的真实性，以增强历史的能"见"度和可"读"性。这样，原真性也就必然上升成为文化遗产保护的基本原则。一般认为，原真性原则出现于1964年的《威尼斯宪章》。该宪章前言中"将它们（指古迹）真实地、完整

① 国家文物局法制处：《国际保护文化遗产法律文件选编》，北京：紫禁城出版社，1993年，第163页。

② 王巍，吴葱：《论遗产的价值演变——在19世纪勒杜克引领的风格式修复之前》，《中国文化遗产》2017年第5期，第59—68页。

③ 参见 https://www.iccrom.org/about/overview/what-iccrom。

④ 联合国教科文组织世界遗产中心等：《国际文化遗产保护文件选编》，北京：文物出版社，2007年，第129页。

地传下去是我们的职责"①，就是对原真性原则的总体性表达。

其实，从理论上讲，维护古迹（建筑遗产）原真性的最好方法自然是让古迹原封不动。但是，原封不动显然不是保护和利用古迹价值的最好方法。因为很多历史古迹出于自身或环境的原因，如果不加以人为保护或保护技术不足，就无法实现《威尼斯宪章》所提出的"古迹保护至关重要的一点在于日常的维护"②的最基本目标。代表原真性的物质实体都很难保持下去，当然更谈不上进行适度的价值利用。于是，既要保持古迹的原真性，又不能不对古迹施加人为影响（意味着降低其原真性），就是一个十分伤脑筋的问题。概括说来，《威尼斯宪章》提出的古迹保护办法是"用而不变"，古迹修复办法是"修而有别"。对于西方以石质材料为主的建筑遗产来说，当时使用这样的方法，一方面保护成本相对不高，另一方面又可以让建筑遗产的非使用价值（历史价值、艺术价值、科学价值）和使用价值都不至于受到严重损害。然而，对于东方以木质材料为主的建筑遗产来说，推广这样的方法却问题重重。例如，修复工程的人工、材料成本很高，而保护经费往往十分有限。人们选择维修而不拆除重建，初衷应该也是为降低成本考虑，但今天中国古建筑的大修成本已远高于拆除新建成本。又如，新、旧材料的物理性能存在较大差异，使用物理或化学方法进行建筑材料的替换、墩接、挖补和加固等，视觉效果并不是很好。更重要的是，建筑遗产所包含的全部历史信息并未因此而完整地得到保存，反而会在这个过程中把某些历史痕迹抹去。加之某些维修内容很难在建筑本体上做到可识别，东方传统审美观也不太认同可识别，这样，可识别原则一直以来并未在东方得到应有的重视。

【阅读】"丽江模式"与原真性原则

云南丽江古城依傍玉龙雪山，清澈的玉龙雪山圣水经玉泉河分三条支流穿城而过，构成了一幅家家流水、户户垂柳的独特画卷。1996年2月3日发生的里氏7.0级大地震，使丽江古城损失惨重。震后的丽江古城，作为骨架的巷道没有倒，作为古城灵魂的水系没有垮，古城的价值也没有因为地震而消失。于是，丽江古城按照"原貌恢复、修旧如旧"的原则，实施丽江古城保护工程。古城原有民居全部为土木结构，修复时不改为砖混结构；铺路时按原样修复，不建一条水泥路。经过三年的恢复和重建，丽江古城在废墟中重新站立起来，较地震前更加优雅动人（图3-7③）。丽江古城遗

① 中文译文采自：国家文物局法制处：《国际保护文化遗产法律文件选编》，北京：紫禁城出版社，1993年，第162页。该句或译为"传递其原真性的全部信息是我们的职责"（参见张松：《城市文化遗产保护国际宪章与国内法规选编》，上海：同济大学出版社，2007年，第42页）。该句译为"尽可能真实地将它们（古迹）传下去是我们的责任"似乎要妥当，因为，任何历史遗产，物质的或非物质的，无论如何保护，其自身信息都不可能一成不变。

② 中文译文采自：国家文物局法制处：《国际保护文化遗产法律文件选编》，北京：紫禁城出版社，1993年，第163页。

③《沧海桑田一百年：丽江新老照片对比》，https://www.sohu.com/a/125906243_593055，2007-02-10。

产保护民居修复项目荣获"联合国教科文组织亚太地区 2007 年文化遗产保护奖",丽江的这些做法因此被称为保护世界文化遗产的"丽江模式"。

图 3-7　丽江牌楼的新（右）旧（左）对比

　　丽江古城的古建筑整体风格统一，似乎使曾经的历史环境得到比较完整的再现，但这种修复本身其实就是对建筑遗产所经历的某些事件的掩盖甚至抹杀，如建筑遗产上地震痕迹的消失岂不是对重要历史信息原真性的损害？但是，比"原貌恢复、修旧如旧"的"丽江模式"更好的修复模式何在？

三、倡导文化多样性时期

　　类似损害历史原真性的情形早就被发现。1994 年世界遗产委员会第 18 次会议在日本古都奈良召开，日本学者即指出，"日本和亚洲国家没有'原真性'这个词。与西方建筑使用坚固的石材不同，日本几乎所有的历史性建筑都是用容易腐烂的植物材料构成的，需要定期修复、定期更换部件"，因此，需要一种适合多样文化的原真性评估观念[1]。于是，这次会议通过的《奈良真实性文件》在强调"真实性是有关价值的基本要素"的同时，指出"必须积极推动世界文化与遗产多样性的保护和强化"，"避免在试图界定或判断特定纪念物或历史场所的真实性时套用机械化的公式或标准化的程序"[2]。也就是说，对文化遗产价值的认定标准，在既有真实性（原真性）原则的基础上，需要注意加入多样性的新视角，不能僵化不变。1999 年国际古迹遗址理事会在墨西哥会议通过的《木结构遗产保护准则》中，即把"充分考虑到木结构遗存

---

　　[1]　劳伦特·列维·施特劳斯：《真实性概念的更新》，联合国教科文组织：《世界文化报告（2000）——文化的多样性、冲突与多元共存》，关世杰等译，北京：北京大学出版社，2002 年，第 150 页。

　　[2]　联合国教科文组织世界遗产中心等：《国际文化遗产保护文件选编》，北京：文物出版社，2007 年，第 141—143 页。

的多样性；充分考虑建造木材种类和质量的多样性……充分考虑和保存这些遗产资源所需的各种行动和措施"① 作为主要内容。这无疑使人们对遗产保护过程中原真性与多样性的关系有了更具体的认识。

2001 年，联合国教科文组织在《世界文化多样性宣言》中进一步提出"文化多样性是人类的共同遗产"②；2005 年，在该宣言的基础上又通过《保护和促进文化表现形式多样性公约》（Convention on the Protection and Promotion of the Diversity of Cultural Expressions），使人们对文化遗产保护原真性的多样化认定有了更多的思考。例如，对非物质文化遗产是否存在真实性的问题就有了基本的结论。2005 年联合国教科文组织通过的《实施〈保护世界文化和自然遗产公约〉的操作指南》中，对文化遗产的原真性（真实性）认定，终于有了多样化的标准，即只要遗产体现文化价值特征的下述八个方面③ 是真实可信的，那么，该遗产即被认为具有真实性。

（1）外形和设计。

（2）材料和实体。

（3）用途和功能。

（4）传统、技术和管理体制。

（5）位置和背景环境。

（6）语言和其他形式的非物质遗产。

（7）精神和感觉。

（8）其他内外因素。

对于其中的主要内容，又可以进一步分解为以下诸因素（表 3-2）。

表 3-2　真实性的各个方面④

（1）位置与环境	（2）形式与设计	（3）用途与功能	（4）本质特性
场所	空间规划	用途	艺术表达
环境	设计	使用者	价值
"地方感"1)	材质	联系	精神
生境	工艺	因时而变的用途	感性影响
地形与景致	建筑技术	空间布局	宗教背景
周边环境	工程	使用影响	历史联系
生活要素	地层学	因地制宜的用途	声音、气味、味道
对场所的依赖程度	与其他项目或遗产地的联系	历史用途	创造性过程

1) 地方感（sense of place），或译为地方意识，大体上包括地方认同（identity）、地方依赖（dependence）与地方依恋（attachment）三个要素。地方认同指对地方所持有的一种价值观和特别的归属感；地方依赖指学习、就业等功能上的归属和依附；地方依恋指人与地方的情感联结

---

① 联合国教科文组织世界遗产中心等：《国际文化遗产保护文件选编》，北京：文物出版社，2007 年，第 196 页。

② 联合国教科文组织世界遗产中心等：《国际文化遗产保护文件选编》，北京：文物出版社，2007 年，第 222—225 页。

③ 联合国教科文组织：《实施〈保护世界文化与自然遗产公约〉的操作指南》，联合国教科文组织世界遗产中心等：《国际文化遗产保护文件选编》，北京：文物出版社，2007 年，第 280 页。

④ 联合国教科文组织：《会安草案——亚洲最佳保护范例》，联合国教科文组织世界遗产中心等：《国际文化遗产保护文件选编》，北京：文物出版社，2007 年、第 347 页。

从此，对文化遗产保护的原真性（真实性）内涵的理解有了较有共识的标准。

【阅读】文化多样性保护的难题①

中国是一个多民族、文化多样性并存的国家，文化遗产的保护不但要协调好传统与现代、保护与发展的相关性张力，还面临着另外一重矛盾，即一方面国家为了建构与现代民族国家统一和主流意识形态相吻合的"国族文化"，势必要通过类似学校教育等制度性手段对不同类型的文化进行全面的规训，以期整合进国民文化或主流文化之中，其结果是不可避免地促成文化多样性的消解；另一方面，国家倡导文化多元共存和文化多样性的保护原则，以此表达多民族文化和谐共存的国家诉求。于是，这就容易造成文化遗产保护特别是多民族的文化遗产保护陷入一定程度的结构性矛盾之中。

这实在是文化多样性保护过程中的一个难题，需要文化遗产保护者慎重思考、对待。

第五节　保护制度：从粗略到完善

制度是指在一定历史条件下形成的法令、规则、礼俗等，是要求大众共同遵守的各种办事规程或行为准则。制定并完善文化遗产保护的相关法律制度与管理制度，是实现文化遗产保护与利用既定目标的根本途径。

一、萌芽与雏形时代

文化遗产保护制度的起源很早。从物质文化遗产来说，我国古代王朝不但发布有保护前代帝王陵墓的诏令（如汉、北魏、北宋等），而且制定有对古器物进行特殊保护的零星法律规定（如《唐律疏议》）。从非物质文化遗产来说，王朝的政治、经济、文化等方面机构都负有整理、总结前代相关制度的责任，如汉代出现的《礼记》《乐记》《考工记》等，即属于对前代相关非物质文化内容的记录。应该说，古代王朝出台这类制度的主要目的在于维护统治者的自身利益：或者在于为后来王朝保护本朝陵墓树立榜样，如汉代的护陵诏令②；或者在于明确古器物的所有权属；或者在于强化王朝的统治秩序。虽然这类制度在特定时代对保护文化遗产客观上具有一定意义，但由于制度内容往往简单、粗略，实际作用十分有限。西方对古器物、古建筑的保护行

---

① 杨正文：《文化遗产保护中民族与国家的诉求表述》，《西南民族大学学报》（人文社会科学版）2011年第6期，第41—48页。

② 西汉前期自汉高祖刘邦开始，十分重视帝陵区的保护与建设，在首都长安城附近的渭北地区相继设置高祖长陵、惠帝安陵、景帝阳陵、武帝茂陵、昭帝平陵陵邑，并将关东地区的官员、富豪及豪杰及其家眷大量迁徙至此，以期诸帝陵所在地能长治久安。因此，汉高祖发布保护前朝帝王陵的诏令，十分自然。

为可以追溯到古希腊时代，导源于人们对宗教的虔诚信仰，而相关保护制度的出现，则晚至 15 世纪的文艺复兴时期，同样与宗教相关。在中世纪，由罗马天主教教皇发动的、持续近 200 年的十字军东征（1096—1291 年），曾造成地中海东岸伊斯兰世界多座城市的破坏和重要建筑的毁灭。这种不同宗教、教派之间残酷战争对建筑物等文化遗产所造成的巨大破坏，罗马天主教教廷上层无疑深有体会。中世纪以来，罗马天主教教廷收藏有大量具有宗教意义的艺术品。14 世纪开始兴起的文艺复兴运动，一方面使罗马教廷认识到这些艺术品所具有的重要价值，另一方面，也使其认识到需要防止这些艺术品的破坏与流失。于是，罗马教廷颁布旨在防止教廷艺术品破坏与流失的法令势在必行。作为亚平宁半岛第一部具有文化遗产保护意义的法令，尽管其出台的主要目的在于维护罗马教廷的宗教利益与权威，其保护的对象也仅是小型艺术品，但客观上改变乃至重塑了人们对待文化遗产的传统思想认识，并为后来 1820 年罗马教皇国颁布《历史文物及艺术品保护法》奠定了历史基础。

现代意义的文化遗产保护制度出现于 19 世纪 30 年代的欧洲。现代意义主要是指进行文化遗产保护的主要目的在于大众利益，在于人类社会的不断进步与可持续发展。例如，1820 年罗马教皇国颁布《历史文物及艺术品保护法》时，已经有了发展博物馆、改善考古学[1] 等具有公益性的保护认识萌芽。希腊在 1830 年才正式独立，但在几年后的 1834 年，希腊政府即正式出台首部保护国内古迹的法律，其中确定"文化遗产是所有希腊人的共同国家财产，任何投资和发展计划都不能对文化遗产保护造成负面影响"的基本保护原则[2]。该法被认为是世界历史上第一部具有现代意义的文物保护国家立法。之所以最早的遗产保护法会产生在希腊，应该还是与希腊具有悠久古老的文明历史有关，因为，众所周知，早在公元前 5 世纪中期，希腊人就曾花费 40 年时间修复了在希波战争（公元前 499 年—前 449 年）中被破坏殆尽的作为雅典城市象征的卫城。1840 年，法国公布了首批保护建筑 567 栋，颁布了首部文化遗产保护法——梅里美《历史性建筑法案》；1887 年又通过《纪念物保护法》，规定国家有权对具有历史和艺术价值的古迹予以保护；文物建筑保护是公共事业，政府应该干预[3]。自 19 世纪中叶后，随着国际交往的增多，越来越多的国家开始进行文化遗产保护方面的立法。

【阅读】"现代""现代性"与遗产保护的意义

在大多数学术文献中，人们都认为"现代"（modern）主要指的是大约从 17 世纪开始以至今天的历史演变阶段。17 世纪之前的历史演变过程，则被称为"古代"和"中世纪"，或者广义上的"古代"。由于"现代"包含着"比古代（或传统时

---

① 郭理蓉:《文化遗产的刑法保护研究》，北京：中国法制出版社，2018 年，第 81 页。
② 陈占杰，刘咏秋:《希腊古建筑保护戒"拆"》，《中国建设报》2015 年 3 月 16 日，第 4 版。
③ 郭理蓉:《文化遗产的刑法保护研究》，北京：中国法制出版社，2018 年，第 77 页。

期）更新、更好、更进步、更优越"的意思，从而整个人类历史可以被简单地划分为"往古"（或现代人所说的"传统"）和"现代"两个时期，也就意味着整个人类历史就是一部从"往古"（或"传统"）向"现代"的不断发展的进化过程。"现代性"（modernity）一词主要用来指称前述某个特定的"现代"时期，或者这个时期的人与事物所具有的性质或状态。在今天，它主要指的是大约从17世纪开始以来的这一历史阶段或这个阶段的人与事物所具有的性质或状态。也就是说，现代性是一个历史断代的术语，是指接踵中世纪或封建制度而来的新纪元，涉及各种经济的、政治的、社会的及文化的转型①。

文化遗产保护的现代性或现代意义，自然要明显区别于"往古"或"传统"的遗产保护目的、保护方式。"往古"或"传统"的遗产保护，其主要目的在于特定个人、个体或利益集团的利益，而现代社会已视文化遗产为人类的共同财富，自然，其保护的主要目的在于人类共同体的利益，其保护的方式离不开公众的共同参与。

中国现代意义的文化遗产法制保护开始于清末。其标志性事件是宣统元年（1909年）9月20日清廷民政部奏准颁布的《保存古迹推广办法章程》。该章程系针对当时的古迹保护问题，借鉴西方和日本等域外的古迹保护经验制定的。该章程所指的"古迹"既包括可移动文物，也包括"古代帝王陵寝、先贤祠墓""名人祠庙或非祠庙"等不可移动文物，可称为中国历史上第一部具有现代意义的文化遗产保护法规②。这是因为，该章程中有下列明确内容：

中国历来无一公共储藏（古迹）之所，或秘于一家，或私于一姓，一经兵火，散失焚弃，瓦砾之不如。故世愈久则愈少，物愈少则愈珍。扃固秘藏，只供一二有力者之把玩，而寒素儒生，至求一过目而不得。夫珍贵之品，不能接于人人之耳目，一旦遭遇变故，又岂能邀人人之爱惜？今拟由督抚在省城创设博物馆，随时搜辑，分类储藏，其或学士大夫、达观旷识，欲将私蓄捐入馆中永远存置，抑或暂时存置，皆听其便。庶世间珍品共之众人，既免幽闭之害，兼得保存之益（图3-8）。③

显然，这就是要把传统的"或秘于一家，或私于一姓"的文化遗产保护方式变为"公共储藏"，以"共之众人"。尽管该章程已具有现代意义，但其内容仅有6条"调查"事项和5条"保存"事项，尚十分简单、粗糙。进入中华民国时期，文化遗

① 谢立中：《"现代性"及其相关概念词义辨析》，《北京大学学报》（哲学社会科学版）2001年第5期，第25—32页。

② 李贵连、李束：《中国法学之最》，北京：中国人事出版社，1991年，第124—125页；李建：《我国文物保护法制化的发端——论清末〈保存古迹推广办法〉及其历史作用》，《山东大学学报》（哲学社会科学版）2015年第6期，第153—160页；李传斌：《试析〈保存古迹推广办法章程〉》，《城市学刊》2018年第2期，第8—14页。

③ 商务印书馆编译所：《大清宣统新法令》第八册，上海：商务印书馆，1911年，第16页。

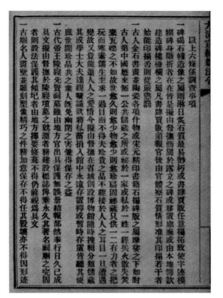

图 3-8　《大清宣统新法令》相关内容书影

产保护立法的内容相比清末章程有了一定进步。先是 1928 年南京国民政府内政部公布《名胜古迹古物保存条例》（共 11 条），后是 1930 年国民政府公布《古物保存法》（共 17 条），其内容仅涉及古物含义、保存要求、古物采掘等方面，次年国民政府行政院发布的《古物保存法施行细则》（共 18 条），又在"古物"之上增加"名胜古迹"字样（第 15 条）①。"古物"即指可移动文物，"名胜古迹"相当于不可移动文物。可见，尽管《古物保存法》的法律效力要高于《名胜古迹古物保存条例》，但从所针对的文化遗产保护对象来说，后者内容远较前者完备。例如，《名胜古迹古物保存条例》中被保护对象分为"名胜古迹"和"古物"两大类 13 小类，包括湖山、建筑、遗迹、碑碣、金石、陶器、植物、文玩、武器、服饰、雕刻、礼器、杂物诸方面，实际上已基本把物质文化遗产和部分自然遗产（湖山、植物）、非物质文化遗产（杂物）内容都网罗其中。

二、建设与完善时代

中华人民共和国成立后，文化遗产保护的法制建设逐步走向完善。从法律规范的具体表现形式来说，已包括法律、行政法规、地方性法规、行政规章、政策、命令诸种。随着文物法律法规的不断完善，已初步形成了具有中国特色的文物法律体

---

① 《名胜古迹古物保存条例》《古物保存法》《古物保存法施行细则》，参见张松：《城市文化遗产保护国际宪章与国内法规选编》，上海：同济大学出版社，2007 年，第 323—327 页。

系。例如，1950 年，中央人民政府就有《关于保护古建筑的批示》《古文化遗址及古墓葬之调查发掘暂行办法》《关于地方文物名胜古迹的保护管理办法》《关于征集革命文物的命令》等政策命令出台。1960 年，国务院颁布《文物保护管理暂行条例》，保护的对象范围包括五大类：①与重大历史事件、革命运动和重要人物有关的、具有纪念意义和史料价值的建筑物、遗址、纪念物等；②具有历史、艺术、科学价值的古文化遗址、古墓葬、古建筑、石窟寺、石刻等；③各时代有价值的艺术品、工艺美术品；④革命文献资料以及具有历史、艺术和科学价值的古旧图书资料；⑤反映各时代社会制度、社会生产、社会生活的代表性实物等，并明确了保护责任主体，初步建立起中国物质文化遗产（文物）保护的基本制度。另外，中国政府还相继发布了《文物保护单位保护管理暂行办法》（1963 年）、《革命纪念建筑、历史纪念建筑、古建筑、石窟寺修缮暂行管理办法》（1963 年）、《古遗址古墓葬调查发掘暂行管理办法》（1964 年）等一系列保护文物的办法、条例、意见。这样，就为全国人大常委会颁布中国文化遗产保护的第一部法律《中华人民共和国文物保护法》奠定了良好的制度基础。

1978 年开始的改革开放时期，国内各界与国际社会的联系日益频繁，国际文化遗产保护制度给国内文化遗产保护的制度建设带来很大影响，文化遗产保护事业也较早得到国家立法机构的重视。例如，1982 年颁布并施行的《中华人民共和国文物保护法》，包括总则、文物保护单位、考古发掘、馆藏文物、私人收藏文物、文物出境、奖励与惩罚、附则等内容，把违反文化遗产保护法规的责任由此前条例的"处分"上升到了"行政处罚"和"刑事责任"两类，强化了遗产保护的法律威慑力。《中华人民共和国文物保护法》从诞生起至今，相继在 1991 年、2002 年、2007 年、2013 年、2017 年进行了 5 次修正，内容不断得到充实、完善，由开始的 8 章 33 条扩展为现行的 8 章 80 条，包括总则、不可移动文物、考古发掘、馆藏文物、民间收藏文物、文物出境进境、法律责任、附则等，已成为其他有关物质文化遗产保护法规、规章、规范性文件制定的上位法，带动了一系列专门性或地方性的法规、规章、规范制定及中央决定、国家和地方政策的出台。例如，在城乡文化遗产保护方面，既有《中华人民共和国城市规划法》（1990 年施行，2008 年废止）、《中华人民共和国城乡规划法》（2007 年发布，2015 年、2019 年修订）、《历史文化名城名镇名村保护条例》（2008 年发布，2017 年修订）等法律法规，也有《城市紫线管理办法》（2003 年）、《中国文物古迹保护准则》（2000 年初版，2004 年、2015 年修订）、《历史文化名城保护规划规范》（GB 50357—2005，2018 年废止）、《历史文化名城保护规划标准》（GB/T 50357—2018）、《历史文化名村保护与修复技术指南》（GB/T 39049—2020），以及《云南省丽江历史文化名城保护管理条例》（1994 年）、《福州市历史文化名城保护条例》（1995 年）、《安徽省皖南古民居保护条例》（1997 年）、《广州历史文化名城保护条例》（1998 年）等一大批部门规章和地方性法规。

【阅读】中国文物古迹保护准则①

《中国文物古迹保护准则》是由国际古迹遗址理事会中国国家委员会制定，国家文物局推荐的一部行业规则。2002 年发行第一版，2004 年修改和发行第二版，2015年修改和发行第三版。

该准则是在中国文物保护法规体系的框架下，以《中华人民共和国文物保护法》和相关法规为基础，参照 1964 年《威尼斯宪章》等国际原则而制定，是中国对文物古迹保护工作进行指导的行业规则和评价工作成果的主要标准，也是对保护法规相关条款的专业性阐释，同时还是处理有关古迹事务时的专业依据。由于该准则把国际文化遗产保护的原则与中国文物古迹保护实践相结合，充分吸收了中国古迹遗址保护协会十多年来文化遗产保护理论和实践的成果，在文化遗产价值认识、保护原则、新型文化遗产保护、合理利用等方面反映了当今中国文化遗产保护的认识水平，其主要原则和精神已被中国的文物古迹保护工作者广为接受，也在相关的法规中得到越来越多的体现。

《中华人民共和国文物保护法》重在对静态的物质文化遗产的保护，基本没有涉及活态的非物质文化遗产的保护与传承问题。其实，新中国很早就已注意到非物质文化遗产的保护、传承立法。例如，1954 年颁布的第一部《中华人民共和国宪法》中，就已写入"各民族都有使用和发展自己的语言文字的自由，都有保持或者改革自己的风俗习惯的自由"内容。这应该是最早的国家有关非物质文化遗产保护与传承的根本态度。随着 2003 年联合国教科文组织《保护非物质文化遗产公约》的发布，次年中国加入该条约后，即作为缔约国开展国家非物质文化遗产保护的立法研究，并于2011 年正式颁布《中华人民共和国非物质文化遗产法》。该法包括总则、非物质文化遗产的调查、非物质文化遗产代表性项目名录、非物质文化遗产的传承与传播、法律责任、附则等内容，为继承和弘扬中华民族优秀传统文化，促进社会主义精神文明建设，加强非物质文化遗产保护、保存工作，提供了重要的法律保障。与之相应，还出台了一系列的专门性或地方性的法规、规章和决定、意见、办法等。可以说，《中华人民共和国非物质文化遗产法》的颁布，标志着中国文化遗产保护的主要顶层制度设计和基层制度建设已趋于完善（表 3-3）。

---

① 国际古迹遗址理事会中国国家委员会：《中国文物保护准则（2015 年修订）》，北京：文物出版社，2015 年。

表 3-3　中国文化遗产保护的制度构成

	宪法	法律	行政法规	部门规章	地方性法规与规章
一 法律类	中华人民共和国宪法	中华人民共和国文物保护法；中华人民共和国非物质遗产法；中华人民共和国城乡规划法；中华人民共和国民法典；中华人民共和国刑法；中华人民共和国行政处罚法；等等	中华人民共和国文物保护法实施条例；历史文化名城名镇名村保护条例；中华人民共和国水下文物保护管理条例；长城保护条例；传统工艺美术保护条例	管理办法：城市紫线管理办法；城市规划编制办法；世界文化遗产保护管理办法；关于切实加强中国传统村落保护的指导意见；文物保护工程管理办法；历史文化名城名镇名村保护规划编制要求（试行）；等等 规范文件：中国文物古迹保护准则；历史文化名城保护规划标准；城市规划编制办法实施细则；镇规划标准；历史文化名村保护与修复技术指南；等等	地方性法规：广东省实施《中华人民共和国文物保护法》办法；江苏省人民代表大会常务委员会关于促进大运河文化带建设的决定；陕西省文物保护条例；北京历史文化名城保护条例；安徽省皖南古民居保护条例；青岛市城市风貌保护管理办法；云南省丽江古城保护条例；太原市晋祠保护条例；等等 省级政府规章：河北省历史文化名城名镇名村保护办法；江苏省传统村落保护办法；河北省长城保护办法；甘肃省传统工艺美术保护办法；等等
二 政策类	中共中央/国务院 关于加强文物保护利用改革的若干意见；关于进一步加强城市规划建设管理工作的若干意见；大运河文化保护传承利用规划纲要；国务院关于进一步加强文物工作的指导意见；国务院关于进一步做好旅游等开发建设活动中文物保护工作的意见；国务院关于加强文化遗产保护的通知；关于在城乡建设中加强历史文化保护传承的意见；等等		地方党委/政府 关于加强文物保护利用改革的实施方案（各地）；关于深化城市有机更新促进历史风貌保护工作的若干意见（上海）；北京市大运河文化保护传承利用实施规划；苏州市历史文化名城名镇保护办法；无锡市历史街区保护办法；太原历史文化名城保护办法；成都市历史建筑保护办法；苏州市江南水乡古镇保护办法；广州市非物质文化遗产保护办法；兰溪市文物保护单位安全管理制度（浙江）；张谷英历史文化名村保护管理暂行办法（湖南岳阳）；临武县文物管理所行政审批事中事后监督制度（湖南）；北京历史文化名城保护规划；秦始皇陵保护规划；杭州市大运河世界文化遗产影响评价实施办法；等等		
三 国际条约类	联合国教科文组织 武装冲突情况下保护文化财产公约（海牙公约）；保护世界文化和自然遗产公约；内罗毕建议；关于保护可移动文化财产的建议；保护传统文化和民俗的建议；保护水下文化遗产公约；世界文化多样性宣言；保护和促进文化表现形式多样性公约；保护非物质文化遗产公约；关于蓄意破坏文化遗产问题的宣言；实施《保护世界文化和自然遗产公约》的操作指南；保护具有历史意义的城市景观宣言；会安草案——亚洲最佳保护范例；等等*		国际古迹遗址理事会 关于历史性小城镇保护的国际研讨会的决议；佛罗伦萨宪章；华盛顿宪章；考古遗产保护与管理宪章；关于乡土建筑遗产的宪章；国际文化旅游宪章（重要文化古迹遗址旅游管理原则和指南）；木结构遗产保护准则；建筑遗产分析、保护和结构修复原则；西安宣言；世界文化遗产影响评估指南；等等		其他国际组织 关于历史性纪念物修复的雅典宪章；雅典宪章；威尼斯宪章；马丘比丘宪章；奈良真实性文件；巴拉宪章；北京宪章；北京共识；关于工业遗产的下塔吉尔宪章；绍兴宣言；北京文件；城市文化北京宣言；等等
四 基层制度类	单位制度 张谷英管理处文物消防安全管理制度（湖南岳阳）；长城第一墩文物管理所内部管理制度（甘肃嘉峪关）；泰山乡文物保护管理制度（江西安福）；等等		社团宣言 关于中国特色的文物古建筑保护维修理论与实践的共识——曲阜宣言；中国古村镇保护与发展碛口新宣言；中国古村镇保护与发展获港宣言；"福州古厝保护与文化传承论坛"福州宣言；等等		其他组织制度 ××祠堂管理制度；××唐氏传统宗亲氏族祭祖仪式制度与程序；等等

* 表示我国已加入所有有关文化遗产保护的国际公约

第四章　城乡文化遗产的法律保护

　　现代国家是法治国家，现代社会是法治社会。城乡文化遗产保护工作要取得持久的成效，离不开法制的引领和保障。中国文化遗产保护立法尽管还存在一定的不足，但毫无疑问已取得了巨大的成绩，在文化遗产保护工作中发挥了突出的作用。了解文化遗产法律保护的对象、原则、渊源及基本内涵，既有利于人们形成文化遗产保护的法律意识，也有利于未来文化遗产法的不断修订、完善。

【阅读】日本的《文化财保护法》①

　　1950 年，日本制定了首部《文化财保护法》。《文化财保护法》是在《古社寺保存法》《国宝保存法》《重要美术品等保存法》《史迹名胜天然纪念物保存法》几个法令基础上产生的。每一个法令都在上一个法令的基础上不断进行扩充和完善，保护对象、保护主体和保护范围也在日益扩大，最终推动了文化遗产类别的扩充与合并，形成了市町村级、都道府县级、国家级三级并存的文化遗产保护制度。《文化财保护法》确定了日本中央与地方协作的行政体制，明确了国家、地方政府及文化遗产所有者和普通国民对保护文化遗产所必须承担的责任，其全面性和系统性超过日本以往任何一部保护文化遗产的法律。随着日本经济的高速发展，城市经历了一次又一次改扩建高潮，农村生产和生活也发生了重大变化。但由于有这部法律，从文化遗产所有者到普通国民，都能自觉地参与文化遗产保护，全社会的文化遗产保护意识得到极大提高。

　　《文化财保护法》一直没有停止自身的完善。从 1950 年至今，日本的文化遗产保护法经历了 8 次重大修订，逐渐成为一套较为完整成熟的法律体系。可以预见，日本的《文化

---

　　① （日）中村淳：《日本文化财保护法的发展历程》（周先民译），《遗产》2019 年第 1 期，第 136—155 页；严圣禾：《日本：不断完善文化遗产保护法》，《光明日报》2007 年 6 月 10 日。

财保护法》今后仍然会不断完善，从而为日本的各种文化遗产提供更强有力的保护。

第一节　文化遗产法的调整对象

法律指一个国家或地区的所有法律原则和规则的总称，是组成国家制度的主体。法律是由国家制定或认可的，并以国家强制力保证实施的，反映由特定物质生活条件所决定的统治阶级意志的规范体系。法律作为调整社会关系的行为规范，由于受到国家强制力的保障，它所规定的权利和义务，能够得到国家的确认和认可。

有学者认为，文化遗产法是调整因文化遗产的保护、享用、传承、发展而形成的社会关系的法律规范的总称[①]。这大体是不错的。该定义存在的不足是并没有严格区分文化遗产保护过程中一系列法律关系的逻辑次序。如果考虑到法律关系的主次与先后问题，那么，文化遗产法可以说是调整因文化遗产的归属、保护、利用、传承而形成的社会关系的法律规范的总称。但是，文化遗产既包括物质文化遗产，又包括非物质文化遗产，两类文化遗产在文化属性上存在巨大差异，必然导致在遗产保护过程中形成的社会关系也存在很大不同。

作为物质文化遗产宝贵内容的文物，最早被立法保护。《中华人民共和国文物保护法》所调整的社会关系，既包括文物所有权法律关系、文物行政管理者和相对人之间的行政管理法律关系，也包含文物流通领域的平等主体之间的法律关系。《中华人民共和国文物保护法》的调整对象是社会关系中特定的文化利益关系，这是明显区别于民法、行政法、经济法等其他法律部门的调整对象的。但是，物质文化遗产作为一类特殊的物质存在，除了其中文物部分的社会关系需受《中华人民共和国文物保护法》调整之外，其他非文物部分的社会关系应可以适应《中华人民共和国民法典》，因为，《中华人民共和国民法典》中的"物权"，所调整的是"因物的归属和利用产生的民事关系"[②]。

对非物质文化遗产的立法保护相对较晚。作为传统文化表现形式的非物质文化遗产，由于其本身的非物质属性和具体内容的复杂性、多样性，不同类别的非物质文化遗产的保护内容、保护目标、保护方式等并不一致，有的确实需要政府采取一系列的保护手段（如湖南江永女书），有的却并不需要什么特别的保护手段（如春节），也无法采取什么有效的保护手段，有的则需要通过不断地使用非物质文化遗产来达到保护目标。例如，作为非物质文化遗产的方言，是很多地方人们日常生活中使用的交流语言，其词汇、语音等随着各地人们的日常使用而在不断地发展、变化。因此，2011年正式颁布的《中华人民共和国非物质文化遗产法》，并没有习惯性地在名称中嵌入

[①] 王云霞：《文化遗产法教程》，北京：商务印书馆，2012年，第30页。

[②] 《中华人民共和国民法典》第二百零五条，2020年。

草拟时曾有的"保护"二字。目前《中华人民共和国非物质文化遗产法》的主要内容包括非遗调查、非遗项目名录建立、非遗传承与传播、法律责任等方面，其实质是一部行政法，所调整的是国家文化行政管理者和相对人之间的行政管理法律关系，因而，其完全属于公法性质。至于属于私法内容的非物质文化遗产所涉及的普通公民、组织之间社会关系的调整，则需依照其他相关法律法规。例如，《非物质文化遗产法》"附则"中指出，"使用非物质文化遗产涉及知识产权的，适用有关法律、行政法规的规定。对传统医药、传统工艺美术等的保护，其他法律、行政法规另有规定的，依照其规定"①。这样，援引相关法律、行政法规中的某些条款，就成为调整某些非物质文化遗产所及个体之间利益关系的依据。例如，《中华人民共和国商标法》规定，"商标中有商品的地理标志，而该商品并非来源于该标志所标示的地区，误导公众的，不予注册并禁止使用"②。地理标志是指标示某商品来源于某地区，该商品的特定质量、信誉或者其他特征，主要由该地区的自然因素或者人文因素所决定的标志。显然，这对一些地方传统特色产品的保护具有重要意义。

因此，概括说来，文化遗产法的调整对象主要包括下述四个方面。

其一，国家与相关组织、个人在文化遗产权利确认过程中形成的社会关系。这具有文化遗产基本法律关系的性质。对于物质文化遗产来说，由于其本身具有物质属性，需要首先明确物权的归属。国家通过相关法律规定，一方面宣布国家对重要物质文化遗产具有所有权，另一方面也承认并可以通过法律程序确认公民、法人和其他社会组织对部分物质文化遗产的所有权、使用权、收益权。对于非物质文化遗产来说，像口头文学及其载体语言、传统表演艺术、传统手工艺、传统科技等方面内容，属于人类创造的智力成果，具有知识产权性质，也可以通过相关法律程序来确认其权利主体。

其二，国家及其相关职能部门在文化遗产保护管理过程中形成的社会关系。这是一种行政管理法律关系。国家为维护全体国民的共同利益，乃至人类命运共同体利益而对境内文化遗产履行保护、管理职能而产生的社会关系，可以分为两方面：一是政府及其相关主管部门基于行政隶属关系而产生的行政领导关系，如各级地方政府对文物部门的行政领导；二是政府及其相关主管部门对文化遗产发掘、收藏、保护、研究机构的业务性管理、监督和指导而形成的业务管理关系，如国家文物局对地方文物局的业务指导。

其三，公民、法人和其他社会组织之间在文化遗产保护及利用、传承过程中形成的社会关系。这是一种民事法律关系。由于国家承认并可以确认公民、法人和其他社会组织对部分物质文化遗产的所有权、使用权、收益权乃至处置权，以及对部分非物质文化遗产的所有权、使用权、传承权、收益权，这些平等主体之间会因文化遗产的

---

① 《中华人民共和国非物质文化遗产法》第四十四条，2011年。
② 《中华人民共和国商标法》第十六条，2019年。

保护、利用、传承、处置而产生相关的权利与义务。

其四，公众参与文化遗产保护过程所形成的社会关系。这属于程序性法律关系。具有突出价值的文化遗产是人类社会的共同财富，具有公共属性，因而，一定意义上说，保护文化遗产不仅仅是作为文化遗产所有者、用益者的国家和特定集体、个人和其他社会组织的职责，也是广大社会公众的义务。《中华人民共和国文物保护法》第七条就明确规定："一切机关、组织和个人都有依法保护文物的义务。"因此，社会公众完全有权利参与文化遗产保护工作。在文化遗产政策的形成过程中，公众参与也是确保相关政策符合民意及政策合法化的根本途径。公众参与政策制定的方式和程序多种多样，除立法机关代表制度外，民意调查、信息公开、听证会、协商谈判、公民投票等方式都是实现政策制定民主化、科学化的基本制度。

第二节　文化遗产法的基本原则

法律原则是规则与价值的交汇点。文化遗产法的基本原则，是指适应于各种文化遗产保护法律法规的基本准则。至于什么是文化遗产法的基本原则，学术界意见并不一致。王云霞指出，学界公认的"真实性原则"和"整体性原则"二者是文物保护和非物质文化遗产保护的通行原则[1]，因而，其认为文化遗产法的基本原则也当是这两条原则。但宋慧献指出，真实性和整体性主要是文化遗产保护所应遵循的标准，不能被视为文化遗产法之基本原则的全部，进而提出历史价值优先、保护与传承至上、真实与完整保护、尊重文化多样性、国家责任五方面原则作为文化遗产法的基本原则[2]。应该说，文化遗产的保护原则与文化遗产法的基本原则虽有内在联系，但并不能混为一谈。因为具体法律原则是指适用于某一法律部门中特定情形的原则，所以文化遗产保护法的基本原则需要明确的应是文化遗产的保护理念、保护对象、保护目的，以及法律相对人的权利与义务等质性问题，而不是文化遗产保护的具体方式、方法与要求问题。基于这样的考虑，可以认为文化遗产法的基本原则大体包括下述四个方面。

一、公共利益优先原则

这是确定文化遗产保护主要目的的法律原则。国际社会为什么要保护文化遗产？因为文化遗产存留着人类的历史记忆，是人类社会的共同财富，今天和未来的人类都

---

[1] 王云霞：《文化遗产法教程》，北京：商务印书馆，2012 年，第 49—56 页。
[2] 宋慧献：《论文化遗产法的基本原则》，《新闻爱好者》2017 年第 7 期，第 64—71 页。

无法割舍自己的昨天与先民的创造。因此，文化遗产保护的主要目的当在于延续人类优秀文化，最终是为了人类的发展[①]。例如，《中华人民共和国文物保护法》的立法目的是"继承中华民族优秀的历史文化遗产，促进科学研究工作，进行爱国主义和革命传统教育，建设社会主义精神文明和物质文明"，《中华人民共和国非物质文化遗产法》的立法目的是"为了继承和弘扬中华民族优秀传统文化，促进社会主义精神文明建设"[②]。这些宣示，显然都具有公益属性。于是，文化遗产法自当以调整人们相互之间的文化利益关系为对象，以促进公共文化利益的实现为己任。虽然文化遗产名义上是人类社会的共同财富，但其实际的所有者、用益者往往是国家及其职能部门、公民、法人和其他社会组织，其可谓是文化遗产保护的利益相关者。在中国特色社会主义市场经济条件下，个人利益难免膨胀，文化遗产领域往往容易产生个体利益与公共利益之间的矛盾和冲突。因而，文化遗产保护立法必须以"公共利益优先个体利益"为原则，设法调整好国家利益、社会利益、集体利益和个人利益之间的关系[③]。只有切实奉行社会公共利益优先原则，文化遗产的保护工作才能促进现实社会的和谐发展。

二、历史信息第一原则

这是确认文化遗产保护主要内容的法律原则。前面已经指出，西方现代文化遗产保护运动最初注重的是文物古迹的艺术价值，如 1931 年第一届历史古迹建筑师及技师国际会议通过的《关于历史性纪念物修复的雅典宪章》就特别强调"提升文物古迹的美学意义"；直到 30 余年后的 1964 年召开的第二届历史古迹建筑师及技师国际会议通过的《威尼斯宪章》才开始认识到"历史古迹"的历史价值要高于艺术价值。从此，其后颁布的相关国际公约、国内法律法规才把历史价值置于文化遗产保护价值的首要位置。应该说，这是国际社会的正确认识。文化遗产的历史、艺术、科学三大非使用价值中，其基础的、根本的价值就是历史价值，因为，艺术价值、科学价值也需要放在广阔、深远的历史背景下才能够准确地显示出来。由于认识到文化遗产保护的首要价值是历史价值，这样，如何来保护、保存文化遗产蕴含的历史信息，就仅是方法性问题。真实性原则、整体性原则、多样性原则、活态性原则等，都是为尽可能多地保存历史信息而采取的或可选用的方法性原则。因此，文化遗产保护的具体对象主要是文化遗产的历史信息，而历史信息的丰富程度与珍贵程度，就成为衡量文化遗产历史价值高低的决定性因素。

---

① 联合国教科文组织：《关于在国家一级保护文化和自然遗产的建议（1972）》，联合国教科文组织世界遗产中心等：《国际文化遗产保护文件选编》，北京：文物出版社，2007 年，第 82 页。

②《中华人民共和国文物保护法》第一条，2017 年；《中华人民共和国非物质文化遗产法》第一条，2011 年。

③ 李明凤：《文物保护立法理论的若干问题》，《中国文物报》2013 年 6 月 7 日，第 3 版。

三、政府责任首要原则

这是突出文化遗产保护主体责任的法律原则。由于文化遗产的保护目的具有社会公益性质，而国家是公共利益的代表者和维护者，这就决定了文化遗产保护的首要责任必然在各国政府。《保护世界文化和自然遗产公约》第四条指出，该公约的缔约国均承认并保证"本国领土内的文化遗产和自然遗产的确定、保护、保存、展出和传与后代，主要是有关国家的责任。该国将为此目的竭尽全力，最大限度地利用本国资源，适当时利用所能获得的国际援助和合作，特别是财政、艺术、科学及技术方面的援助和合作"。显然，政府作为国家的行政机关，履行承诺，责无旁贷。根据该公约的要求，政府的具体工作主要有五个方面：①通过一项旨在使文化遗产和自然遗产在社会生活中起一定作用，并把遗产保护纳入全面规划纲要的总政策；②如本国内尚未建立负责文化遗产和自然遗产的保护、保存和展出的机构，则建立一个或几个此类机构，配备适当的工作人员和为履行其职能所需的手段；③发展科学和技术研究，并制订出能够抵抗威胁本国文化或自然遗产的危险的实际方法；④采取为确定、保护、保存、展出和恢复这类遗产所需的适当的法律、科学、技术、行政和财政措施；⑤促进建立或发展有关保护、保存和展出文化遗产和自然遗产的国家或地区培训中心，并鼓励这方面的科学研究①。《保护非物质文化遗产公约》的第Ⅲ部分内容，都是在告诉缔约国该如何在"国家一级保护非物质文化遗产"。准此，《中华人民共和国文物保护法》在"总则"中即明确了中国国家保护的文物范围与工作方针、国家所有的文物范围和相关政府部门的管理责任；《中华人民共和国非物质文化遗产法》在"总则"中也明确了中国国家对非物质文化遗产的保存、保护对象和相关政府部门的管理责任。可见，文化遗产保护的首要责任在于政府是毫无疑问的。

四、公众参与适度原则

这是强调文化遗产保护公众作用的法律原则。文化遗产保护的首要责任虽然属于政府，但是，文化遗产保护的公益性质，决定了作为受益人的公众并不能置身事外。1972年的《保护世界文化和自然遗产公约》，已认识到对公众进行遗产教育的重要性，要求缔约国应通过一切适当手段，特别是教育和宣传计划，努力增强该国人民对文化和自然遗产的赞赏和尊重，广泛了解对遗产造成威胁的危险。1976年的《内罗

---

① 参见《保护世界文化和自然遗产公约》第五条，1972年。

毕建议》，进一步强调"政府和公民应把保护该遗产并使之与我们时代的社会生活融为一体作为自己的义务"①。到 2003 年通过的《保护非物质文化遗产公约》，其中专门设置"社区、群体和个人的参与"一条，要求"缔约国在开展保护非物质文化遗产活动时，应努力确保创造、延续和传承这种遗产的社区、群体，有时是个人的最大限度的参与，并吸收他们积极地参与有关的管理"②。这标志着公众参与文化遗产保护已经成为国际共识。《中华人民共和国文物保护法》所称"一切机关、组织和个人都有依法保护文物的义务"，《中华人民共和国非物质文化遗产法》所称"国家鼓励和支持公民、法人和其他组织参与非物质文化遗产保护工作"，都是对相关国际共识的呼应。但是，文化遗产保护的很多方面毕竟具有很强的专业性、技术性，并不是普通公众都能够随便介入的。因此，需要"国家加强文物保护的宣传教育，增强全民文物保护意识"③，需要"加强对非物质文化遗产保护工作的宣传，提高全社会保护非物质文化遗产的意识"④。只有不断提升公众文化遗产保护的能力水平，才能使文化遗产保护的公众参与度更广更深。目前，公众参与作为文化遗产保护的法律要求，除立法机关代表制度外，民意调查、信息公开、听证会、协商谈判、公民投票等都是具体文化遗产保护过程中可行的适度参与方式。

【阅读】日本《文化遗产保护法》的基本原则⑤

【立法之目的】为了保护文化遗产并促使其得到充分利用，为了提高国民的文化素质，同时也为了对世界文化的进步有所贡献，特制定本法。

【政府及地方公共团体之任务】政府及地方公共团体不仅要充分认识到文化遗产是我国历史、文化的重要组成部分，同时要认识到文化遗产是文化发展之基础，为了使文化遗产得到真正之保护，必须为切实执行本法的具体规定而付出努力。

【国民、所有人等的责任】为实现本法之立法目的，政府及地方公共团体所实施的各项行政措施，一般国民必须诚实地予以协助。文化遗产所有人及其他关系人应该自觉地认识到文化遗产是全体国民的贵重财产，为了全体国民的共同利益，其不仅应妥善保护文化遗产，同时也应该尽可能地公开展示文化遗产，以实现其文化价值的充分利用。在本法的实施过程中，政府及地方公共团体必须尊重文化遗产关系人的所有权及其他财产权。

---

① 联合国教科文组织世界遗产中心等：《国际文化遗产保护文件选编》，北京：文物出版社，2007 年，第 93 页。

② 联合国教科文组织世界遗产中心等：《国际文化遗产保护文件选编》，北京：文物出版社，2007 年，第 232 页。

③《中华人民共和国文物保护法》第十一条，2017 年。

④《中华人民共和国非物质文化遗产法》第八条，2011 年。

⑤ 选自《文化遗产保护法》总则，译文采自周超《日本文化遗产保护法律制度及中日比较研究》（北京：中国社会科学出版社，2017 年）附录 1。

第三节　文化遗产法的主要渊源

　　法的渊源有多种含义。这里所及法的渊源是指法的形式渊源，即法的各种具体表现形式。正式意义上的形式渊源，主要指以规范性文件形式表现出来的各种成文法，如立法机关或立法主体制定的宪法、法律、法规、司法解释、规章和条约等。非正式意义上的形式渊源，主要指具有法的意义的观念和其他有关准则，如正义和公平观念、习惯、判例、政策、权威性法学著作等。

　　文化遗产法的渊源，是指文化遗产法律规范的各种具体表现形式。这些不同形式的规范性法律文件，包括宪法、文化遗产保护专门法律、其他相关法律、行政法规、部门规章和地方性法规、规章，以及中国加入的与文化遗产保护相关的国际条约等。它们都属于中国文化遗产法的主要渊源。

一、宪法

　　宪法是国家的根本法，适用于国家全体公民，规定国家的根本任务和根本制度，具有最高的法律效力。现行《中华人民共和国宪法》颁布于 1982 年，并历经 1988 年、1993 年、1999 年、2004 年、2018 年五次修订。以下为《中华人民共和国宪法》中有关于文化遗产保护的相关规定。

　　首先，《中华人民共和国宪法》明确了国家对待重要物质性文化遗产的基本态度。《中华人民共和国宪法》在第二十二条中规定："国家保护名胜古迹、珍贵文物和其他重要历史文化遗产。"这实际上是把保护具有重要价值与意义的文化遗产规定为国家责任。这也成为制定国家物质文化遗产保护专门性法律、法规、规章的根本依据。

　　其次，《中华人民共和国宪法》明确了国家对待重要非物质文化遗产的基本态度。《中华人民共和国宪法》在第四条中规定："各民族都有使用和发展自己的语言文字的自由，都有保持或者改革自己的风俗习惯的自由。"语言文字、风俗习惯属于非物质文化遗产的重要内容。对语言文字的"使用和发展"，对风俗习惯的"保持或者改革"，都是保护、传承非物质文化遗产的主要方式。这同样成为制定国家非物质文化遗产保护专门性法律、法规、规章的根本依据。

　　最后，《中华人民共和国宪法》宣示了文化遗产保护的公益性质。《中华人民共和国宪法》在第二十二条中规定："国家发展为人民服务、为社会主义服务的文学艺术事业、新闻广播电视事业、出版发行事业、图书馆博物馆文化馆和其他文化事业，开展群众性的文化活动。"这里提到的文学艺术事业、新闻广播电视事业、出版发行事业与图书馆、博物馆、文化馆和其他文化事业、群众性的文化活动等，其实都是传承、保护文化遗产的主要方式，明确发展这些事业与活动的目的在于"为人民服务、为社会主义服务"，也就意味着国家文化遗产保护事业的社会主义公益性质。

二、法律

法律有广义、狭义两种理解。广义上说，法律泛指一切规范性法律文件；狭义上说，法律仅指全国人大及其常委会制定的规范性法律文件。这里的法律属于狭义。目前，关于文化遗产保护的法律有两类：一类是文化遗产保护的专门性法律，另一类是文化遗产保护的相关法律。

（一）文化遗产保护的专门性法律

《中华人民共和国文物保护法》和《中华人民共和国非物质文化遗产法》是中国文化遗产保护领域的专门性法律，也是文化遗产保护的基本法。

现行《中华人民共和国文物保护法》于 1982 年 11 月 19 日通过，自 1982 年 11 月 19 日起施行；之后在 1991 年、2002 年、2007 年、2013 年、2015 年、2017 年进行过多次修改或修订，近年仍在计划进一步修订。目前版本共 8 章 80 条。该法主要内容包括：①明确国家保护的文物范围。文物包括具有历史、艺术、科学价值的古文化遗址、古墓葬、古建筑、石窟寺和石刻、壁画，近代现代重要史迹、实物、代表性建筑，历史上各时代珍贵的艺术品、工艺美术品，重要的文献资料、手稿和图书资料，反映历史上各时代、各民族社会制度、社会生产、社会生活的代表性实物，以及具有科学价值的古脊椎动物化石和古人类化石。②规定文物保护的不同级别。古文化遗址、古墓葬、古建筑、石窟寺、石刻、壁画、近代现代重要史迹和代表性建筑等不可移动文物，可以分别确定为全国重点文物保护单位，省级文物保护单位，市、县级文物保护单位。历史上各时代重要实物、艺术品、文献、手稿、图书资料、代表性实物等可移动文物，分为珍贵文物和一般文物；珍贵文物又分为一级文物、二级文物、三级文物。③确定文物保护的方针。所提出的"保护为主、抢救第一、合理利用、加强管理"16 字方针，是文物保护工作遵循的基本方针，是正确认识和处理文物保护与利用关系的根本依据。④规定国家所有与非国家所有的文物范围。文物的所有权主要属于国家，但也不排除部分文物的集体所有权和私人所有权。⑤规定不可移动文物的保护制度。主要包括文物保护单位级别与历史文化名城、街区、村镇的核定公布与保护办法，以及不可移动文物的保护、管理办法等。⑥规定考古发掘的条件。主要就考古发掘主体的资质条件，考古调查、勘探、发掘行为实施和成果管理进行规范。⑦规定馆藏文物的保护制度。主要就馆藏文物的取得方式、日常管理及调拨、交换、借用、展示等进行规范。⑧规范民间收藏文物行为。主要就民间收藏文物的取得方式和捐赠、销售、拍卖等行为进行规范。⑨规定文物出境进境的条件。主要就文物出境进境的许可程序进行规范。⑩明确法律责任。根据违犯该法上述相关规定的程度不同，规定了违法行为人需要承担的刑事、民事和行政法律责任。该法的颁布及其不断修订，为新时期的中国文物保护事业奠定了坚实的法律基础。

现行《中华人民共和国非物质文化遗产法》于 2011 年 2 月 25 日通过，自 2011 年 6 月 1 日起施行，共 6 章 45 条。该法主要内容包括：①明确非物质文化遗产的概念与内涵。规定非物质文化遗产包括传统口头文学及作为其载体的语言，传统美术、书法、音乐、舞蹈、戏剧、曲艺和杂技，传统技艺、医药和历法等六类。②提出非物质文化遗产的保护利用要求。包括非物质文化遗产的保存、保护对象，保护与使用要求，以及国家和政府的责任。③规范非物质文化遗产的调查。主要明确非物质文化遗产调查资料的责任主体、取得方式和质量要求。④规范非物质文化遗产代表性项目名录的审定。主要包括项目推荐资格、材料要求、评议方式及政府的责任等。⑤提出非物质文化遗产的传承与传播要求。包括传承人的认定条件、对代表性传承人的支持方式，以及传承人的义务和相关部门、单位的责任。⑥明确法律责任。包括相关部门、个人违反该法需要承担的行政、民事和刑事法律责任。该法的颁布，标志着中国非物质文化遗产事业进入依法保护的新阶段，也标志着中国社会在文化自觉和文化发展理念方面有了重大进步。

（二）文化遗产保护的相关法律

文化遗产保护的相关法律包括《中华人民共和国民法典》《中华人民共和国刑法》《中华人民共和国行政许可法》《中华人民共和国行政处罚法》《中华人民共和国城乡规划法》《中华人民共和国土地管理法》《中华人民共和国环境保护法》《中华人民共和国著作权法》《中华人民共和国商标法》《中华人民共和国专利法》等。"中华人民共和国国土空间规划法""中华人民共和国国土空间开发保护法"等相关法律正在制定过程中。

《中华人民共和国民法典》共 7 编、1260 条，自 2021 年 1 月 1 日起施行。民法调整平等主体的自然人、法人和非法人组织之间的人身关系和财产关系。作为"社会生活的百科全书"，《中华人民共和国民法典》涉及社会和经济生活的方方面面，其中的"总则""物权""继承""侵权责任"等部分内容，都与文化遗产有直接或间接的联系。其主要内容涉及五方面：①民事主体的物权和知识产权。第一百一十四条规定"民事主体依法享有物权"，物包括不动产和动产，物权包括"所有权、用益物权和担保物权"。第一百二十三条规定"民事主体依法享有知识产权"，知识产权的客体包括作品、商标、地理标志等非物质文化遗产。这就为平等主体之间处理所涉物质文化遗产和非物质文化遗产的财产关系提供了原则性依据。②文物的国家所有权。

第二百五十三条重申"法律规定属于国家所有的文物，属于国家所有"。这实际上是对《中华人民共和国文物保护法》第五条"中华人民共和国境内地下、内水和领海中遗存的一切文物，属于国家所有"等规定的呼应。这也明确了涉及文物财产关系时作为文物所有权人的国家可以受《中华人民共和国民法典》的调整。③国家所有权的行使。《中华人民共和国文物保护法》关于文物所有权有国家所有、集体所有和私人所有三种形式，联系《中华人民共和国民法典》第二百四十六条"法律规定属于国家所有的财产，属于国家所有即全民所有。国有财产由国务院代表国家行使所有权"的规定，可知国家所有的文物由国务院来代表国家行使所有权。④集体所有权和私人所有权的行使。《中华人民共和国文物保护法》第六条规定"属于集体所有和私人所有的纪念建筑物、古建筑和祖传文物以及依法取得的其他文物，其所有权受法律保护"。但关于集体所有和私人所有的文物如何行使所有权权能，并无规定。《中华人民共和国民法典》"物权"部分有关于集体、私人具有所有权的不动产条款，可以据此进行调整。这就弥补了《中华人民共和国文物保护法》中相关规定的缺失。⑤侵权责任的承担。其中的"环境污染和生态破坏责任""建筑物和物件损害责任"内容，与文化遗产保护相关，是追究城乡物质文化遗产损害行为民事责任的基本依据。

《中华人民共和国刑法》于1979年7月1日通过，至今已有11次修正，共2编452条。《中华人民共和国刑法》是规定犯罪行为并给予何种刑事处罚的法律规范。依据《中华人民共和国文物保护法》第七章"法律责任"，违反文物保护的刑事规范，必须承担刑事责任，并在第六十四条、第七十八条列举了需要承担刑事责任的具体情形；《中华人民共和国非物质文化遗产法》第四十二条也有追究刑事责任的情形。但是，如何定罪量刑，《中华人民共和国文物保护法》《中华人民共和国非物质文化遗产法》中都没有相关规定，而在《中华人民共和国刑法》中就有相关规定，具体情形如下。

（1）破坏社会主义市场经济秩序罪，如走私文物罪。

（2）侵犯财产罪，如盗窃罪、聚众哄抢罪、侵占罪、职务侵占罪、故意毁坏财物罪等都有可能在文物的保存、保护、保管过程中发生。

（3）侵犯公民人身权利、民主权利罪，如非法剥夺公民宗教信仰自由罪、侵犯少数民族风俗习惯罪。

（4）妨害社会管理秩序罪，专设"妨害文物管理罪"一节（第四节），具体包括六个方面的罪名：①故意损毁文物罪；故意损毁名胜古迹罪；过失损毁文物罪；②非法向外国人出售、赠送珍贵文物罪；③倒卖文物罪；④非法出售、私赠文物藏品罪；⑤盗掘古文化遗址、古墓葬罪；盗掘古人类化石、古脊椎动物化石罪；⑥盗窃、抢夺国有档案罪；擅自出卖、转让国有档案罪。

（5）渎职罪，如滥用职权罪、玩忽职守罪、放纵走私罪；失职造成珍贵文物损毁、流失罪。

《中华人民共和国行政许可法》颁布于 2003 年，2019 年修正；《中华人民共和国行政处罚法》颁布于 1996 年，2009 年、2017 年、2021 年先后修订。两部法律是规定行政许可和行政处罚问题的基本法律。根据《中华人民共和国文物保护法》《中华人民共和国非物质文化遗产法》的有关规定，很多文化遗产保护活动都必须经过相关行政部门实施行政许可才能进行，某些违法行为也设定了相应的行政处罚。对于专门立法中明确规定的行政许可事项、行政处罚情节，自然适用专门法规定；对于专门立法中未能规定的行政许可事项、行政处罚情节，必须依据《中华人民共和国行政许可法》《中华人民共和国行政处罚法》所规定的内容加以适用。

《中华人民共和国城乡规划法》于 2007 年 10 月 28 日通过，2015 年、2019 年先后作出修订。该法是在原《中华人民共和国城市规划法》（1990 年施行，2008 年废止）的基础上制定的。该法制定的目的是加强城乡规划管理，协调城乡空间布局，改善人居环境，促进城乡经济社会全面协调可持续发展。该法有几处内容涉及文化遗产保护问题。一是规定"保护耕地等自然资源和历史文化遗产，保持地方特色、民族特色和传统风貌"是制定和实施城乡规划的重要目标；二是规定制定城乡规划时，历史文化遗产保护应当作为城市总体规划、镇总体规划的强制性内容；乡规划、村庄规划的内容应当包括对历史文化遗产保护的具体安排；三是规定实施城乡规划时，"旧城区的改建，应当保护历史文化遗产和传统风貌，合理确定拆迁和建设规模，有计划地对危房集中、基础设施落后等地段进行改建。历史文化名城、名镇、名村的保护以及受保护建筑物的维护和使用，应当遵守有关法律、行政法规和国务院的规定""城乡建设和发展，应当依法保护和合理利用风景名胜资源，统筹安排风景名胜区及周边乡、镇、村庄的建设"。这些规定，有力地促进了城乡规划、建设过程中对城乡文化遗产的整体性、系统性保护。

其他专门法律中，也有一些条款涉及文化遗产保护。例如，《中华人民共和国土地管理法》（2019 年修订）规定，为了文物保护的需要，确需征收农民集体所有的土地的，可以依法实施征收；《中华人民共和国环境保护法》（2014 年修订）规定，各级人民政府对"人文遗迹、古树名木，应当采取措施予以保护，严禁破坏"。《中华人民共和国商标法》（2019 年修订）规定，"商标中有商品的地理标志，而该商品并非来源于该标志所标示的地区，误导公众的，不予注册并禁止使用"。这些规定，为土地管理、环境保护和传统地方产品的生产、销售中的有关遗产保护问题提供了重要依据。

三、行政法规与部门规章

（一）行政法规

行政法规是指国务院为领导和管理国家各项行政工作，根据宪法和法律，按照行政法规规定的程序制定的各类法规的总称。法律规定的行政权力往往比较原则、抽象，需要由行政机关进一步具体化。行政法规就是对法律内容具体化的主要形式。行政法规常常以"条例""实施条例""实施细则"等名目出现。中国有关文化遗产保护的行政法规较多，现行法规主要有《中华人民共和国文物保护法实施条例》《历史文化名城名镇名村保护条例》《中华人民共和国水下文物保护管理条例》《长城保护条例》《传统工艺美术保护条例》等。

《中华人民共和国文物保护法实施条例》于2003年公布，2013年、2016年、2017年3月、2017年10月先后作出修订。该条例共8章64条，内容结构与《中华人民共和国文物保护法》一致，主要就《中华人民共和国文物保护法》实施中的某些具体事项作出进一步的规定。例如，历史文化名城、街区、村镇的核定公布的具体程序，历史文化名城和历史文化街区、村镇的保护规划的文物保护要求等，是对《中华人民共和国文物保护法》第十四条内容的补充。

《历史文化名城名镇名村保护条例》于2008年公布，2017年作出修订。该条例共6章48条，是在《中华人民共和国文物保护法》《中华人民共和国城乡规划法》确立的历史文化名城名镇名村保护制度的基础上制定的，主要就历史文化名城名镇名村的保护原则、申报与批准、保护规划、保护措施及法律责任等方面作出规定。该条例的实施，大大促进了中国历史文化名城名镇名村保护的工作，有利于保持与延续历史文化名城名镇名村的传统格局和历史风貌，维护并凸显历史文化遗产的多样价值。

《传统工艺美术保护条例》于1997年发布，2013年作出修订。该条例共20条，主要就传统工艺美术品种和技艺的认定、技艺和珍品的保护措施、人才的培养、企业的扶持及相关法律责任等进行规定。传统工艺美术具有鲜明的民族风格和地方特色，是非物质文化遗产的重要内容。该条例的实施，有利于保护中国传统工艺美术，促进传统工艺美术事业的繁荣与发展。

（二）部门规章

部门规章是指国务院所属各部、委员会根据法律和行政法规制定的规范性文件的总称。文化遗产保护的部门规章主要由国务院文化、建设行政主管部门发布，数量较多。文化遗产部门规章大致可分管理办法和行业规范两类。管理办法诸如《城市紫线管理办法》《城市规划编制办法》《世界文化遗产保护管理办法》《国家级非物质文化遗产保护与管理暂行办法》《文物认定管理暂行办法》《中国非物质文化遗产标识管理办法》《国家考古遗址公园管理办法（试行）》等；行业规范诸如《中国文物古迹保护准则》《历史文化名城保护规划标准》等。

《城市紫线管理办法》于2003年12月17日发布，共22条。城市紫线是指"国家历史文化名城内的历史文化街区和省、自治区、直辖市人民政府公布的历史文化街区的保护范围界线，以及历史文化街区外经县级以上人民政府公布保护的历史建筑的保护范围界线"。该办法规定划定城市紫线和对城市紫线范围内的建设活动实施监督管理时所遵循的原则、紫线范围内的禁止活动与建设要求，以及相关责任部门及人员的具体职能、违法责任等。

《中国文物古迹保护准则》于 2002 年发布，2004 年、2015 年先后作出修订。该准则是在中国文物保护法规体系的框架下，以《中华人民共和国文物保护法》和相关法规为基础，参照《威尼斯宪章》等提出的国际原则而制定的一份文物古迹保护的行业规则与标准。该准则由 6 章 47 条组成，包括准则条款及其阐释。其主要内容包括：①界定文物古迹的定义、保护宗旨及价值内涵。②提出保护工作的总体要求。③提出文物古迹保护的七条原则，即不改变原状、真实性、完整性、最低限度干预、保护文化传统、使用恰当的保护技术、防灾减灾。④提出文物古迹保护和管理工作的六步程序及其要求。六步程序即调查、评估、确定文物保护单位等级、制定文物保护规划、实施文物保护规划、定期检查文物保护规划及其实施情况。⑤提出文物古迹保护措施及其要求，包括保养维护与监测、加固、修缮、保护性设施建设、迁移及环境整治六方面。⑥提出不同类型文物古迹保护的方式方法，包括油饰彩画保护、壁画保护、彩塑保护、石刻保护、考古遗址保护、近现代史迹及代表性建筑的保护、纪念地的保护和文化景观、文化线路、遗产运河的保护，以及历史文化名城、名镇、名村的保护等。⑦提出合理利用文物古迹的方式及其要求，包括研究、展示、延续原有功能和赋予文物古迹适宜的当代功能等。⑧鼓励遵循《中国文物古迹保护准则》的原则探索适合特定类型文物古迹的保护方法。该准则的主要原则和精神已被中国文物古迹保护工作者广为接受，并在中国文物古迹保护相关法规中得到越来越多的体现。

《历史文化名城保护规划标准》（GB/T 50357—2018）自 2019 年 4 月 1 日起实施。该标准是在《历史文化名城保护规划规范》（GB 50357—2005）的基础上经过调查研究、总结实践经验、参考有关国际标准和国外先进标准修订而成的。主要技术内容包括总则、术语、历史文化名城、历史文化街区、文物保护单位与历史建筑五部分：①总则部分规定了保护规划编制的总体原则。②术语部分对保护规划编制中涉及的专业术语的内涵进行定义、规范。③历史文化名城部分提出历史文化名城的保护内容和历史文化名城保护规划的编制原则、内容构成及其要求；提出历史文化名城、历史文化街区和历史建筑等保护界线的划定办法；提出历史文化名城传统格局与风貌的管控内容和要求；提出历史城区道路保护和交通改善的方式与要求；提出历史城区市政工程的建设规范与要求；提出历史城区防灾和环境保护及设施建设的规范与要求。④历史文化街区部分提出历史文化街区的基本条件和编制保护规划的一般要求；提出历史文化街区保护范围和建设控制地带界线的划分与确定要求；提出进行历史文化街区建筑物、构筑物和环境要素保护与整治的方式方法；提出历史文化街区道路交通设施的布局、设置及设计要求；提出历史文化街区市政工程设施的设置原则与敷设要求；提出历史文化街区防灾和环境保护设施及装备要求。⑤文物保护单位与历史建筑部分提出历史文化名城文物保护单位的保护要求；提出历史建筑的保护方式和修缮、维护、利用要求；提出历史建筑保护范围内建设活动的管控要求。该标准的发布，为中国历史文化名城保护规划的编制提供了具体技术准则。

四、地方性法规与规章

地方性法规与规章是地方性法规与地方政府规章的略称。地方性法规是指法定的地方国家权力机关（人民代表大会及其常务委员会）依照法定的权限，在不与宪法、法律和行政法规相抵触的前提下，制定和颁布的在本行政区域范围内实施的规范性文件。地方政府规章是指省、自治区、直辖市、设区的市、自治州的人民政府（含广东省东莞市和中山市、甘肃省嘉峪关市、海南省三沙市等四个不设区的市人民政府），根据法律、行政法规和本省、自治区、直辖市的地方性法规制定的行政规章。现行的文化遗产保护地方性法规与规章很多。

文化遗产保护的地方性法规大致可以分为三类。其一，各地方权力机关依据《中华人民共和国文物保护法》《中华人民共和国非物质文化遗产法》《中华人民共和国城乡规划法》等制定的适应本行政区文化遗产保护工作的法规。例如，各省（区、市）的文物保护条例、非物质文化遗产（保护）条例、城乡规划条例和实施《中华人民共和国文物保护法》办法、实施《中华人民共和国非物质文化遗产法》办法、实施《中华人民共和国城乡规划法》办法等。其二，各地方权力机关为本行政区某类重要文化遗产保护工作制定的法规。例如，《四川省世界遗产保护条例》《贵州省民族民间文化保护条例》《浙江省历史文化名城名镇名村保护条例》《安徽省皖南古民居保护条例》《黑龙江省历史文化建筑保护条例》等。其三，各地方权力机关为本行政区内某处重要文化遗产保护工作制定的法规。例如，《陕西省秦始皇陵保护条例》《山西省平遥古城保护条例》《甘肃敦煌莫高窟保护条例》《西安城墙保护条例》《湘西土家族苗族自治州凤凰历史文化名城保护条例》等。

文化遗产保护的地方政府规章可以分为两类。其一，各地方政府制定的进行本行政区某类文化遗产具体保护工作的规章。例如，《安徽省历史文化名城名镇名村保护办法》《河北省历史文化名城名镇名村保护办法》《陕西省地理标志产品保护办法》《广州市非物质文化遗产保护办法》《湖北省文物安全管理办法》《浙江省文物流通管理办法》《浙江省文化遗产保护专项资金管理办法》《陕西省重大文物安全事故行政责任追究规定》等。其二，各地方政府制定的进行本行政区某处重要文化遗产具体保护工作的规章。例如，《周口店遗址保护管理办法》《福州市三坊七巷、朱紫坊历史文化街区保护管理办法》《西安市大雁塔保护管理办法》《广州市南越国遗迹保护规定》等。

五、国际公约与宪章

国际公约是指国家间缔结签署的有关政治、经济、文化、技术等方面的多边条约。公约通常为开放性的，非缔约国可以在公约生效前或生效后的任何时候加入。中国已加入有关文化遗产保护的所有国际公约①，如联合国教科文组织《武装冲突情况下保护文化财产公约（海牙公约）》（1954年）、《保护世界文化和自然遗产公约》（1972年）、《保护公约水下文化遗产》（2001年）、《保护非物质文化遗产公约》（2003年）等。国际公约在中国的适用一般采用直接适用方式，即与国内其他法律拥有相同的法律地位。

涉及文化遗产保护方面的国际宪章，一般是某一重要国际组织或会议达成的共识性文件。例如，历史古迹建筑师及技师国际会议的《关于历史性纪念物修复的雅典宪章》（1931年）、《威尼斯宪章》（1964年），国际现代建筑协会的《雅典宪章》（1933年）、《马丘比丘宪章》（1977年），国际古迹遗址理事会的《佛罗伦萨宪章》（与国际历史园林委员会联合，1982年）、《华盛顿宪章》（1987年）、《考古遗产保护与管理宪章》（1990年）、《关于乡土建筑遗产的宪章》（1999年）等。国际宪章在中国的适用一般采用间接适用方式，即通过一定的法律程序使之成为相关国内法的内容。

第四节　城乡物质文化遗产的法律保护

城乡物质文化遗产主要是指历史文化名城名镇名村、历史文化街区、传统村落及城乡不可移动文物、历史建筑、可移动文物等物质形态的遗产。

一、城乡物质文化遗产的所有权主体

要对城乡物质文化遗产进行保护、管理和利用，必须要明确其所有权归属。根据《中华人民共和国民法典》《中华人民共和国文物保护法》中有关文物所有权的相关规定，城乡物质文化遗产的所有权归属分为国家所有、集体所有和私人所有三类。

---

① 尹丹丹：《中国已加入世界上所有有关文化遗产保护的公约》，https://www.chinanews.com/2000-07-06/25/36466.html，2000-07-06。

（一）物质文化遗产所有权的国家所有

《中华人民共和国民法典》第二百五十三条规定："法律规定属于国家所有的文物，属于国家所有。"这实际上是对《中华人民共和国文物保护法》第五条相关规定的呼应。《中华人民共和国文物保护法》第五条第一款明确规定"中华人民共和国境内地下、内水和领海中遗存的一切文物，属于国家所有"。这意味着中国境内一切埋藏（尚未发现或发掘的）文物（包括不可移动文物和可移动文物）的所有权都属国家所有。接着，又规定了以下国家所有的不可移动文物范围。

（1）"古文化遗址、古墓葬、石窟寺属于国家所有。"这意味着中国境内已发现的或现存的古文化遗址、古墓葬、石窟寺都属于国家所有。

（2）"国家指定保护的纪念建筑物、古建筑、石刻、壁画、近代现代代表性建筑等不可移动文物，除国家另有规定的以外，属于国家所有。"国家指定保护的不可移动文物，一般是指全国重点文物保护单位、省级文物保护单位或市、县级文物保护单位。这些文物保护单位中，除了法律规定"属于集体所有和私人所有的纪念建筑物、古建筑和祖传文物以及依法取得的其他文物"，都属于国家所有。

根据《中华人民共和国文物保护法》第五条，"国有不可移动文物的所有权不因其所依附的土地所有权或者使用权的改变而改变"。这意味着，其一，国有不可移动文物，即使其依附于集体所有权土地而存在，即使为非国有主体在使用，其所有权依然属于国家；其二，土地所有权或者使用权的归属改变，不影响不可移动文物的国家所有性质。此外，根据《中华人民共和国文物保护法》第二十五条"非国有不可移动文物不得转让、抵押给外国人"的精神，非国有不可移动文物可以转让、抵押给中国公民，可以通过买卖、赠与等方式转让给国家。这就意味着国家还可以通过转让方式获得不可移动文物的所有权。

对于可移动文物，《中华人民共和国文物保护法》规定的国家所有的范围更为明确。

（1）中国境内出土的文物，国家另有规定的除外。

（2）国有文物收藏单位以及其他国家机关、部队和国有企业、事业组织等收藏、保管的文物。

（3）国家征集、购买的文物。

（4）公民、法人和其他组织捐赠给国家的文物。

（5）法律规定属于国家所有的其他文物。

上述属于国家所有的可移动文物的所有权，不因其保管、收藏单位的终止或者变更而改变。总之，具有国有文物所有权的不可移动文物和可移动文物，都受法律保护，不容侵犯。《中华人民共和国民法典》第二百四十二条规定："法律规定专属于国家所有的不动产和动产，任何组织或者个人不能取得所有权。"

那么，国家如何行使国有文物所有权?《中华人民共和国文物保护法》并没有相关规定。《中华人民共和国民法典》第二百四十六条规定："法律规定属于国家所有的财产，属于国家所有即全民所有。国有财产由国务院代表国家行使所有权。"这就意味着，国有文物所有权应由国务院代表国家行使。国务院作为国家所有权代表者的身份是唯一的，国务院的组成部门、各级地方政府、各企事业单位都不能成为国家所有权的代表者。

《中华人民共和国民法典》第二百四十条规定："所有权人对自己的不动产或者动产，依法享有占有、使用、收益和处分的权利。"由于文物具有公益属性，不同于普通财产，其占有、使用、收益和处分受到法律的严格限制。国务院作为文物国家所有权行使者，并不直接行使占有、使用、收益和处分权利。《中华人民共和国文物保护法》第八条规定："国务院文物行政部门主管全国文物保护工作。地方各级人民政府负责本行政区域内的文物保护工作。县级以上地方人民政府承担文物保护工作的部门对本行政区域内的文物保护实施监督管理。县级以上人民政府有关行政部门在各自的职责范围内，负责有关的文物保护工作。"这意味着国务院文物行政部门与地方各级人民政府实际上占有、利用文物并承担相应的文物保护管理工作。该法第九条规定："公安机关、工商行政管理部门、海关、城乡建设规划部门和其他有关国家机关，应当依法认真履行所承担的保护文物的职责，维护文物管理秩序。"这意味着有关国家机关也承担保护文物、维护文物管理秩序的职责。文物管理与经营过程中所取得的收益（如门票）属于事业性收入。该法第十条规定："国有博物馆、纪念馆、文物保护单位等的事业性收入，专门用于文物保护，任何单位或者个人不得侵占、挪用。"这些"专门用于文物保护"的事业性收入，根据《〈中华人民共和国文物保护法〉实施条例》第三条，其具体用途有五方面：①文物的保管、陈列、修复、征集；②国有的博物馆、纪念馆、文物保护单位的修缮和建设；③文物的安全防范；④考古调查、勘探、发掘；⑤文物保护的科学研究、宣传教育。如果国有文物收益不符合这些用途，也就意味着非法侵占、挪用。

国有文物的处分权包括事实处分权（如房屋拆除、迁移）和法律处分权（如文物的转让、抵押）。对于不可移动文物和文物保护单位来说，可以采取的处分方式有修缮、迁移、拆除、重建，但是，不管是修缮、迁移还是拆除、重建，都必须符合法定程序，满足法定要求。《中华人民共和国文物保护法》第二十条规定，不可移动文物"无法实施原址保护，必须迁移异地保护或者拆除的，应当报省、自治区、直辖市人民政府批准；迁移或者拆除省级文物保护单位的，批准前须征得国务院文物行政部门同意。全国重点文物保护单位不得拆除；需要迁移的，须由省、自治区、直辖市人民政府报国务院批准"。该法第二十一条规定，"国有不可移动文物由使用人负责修缮、保养；……对文物保护单位进行修缮，应当根据文物保护单位的级别报相应的文物行政部门批准；对未核定为文物保护单位的不可移动文物进行修缮，应当报登记的县级人民政府文物行政部门批准。文物保护单位的修缮、迁移、重建，由取得文物保护工程资质证书的单位承担"。这些规定明确了修缮、迁移或重建文物单位的行政许可程序和承担修缮、迁移或重建任务单位的工程资质要求，其目的其实是尽可能保持物质文化遗产的历史、艺术、科学价值不因修缮、迁移、重建等行为而受到严重损害。该法第二十四条的"国有不可移动文物不得转让、抵押"规定，则彻底否定了对国有不可移动文物采取转让、抵押等法律处分方式的可能性。

（二）物质文化遗产所有权的集体所有与私人所有

集体所有权是指一个集体（如村集体、乡镇集体、城镇集体）内部所有成员共同拥有某项资产，是公有制的重要组成部分。私人所有权主要包括自然人所有权、企业法人所有权和社会团体所有权等。《中华人民共和国文物保护法》第六条规定："属于集体所有和私人所有的纪念建筑物、古建筑和祖传文物以及依法取得的其他文物，其所有权受法律保护。"可见，文物在国家所有权之外，集体、私人可以拥有部分纪念建筑物、古建筑和祖传文物及依法取得的其他文物的所有权。但某些乡村古建筑，如部分祠堂的所有权，常常引起争议，相关法律规定尚待完善。

【阅读】农村祠堂权属纠纷如何处理？①

江西省全南县城厢镇田心村的"严婆丘祖厅"，系原告郭某才等村民和被告郭某余等村民的共同祖先青山公子孙于清朝乾隆八年（1743年）所建的祠堂。原告的祖辈一支搬迁到别村居住数十年后，又迁回严婆丘屋场旁居住，并另建小祠堂使用。自原告的祖辈迁走后，严婆丘祖厅由被告祖辈一支子孙一直使用和管理。因严婆丘祖厅年久失修，被告于2006年着手集资进行整修，从而与原告产生纠纷，并诉至法院。原告诉称，严婆丘祖厅系双方共同祖先所建，被告整修时不但没有征求原告的意见，且否认原告对祠堂享有共有权，故请求法院确认其对祠堂的共有权，并提供《桃川全南郭氏五修族谱》作为证据。被告辩称，几百年来，原告办理婚丧喜庆之事一直在其小祠堂进行，从未在严婆丘祖厅办理，且原告祖辈（嘉谋公）画像从未在该祠堂挂过，其后代也从未在祖厅点香祭祖，故原告已丧失了严婆丘祖厅的共有权。

针对该案，存在三种不同意见。

第一种意见认为，应判决驳回原告郭某才等的诉讼请求。理由是农村祠堂是农村居民信仰表达和公共活动的重要场所，而我国现行法律并没有对作为公共场所的农村祠堂的产权归属及登记问题作出明确规定。因此，在法律没有界定农村祠堂产权归属的情况下，双方对讼争的作为公共场所的严婆丘祖厅均无权主张共有权。

第二种意见认为，原告、被告对双方共同祖先留下来的祠堂享有共有权。理由是双

① 陈良泉、何荣香：《农村祠堂权属纠纷如何处理？》，https://www.chinacourt.org/article/detail/2009/04/id/356157.shtml，2009-04-30。

方所争议的问题是祠堂的权属在建成后的管理使用过程中是否发生过移转变化。严婆丘祖厅作为双方共同的祖先所建的族产，族谱中写明是"众房所有"。在没有确凿证据证明权属曾经发生过改变的情况下，应认定严婆丘祖厅是原告、被告双方共有的族产。

第三种意见认为，应裁定驳回原告郭某才等的起诉。理由是严婆丘祖厅是否归双方当事人一方或双方共有，应依据"土改"时期的确权决定处理。一方当事人仅提供族谱证明其共有，未能提供相关部门在"土改"时期对该祠堂的确权证据，故人民法院不宜管辖。

到底哪一种意见能够得到现行法律法规支持？

集体所有和私人所有的不可移动文物主要是纪念建筑物和古建筑。例如，在长期的革命斗争中，中国共产党的党政军机关和群众组织，在不同时期、不同地区曾征（租）用地主、资本家的房舍，这些具有纪念建筑物性质的房舍，很多在机关转移和中华人民共和国成立后被分配给群众，有的属集体所有，有的属私人所有。又如，乡村的祠堂、少数名字村寨的古老公共建筑物，城乡的私宅、名人故居等民居建筑遗产，或是属集体所有，或是属私人所有。这些纪念建筑物和古建筑的数量相当庞大，往往是历史文化名城名镇名村和传统村落的重要组成部分。

根据《中华人民共和国民法典》，"农民集体所有的不动产和动产，属于本集体成员集体所有""城镇集体所有的不动产和动产，依照法律、行政法规的规定由本集体享有占有、使用、收益和处分的权利"。这意味着，集体所有不可移动文物的占有、使用、收益和处分的权利由本集体成员集体享有。根据《中华人民共和国民法典》关于集体所有权行使的相关规定，属于村农民集体所有的，由村集体经济组织或者村民委员会依法代表集体行使所有权；分别属于村内两个以上农民集体所有的，由村内各该集体经济组织或者村民小组依法代表集体行使所有权；属于乡镇农民集体所有的，由乡镇集体经济组织代表集体行使所有权。这样，既可保证集体财产的公有性，又可维护集体成员的合法权益。近些年来，一些历史文化名村名镇、传统村落集体所有的不可移动文物在使用、收益和处分过程中常常出现争议，需要根据《中华人民共和国民法典》的精神完善相关保护与管理机制。私人所有的纪念建筑物、古建筑和祖传文物及依法取得的其他文物，其所有权同样受法律保护。

由于文化遗产保护具有公益性质，集体和私人在行使处分权利时又受到一定程度的限制。《中华人民共和国文物保护法》第二十五条规定："非国有不可移动文物不得转让、抵押给外国人。非国有不可移动文物转让、抵押或者改变用途的，应当根据其级别报相应的文物行政部门备案。"这是一条禁止性和限制性规定，意味着集体所有和私人所有的不可移动文物并不能够像非国有普通财产一样随意处分。

（三）具有物质文化遗产保护义务的相关主体

物质文化遗产是人类社会的共同财富。物质文化遗产保护具有公益属性。因此，

尽管部分物质文化遗产属于私权客体，但并不意味着它们可以不受公法的调整和约束。《中华人民共和国文物保护法》第七条规定，"一切机关、组织和个人都有依法保护文物的义务"。也就是说，不管是否具有文物所有权，也不管是国家所有文物还是集体所有、私人所有文物，中国境内的所有机关、组织和个人都有保护文物的义务。这既是文化遗产保护公益属性的具体体现，也是公众参与文化遗产保护的基本要求。

二、城乡物质文化遗产保护制度

根据现行法律法规，中国城乡物质文化遗产保护制度主要体现在文物保护单位制度、历史文化名城名镇名村保护制度、考古发掘制度和馆藏文物制度。

（一）文物保护单位制度

文物保护单位是中国对确定纳入各级政府保护对象的不可移动文物的统称，包括具有较高历史、艺术、科学价值的古文化遗址、古墓葬、古建筑、石窟寺、石刻、壁画、近代现代重要史迹和代表性建筑等。文物保护单位制度主要体现在文物保护单位的分级、保护范围和建设控制地带的划定及管理方面。

1. 文物保护单位的分级

不可移动文物数量很多、价值不同，需要进行分级保护与管理。《中华人民共和国文物保护法》第三条规定，根据不可移动文物的历史、艺术、科学价值，"可以分别确定为全国重点文物保护单位，省级文物保护单位，市、县级文物保护单位"。对于各级文物保护单位的确定方法，该法第十三条又有如下规定：①国务院文物行政部门在省级、市、县级文物保护单位中，选择具有重大历史、艺术、科学价值的确定为全国重点文物保护单位，或者直接确定为全国重点文物保护单位，报国务院核定公布；②省级文物保护单位，由省、自治区、直辖市人民政府核定公布，并报国务院备案；③市级和县级文物保护单位，分别由设区的市、自治州和县级人民政府核定公布，并报省、自治区、直辖市人民政府备案；④尚未核定公布为文物保护单位的不可移动文物，由县级人民政府文物行政部门予以登记并公布。也就是说，不可移动文物的登记是基础，市、县级、省级、全国重点文物保护单位是根据已登记的不可移动文物的价值高低逐级评选出来的。

2. 文物保护单位的保护范围

《中华人民共和国文物保护法》第十五条规定："各级文物保护单位，分别由省、自治区、直辖市人民政府和市、县级人民政府划定必要的保护范围，作出标志说明，建立记录档案，并区别情况分别设置专门机构或者专人负责管理。全国重点文物保护单位的保护范围和记录档案，由省、自治区、直辖市人民政府文物行政部门报国务院文物行政部门备案。"这就是说，通过给各级文物保护单位划定保护范围并作出标志说明和建立记录档案，以落实对文物保护单位的具体保护与管理。那么，文物保护单位如何来划定保护范围并作出标志说明、建立记录档案？《〈中华人民共和国文物保护法〉实施条例》中作出了相关说明：①文物保护单位的保护范围，是指对文物保护单位本体及周围一定范围实施重点保护的区域。文物保护单位的保护范围，应当根据文物保护单位的类别、规模、内容以及周围环境的历史和现实情况合理划定，并在文物保护单位本体之外保持一定的安全距离，确保文物保护单位的真实性和完整性。②文物保护单位的标志说明，应当包括文物保护单位的级别、名称、公布机关、公布日期、立标机关、立标日期等内容。民族自治地区的文物保护单位的标志说明，应当同时用规范汉字和当地通用的少数民族文字书写。③文物保护单位的记录档案，应当包括文物保护单位本体记录等科学技术资料和有关文献记载、行政管理等内容。文物保护单位的记录档案，应当充分利用文字、音像制品、图画、拓片、摹本、电子文本等形式，有效表现其所载内容。

【阅读】文物保护单位标志示例

中国文物保护单位标志的形式、内容和使用规范制定有国家标准 [《文物保护单位标志》（GB/T 22527—2008）]，设立标志牌时，需遵照执行。示例如图 4-1。

（a）文物保护单位标志示例（正面）　　　　　　　（b）文物保护单位标志示例（背面）

图 4-1　全国重点文物保护单位标志示例

3. 文物保护单位的建设控制地带的划定

《中华人民共和国文物保护法》第十八条规定，"根据保护文物的实际需要，经省、自治区、直辖市人民政府批准，可以在文物保护单位的周围划出一定的建设控制地带，并予以公布"。文物保护单位的建设控制地带，是指在文物保护单位的保护范围外，为保护文物保护单位的安全、环境、历史风貌对建设项目加以限制的区域。文物保护单位的建设控制地带划定的目的，是为了更好地保护文物保护单位的历史风貌与环境。《〈中华人民共和国文物保护法〉实施条例》中进一步提出了文物保护单位的建设控制地带的划定方法，"应当根据文物保护单位的类别、规模、内容以及周围环境的历史和现实情况合理划定"；规定了不同级别文物保护单位建设控制地带的批准公布程序，"全国重点文物保护单位的建设控制地带，经省、自治区、直辖市人民政府批准，由省、自治区、直辖市人民政府的文物行政主管部门会同城乡规划行政主管部门划定并公布。省级、设区的市、自治州级和县级文物保护单位的建设控制地带，经省、自治区、直辖市人民政府批准，由核定公布该文物保护单位的人民政府的文物行政主管部门会同城乡规划行政主管部门划定并公布"。

【阅读】陕西省蒲城县六龙壁及其周边环境

陕西省蒲城县城中心文庙前六龙壁创建于明万历四十四年（1616年），通高约6米，长达17米，壁身用精制的琉璃花砖砌成。壁上有短檐，覆黄、绿琉璃瓦，中间屋脊两头为螭形脊兽，中间原饰有琉璃花，壁正面为"六龙泳舞"图，塑金龙6条，属于陕西省级文物保护单位（图4-2）。由于六龙壁及文庙位于蒲城县的中心地段，也是当地商业价值最高区域，附近的商业性开发、利用较多，与文化遗产保护的相关要求存在冲突（图4-3）。

图4-2　陕西省蒲城县六龙壁

图4-3　陕西省蒲城县六龙壁的周边环境

4.文物保护单位的管理

文物保护单位的保护范围和建设控制地带划定后，其日常管理十分重要。首先，《中华人民共和国文物保护法》对文物保护单位的保护范围和建设控制地带有禁止和限制性规定：①文物保护单位的保护范围内不得进行其他建设工程或者爆破、钻探、挖掘等作业。因特殊情况需要在文物保护单位的保护范围内进行其他建设工程或者爆破、钻探、挖掘等作业的，必须保证文物保护单位的安全，并经核定公布该文物保护单位的人民政府批准，在批准前应当征得上一级人民政府文物行政部门同意；在全国重点文物保护单位的保护范围内进行其他建设工程或者爆破、钻探、挖掘等作业的，必须经省、自治区、直辖市人民政府批准，在批准前应当征得国务院文物行政部门同意。②在文物保护单位的建设控制地带内进行建设工程，不得破坏文物保护单位的历史风貌；工程设计方案应当根据文物保护单位的级别，经相应的文物行政部门同意后，报城乡建设规划部门批准。③在文物保护单位的保护范围和建设控制地带内，不得建设污染文物保护单位及其环境的设施，不得进行可能影响文物保护单位安全及其环境的活动。对已有的污染文物保护单位及其环境的设施，应当限期治理。这三方面的规定，为文物保护单位的保护范围和建设控制地带的管理提供了重要依据。其次，《〈中华人民共和国文物保护法〉实施条例》对文物保护单位的管理方式进一步规范：①古文化遗址、古墓葬、石窟寺和属于国家所有的纪念建筑物、古建筑，被核定公布为文物保护单位的，由县级以上地方人民政府设置专门机构或者指定机构负责管理。其他文物保护单位，由县级以上地方人民政府设置专门机构或者指定机构、专人负责管理；指定专人负责管理的，可以采取聘请文物保护员的形式。②文物保护单位有使用单位的，使用单位应当设立群众性文物保护组织；没有使用单位的，文物保护单位所在地的村民委员会或者居民委员会可以设立群众性文物保护组织。文物行政主管部门应当对群众性文物保护组织的活动给予指导和支持。③负责管理文物保护单位的机构，应当建立健全规章制度，采取安全防范措施；其安全保卫人员，可以依法配备防卫器械。

（二）历史文化名城名镇名村保护制度

历史文化名城名镇名村，实际上包括历史文化名城、名镇、名街、名村等具有独特历史文化价值的聚落类型。《中华人民共和国文物保护法》规定："保存文物特别丰富并且具有重大历史价值或者革命纪念意义的城市，由国务院核定公布为历史文化名城。保存文物特别丰富并且具有重大历史价值或者革命纪念意义的城镇、街道、村庄，由省、自治区、直辖市人民政府核定公布为历史文化街区、村镇，并报国务院备案。"这就意味着，只有保存文物特别丰富并且具有重大历史价值或者革命纪念意义的城市、城镇、街道、村庄，才有可能称为名城、名镇、名街、名村。历史文化名城名镇名村保护的具体制度通过《历史文化名城名镇名村保护条例》体现出来，其内容侧重于申报与批准、保护规划、保护措施等方面。

1. 历史文化名城、名镇、名村的申报与批准

其一，明确了申报历史文化名城名镇名村的条件。具备下列条件的城市、镇、村庄，可以申报历史文化名城、名镇、名村：①保存文物特别丰富；②历史建筑集中成片；③保留着传统格局和历史风貌；④历史上曾经作为政治、经济、文化、交通中心或者军事要地，或者发生过重要历史事件，或者其传统产业、历史上建设的重大工程对本地区的发展产生过重要影响，或者能够集中反映本地区建筑的文化特色、民族特色。申报历史文化名城的，在所申报的历史文化名城保护范围内还应当有2个以上的历史文化街区。申报时必须提交符合上述申报条件的历史文化名城、名镇、名村申报材料。

其二，规定了历史文化名城、名镇、名村的审批程序。申报历史文化名城，由省、自治区、直辖市人民政府提出申请，经国务院建设主管部门会同国务院文物主管部门组织有关部门、专家进行论证，提出审查意见，报国务院批准公布。申报历史文化名镇、名村，由所在地县级人民政府提出申请，经省、自治区、直辖市人民政府确定的保护主管部门会同同级文物主管部门组织有关部门、专家进行论证，提出审查意见，报省、自治区、直辖市人民政府批准公布。在此基础上，国务院建设主管部门会同国务院文物主管部门可以在已批准公布的历史文化名镇、名村中，严格按照国家有关评价标准，选择具有重大历史、艺术、科学价值的历史文化名镇、名村，经专家论证，确定为中国历史文化名镇、名村。

其三，强化了历史文化名城、名镇、名村的申报与管理责任。对于符合条件而没有申报历史文化名城的城市，国务院建设主管部门会同国务院文物主管部门可以向该城市所在地的省、自治区人民政府提出申报建议；仍不申报的，可以直接向国务院提出确定该城市为历史文化名城的建议。对于符合条件而没有申报历史文化名镇、名村的镇、村庄，省、自治区、直辖市人民政府确定的保护主管部门会同同级文物主管部门可以向该镇、村庄所在地的县级人民政府提出申报建议；仍不申报的，可以直接向省、自治区、直辖市人民政府提出确定该镇、村庄为历史文化名镇、名村的建议。对于已批准公布的历史文化名城、名镇、名村，因保护不力使其历史文化价值受到严重影响的，批准机关应当将其列入濒危名单，予以公布，并责成所在地城市、县人民政府限期采取补救措施，防止情况继续恶化，并完善保护制度，加强保护工作。

2. 历史文化名城、名镇、名村的保护规划

历史文化名城名镇名村保护规划是指导历史文化名城名镇名村保护和建设的重要依据。

其一，规定了保护规划的编制主体与编制期限。《中华人民共和国城乡规划法》规定，历史文化遗产保护应当作为城市总体规划、镇总体规划的强制性内容；乡规划、村庄规划的内容应当包括历史文化遗产保护的具体安排。《中华人民共和国文物保护法》明确规定，"历史文化名城和历史文化街区、村镇所在地的县级以上地方人民政府应当组织编制专门的历史文化名城和历史文化街区、村镇保护规划，并纳入城市总体规划"。《历史文化名城名镇名村保护条例》的规定更为具体："历史文化名城批准公布后，历史文化名城人民政府应当组织编制历史文化名城保护规划。历史文化名镇、名村批准公布后，所在地县级人民政府应当组织编制历史文化名镇、名村保护规划。"依据《中华人民共和国城乡规划法》的规定，镇规划、乡规划和村庄规划由镇、乡人民政府组织，显然，《历史文化名城名镇名村保护条例》对名镇、名村规划的编制主体提出了更高要求。另外，要求历史文化名城名镇名村保护规划应当自历史文化名城、名镇、名村批准公布之日起 1 年内编制完成。这也是为了促进历史文化名城、名镇、名村保护工作的尽快开展。

其二，规范了保护规划的主要内容与规划期限。规定保护规划应当包括以下五方面内容。

（1）保护原则、保护内容和保护范围。

（2）保护措施、开发强度和建设控制要求。

（3）传统格局和历史风貌保护要求。

（4）历史文化街区、名镇、名村的核心保护范围和建设控制地带。

（5）保护规划分期实施方案。

此外，明确历史文化名城、名镇保护规划的规划期限应当与城市、镇总体规划的规划期限相一致；历史文化名村保护规划的规划期限应当与村庄规划的规划期限相一致，为名城、名镇、名村保护创造条件。

其三，严格了保护规划的审批程序。规定保护规划报送审批前，保护规划的组织编制机关应当广泛征求有关部门、专家和公众的意见；必要时，可以举行听证。保护规划报送审批文件中应当附具意见采纳情况及理由；经听证的，还应当附具听证笔录。保护规划由省、自治区、直辖市人民政府审批之后，保护规划的组织编制机关应当将经依法批准的历史文化名城保护规划和中国历史文化名镇、名村保护规划，报国务院建设主管部门和国务院文物主管部门备案。保护规划的组织编制机关应当及时公布经依法批准的保护规划，以便于社会的监督。

其四，强调了保护规划的严肃性。规定经依法批准的保护规划，不得擅自修改；确需修改的，保护规划的组织编制机关应当向原审批机关提出专题报告，经同意后，方可编制修改方案。修改后的保护规划，应当按照原审批程序报送审批。这体现了规划方案的严肃性。规定国务院建设主管部门会同国务院文物主管部门应当加强对保护规划实施情况的监督检查。县级以上地方人民政府应当加强对本行政区域保护规划实施情况的监督检查，并对历史文化名城、名镇、名村保护状况进行评估；对发现的问题，应当及时纠正、处理。这体现了规划实施的严肃性。

其实，在申报历史文化名城、名镇、名村时，申报的城、镇、村绝大部分已经编制了保护规划。因此，这方面的规定主要是针对未编制保护规划的历史文化村镇或需要对既有保护规划进行修编的历史文化名城、名镇、名村。

3. 历史文化名城、名镇、名村的保护措施

这是保护规划的具体落实要求，主要包括四方面内容。

第一，明确了整体保护的原则。规定历史文化名城、名镇、名村应当整体保护，保持传统格局、历史风貌和空间尺度，不得改变与其相互依存的自然景观和环境。

第二，提出了人口容量控制和基础设施改善的要求。规定历史文化名城、名镇、名村所在地县级以上地方人民政府应当根据当地经济社会发展水平，按照保护规划，控制历史文化名城、名镇、名村的人口数量，改善历史文化名城、名镇、名村的基础设施、公共服务设施和居住环境。

第三，分别规定了保护范围、建设控制地带、核心保护范围的控制性要求和保护措施。

（1）规定在保护范围内从事建设活动，应当符合保护规划的要求，不得损害历史文化遗产的真实性和完整性，不得对其传统格局和历史风貌构成破坏性影响；禁止进行开山、采石、开矿等破坏传统格局和历史风貌的活动，占用保护规划确定保留的园林绿地、河湖水系、道路，修建生产、储存爆炸性、易燃性、放射性、毒害性、腐蚀性物品的工厂、仓库，在历史建筑上刻划、涂污等活动。在保护范围内进行改变园林绿地、河湖水系等自然状态的活动；在核心保护范围内进行影视摄制、举办大型群众性活动，以及其他影响传统格局、历史风貌或者历史建筑的活动，应当保护其传统格局、历史风貌和历史建筑，制订保护方案，并依照有关法律、法规的规定办理相关手续。

（2）规定在历史文化街区、名镇、名村建设控制地带内新建建筑物、构筑物，应当符合保护规划确定的建设控制要求。

（3）规定对历史文化街区、名镇、名村核心保护范围内的建筑物、构筑物，应当区分不同情况，采取相应措施，实行分类保护；核心保护范围内的历史建筑，应当保持原有的高度、体量、外观形象及色彩等。在核心保护范围内，除了新建、扩建必要的基础设施和公共服务设施外，不得进行新建、扩建活动。新建、扩建必要的基础设施和公共服务设施的，城市、县人民政府城乡规划主管部门核发建设工程规划许可证、乡村建设规划许可证前，应当征求同级文物主管部门的意见。在核心保护范围内拆除历史建筑以外的建筑物、构筑物或者其他设施的，应当经城市、县人民政府城乡规划主管部门会同同级文物主管部门批准。审批机关应当组织专家论证相关建设活动，并将审批事项予以公示，征求公众意见，告知利害关系人有要求举行听证的权利。

第四，明确了历史档案建立、维护修缮、迁移避让、外部装饰等要求。

（1）规定城市、县人民政府应当对历史建筑设置保护标志，建立历史建筑档案。

（2）规定历史建筑的所有权人应当按照保护规划的要求，负责历史建筑的维护和

修缮。县级以上地方人民政府可以对历史建筑的维护和修缮给予补助。历史建筑有损毁危险，所有权人不具备维护和修缮能力的，当地人民政府应当采取措施进行保护。

（3）规定任何单位或者个人不得损坏或者擅自迁移、拆除历史建筑。建设工程选址，应当尽可能避开历史建筑；因特殊情况不能避开的，应当尽可能实施原址保护。对历史建筑实施原址保护的，建设单位应当事先确定保护措施，报城市、县人民政府城乡规划主管部门会同同级文物主管部门批准。因公共利益需要进行建设活动，对历史建筑无法实施原址保护、必须迁移异地保护或者拆除的，应当由城市、县人民政府城乡规划主管部门会同同级文物主管部门，报省、自治区、直辖市人民政府确定的保护主管部门会同同级文物主管部门批准。历史建筑原址保护、迁移、拆除所需费用，由建设单位列入建设工程预算。

（4）规定对历史建筑进行外部修缮装饰、添加设施及改变历史建筑的结构或者使用性质的，应当经城市、县人民政府城乡规划主管部门会同同级文物主管部门批准，并依照有关法律、法规的规定办理相关手续。

这些措施的提出，为科学保护名城、名镇、名村历史文化遗产及其环境提供了重要保障。2020年，《历史文化名村保护与修复技术指南》（GB/T 39049—2020）的发布，为历史文化名村、传统村落的保护与修复提供了较为规范的技术性方法。

（三）考古发掘制度

考古发掘是指为了科学研究，经文物行政部门批准，根据发掘计划，对文物埋藏地、古文化遗址、古墓葬进行调查、勘探和发现、挖掘文物的活动或工作。城乡建设过程中，经常会遇到需要进行考古发掘的文物埋藏地、古文化遗址、古墓葬等。考古发掘制度包括考古发掘资格管理、考古发掘计划管理、文物发现与考古发掘成果管理三方面。

1.考古发掘资格管理

《中华人民共和国文物保护法》规定一切考古发掘工作，必须履行报批手续；从事考古发掘的单位，应当经国务院文物行政部门批准。地下埋藏的文物，任何单位或者个人都不得私自发掘。《〈中华人民共和国文物保护法〉实施条例》规定考古发掘项目实行项目负责人负责制度。申请从事考古发掘的单位，应当取得国务院文物行政主管部门按照国家有关规定发给的考古发掘资质证书。

2.考古发掘计划管理

《中华人民共和国文物保护法》规定从事考古发掘的单位，应当提出发掘计划，报国务院文物行政部门批准；对全国重点文物保护单位的考古发掘计划，应当经国务院文物行政部门审核后报国务院批准。国务院文物行政部门在批准或者审核前，应当征求社会科学研究机构及其他科研机构和有关专家的意见。进行大型基本建设工程，建设单位应当事先报请省、自治区、直辖市人民政府文物行政部门组织从事考古发掘的单位在工程范围内有可能埋藏文物的地方进行考古调查、勘探。需要配合建设工程进行的考古发掘工作，应当由省、自治区、直辖市文物行政部门在勘探工作的基础上提出发掘计划，报国务院文物行政部门批准。凡因进行基本建设和生产建设需要的考古调查、勘探、发掘，所需费用由建设单位列入建设工程预算。《〈中华人民共和国文物保护法〉实施条例》规定，国务院文物行政主管部门应当自收到发掘计划之日起30个工作日内作出批准或者不批准决定。决定批准的，发给批准文件；决定不批准的，应当书面通知当事人并说明理由。此外，非经国务院文物行政部门报国务院特别许可，任何外国人或者外国团体不得在中华人民共和国境内进行考古调查、勘探、发掘。

3. 文物发现与考古发掘成果管理

《中华人民共和国文物保护法》有两方面规定：①在进行建设工程或者在农业生产中，任何单位或者个人发现文物，应当保护现场，立即报告当地文物行政部门，文物行政部门接到报告后，如无特殊情况，应当在二十四小时内赶赴现场，并在七日内提出处理意见。文物行政部门可以报请当地人民政府通知公安机关协助保护现场；发现重要文物的，应当立即上报国务院文物行政部门，国务院文物行政部门应当在接到报告后十五日内提出处理意见。发现的文物属于国家所有，任何单位或者个人不得哄抢、私分、藏匿。②考古调查、勘探、发掘的结果，应当报告国务院文物行政部门和省、自治区、直辖市人民政府文物行政部门。考古发掘的文物，应当登记造册，妥善保管，按照国家有关规定移交给由省、自治区、直辖市人民政府文物行政部门或者国务院文物行政部门指定的国有博物馆、图书馆或者其他国有收藏文物的单位收藏。经省、自治区、直辖市人民政府文物行政部门批准，从事考古发掘的单位可以保留少量出土文物作为科研标本。考古发掘的文物，任何单位或者个人不得侵占。

（四）馆藏文物制度

馆藏文物指博物馆、图书馆和其他文物收藏单位收藏的具有文化价值的物品、物件等。随着城乡文化事业的发展，博物馆、图书馆和其他文物收藏单位成为可移动文物最为重要的保护场所。馆藏文物制度主要包括文物定级制度和文物保管制度。

1. 文物定级制度

《中华人民共和国文物保护法》规定，博物馆、图书馆和其他文物收藏单位对收藏的文物，必须区分文物等级，设置藏品档案，建立严格的管理制度，并报主管的文物行政部门备案。县级以上地方人民政府文物行政部门应当分别建立本行政区域内的馆藏文物档案；国务院文物行政部门应当建立国家一级文物藏品档案和其主管的国有文物收藏单位馆藏文物档案。《〈中华人民共和国文物保护法〉实施条例》进一步规定，文物收藏单位应当建立馆藏文物的接收、鉴定、登记、编目和档案制度，库房管理制度，出入库、注销和统计制度，保养、修复和复制制度。根据《文物藏品定级标准》，文物藏品分为珍贵文物和一般文物。珍贵文物分为一级、二级、三级。具有特别重要历史、艺术、科学价值的代表性文物为一级文物；具有重要历史、艺术、科学价值的为二级文物；具有比较重要历史、艺术、科学价值的为三级文物。具有一定历史、艺术、科学价值的为一般文物。

2. 文物保管制度

《中华人民共和国文物保护法》规定，文物收藏单位应当根据馆藏文物的保护需要，按照国家有关规定建立、健全管理制度，并报主管的文物行政部门备案。未经批准，任何单位或者个人不得调取馆藏文物。文物收藏单位的法定代表人对馆藏文物的安全负责。国有文物收藏单位的法定代表人离任时，应当按照馆藏文物档案办理馆藏文物移交手续等事项。文物收藏单位应当充分发挥馆藏文物的作用，通过举办展览、科学研究等活动，加强对中华民族优秀的历史文化和革命传统的宣传教育。国有文物收藏单位之间因举办展览、科学研究等需借用馆藏文物的，应当报主管的文物行政部门备案；借用馆藏一级文物的，应当同时报国务院文物行政部门备案。非国有文物收藏单位和其他单位举办展览需借用国有馆藏文物的，应当报主管的文物行政部门批准；借用国有馆藏一级文物，应当经国务院文物行政部门批准。文物收藏单位之间借用文物的最长期限不得超过三年。依法调拨、交换、借用国有馆藏文物，取得文物的文物收藏单位可以对提供文物的文物收藏单位给予合理补偿。国有文物收藏单位调拨、交换、出借文物所得的补偿费用，必须用于改善文物的收藏条件和收集新的文物，不得挪作他用；任何单位或者个人不得侵占。调拨、交换、借用的文物必须严格保管，不得丢失、损毁。文物行政部门和国有文物收藏单位的工作人员不得借用国有文物，更不得非法侵占国有文物。

馆藏文物制度为城乡可移动文物的保护、管理提供了重要的法律依据。

三、侵犯城乡物质文化遗产的法律责任

为保护国家、集体和私人的文物所有权，对于行为人侵犯城乡不可移动文物、可移动文物等物质文化遗产的行为而致他人受损时，行为人需要承担相应的法律责任。

（一）刑事责任

刑事责任是指违反刑事法律规定的个人或者单位所应当承担的法律责任。必须承担刑事责任的违法行为，即犯罪行为，一般都造成了严重的不良后果或社会危害。根

据《中华人民共和国文物保护法》，有下列违法行为之一，构成犯罪的，依法追究刑事责任：①盗掘古文化遗址、古墓葬的；②故意或者过失损毁国家保护的珍贵文物的；③擅自将国有馆藏文物出售或者私自送给非国有单位或者个人的；④将国家禁止出境的珍贵文物私自出售或者送给外国人的；⑤以牟利为目的倒卖国家禁止经营的文物的；⑥走私文物的；⑦盗窃、哄抢、私分或者非法侵占国有文物的；⑧应当追究刑事责任的其他妨害文物管理行为。与之相应，在《中华人民共和国刑法》（2020 年修订，2021 年 3 月 1 日起施行）第六章"妨害社会管理秩序罪"中，专设有"妨害文物管理罪"一节，确定了 6 个方面的 10 个罪名。

（1）故意损毁文物罪：故意损毁国家保护的珍贵文物或者被确定为全国重点文物保护单位、省级文物保护单位的文物的，处三年以下有期徒刑或者拘役，并处或者单处罚金；情节严重的，处三年以上十年以下有期徒刑，并处罚金。

故意损毁名胜古迹罪：故意损毁国家保护的名胜古迹，情节严重的，处五年以下有期徒刑或者拘役，并处或者单处罚金。

过失损毁文物罪：过失损毁国家保护的珍贵文物或者被确定为全国重点文物保护单位、省级文物保护单位的文物，造成严重后果的，处三年以下有期徒刑或者拘役。

（2）非法向外国人出售、赠送珍贵文物罪：违反文物保护法规，将收藏的国家禁止出口的珍贵文物私自出售或者私自赠送给外国人的，处五年以下有期徒刑或者拘役，可以并处罚金。

（3）倒卖文物罪：以牟利为目的，倒卖国家禁止经营的文物，情节严重的，处五年以下有期徒刑或者拘役，并处罚金；情节特别严重的，处五年以上十年以下有期徒刑，并处罚金。

（4）非法出售、私赠文物藏品罪：违反文物保护法规，国有博物馆、图书馆等单位将国家保护的文物藏品出售或者私自送给非国有单位或者个人的，对单位判处罚金，并对其直接负责的主管人员和其他直接责任人员，处三年以下有期徒刑或者拘役。

（5）盗掘古文化遗址、古墓葬罪：盗掘具有历史、艺术、科学价值的古文化遗址、古墓葬的，处三年以上十年以下有期徒刑，并处罚金；情节较轻的，处三年以下有期徒刑、拘役或者管制，并处罚金；有下列情形之一的，处十年以上有期徒刑或者无期徒刑，并处罚金或者没收财产：①盗掘确定为全国重点文物保护单位和省级文物保护单位的古文化遗址、古墓葬的；②盗掘古文化遗址、古墓葬集团的首要分子；③多次盗掘古文化遗址、古墓葬的；④盗掘古文化遗址、古墓葬，并盗窃珍贵文物或者造成珍贵文物严重破坏的。

盗掘古人类化石、古脊椎动物化石罪：盗掘国家保护的具有科学价值的古人类化石和古脊椎动物化石的，与盗掘古文化遗址、古墓葬罪的处罚相同。

（6）盗窃、抢夺国有档案罪：抢夺、窃取国家所有的档案的，处五年以下有期徒刑或者拘役。

擅自出卖、转让国有档案罪：违反档案法的规定，擅自出卖、转让国家所有的档案，情节严重的，处三年以下有期徒刑或者拘役。

此外，还有针对政府部门及其工作人员的渎职罪，包括滥用职权罪、玩忽职守罪、放纵走私罪，失职造成珍贵文物损毁、流失罪等。例如，《中华人民共和国文物保护法》规定，公安机关、工商行政管理部门（现市场监督管理部门）、海关、城乡建设规划部门和其他国家机关，违反本法规定滥用职权、玩忽职守、徇私舞弊，造成国家保护的珍贵文物损毁或者流失的，构成犯罪的，对负有责任的主管人员和其他直接责任人员依法追究刑事责任。《历史文化名城名镇名村保护条例》规定，国务院建设主管部门、国务院文物主管部门和县级以上地方人民政府及其有关主管部门的工作人员，不履行监督管理职责，发现违法行为不予查处或者有其他滥用职权、玩忽职守、徇私舞弊行为，构成犯罪的，依法追究刑事责任。《中华人民共和国刑法》第四百一十九条为"失职造成珍贵文物损毁、流失罪"，规定国家机关工作人员严重不负责任，造成珍贵文物损毁或者流失，后果严重的，处三年以下有期徒刑或者拘役。

（二）民事责任

民事责任是指民事主体违反民事法律规范所应当承担的法律责任。与文化遗产保护相关的民事责任主要是侵权责任。根据《中华人民共和国民法典》，行为人因过错侵害他人民事权益造成损害的，应当承担侵权责任；行为人造成他人民事权益损害，不论行为人有无过错，法律规定应当承担侵权责任的，依照其规定。《中华人民共和国文物保护法》规定，造成文物灭失、损毁的，依法承担民事责任。承担侵权责任的主要形式有停止违法行为、限期恢复原状或者采取其他补救措施、承担赔偿责任等。《历史文化名城名镇名村保护条例》规定：①在历史文化名城、名镇、名村保护范围内有开山、采石、开矿等破坏传统格局和历史风貌，占用保护规划确定保留的园林绿地、河湖水系、道路等，以及修建生产、储存爆炸性、易燃性、放射性、毒害性、腐蚀性物品的工厂、仓库等行为之一的，由城市、县人民政府城乡规划主管部门责令停止违法行为、限期恢复原状或者采取其他补救措施；逾期不恢复原状或者不采取其他补救措施的，城乡规划主管部门可以指定有能力的单位代为恢复原状或者采取其他补救措施，所需费用由违法者承担；造成损失的，依法承担赔偿责任。②在历史建筑上刻划、涂污的，由城市、县人民政府城乡规划主管部门责令恢复原状或者采取其他补救措施。③未经城乡规划主管部门会同同级文物主管部门批准，拆除历史建筑以外的建筑物、构筑物或者其他设施，对历史建筑进行外部修缮装饰、添加设施以及改变历史建筑的结构或者使用性质的，由城市、县人民政府城乡规划主管部门责令停止违法行为、限期恢复原状或者采取其他补救措施；逾期不恢复原状或者不采取其他补救措施的，城乡规划主管部门可以指定有能力的单位代为恢复原状或者采取其他补救措施，所需费用由违法者承担；造成损失的，依法承担赔偿责任。④损坏或者擅自迁移、拆除历史建筑的，由城市、县人民政府城乡规划主管部门责令停止违法行为、限期恢复原状或者采取其他补救措施；逾期不恢复原状或者不采取其他补救措施的，城乡规划主管部门可以指定有能力的单位代为恢复原状或者采取其他补救措施，所需费用由违法者承担；造成损失的，依法承担赔偿责任。

（三）行政责任

行政责任是指犯有一般违法行为的单位或个人，依照法律法规的规定应承担的法律责任。其主要有行政处罚和行政处分两种责任承担方式。根据《中华人民共和国行政处罚法》第九条，行政处罚的种类有警告、通报批评、罚款、没收违法所得、没收非法财物、暂扣或者吊销许可证件、降低资质等级、限制开展生产经营活动、责令停产停业、责令关闭、限制从业、行政拘留，以及法律、行政法规规定的其他行政处罚。与文化遗产保护相关的行政责任承担方式，包括警告、责令改正、没收违法所得、通报批评、罚款、吊销资质证书和行政处分等。《中华人民共和国文物保护法》规定，有下列行为之一，尚不构成犯罪的，由县级以上人民政府文物主管部门责令改正，造成严重后果的，处五万元以上五十万元以下的罚款；情节严重的，由原发证机关吊销资质证书：①擅自在文物保护单位的保护范围内进行建设工程或者爆破、钻探、挖掘等作业的；②在文物保护单位的建设控制地带内进行建设工程，其工程设计方案未经文物行政部门同意、报城乡建设规划部门批准，对文物保护单位的历史风貌造成破坏的；③擅自迁移、拆除不可移动文物的；④擅自修缮不可移动文物，明显改变文物原状的；⑤擅自在原址重建已全部毁坏的不可移动文物，造成文物破坏的；⑥施工单位未取得文物保护工程资质证书，擅自从事文物修缮、迁移、重建的。刻划、涂污或者损坏文物尚不严重的，或者损毁依法设立的文物保护单位标志的，由公安机关或者文物所在单位给予警告，可以并处罚款。此外，对违反《中华人民共和国文物保护法》规定，构成违反治安管理行为的，由公安机关依法给予治安管理处罚；构成走私行为，尚不构成犯罪的，由海关依照有关法律、行政法规的规定给予处罚。

《历史文化名城名镇名村保护条例》中规定的行政责任内容更为具体。一是针对各级政府部门及其工作人员的，主要包括：①国务院建设主管部门、国务院文物主管部门和县级以上地方人民政府及其有关主管部门的工作人员，不履行监督管理职责，发现违法行为不予查处或者有其他滥用职权、玩忽职守、徇私舞弊行为，尚不构成犯罪的，依法给予处分。②地方人民政府存在未组织编制保护规划、未按照法定程序组织编制保护规划、擅自修改保护规划、未将批准的保护规划予以公布的行为，由上级人民政府责令改正，对直接负责的主管人员和其他直接责任人员，依法给予处分。③省、自治区、直辖市人民政府确定的保护主管部门或者城市、县人民政府城乡规划主管部门，未按照保护规划的要求或者未按照法定程序履行规定的审批职责，由本级人民政府或者上级人民政府有关部门责令改正，通报批评；对直接负责的主管人员和其他直接责任人员，依法给予处分。④城市、县人民政府因保护不力，导致已批准公布的历史文化名城、名镇、名村被列入濒危名单的，由上级人民政府通报批评；对直接负责的主管人员和其他直接责任人员，依法给予处分。二是针对各类企事业单位和人员的，主要包括：①在历史文化名城、名镇、名村保护范围内开山、采石、开矿等破坏传统格局和历史风貌，占用保护规划确定保留的园林绿地、河湖水系、道路等，修建生产、储存爆炸性、易燃性、放射性、毒害性、腐蚀性物品的工厂、仓库等，有违法所得的，没收违法所得；造成严重后果的，对单位并处 50 万元以上 100 万元以下的罚款，对个人并处 5 万元以上 10 万元以下的罚款。②在历史建筑上刻划、涂污的，由城市、县人民政府城乡规划主管部门处 50 元的罚款。③未经城乡规划主管部门会同同级文物主管部门批准，拆除历史建筑以外的建筑物、构筑物或者其他设施，对历史建筑进行外部修缮装饰、添加设施以及改变历史建筑的结构或者使用性质，有违法所得的，没收违法所得；造成严重后果的，对单位并处 5 万元以上 10 万元以下的罚款，对个人并处 1 万元以上 5 万元以下的罚款。④损坏或者擅自迁移、拆除历史建筑，有违法所得的，没收违法所得；造成严重后果的，对单位并处 20 万元以上 50 万元以下的罚款，对个人并处 10 万元以上 20 万元以下的罚款。⑤擅自设置、移动、涂改或者损毁历史文化街区、名镇、名村标志牌的，由城市、县人民政府城乡规划主管部门责令限期改正；逾期不改正的，对单位处 1 万元以上 5 万元以下的罚款，对个人处 1000 元以上 1 万元以下的罚款。

第五节　城乡非物质文化遗产的法律保护

城乡非物质文化遗产主要是指城市和乡村聚落中各种以非物质形态存在的与群众生活密切相关、世代相承的传统文化表现形式，包括传统口头文学及其语言载体、传统艺术和技艺、传统民俗等。

一、城乡非物质文化遗产的权利主体

非物质文化遗产既是全人类共同的文化财富，也是特定国家、地域、民族、群体乃至个人所创造或传承的文化财富。非物质文化遗产的权利主体是指对非物质文化遗产享有所有、使用、传承及发展权利的人。由于非物质文化遗产的非物质性、可共享性及传承的民间性，其具体权利主体往往具有不确定性和群体性，并不容易确认。联合国教科文组织《保护非物质文化遗产公约》第一条第二款规定，"尊重有关

社区、群体和个人的非物质文化遗产"①;《国家级非物质文化遗产代表作申报评定暂行办法》第八条规定,"公民、企事业单位、社会组织等,可向所在行政区域文化行政部门提出非物质文化遗产代表作项目的申请"。由此可见,非物质文化遗产的权利主体大体上可分为社区(含国家、地区等)、群体(含企事业单位、社会组织)和个人(公民)三类。在中国国内,可以依法确定的非物质文化遗产的权利主体,往往只有群体(含企事业单位、社会组织)和个人(公民)二类。

(一)社区

"社区"一词由英文 community 意译而来,具有公社、社会、公众、共同体、共同性等多种含义,侧重于一个特定地域范围内的人群。按照《国际文化旅游宪章(重要文化古迹遗址旅游管理原则和指南)》的定义,"东道主社区是一个普通概念,包括所有居住在被定义的地理实体,从一个大陆、一个国家、一个地区、一个城镇到历史地址上的人们"②。当某项非物质文化遗产的创造者无法追溯或归结到某个群体或个人,那么,该项遗产可以视为在特定地域社区中产生的集体成果。由于社区的尺度大小不同和环境条件不同,这些集体成果在由此社区到彼社区的传播过程中常常会发生某种程度的变异,而这种变异又可视为特定社区集体的再创造过程。例如,春节、端午节这样的中国传统节日,历史悠久,影响广泛,在不同时期的不同社区,其文化内容会有不同程度的差异。又如,花鼓戏《刘海砍樵》的传说在北宋时的今湖南常德一带已经成型,至清代中叶才形成为今天流传的刘海砍樵故事。因此,作为大尺度社区的中国、常德,可以分别视为上述非物质文化遗产的权利主体。尽管社区有资格作为非物质文化遗产的权利主体,但是,要确定某个特定非物质文化遗产的权利主体属于哪个社区,如国家、省、市、县、乡、村等,往往需要进行深入、细致、系统的研究工作,甚至经过认真研究也不一定获得可靠的结论。

(二)群体

群体是指按某种特征结合在一起进行活动、交往的不同个体。社会群体就是人们通过一定的社会关系结合起来进行某种活动的共同体,如民族、族群、政府、企事业单位、社团组织、班级、同学会、同乡会等。群体的规模可大可小。绝大部分非物质文化遗产在形成过程中凝聚了特定群体的集体智慧,是特定群体思想与认识的结晶、

①《保护非物质文化遗产公约》,http://www.npc.gov.cn/wxzl/gongbao/2006-05/17/content_5350157.htm,2006-05-17。该句原文为"to ensure respect for the intangible cultural heritage of the communities, groups and individuals concerned",另有中文译文为"尊重有关群体、团体和个人的非物质文化遗产"(参见联合国教科文组织世界遗产中心等:《国际文化遗产保护文件选编》,北京:文物出版社,2007年,第229页),不取。

② 国际古迹遗址理事会:《国际文化旅游宪章(重要文化古迹遗址旅游管理原则和指南)》,联合国教科文组织世界遗产中心等:《国际文化遗产保护文件选编》,北京:文物出版社,2007年,第188页。

升华。例如，云南丽江纳西古乐由纳西族古老的风俗性音乐套曲《白沙细乐》和带有汉曲丝竹乐风的道教《洞经音乐》融合而成，丽江纳西族可视为该音乐遗产的权利主体。又如，今天唱遍大江南北的花鼓戏《刘海砍樵》，是 20 世纪 50 年代由湖南长沙民众花鼓戏剧团在《刘海砍樵》传说的基础上结合传统地方曲调所创作的。自然，长沙民众花鼓戏剧团可视为花鼓戏《刘海砍樵》的权利主体。可见，群体同样有资格作为非物质文化遗产的权利主体。要确定一个群体是不是某项非物质文化遗产的权利主体相对容易，因为某些非物质文化遗产虽然可能涉及多个群体，但在内容、形式上不可避免会打上某些特定群体的文化烙印。例如，古代藏族史诗《格萨（斯）尔》（《格萨尔王传》）在西藏、青海、甘肃、四川、云南、内蒙古、新疆等地区的藏族、蒙古族、土族等民族中都有流传，但蒙古族人民经过再创作，又发展出具有鲜明民族特色的史诗《格斯尔可汗传》；土族地区则形成了土、藏两种语言相间的独特说唱形式。因此，只要某群体在某项非物质文化遗产上贡献了智慧，创新了该遗产的内容与形式，该群体某种程度上就应该有资格成为创新后的某项非物质文化遗产的权利主体。

（三）个人

由于非物质文化遗产形成过程大多具有群体性，个人作为非物质文化遗产的权利主体，并不常见。如果个人作为非物质文化遗产项目的权利主体，一般应来自创造、继承或独家传承。当历史上产生或创造的某种技艺或工艺流传到今天只有某个人或独立的某几个人掌握或拥有，那么，本来作为技艺或工艺传承人的某个人或某几个人，实际上就成为该技艺或工艺的权利主体。例如，江苏宜兴青瓷最早出现于东汉，至北宋初年工艺失传导致产业衰落；1961 年在当地开展的轰轰烈烈的青瓷复烧活动中，詹杏娣研制出了独家釉料配方。因此，詹杏娣可视为宜兴青瓷工艺配方的权利主体。詹杏娣无偿捐出并公开配方[1]之后，也就意味着她放弃了对该非物质文化遗产项目所享有的知识产权。目前比较常见的是，个人可以被批准作为非物质文化遗产代表性项目的代表性传承人。根据《中华人民共和国非物质文化遗产法》第二十九条的规定，符合相关条件的人，可以由主管部门认定为某非物质文化遗产代表性项目的代表性传承人。非物质文化遗产代表性项目的代表性传承人应当符合下列条件：①熟练掌握其传承的非物质文化遗产；②在特定领域内具有代表性，并在一定区域内具有较大影响；③积极开展传承活动。显然，代表性传承人的权利主要体现在使用、传承和发展非物质文化遗产的权利。同时，如果违反有关规定，国家级非物质文化遗产代表性传承人资格也可以被取消[2]。

不过，《中华人民共和国非物质文化遗产法》尚没有对保存或持有非物质文化遗

---

① 邓海建：《以开放共享探索非遗传承之道》，《光明日报》2017 年 10 月 17 日第 2 版。

② 文化和旅游部：《国家级非物质文化遗产代表性传承人认定与管理办法》（2019 年 11 月 12 日审议通过）。

产的社区、群体和个人的法律地位及相关权益作出规定。

二、城乡非物质文化遗产保护的责任主体

非物质文化遗产保护的责任主体是指承担非物质文化遗产保护责任的行为人。非物质文化遗产作为全人类共同的文化财富，广义上全人类都负有保护的义务与责任，但狭义上的具体保护责任主体是由相关公约、法律规定的。《保护非物质文化遗产公约》第十一条规定，各缔约国应该"采取必要措施确保其领土上的非物质文化遗产受到保护"，并"由各社区、群体和有关非政府组织参与，确认和确定其领土上的各种非物质文化遗产"。《中华人民共和国非物质文化遗产法》规定，"国家对非物质文化遗产采取认定、记录、建档等措施予以保存""县级以上人民政府应当将非物质文化遗产保护、保存工作纳入本级国民经济和社会发展规划，并将保护、保存经费列入本级财政预算""国家鼓励和支持公民、法人和其他组织参与非物质文化遗产保护工作"。由此可知，中国城乡非物质文化遗产保护的责任主体有两方面，即政府和公民、法人及其他组织。

（一）政府

政府是指行使国家权力的执行机关，即行政机关。政府作为非物质文化遗产的权利主体，不但代表全体国民对国家领土范围内的非物质文化遗产享有利用、开发的权利，而且承担着保护责任，在文化遗产保护过程中发挥主导作用。《中华人民共和国非物质文化遗产法》第三条明确规定："国家对非物质文化遗产采取认定、记录、建档等措施予以保存，对体现中华民族优秀传统文化，具有历史、文学、艺术、科学价值的非物质文化遗产采取传承、传播等措施予以保护。"这就意味着，非物质文化遗产的保存、保护工作都是国家的责任。政府作为国家权力的执行机关，中央政府、地方政府及政府有关部门所承担的责任也不同。《中华人民共和国非物质文化遗产法》第七条规定："国务院文化主管部门负责全国非物质文化遗产的保护、保存工作；县级以上地方人民政府文化主管部门负责本行政区域内非物质文化遗产的保护、保存工作。县级以上人民政府其他有关部门在各自职责范围内，负责有关非物质文化遗产的保护、保存工作。"例如，2006 年审议通过的《国家级非物质文化遗产保护与管理暂行办法》第十七条规定："县级以上人民政府文化行政部门应当鼓励、支持通过节日活动、展览、培训、教育、大众传媒等手段，宣传、普及国家级非物质文化遗产知识，促进其传承和社会共享。"政府的责任主要体现在制定法律法规、支持财政资金、培养传承人才、提升公益意识等方面。

（二）公民、法人及其他组织

公民、法人及其他组织都属于非物质文化遗产保护的社会力量。非物质文化遗产作为先辈创造的文化财富，公民、法人及其他组织既可能是享有、使用和传承这些文化财富的权利主体，也应是这些文化财富保护的责任与义务主体。《中华人民共和国非物质文化遗产法》明确规定国家鼓励和支持公民、法人及其他组织参与非物质文化遗产保护工作，也就意味着，公民、法人及其他组织在非物质文化遗产保护工作中应该发挥更多、更大的作用。例如，公民可以通过积极参与民间文化活动、参观文化博物机构、宣传祖国非物质文化遗产等，使自身的文化自觉意识得到不断提升，从而成为一个合格的非物质文化遗产保护责任承担者。2005 年，国务院办公厅发布《国务院办公厅关于加强我国非物质文化遗产保护工作的意见》，要求广泛吸纳有关学术研究机构、大专院校、企事业单位、社会团体等各方面力量共同开展非物质文化遗产保护工作。社会力量可以采取捐赠非物质文化遗产实物资料或捐赠实物、资金，开办非物质文化遗产展示场所和传承场所等方式来承担社会责任。例如，《中华人民共和国非物质文化遗产法》第三十六条规定："国家鼓励和支持公民、法人和其他组织依法设立非物质文化遗产展示场所和传承场所，展示和传承非物质文化遗产代表性项目。"第三十七条规定："国家鼓励和支持发挥非物质文化遗产资源的特殊优势，在有效保护的基础上，合理利用非物质文化遗产代表性项目开发具有地方、民族特色和市场潜力的文化产品和文化服务。"这两条规定都与社会力量参与非物质文化遗产保护工作密切相关。

三、城乡非物质文化遗产保护制度

根据现行法律法规，中国城乡非物质文化遗产保护制度主要体现在非物质文化遗产代表性项目保护制度、非物质文化遗产传承和传播制度，以及非物质文化遗产知识产权保护制度。

（一）非物质文化遗产代表性项目保护制度

非物质文化遗产代表性项目的概念，来源于《保护非物质文化遗产公约》第十二条的相关规定："为了使其领土上的非物质文化遗产得到确认以便加以保护，各缔约国应根据自己的国情拟定一份或数份关于这类遗产的清单，并应定期加以更新。"这一遗产清单，也就是国家层面的非物质文化遗产项目名录。中国的非物质文化遗产数量庞大，保护工作必须有所取舍、侧重，需要选择那些体现中华民族优秀传统文化，具有历史、文学、艺术、科学价值的珍贵、濒危的非物质文化遗产进行保护。通过建立非物质文化遗产代表性项目名录，一方面，可以使中国有限的行政、财力资源得到科学利用，有利于推动我国非物质文化遗产代表性项目的抢救、传承、传播，加强中华民族的文化自觉和文化认同，提高对中华文化整体性和历史连续性的认识；另一方面，也是履行《保护非物质文化遗产公约》的要求，有利于增进国际社会对中国非物质文化遗产的认识，促进国际文化交流与合作，为人类文化的多样性及其可持续发展作出贡献①。

第一，《中华人民共和国非物质文化遗产法》要求国务院和省级政府建立非物质文化遗产代表性项目名录。该法第十八条规定："国务院建立国家级非物质文化遗产代表性项目名录，将体现中华民族优秀传统文化，具有重大历史、文学、艺术、科学价值的非物质文化遗产项目列入名录予以保护。省、自治区、直辖市人民政府建立地方非物质文化遗产代表性项目名录，将本行政区域内体现中华民族优秀传统文化，具有历史、文学、艺术、科学价值的非物质文化遗产项目列入名录予以保护。"

第二，《中华人民共和国非物质文化遗产法》规定了非物质文化遗产代表性项目的评审程序。首先，"省、自治区、直辖市人民政府可以从本省、自治区、直辖市非物质文化遗产代表性项目名录中向国务院文化主管部门推荐列入国家级非物质文化遗产代表性项目名录的项目"，"公民、法人和其他组织认为某项非物质文化遗产体现中华民族优秀传统文化，具有重大历史、文学、艺术、科学价值的，可以向省、自治区、直辖市人民政府或者国务院文化主管部门提出列入国家级非物质文化遗产代表性项目名录的建议"。其次，国务院文化主管部门组织专家评审小组和专家评审委员会，对推荐或者建议列入国家级非物质文化遗产代表性项目名录的非物质文化遗产项目进行初评和审议，将拟列入国家级非物质文化遗产代表性项目名录的项目予以公示，征求公众意见。最后，国务院文化主管部门根据专家评审委员会的审议意见和公示结果，拟订国家级非物质文化遗产代表性项目名录，报国务院批准、公布。

第三，《中华人民共和国非物质文化遗产法》要求制定非物质文化遗产代表性项目保护规划。规定国务院文化主管部门应当组织制定保护规划，对国家级非物质文化遗产代表性项目予以保护；省、自治区、直辖市人民政府文化主管部门应当组织制定保护规划，对本级人民政府批准公布的地方非物质文化遗产代表性项目予以保护。制定非物质文化遗产代表性项目保护规划，应当对濒临消失的非物质文化遗产代表性项目予以重点保护。对非物质文化遗产代表性项目集中、特色鲜明、形式和内涵保持完整的特定区域，当地文化主管部门可以制定专项保护规划，报经本级人民政府批准后，实行区域性整体保护。实行区域性整体保护涉及非物质文化遗产集中地村镇或者街区空间规划的，应当由当地城乡规划主管部门依据相关法规制定专项保护规划。国务院文化主管部门和省、自治区、直辖市人民政府文化主管部门应当对非物质文化遗产代表性项目保护规划的实施情况进行监督检查；发现保护规划未能有效实施的，应当及

① 信春鹰、黄薇：《中华人民共和国非物质文化遗产法解读》，北京：中国法制出版社，2011年，第52页。

时纠正、处理。

（二）非物质文化遗产传承和传播制度

非物质文化遗产作为中华民族历史文化的"活化石""民族记忆的背影""民族精神的 DNA"，具有明显的活态性。继承和弘扬中华民族优秀传统文化，促进社会主义精神文明建设，让中华民族的精髓薪火相传，离不开对非物质文化遗产的保护[①]。非物质文化遗产保护的主要方式是对非物质文化遗产的传承和传播，为此，《中华人民共和国非物质文化遗产法》在相关方面作出了规定。

首先，要求认定非物质文化遗产代表性传承人。第一，国务院文化主管部门和省、自治区、直辖市人民政府文化主管部门对本级人民政府批准公布的非物质文化遗产代表性项目，可以认定符合条件的代表性传承人，并公布所认定的代表性传承人名单。非物质文化遗产代表性项目的代表性传承人应当符合下列条件：①熟练掌握其传承的非物质文化遗产；②在特定领域内具有代表性，并在一定区域内具有较大影响；③积极开展传承活动。第二，县级以上人民政府文化主管部门应根据需要，为非物质文化遗产代表性项目的代表性传承人，提供必要的传承场所、必要的经费资助其开展授徒、传艺、交流等活动，以及支持其参与社会公益性活动等。第三，规定了非物质文化遗产代表性项目代表性传承人应当履行的义务：①开展传承活动，培养后继人才；②妥善保存相关的实物、资料；③配合文化主管部门和其他有关部门进行非物质文化遗产调查；④参与非物质文化遗产公益性宣传。

其次，要求进行非物质文化遗产代表性项目的宣传、展示、整理、研究、教育。一是规定县级以上人民政府应当结合实际情况，采取有效措施，组织文化主管部门和其他有关部门宣传、展示非物质文化遗产代表性项目。二是规定鼓励开展与非物质文化遗产有关的科学技术研究和非物质文化遗产保护、保存方法研究，鼓励开展非物质文化遗产的记录和非物质文化遗产代表性项目的整理、出版等活动。三是规定学校应当开展相关的非物质文化遗产教育，新闻媒体应当开展非物质文化遗产代表性项目的宣传，普及非物质文化遗产知识。四是规定图书馆、文化馆、博物馆、科技馆等公共文化机构和非物质文化遗产学术研究机构、保护机构及利用财政性资金举办的文艺表演团体、演出场所经营单位等，应当根据各自业务范围，开展非物质文化遗产的整理、研究、学术交流和非物质文化遗产代表性项目的宣传、展示。五是规定鼓励和支持公民、法人和其他组织依法设立非物质文化遗产展示场所和传承场所，展示和传承非物质文化遗产代表性项目。六是规定鼓励和支持发挥非物质文化遗产资源的特殊优势，在有效保护的基础上，合理利用非物质文化遗产代表性项目开发具有地方、民族特色和市场潜力的文化产品和文化服务；开发利用非物质文化遗产代表性项目的，应

---

① 信春鹰、黄薇：《中华人民共和国非物质文化遗产法解读》，北京：中国法制出版社，2001 年，第 74 页。

当支持代表性传承人开展传承活动，保护属于该项目组成部分的实物和场所。

（三）非物质文化遗产知识产权保护制度

非物质文化遗产与知识产权二者在客体特征、权力特征、保护范围、保护期限、保护目的等方面有很多不同①，但二者之间的关联也是客观存在的，因为不但非物质文化遗产与知识产权都是属于人类智力创造的无形成果，而且非物质文化遗产的部分内容，主要是民间文学艺术和传统知识，应是可以作为知识产权的客体进行保护的。《中华人民共和国非物质文化遗产法》第四十四条明确规定："使用非物质文化遗产涉及知识产权的，适用有关法律、行政法规的规定。"也就意味着，法律上已经肯定非物质文化遗产与知识产权之间存在联系。现行中国知识产权法主要包括《中华人民共和国著作权法》（2020 年）、《中华人民共和国商标法》（2019 年）和《中华人民共和国专利法》（2020 年）等相关的法律和行政法规。自然，非物质文化遗产的知识产权保护制度应来自这方面的法律法规。

《中华人民共和国著作权法》没有直接规定有关非物质文化遗产保护内容的专门条款，但第六条规定，"民间文学艺术作品的著作权保护办法由国务院另行规定"。国务院尚未正式出台相应的保护办法。

【阅读】《乌苏里船歌》的作者是谁？②

"99 南宁国际民歌艺术节"开幕式晚会上，著名歌唱家郭颂演唱了他最拿手的、唱了 40 年的《乌苏里船歌》。中央电视台一位节目主持人因此说："《乌苏里船歌》明明是一首创作歌曲，但我们一直以为它是赫哲族人的传统民歌。"中央电视台认可复制了该晚会的 VCD 光盘 8000 套，作为礼品赠送。另外，刊载有《乌苏里船歌》的有关出版物的署名方式均为"作曲：汪云才、郭颂"。于是，黑龙江省四排赫哲族乡政府代表赫哲族人民向北京市第二中级人民法院提起诉讼，引发出一场著名的著作权纠纷。该案争议的焦点是这首歌曲到底属于改编作品还是原创作品。若是原创作品，为何它与赫哲族民间歌曲《想情郎》的曲调基本相同？该案背后更深层的法律问题是：什么是民间文学艺术作品？著作权法如何保护民间文学艺术作品？

《中华人民共和国商标法》没有直接规定保护非物质文化遗产的专门条款，但在实践中有很多含有非物质文化遗产相关要素的商品和服务已成功注册为商标，或受到地理标志保护，如云南白药、贵州茅台酒、涪陵榨菜、海南文昌鸡等。其实，该法第十条规定，"县级以上行政区划的地名或者公众知晓的外国地名，不得作为商标。但

---

① 王云霞：《文化遗产法教程》，北京：商务印书馆，2012 年，第 218—220 页。

② 周楠：《民间文学艺术作品的著作权保护——由〈乌苏里船歌〉著作权纠纷案谈》，https://www.chinacourt.org/article/detail/2008/06/id/306326.shtml，2008-06-03。

是，地名具有其他含义或者作为集体商标、证明商标组成部分的除外；已经注册的使用地名的商标继续有效"。第十六条规定，"商标中有商品的地理标志，而该商品并非来源于该标志所标示的地区，误导公众的，不予注册并禁止使用；但是，已经善意取得注册的继续有效"。显然，部分产业化的非物质文化遗产由于《中华人民共和国商标法》的保护而获得了极大的商业利益。

《中华人民共和国专利法》没有直接规定保护非物质文化遗产的专门条款，但第五条规定，"对违反法律、社会公德或者妨害公共利益的发明创造，不授予专利权"。第二十五条规定，对"疾病的诊断和治疗方法"，不授予专利权。因此，非物质文化遗产中与之相关的传统技艺和医药，并不能受到专利法的保护。

《传统工艺美术保护条例》（2013年修订）属于保护非物质文化遗产的专门行政法规，对于保护传统工艺美术的知识产权具有重要意义。其中第九条特别规定，国家对认定的传统工艺美术技艺，"对其工艺技术秘密确定密级，依法实施保密。"第十八条规定，"制作传统工艺美术产品的企业应当建立、健全传统工艺美术技艺的保护或者保密制度，切实加强对传统工艺美术技艺的管理。从事传统工艺美术产品制作的人员，应当遵守国家有关法律、法规的规定，不得泄露在制作传统工艺美术产品过程中知悉的技术秘密和其他商业秘密"。也就是采取保密的方式来保护传统工艺技术秘密。

四、侵犯城乡非物质文化遗产的法律责任

侵犯非物质文化遗产的行为人，同样需要承担相应的行政、民事、刑事法律责任。

（一）行政责任

涉及非物质文化遗产保护的行政责任，有的是针对各级政府部门及其工作人员的，有的是针对非政府工作人员的一般行为人和境外个人或组织。

针对各级政府部门及其工作人员的行政责任。《中华人民共和国非物质文化遗产法》第三十八条规定，"文化主管部门和其他有关部门的工作人员在非物质文化遗产保护、保存工作中玩忽职守、滥用职权、徇私舞弊的，依法给予处分"。第三十九条规定，"文化主管部门和其他有关部门的工作人员进行非物质文化遗产调查时侵犯调查对象风俗习惯，造成严重后果的，依法给予处分"。

针对非政府工作人员的一般行为人的行政责任。《中华人民共和国非物质文化遗产法》第四十条规定，"违反本法规定，破坏属于非物质文化遗产组成部分的实物和场所的，依法承担民事责任；构成违反治安管理行为的，依法给予治安管理处罚"。根据《中华人民共和国治安管理处罚法》（2012年），治安管理处罚的种类有警告、罚款、行政拘留、吊销公安机关发放的许可证。对于违反《传统工艺美术保护条例》规定，有

窃取或者泄露传统工艺美术技艺秘密、非法开采用于制作传统工艺美术的珍稀矿产资源或者盗卖用于制作传统工艺美术的珍稀矿产品或私运珍品出境的行为之一的，可以由有关部门依照有关法律、行政法规的规定，给予行政处分或者行政处罚；制作、出售假冒中国工艺美术大师署名的传统工艺美术作品的，有关部门可以依照有关法律、行政法规的规定给予行政处罚。

针对非政府工作人员的境外个人或组织的行政责任。《中华人民共和国非物质文化遗产法》第四十一条规定，"境外组织违反本法第十五条规定的，由文化主管部门责令改正，给予警告，没收违法所得及调查中取得的实物、资料；情节严重的，并处十万元以上五十万元以下的罚款。境外个人违反本法第十五条第一款规定的，由文化主管部门责令改正，给予警告，没收违法所得及调查中取得的实物、资料；情节严重的，并处一万元以上五万元以下的罚款"。《中华人民共和国非物质文化遗产法》第十五条规定："境外组织或者个人在中华人民共和国境内进行非物质文化遗产调查，应当报经省、自治区、直辖市人民政府文化主管部门批准；调查在两个以上省、自治区、直辖市行政区域进行的，应当报经国务院文化主管部门批准；调查结束后，应当向批准调查的文化主管部门提交调查报告和调查中取得的实物图片、资料复制件。境外组织在中华人民共和国境内进行非物质文化遗产调查，应当与境内非物质文化遗产学术研究机构合作进行。"此外，《中华人民共和国治安管理处罚法》规定，对违反治安管理的外国人，可以附加适用限期出境或者驱逐出境。

（二）民事责任

民事责任是平等主体间违反了民事法律规范的规定所导致的。《中华人民共和国非物质文化遗产法》第四十条规定："违反本法规定，破坏属于非物质文化遗产组成部分的实物和场所的，依法承担民事责任。"《传统工艺美术保护条例》第二十条规定："制作、出售假冒中国工艺美术大师署名的传统工艺美术作品的，应当依法承担民事责任。"可见，涉及非物质文化遗产保护的民事责任：一是财产损害责任，二是制假售假责任。根据《中华人民共和国民法典》第一百七十九条，承担民事责任的方式主要有停止侵害、排除妨碍、消除危险、返还财产、恢复原状、修理、更换、赔偿损失、支付违约金、消除影响、恢复名誉、赔礼道歉等。这些承担民事责任的方式，可以单独适用，也可以合并适用，还可以依据法律规定要求进行惩罚性赔偿。

（三）刑事责任

刑事责任是行为人违反刑事法律义务的行为（犯罪）而引起的。《中华人民共和国非物质文化遗产法》第四十二条规定，"违反本法规定，构成犯罪的，依法追究刑事责任"，但没有更为具体的内容。根据《传统工艺美术保护条例》第二十条，有窃取或者泄露传统工艺美术技艺秘密、非法开采用于制作传统工艺美术的珍稀矿产资源或者盗卖用于制作传统工艺美术的珍稀矿产品、私运珍品出境的行为之一，构成犯罪的，依法追究刑事责任。

根据《中华人民共和国刑法》的相关内容，侵犯相关非物质文化遗产的犯罪行为有二。一是侵犯宗教信仰、风俗习惯等人身权利行为。该法第二百五十一条为"非法剥夺公民宗教信仰自由罪""侵犯少数民族风俗习惯罪"，规定："国家机关工作人员非法剥夺公民的宗教信仰自由和侵犯少数民族风俗习惯，情节严重的，处二年以下有期徒刑或者拘役。"二是侵犯商标、专利、商业秘密等知识产权行为。第二百一十三条为"假冒注册商标罪"，规定："未经注册商标所有人许可，在同一种商品、服务上使用与其注册商标相同的商标，情节严重的，处三年以下有期徒刑，并处或者单处罚金；情节特别严重的，处三年以上十年以下有期徒刑，并处罚金。"第二百一十四条为"销售假冒注册商标的商品罪"，规定："销售明知是假冒注册商标的商品，违法所得数额较大或者有其他严重情节的，处三年以下有期徒刑，并处或者单处罚金；违法所得数额巨大或者有其他特别严重情节的，处三年以上十年以下有期徒刑，并处罚金。"第二百一十五条为"非法制造、销售非法制造的注册商标标识罪"，规定："伪造、擅自制造他人注册商标标识或者销售伪造、擅自制造的注册商标标识，情节严重的，处三年以下有期徒刑，并处或者单处罚金；情节特别严重的，处三年以上十年以下有期徒刑，并处罚金。"第二百一十六条为"假冒专利罪"，规定："假冒他人专利，情节严重的，处三年以下有期徒刑或者拘役，并处或者单处罚金。"第二百一十七条为"侵犯著作权罪"，规定以营利为目的，有侵犯著作权或者与著作权有关的权利的情形之一，违法所得数额较大或者有其他严重情节的，处三年以下有期徒刑，并处或者单处罚金；违法所得数额巨大或者有其他特别严重情节的，处三年以上十年以下有期徒刑，并处罚金。第二百一十九条为"侵犯商业秘密罪"，规定有以盗窃、贿赂、欺诈、胁迫、电子侵入或者其他不正当手段获取权利人的商业秘密的，披露、使用或者允许他人使用以前项手段获取的权利人的商业秘密的，违反保密义务或者违反权利人有关保守商业秘密的要求，披露、使用或者允许他人使用其所掌握的商业秘密的侵犯商业秘密行为之一，情节严重的，处三年以下有期徒刑，并处或者单处罚金；情节特别严重的，处三年以上十年以下有期徒刑，并处罚金。

第五章　城市文化遗产保护规划

20 世纪 50 年代开始，中国城市的建设活动规模逐渐扩大。由于对历史文化遗产的价值和作用缺乏认识，建设活动对传统城市的旧城区域造成了不同程度的破坏甚至摧毁。20 世纪 80 年代以后，随着中国城市化过程的加速，城市规模持续扩张，许多大中城市的旧城区域遭到了很大破坏。于是，区域在"旧貌换新颜"的同时，也失去了原有的传统特色与历史风貌。城市文化遗产保护需要对城市建设活动进行适当控制与合理安排。城市历史城区建设活动的进行需要高质量的城市文化遗产保护规划。

城市文化遗产保护规划类型目前主要包括历史文化名城保护规划、一般城市的文化遗产保护规划、历史文化街区保护规划。

第一节　历史文化名城保护规划

一、概述

历史文化名城保护规划是为协调历史文化名城的保护、建设与发展关系，以保护城市地区文物古迹、风景名胜及环境为重点的城市专项规划。历史文化名城保护规划既是城市总体规划、国土空间规划的重要组成部分，也是历史文化名城保护和管理的基本依据。

1990 年开始施行的《中华人民共和国城市规划法》[①] 明确规定："编制城市规划应当……保护历史遗产、城市传统风貌、地方特色和自然景观。编制民族自治地方的城

[①] 自 2008 年 1 月 1 日起《中华人民共和国城乡规划法》施行，《中华人民共和国城市规划法》同时废止。

市规划，应当注意保持民族传统和地方特色。"2002 年修订的《中华人民共和国文物保护法》同样规定，历史文化名城和历史文化街区、村镇所在地的县级以上地方人民政府应当组织编制专门的历史文化名城和历史文化街区、村镇保护规划，并纳入城市总体规划。根据 2008 年颁布的《中华人民共和国城乡规划法》，制定城乡规划时，历史文化遗产保护应当作为城市总体规划的强制性内容。《历史文化名城名镇名村保护条例》（2017 年修订）第十三条规定，"历史文化名城批准公布后，历史文化名城人民政府应当组织编制历史文化名城保护规划"。并且要求"保护规划应当自历史文化名城、名镇、名村批准公布之日起 1 年内编制完成"。2019 年《中共中央 国务院关于建立国土空间规划体系并监督实施的若干意见》明确提出要强化对专项规划的指导约束作用。由此，历史文化名城保护规划转变成为城市国土空间总体规划体系的专项规划。国土空间规划是对一定区域国土空间开发保护在空间和时间上作出的安排，包括总体规划、详细规划和相关专项规划。其中的相关专项规划，是指在特定区域（流域）、特定领域，为体现特定功能而对空间开发、保护、利用作出的专门安排，是涉及空间利用的专项规划。国土空间规划是国家空间发展的指南、可持续发展的空间蓝图和各类开发保护建设活动的基本依据[①]。2021 年，自然资源部、国家文物局联合进一步发布《自然资源部 国家文物局关于在国土空间规划编制和实施中加强历史文化遗产保护管理的指导意见》[②]，要求加强历史文化遗产保护工作，把文物保护管理纳入国土空间规划，明确历史文化保护线及空间形态控制指标和要求是国土空间规划的强制性内容。

2019 年之前，历史文化名城保护规划主要依据《历史文化名城保护规划规范》（GB 50357—2005）进行；2019 年《历史文化名城保护规划标准》（GB/T 50357—2018）生效后，《历史文化名城保护规划规范》同时废止。《历史文化名城保护规划标准》（GB/T 50357—2018）与《历史文化名城保护规划规范》的差别，主要在于《历史文化名城保护规划标准》（GB/T 50357—2018）细化了历史文化名城与历史文化街区的保护内容；更新和规范了相关表述；细化了历史文化名城与历史文化街区的保护界线划定标准；将《历史文化名城保护规划规范》的"建筑高度控制"调整为"格局与风貌"；通过协调其他相关标准，对相关条款进行了补充修改；结合保护实践经验，优化了道路交通、市政工程、防灾和环境保护的相关内容。

本节主要依据《历史文化名城名镇名村保护条例》和《历史文化名城保护规划标准》（GB/T 50357—2018）等法规制度进行介绍与讨论。

---

① 《中共中央 国务院关于建立国土空间规划体系并监督实施的若干意见》，http://www.gov.cn/zhengce/2019-05/23/content_5394187.htm，2019-05-23。

② 自然资源部，国家文物局：《自然资源部 国家文物局关于在国土空间规划编制和实施中加强历史文化遗产保护管理的指导意见》，http://www.gov.cn/zhengce/zhengceku/2021-03/18/content_5593637.htm，2021-03-18。

【阅读】历史文化名城的撤销与整改

历史文化名城的称号不是一劳永逸的。在《中华人民共和国文物保护法》（2017年修订）中规定"历史文化名城的布局、环境、历史风貌等遭到严重破坏的，由国务院撤销其历史文化名城称号"，"对负有责任的主管人员和其他直接责任人员依法给予行政处分"。

例如，2017—2018年住房和城乡建设部、国家文物局评估检查发现，山东省聊城市存在在古城内大拆大建、大搞房地产开发问题，山西省大同市、河南省洛阳市存在在古城或历史文化街区内大拆大建、拆真建假问题，陕西省韩城市存在破坏古城山水环境格局问题，黑龙江省哈尔滨市存在搬空历史文化街区居民后长期闲置不管问题。鉴于这些问题导致国家历史文化名城历史文化遗存遭到严重破坏，历史文化价值受到严重影响，决定给予山东省聊城市、山西省大同市、河南省洛阳市、陕西省韩城市、黑龙江省哈尔滨市通报批评，要求各地抓紧制定整改方案，及时落实整改措施，防止情况继续恶化；对于整改不到位的城市，住房和城乡建设部、国家文物局将提请国务院撤销其国家历史文化名城称号[1]。

以韩城市为例。韩城市于2011年开始建设"史记韩城·风追司马"景区，推进古城商业旅游开发。同年9月，在未经审批的情况下，韩城市对古城东北角地区进行了成片拆除，部分历史建筑和传统街巷被拆毁，古城格局、肌理和风貌受到破坏。2015年底韩城市启动古城南门复建工程，征地拆迁范围包括南关大片区域。在此过程中，南门古街和部分古建筑被拆除毁坏。2016年初韩城市大规模挖湖造景，建成面积1000余亩的司马湖，并完成南湖工程蓄水。大规模人工水体破坏了历史文化名城所依存的自然景观和山水环境[2]。

二、规划的原则、内容与成果要求

（一）基本原则

根据《历史文化名城保护规划标准》，历史文化名城保护规划的总原则是"应保尽保"，即指历史文化名城应该受到保护的文化遗产必须全部保护起来。在此原则基础上，需要遵循以下五个方面的具体原则。

（1）保护历史真实载体的原则，即原真性原则。原真性是定义、评估、监控世界文化遗产的基本原则。一直以来，原真性原则也被视为城市历史保护的基本要求[3]。历

---

① 住房和城乡建设部，国家文物局：《关于部分保护不力国家历史文化名城的通报》，http://www.mohurd.gov.cn/wjfb/201903/t20190321_239850.html，2019-03-21。

② 李立仁，齐欣：《5座历史文化名城 究竟如何违规》，http://culture.people.com.cn/n1/2019/0617/c1013-31155144.html，2019-06-17。

③ 吴志强，李德华主编：《城市规划原理》，北京：中国建筑工业出版社，2010年。

史文化名城保护应该注重历史的真实性，保护名城的历史地段与文物古迹，保护历史发展、文化变迁过程中所获得的科学、历史、文化与情感信息的真实性，注意对名城传统文化内涵的发扬与继承。

（2）保护历史环境的原则。任何历史遗存都与其周围环境同时存在，历史环境是历史文化名城独特性的重要体现。保护历史环境除保护建筑整体风貌外，还需要保护其与自然环境相关，以及过去与现在所形成的习俗、活动、节庆等非物质文化遗产。

（3）合理利用、永续发展的原则。这要求正确处理名城文化遗产的保护与利用、长远利益与眼前利益、整体利益与局部利益的关系，把名城文化遗产的保护放在第一位，一切开发利用必须以有利于名城文化遗产的保护为前提和根本，坚决防止以牺牲名城文化遗产为代价的超负荷利用和破坏性开发，以保障和促进遗产地的全面、协调和可持续发展。

（4）统筹规划、建设、管理的原则。一方面，要坚持先规划后建设的原则，实施城市更新，防止大拆大建、破坏文物等各类历史文化遗存本体及其环境的行为，严禁违反规划或擅自调整规划；另一方面，要加强历史名城保护规划、历史街区保护规划的编制和审批管理。

（5）重点突出的保护原则。历史文化名城规模往往较大，各地情况不同，因而，需要认真分析名城的历史演变规律及历史文化遗存的形态、分布与规模等方面特点，因地制宜，突出保护的重点，把文物古迹、历史文化街区、风景名胜及其环境作为重点保护对象。

（二）主要内容

历史文化名城保护规划的规划期限应当与国土空间规划的期限相一致。历史文化名城保护的内容可以归结为六个方面：①城址环境及与之相互依存的山川形胜；②历史城区的传统格局与历史风貌；③历史文化街区和其他历史地段；④需要保护的建筑，包括文物保护单位、历史建筑、已登记尚未核定公布为文物保护单位的不可移动文物、传统风貌建筑等；⑤历史环境要素；⑥非物质文化遗产及优秀传统文化。为此，历史文化名城保护规划可以在如下九个方面提出要求[①]。

（1）名城遗产价值评估。即分析城市的历史、社会、经济背景和现状，体现名城的历史价值、科学价值、艺术价值和文化内涵。这是进行历史文化名城保护的基础性研究。

（2）名城保护体系构建。即建立历史文化名城、历史文化街区与文物保护单位三个层次的保护体系。这是历史文化名城整体性保护的基本要求。

（3）名城保护目标确定。即确定名城保护目标和保护原则，确定名城保护内容和保护重点，提出名城保护措施。

---

① 参据《历史文化名城保护规划标准》（GB/T 50357—2018）。

（4）名城保护内容落实。主要工作有四个方面：①城址环境保护。应对城址环境的自然山水和人文要素提出保护措施，对城址环境提出管控要求。②传统格局与历史风貌的保持与延续。应对体现历史城区传统格局特征的城垣轮廓、空间布局、历史轴线、街巷肌理、重要空间节点等提出保护措施，并应展现文化内在关联；应运用城市设计方法，对体现历史城区历史风貌特征的整体形态及建筑的高度、体量、风格、色彩等提出总体控制和引导要求，强化历史城区的风貌管理，延续历史文脉，协调景观风貌。③历史地段的维修、改善与整治。应明确历史城区的建筑高度控制要求，包括历史城区建筑高度分区、重要视线通廊及视域内建筑高度控制、历史地段保护范围内的建筑高度控制等。④文物保护单位和历史建筑的保护和修缮等方面的保护内容具体化。

（5）名城保护界线明确。即划定历史地段、历史建筑群、文物古迹和地下文物埋藏区的保护界线，并提出相应的规划控制和建设要求。保护界线划定有四个层次：一是划定历史城区范围。可依据历史文献记载确定历史城区范围，根据保护需要在历史城区外围划定环境协调区。二是划定历史文化街区的保护范围界线。历史文化街区的保护范围应包括核心保护范围和建设控制地带。对未列为历史文化街区的历史地段，可参照历史文化街区的划定方法确定保护范围界线。三是划定文物保护单位保护范围和建设控制地带的界线。该界线应以各级人民政府公布的具体界线为基本依据。四是划定历史建筑的保护范围界线。历史文化街区内历史建筑的保护范围应为历史建筑本身，历史文化街区外历史建筑的保护范围应包括历史建筑本身和必要的建设控制地带。当历史文化街区的保护范围与文物保护单位的保护范围和建设控制地带出现重叠时，应坚持从严保护的要求，按更为严格的控制要求执行。

（6）名城传统功能优化。即优化调整历史城区的用地性质与功能，调控人口容量，疏解城区交通，改善市政设施等，并提出规划的分期实施及管理建议。重点放在历史城区的道路交通和市政工程两方面。一是历史城区的道路交通，要求：①保持或延续原有的道路格局，保护有价值的街巷系统，保持特色街巷的原有空间尺度和界面。②通过完善综合交通体系，改善历史城区的交通条件。历史城区的交通组织应以疏导为主，应将通过性的交通干路、交通换乘设施、大型机动车停车场等安排在历史城区外围。③优先发展公共交通、步行和自行车交通；应选择合适的公共交通车型，提高公共交通线网的覆盖率；宜结合整体交通组织，设置自行车和行人专用道、步行区，营造人性化的交通环境。④控制机动车停车位的供给，完善停车收费和管理制度，采取分散、多样化的停车布局方式。不宜增建大型机动车停车场。⑤道路及交叉口的改造，应充分考虑历史街道的原有空间特征。⑥道路、桥梁、轨道、公交、停车场、加油站等交通设施的形式应满足历史风貌的管理要求，对现有风貌不协调的交通设施应予以整治。二是历史城区的市政工程，要求积极改善市政基础设施，与用地布局、道路交通组织等统筹协调，并符合下列规定：①历史城区的市政基础设施规划应充分借鉴和延续传统方法和经验，充分发挥历史遗留设施的作用；②对现状已存在的大型市政设施，应进行统筹优化，提出调整措施；历史城区内不应保留污水处理厂、固体废弃物处理厂（场）、区域锅炉房、高压输气与输油管线和贮气与贮油设施等环境敏感型设施；不宜保留枢纽变电站、大中型垃圾转运站、高压配气调压站、通信枢纽局等设施；③历史城区内不应新设置区域性大型市政基础设施站点，直接为历史城区服务的新增市政设施站点宜布置在历史城区周边地带；④有条件的历史城区应以市政集中供热为主，不具备集中供热条件的历史城区宜采用燃气、电力等清洁能源供热；⑤当市政设施及管线布置与保护要求发生矛盾时，应在满足保护和安全要求的前提下，采取适宜的技术措施进行处理。总体来说，历史城区市政设施建设应与历史城区整体风貌相协调。

（7）名城地下文物安全。即对地下文物埋藏区保护界线范围内的道路交通设施建设、市政管线建设、房屋建设、绿化建设及农业活动等提出相应的管控措施，不得危及地下文物的安全。除前述的道路交通和市政工程方面要求，对于历史城区市政管线布置和市政管线建设，应结合用地布局、道路条件、现状管网情况及市政需求预测结果确定，并应符合下列规定：①应根据居民基本生活需求，合理确定市政管线建设的优先次序；②应因地制宜确定排水体制，在有条件的地区推广雨水低影响开发建设模式；③管线宜采取地下敷设的方式，当受条件限制需要采用架空或沿墙敷设的方式时，应进行隐蔽和美化处理；④当在狭窄地段敷设管线无法满足国家现行相关标准的安全间距要求时，可采用新技术、新材料、新工艺，以满足管线安全运营管理要求。

（8）名城防灾和环境保护。即要求：①防灾和环境保护设施应满足历史城区历史风貌的保护要求。②历史城区必须健全防灾安全体系。③历史城区内不得设置生产、贮存易燃易爆、有毒有害危险物品的工厂和仓库。④历史城区内应重点发展与历史文化名城相匹配的相关产业，不得保留或设置二类、三类工业用地，不宜保留或设置一类工业用地。当历史城区外的污染源对历史城区造成大气、水体、噪声等污染时，应提出治理、调整、搬迁等要求。⑤历史城区防洪堤坝工程设施应与自然环境、历史环境相协调，保持滨水特色。对历史留存下的防洪构筑物、码头等应提出保护与利用措施。⑥历史城区的内涝防治措施应根据地形特点、水文条件、气候特征、雨水管渠系统、防洪设施现状和内涝防治要求等综合分析后确定，并应与城市竖向规划、防洪规划相协调。

（9）名城保护对策制定。即结合名城保护规划的实施、管理，制定切实可行的政策机制和保障措施。

（三）成果要求

历史文化名城保护规划成果一般由规划文本、规划图纸和附件三部分组成。

1. 规划文本

规划文本是指表述规划的意图、目标和对规划的有关内容提出的规定性要求。文字表达应当规范、准确、肯定、含义清楚，一般包括以下内容。

（1）城市历史文化价值概述与评估。

（2）历史文化名城保护原则和保护工作重点。

（3）城市整体层次上保护历史文化名城的措施，包括古城功能的改善、用地布局的选择或调整、古城空间形态或视廊的保护等。

（4）各级重点文物保护单位的保护范围、建设控制地带及各类历史文化保护区的范围界线，保护和整治的措施要求。

（5）对重点历史文化遗存修整、利用和展示的规划意见。

（6）重点保护、整治地区的详细规划意向方案。

（7）规划实施管理措施。

2. 规划图纸

（1）文物古迹、传统街区、风景名胜分布图。比例尺为 1/5000—1/10 000，可以将市域和古城区按不同比例尺分别绘制。图中标注名称、位置、范围（图面尺寸小于 5 毫米者可只标位置）。

（2）历史文化名城保护规划总图。比例尺 1/5000—1/10 000。图中标绘各类保护控制区域，包括古城空间保护视廊、各级重点文物保护单位、风景名胜、历史文化保护区的位置、界线和保护控制范围，对重点保护的要以图例区别表示，还要标绘规划实施修整项目的位置、范围和其他保护措施示意。

（3）重点保护区域保护界线图。比例尺 1/500—1/2000，在绘有现状建筑和地形地物的底图上，逐个、分张画出重点文物的保护范围和建设控制地带的具体界线；逐片、分张画出历史文化保护区、风景名胜保护区的具体范围。

（4）重点保护、整治地区的详细规划意向方案图。

3. 附件

包括规划说明书和基础资料汇编，规划说明书的内容是分析现状、论证规划意图、解释规划文本等。

三、规划案例

案例一：北京历史文化名城保护规划

北京是中华人民共和国首都、省级行政区、直辖市、国家中心城市、超大城市，国务院批复确定的中国政治中心、文化中心、国际交往中心、科技创新中心。1957 年，北京市人民政府公布第一批古建文物保护单位，提出《文物保护管理办法》。1961 年，国务院公布包括北京故宫、颐和园等 18 处文物保护单位的第一批全国重点文物保护单位名单。1982 年，北京市被列为全国第一批国家历史文化名城。在 1992 年《北京城市总体规划》划定历史保护相关内容的基础上，2002 年北京市编制完成《北京市历史文化名城保护规划》。2005 年《北京历史文化名城保护条例》公布。在此基础上，2011 年北京市又发布了《北京市"十二五"时期历史文化名城保护建设规划》。2020 年正式出台《北京市推进全国文化中心建设中长期规划（2019—2035 年）》。

（一）北京历史文化名城特色

（1）整体格局完整。北京城市格局体现中国传统都城建设思想的精华，是中国传统哲学思想在都城规划的呈现。明清北京老城占地 62.5 平方千米，老城中心的紫禁城，是世界上保存最完整、规模最大的帝王宫殿，其建造艺术是古代劳动人民智慧的结晶。

（2）历史遗迹众多。截至 2020 年，北京拥有世界文化遗产 7 处（故宫、长城、周口店北京猿人遗迹、颐和园、天坛、明十三陵、大运河）；全国重点文物保护单位 135 处；北京市文物保护单位 209 处。

（3）建筑风貌完整。北京明清老城具有完整的城市风貌与格局，城市格局形态分明，呈"凸"字形布局，由内及外包括紫禁城、皇城、内城、外城，整体上功能格局有序且等级分明。

北京老城的中轴线也体现了中国严谨的城市对称式格局的体系，中轴线总长 7.8 千米，中轴线布置包括钟鼓楼、景山、紫禁城、太庙、社稷坛、天坛、先农坛等重要建筑（图 5-1）。

图 5-1　北京市明清旧城格局平面图

（二）保护规划的主要内容

1. 规划思路

根据北京的政治中心、文化中心和世界著名古都的性质，北京历史文化名城保护规划确定了保护的"三个层次"和"一个重点"的规划思路。"三个层次"即文物的保护、历史文化保护区的保护、历史文化名城的保护。"一个重点"是旧城区，即重点搞好旧城保护，最大限度地保护北京历史文化名城。强调需正确处理历史文化名城保护与城市现代化建设的关系。

2. 主要内容

（1）文物保护单位的保护。

2020 年，北京拥有世界文化遗产 7 处，全国重点文物保护单位 135 处；北京文物保护单位 209 处等。在现有 7 处世界文化遗产的基础上，继续积极申报。

继续公布市级文物保护单位名单，使市级以上文物保护单位达到 300 处以上。各区、县要继续公布区、县级文物保护单位及区、县级文物暂保单位。同时，完成第六批国家级重点文物保护单位（北京部分）的论证及申报工作。

继续完成第五批、第六批市级文物保护单位保护范围和建设控制地带的划定工作；逐步完善区、县级文物保护单位保护范围和建设控制地带的划定工作。

各级文物保护单位的修缮与保护，必须将文物单体建筑修缮与环境整治和改善相结合，景点保护与街、区成片保护相结合。

必须加强保护重要的近现代建筑。逐步提出一批具有较高历史文化价值的近现代建筑名单，并划定保护范围和建设控制地带。

公布第四批地下文物埋藏区，使北京市地下文物埋藏区达到 50 处。

必须重视并加强城市考古工作，特别注意对辽南京、金中都、元大都城市遗址、遗迹的考古调查、勘探和发掘。

（2）历史文化保护区的保护。

《北京旧城 25 片历史文化保护区保护规划》已于 2002 年由北京市人民政府批准，必须严格执行。北京旧城 25 片历史文化保护区总占地面积为 1038 公顷，约占旧城总用地的 17%。其中重点保护区占地面积 649 公顷，建设控制区占地面积 389 公顷。必须以"院落"为基本单位进行保护与更新，危房的改造和更新不得破坏原有院落布局和胡同肌理。严格按照建筑分类，即文物类建筑、保护类建筑、改善类建筑、保留类建筑、更新类建筑、整饰类建筑进行保护与修缮。

在旧城第一批 25 片历史文化保护区基础上确定北京第二批历史文化保护区名单。其中，在旧城内继续补充历史风貌较完整、历史遗存较集中和对旧城整体保护有较大影响的街区进行保护。

（3）旧城整体格局的保护。

从整体上考虑北京旧城的保护，具体体现在历史河湖水系、传统中轴线、皇城、旧城"凸"字形城廓、道路及街巷胡同、建筑高度、城市景观线、街道对景、建筑色彩、古树名木十个层面的内容。

明清北京城的"凸"字形城廓是北京旧城的一个重要形态特征，必须采取措施加以保护。在旧城改造中，沿东二环路、西二环路尽可能留出 30 米绿化带，形成象征城墙旧址的绿化环。保护北护城河与环绕外城的南护城河，规划沿河绿带。保护现有的正阳门城楼与箭楼、德胜门箭楼、东便门角楼与城墙遗址、西便门城墙遗址，复建永定门城楼。

案例二：苏州历史文化名城保护规划[①]

苏州古称吴，简称苏，又称姑苏、平江等。苏州是中国华东地区的特大城市之一，位于江苏省东南部，太湖东岸。它有 2500 多年的历史，是中国的历史文化名城之一。

1986 年，国务院批准了苏州城市总体规划，确定了全面保护古城风貌的城市建设方针，苏州采取了全面保护古城积极发展新区的规划措施，并先后于 2002 年、2018 年对苏州历史文化名城保护规划进行修编。2020 年，《苏州历史文化名城保护专项规划（2035）》正式公示。

（一）历史文化特色与价值

1. 双棋盘的城市格局

苏州是一座按规划建设形成的城市，因地制宜以水为中心进行规划和建设，自然和人工开凿的河道水系与方格网道路系统密切结合，构成了水路结合、河街平行的双棋盘式城市格局。这是中国古代城市规划与建设史上的典范，既代表了古代城市规划的基本思想，又反映了水网地区规划的独特手法。

苏州古城是全国河道最长、桥梁最多的水乡城市。自吴建都城以来，至宋时，苏州城内河道水系已相当完备。根据南宋《平江图》，推算当时河道长约 83 千米；除内城河外，有横河 12 条，直河 5 条，桥梁 314 座。截至 2008 年，苏州古城仍保持着三横三直加一环的骨干水系，有河道约 50 千米，桥梁 171 座，其中古桥尚存 74 座。

2. 典型的江南古典园林

苏州古典园林是具有高度艺术性和独具风格的园林艺术体系，自宋代以来，由于经济繁荣、文化繁盛、自然条件优越，造就了苏州园林。苏州古城历史上曾有 270 余处园

---

① 参据清华大学建筑学院：《城市规划资料集》第 8 分册《城市历史保护与城市更新》，北京：中国建筑工业出版社，2008 年。

林。1959 年调查有大小园林 114 处，其中比较完好的有 38 处。截至 2008 年，苏州古城内 9 处古典园林在 1997 年和 2000 年被联合国教科文组织列入《世界遗产名录》。

（二）保护规划的主要内容

苏州历史文化名城保护规划要求在全面的名城保护观、全域的名城保护观指导下，建立全域性、整体性的历史文化名城保护体系，凸显苏州历史文化整体价值和风貌，彰显和弘扬吴（地）文化、江南水乡文化和水文化等苏州地域文化特色，促进区域城乡经济、社会、文化协调发展，使之成为中国典范、古今辉映的世界文化名城，重塑苏州"江南文化"的核心地位。

（1）保护目标。规划按照"全面保护，专业保护；合理利用、永续利用；特色发展，协调发展"的保护原则确定了四大保护目标：①发展性保护。名城保护与发展统筹协调，实现城市有机更新。名城价值特色得到彰显和弘扬，将文化遗产融入城市生活，以名城保护为引领，促进城乡遗产互动联系，提升城市核心竞争力。②专业化保护。按世界遗产城市的要求来保护苏州名城。保护历史城市景观，面向规划实施管理，形成专业化、精细化、综合化、动态化名城保护实施机制，构建分级、分类、分层的差别化遗产保护管理制度。③人本性保护。重点关注居民生活质量的提升，提高居民收入，改善人居环境。④示范性保护。历史文化保护与传承示范、传统产业提升示范、民生改善示范、传统民居宜居示范。

（2）保护体系。规划扩大了苏州历史文化保护对象，致力打造"苏州名城"保护总体格局，体现苏州城市发展变迁脉络的历史文化空间格局和江南鱼米水乡自然环境格局。继续加强对"市域—市区—历史城区"三个空间层次的历史文化名城保护，形成由自然生态环境、文化生态廊道、文化景观区、世界遗产、江南水乡历史文化聚落、历史文化街区、文物古迹、非物质文化遗产和优秀传统文化八个方面构成的名城保护内容；建立由"城—市镇—村"构成的江南水乡历史文化聚落保护体系。

（3）重点保护。重点保护"一城两线三片区、内外双城十一门、水陆并行双棋盘、三横四直环城河、塔殿楼阁中轴线"的历史城区历史空间格局和形态，加强城市风貌、肌理、传统民居的保护。同时，将苏州古城建设成吴（地）文化核心传承地、苏式生活体验地、园林宅院博览地、国际文化旅游胜地和艺术创意集聚地，建成集文化传承、旅游休闲、特色商业、传统产业、苏式居住等功能于一体的综合片区。

案例三：大连市历史文化名城保护规划①

大连市为辽宁省历史文化名城。大连市历史文化名城保护规划是大连市国土空间规划体系的专项规划之一。

---

① 参据《大连市历史文化名城保护规划》（2020 年）。

（一）历史文化特色

大连别称滨城，是一个年轻的城市。直到 19 世纪 80 年代，清政府于今大连湾北岸建海港栈桥、筑炮台、设水雷营，城镇初建。1897 年，俄国人在此规划并创建城市，名达里尼。1899 年改称大连。大连作为甲午战争和日俄战争的主要战场，在近代史上曾遭受两次大的战争劫难，沦为俄国、日本殖民地近半个世纪。近代以来的多国建筑，体现出大连鲜明的文化风貌。作为中国重要的港口城市和工业基地，大连拥有丰富的工业遗产，其城市布局、城市天际线、城市色彩、城市文化景观等具有明显特点。

（二）主要保护目标

（1）历史文化目标。充分发掘大连的文化内涵，保护好各文化遗产及其历史环境，突出并发扬历史文化名城的价值与特色，尤其是大连的中东铁路遗产廊道及其相关遗存，历史城区的山水形胜、选址特色、传统格局和历史风貌，历史地段和各处古镇，文物古迹与水下文物，继承和弘扬大连优秀传统文化。

（2）社会经济目标。处理好历史文化遗产保护与城市社会经济发展的关系，通过历史文化名城保护来提升城市的文化内涵和品质，改善民生、提升环境，促进大连经济、社会、环境的可持续发展。

（3）城市发展目标。彰显大连历史文化特色，推动大连建设成为东北亚重要国际城市，成为引领东北地区全面振兴的重要增长极、体制机制创新与自主创新的示范区。将国家历史文化名城纳入大连国土空间总体规划的城市性质，将文化繁荣发展融入城市发展目标。

（三）保护规划主要内容

（1）文物保护单位。保护文物保护单位 392 项（408 处）。其中，全国重点文物保护单位 25 项（含 37 处），省级文物保护单位 80 项（含 83 处），市级文物保护单位 107 项（含 108 处），区县级 180 项；保护未定级登记不可移动文物 1265 处。

（2）历史建筑。保护 37 处（43 栋）历史建筑。根据大连市历史建筑的普查工作，结合规划建议新增的历史建筑，履行相应程序，逐步持续分批确定并公布历史建筑。

（3）历史地段。历史地段包括历史文化街区和历史文化风貌区。保护规划划定的 10 片历史地段。其中，4 片历史文化街区，分别是胜利桥北历史文化街区、中山广场历史文化街区、东关街历史文化街区、太阳沟历史文化街区；6 片历史文化风貌区，分别是凤鸣街历史文化风貌区、人民广场历史文化风貌区、化物所历史文化风貌区、连锁街历史文化风貌区、南山历史文化风貌区、黄金山历史文化风貌区。保护其他 20 片具备历史地段条件的片区。该次规划作为建议性内容，在进一步专项保护规划或详细规划中予以综合确定并划定保护区划（图 5-2）。

图 5-2　大连历史城区保护区划总图

（4）历史城区。历史城区包括大连历史城区和旅顺历史城区。保护历史城区内的历史地段、历史轴线、历史街巷、历史水系、景观视廊、历史公园与广场、文物古迹及历史建筑等。大连历史城区重点保护"枕山襟海"的山海格局，放射状道路格局与方格网道路格局相结合"双形并置"的城市形态，众多历史公园与历史广场，以及 8 片历史地段。旅顺历史城区重点保护"负阴抱阳"的城址环境和山水格局，并划定城址环境协调区；保护历史城区的空间轴线和景观视廊，整体保护保存完好风貌特征，以及太阳沟历史文化街区。针对建成历史悠久、历史格局犹在、保存有一定文物古迹，但不具备作为历史城区的城市区域，该次规划划定 2 片历史片区，分别是金州古城历史片区、旅顺旧市街历史片区。历史片区内重点做好文物古迹的保护和历史文化的展示与彰显。

第二节　一般城市的文化遗产保护规划

一、概述

一般城市是指没有被授予国家、省级历史文化名城称号的城市。截至 2018 年，中国共有省、地、县级城市 661 个，县城（含自治县、旗、自治旗、特区和林区驻地）1636 个，而拥有国家、省级历史文化名城称号的城市只有 300 余个，仅占全部城市的 13%。可见，一般城市占中国城市的绝大多数，保护一般城市的历史文化遗产同样具有十分重要的意义。

一般来说，相比历史文化名城，一般城市的历史文化遗产，具有保存的文物数量相对较少，成片的历史建筑面积不大甚至缺少，城市的传统格局和风貌不太突出等特点。在这些城市的发展过程中，不但需要保护既有的不很丰富的历史文化遗产，而且需要大力发掘新型的历史文化遗产，如传统建筑、工业遗产、地方文化等。也有少数城市拥有质量较好、数量较多的历史文化遗产，但尚未能够成功申报历史文化名城称号。

一般城市的文化遗产保护规划是指一般城市的总体规划中对于市域历史文化遗产和市区历史文化遗产尤其是旧城区制定的保护、拆迁和建设安排。根据《中华人民共和国城乡规划法》（2019 年修订）第四条，制定和实施城乡规划时，应当"保护耕地等自然资源和历史文化遗产，保持地方特色、民族特色和传统风貌"，也就意味着历史文化遗产保护应当作为城市总体规划的强制性内容；第三十一条规定，"旧城区的改建，应当保护历史文化遗产和传统风貌，合理确定拆迁和建设规模，有计划地对危房集中、基础设施落后等地段进行改建"。这实际上就明确了一般城市历史文化遗产保护的主要任务。

历史文化遗产相对较多的一般城市，如果从高标准要求，可以依据《历史文化名城保护规划标准》（GB/T 50357—2018）编制保护专项规划。一般来说，大多数一般城市是在城市总体规划中纳入历史文化保护内容。另外，在市域范围内，根据文保单位、历史街区、传统村落的保护要求编制相应的保护性详细规划。

二、规划的原则、内容与成果要求

（一）基本原则

虽然一般城市未获得国家、省级历史文化名城的称号，但并不意味着一般城市内的历史文化遗产可以被轻视。相反，需要大力挖掘、保护历史文化遗产，以期在未来能上升为省级或国家历史文化名城。在一般城市文化遗产保护规划的编制过程中，需要遵循《中华人民共和国文物保护法》《中华人民共和国非物质文化遗产法》，以及相关法规制度中规定的工作方针与相关要求。

（1）物质文化遗产的保护，需贯彻"保护为主、抢救第一、合理利用、加强管理"的方针；对待不可移动文物，必须遵守不改变文物原状的原则，负责保护建筑物及其附属文物的安全，不得损毁、改建、添建或者拆除不可移动文物。

（2）涉及非物质文化遗产保护，需贯彻"保护为主、抢救第一、合理利用、传承发展"的方针，遵循活态性、整体性、人本性、创新性保护原则。

（3）符合相关遗产保护的技术规范与标准。其指应符合国家、地方政府与文化遗产、历史建筑、历史文化街区等保护条例的具体要求。需根据各地经济社会发展的不同情况，结合文化遗产的不同性质、不同类型因地制宜地制定保护措施。如确因保护需要，消防设施、消防通道无法按照消防技术标准和规范设置的，由城市、县人民政府消防救援机构会同同级规划主管部门制订相应的防火安全保障方案。

（二）主要内容

一般城市也有文物保护单位、历史建筑和非物质文化遗产，部分一般城市甚至还有历史文化街区。因此，一般城市文化遗产保护对象同样包括文物保护单位、历史建筑、历史文化街区和非物质文化遗产。由于一般城市遗产保护的基础工作往往不足，规划编制中需要加强、夯实相关的基础性工作。

1. 建立历史建筑档案

文物保护单位、历史建筑是一般城市物质文化遗产保护工作的重点。文物保护单位一般有较完整的档案资料，而历史建筑往往资料不全。因此，需要建立、完善历史建筑档案。历史建筑档案包括建筑艺术特征、历史特征、建设年代及稀有程度；建筑的有关技术资料；建筑的使用现状和权属变化情况；建筑的修缮、装饰装修过程中形成的文字、图纸、图片、影像等资料；建筑的测绘信息记录和相关资料。

2. 明确历史建筑后期保护与修缮职责及建设管控要求

历史建筑的所有权人应当按照保护规划的要求，负责历史建筑的维护和修缮。地方人民政府可以从保护资金中对历史建筑的维护和修缮给予补助。历史建筑有损毁危险，所有权人不具备维护和修缮能力的，当地人民政府应当采取措施进行保护。任何单位或者个人不得损坏或者擅自迁移、拆除历史建筑。

历史建筑的所有权人在使用历史建筑过程中对建筑增设门头牌匾等构筑物时，需要符合地方人民政府针对历史建筑维护、修缮及整治的相关技术要求。不得随意进行加建与拆除。

3. 保存历史文化街区

除了保护文物建筑、历史建筑之外，每一个城市都应该保存一些成片的历史街区，通过历史文化街区来保有城市的历史记忆、保存城镇历史的连续性和特有的社区文化。依据规定[①]，历史文化街区所在地的城市、县未被确定为历史文化名城的，应当

---

① 《历史文化名城名镇名村街区保护规划编制审批办法》，中华人民共和国住房和城乡建设部令第20号，2014年。

单独编制历史文化街区保护规划，并纳入城市总体规划。

4.挖掘非物质文化遗产

通过文献考索、民间调查，深入挖掘、整理地方非物质文化遗产，以丰富地方历史文化背景，恢复地方历史文化氛围，提升地方历史文化精神。

（三）成果要求

一般城市的文化遗产保护规划不要求单独编制，而是列入城市总体规划或国土空间规划体系之内，作为其中的一部分内容；城市辖域不同级别的文保单位、历史文化街区和名村名镇单独编制规划成果。

也有部分一般城市按照历史文化名城的保护要求编制历史文化保护规划。例如，2018年甘肃省兰州市就编制了《兰州市历史文化名城保护规划》。

【阅读】兰州的历史文化遗产

兰州没有获得历史文化名城称号，却是一座具有悠久历史的城市。距今5000年前后，兰州的远古居民创造了灿烂的彩陶文化——马家窑文化。秦始皇三十三年（公元前214年）设榆中县；汉武帝年间设金城县、汉昭帝年间设金城郡；隋文帝开皇元年（581年）设兰州，置兰州总管府；隋唐时为著名的丝绸之路重镇；宋代为宋王朝重要的"茶马互市"市场。明建文元年（1399年）肃王移镇兰州，兰州遂为藩都。清康熙五年（1666年）陕甘二省分治，兰州遂成省会。民国三十年（1941年）正式设立兰州市。

兰州文物古迹丰富，古遗址和传统建筑众多。兰州握桥是中国伸臂木梁桥的代表。永登鲁土司衙门是西北保留最完整的地方土司政权建筑群。清末修建的兰州黄河铁桥（中山桥）是目前黄河上唯一留存的近代桥梁。兰州保存的文溯阁《四库全书》是国家珍贵文化遗产。位于榆中县的明肃王墓，有"陇上十三陵"之称。

兰州处在中原汉族与西北少数民族交会地区，回族等信仰伊斯兰教的少数民族在兰州创造了清真寺建筑、经堂教育等穆斯林文化。经过2000余年的发展，兰州逐步形成以汉文化为主，融合多民族、多地域文化于一体的，特色独具的兰州文化。

三、规划案例

案例一：兰州市历史文化名城保护规划①

2019年，《兰州市历史文化名城保护规划》审批通过，该规划编制的主要目的是

---

① 摘自兰州市城乡规划局、上海同济城市规划设计研究院：《兰州市历史文化名城保护规划》公示稿,2018年。

保护和传承历史文化资源，深入挖掘和展现兰州城市文化，加强历史街区保护和旧城更新，推动兰州城市内涵式发展，同时加快推进兰州国家级历史文化名城的申报工作。《兰州市历史文化名城保护规划》的规划范围为《兰州城市总体规划（2010—2020年）》中确定的兰州市域范围，面积13 085平方千米。

（一）规划概况

重点规划范围为《兰州城市总体规划（2010—2020年）》中心城区范围，东起连搭乡，西至河口，北接九合镇，南靠皋兰山，约250平方千米。

兰州市历史文化名城保护共分为五个层次，分别为市域、中心城区、历史文化街区、不可移动文物及历史建筑、非物质文化遗产。其中，中心城区层次包括城市格局、历史城区、历史文化风貌区和工业遗产四个部分。同时，划定五处历史文化街区，分别是以窑洞为主要建筑类型的白塔山庄历史文化街区、兰州西固兰棉厂宿舍历史文化街区、河口古民居历史文化街区、金天观至洪恩街历史文化街区、阿干煤矿历史文化街区。

（二）保护重点

（1）重点保护兰州中心城区"两山夹一河"的整体城市格局。

（2）重点保护一处历史城区和四片历史文化风貌区，对其历史街巷、建筑高度、城市风貌进行适度的控制与协调引导。

（3）重点保护五处历史文化街区，提出相应的保护措施。

（4）重点保护各级文物保护单位、历史建筑及工业遗产。

（三）规划任务

尽快对兰州市文物进行保护规划编制，对市域内的文化线路重要遗存点进行保护修缮并加以利用，推进文化线路推广，将明长城沿线遗址与风景名胜区、黄河风情线的保护与展示相结合，建立市域明代军事防御体系保护传承体系。

在中心城区层面，加快编制历史城区，历史文化风貌区整体风貌保护与更新规划，并加强金天观—洪恩街、河口古民居、白塔山庄等历史文化街区内的建筑和环境保护与整治工作。加快历史建筑普查，挂牌和保护范围内的划定。

案例二：安康市城市总体规划（2008—2020）相关部分[①]

（一）基本概况

安康市位于陕西省东南部，处于川、渝、鄂、陕四省（市）接壤地区，故有方志

---

① 摘自西安建筑科技大学城市规划设计研究院：《安康市城市总体规划（2008—2020）》。

称安康为"东接襄沔、西达梁洋、南通巴蜀、北控商虢"之地。土地面积 23 391 平方千米，占陕西省总面积的 11.4%。

（二）历史资源

安康市位居汉水上游。安康的历史悠久，是中华文化的发祥地之一。安康市人文景观荟萃，名胜古迹颇多，规模较大的风景名胜区有 8 处，名胜点 29 个，古迹遗址 650 余处。秦巴汉水形成了独具特色的生态环境，积淀了深厚的汉水文化和内涵丰富的人文景观，蕴藏着独具魅力、引人入胜的旅游资源。境内山光水色既有北方的雄浑，又有南方的秀美。目前已形成了北与"两黄""两圣"，中与关中人文景观鼎足相立的安康旅游体系格局。现已初具规模的有瀛湖、香溪洞、南宫山、千家坪、三道门、平河梁、神河源、擂鼓台等一批具有鲜明秦巴汉水自然风光特色的景区。

（三）市域历史文化遗产保护

安康市域内共有各类文物遗址 650 余处，其中包括省级文物保护单位 21 处。对已公布的文物保护单位，按照《中华人民共和国文物保护法》的要求予以保护，制定保护措施。同时，继续文物普查和各级文物申报、公布工作。

对城区未列入文保单位的古建（构）筑、古石刻（石窟）、古遗址、古墓葬（群）等根据具体情况划定保护范围和建设控制地带，按照文物保护单位的保护要求加以保护。

同时，积极开展名镇、名村的普查、申报工作。

（四）历史文化保护框架

安康市历史文化保护反映在空间上主要体现在节点、轴线、区域三部分，以及它们相互间的有机关系所共同构成的城市景观特色。通过节点、轴线、区域结构组织，构成完整的保护框架体系。

1. 节点

主要节点包括自然景观、建筑物、构筑物三类。

自然景观类包括山脉、江湖等。山脉包括香溪洞、天柱山、鲤鱼山、大庙山、龙王山、牛蹄岭等；江湖包括汉江、瀛湖等。

建筑物类主要包括遗址、楼阁、寺庙、街巷等。遗址有刘家营遗址，楼阁有安澜楼，寺庙有安康文庙大成殿、清真南寺、城内寺等，街巷有西正街、东正街、北正街、南正街等。

构筑物类主要包括城堤、古塔、古井、石刻、公园等。

2. 轴线

在历史文化保护框架中，重点保护三类轴线，即自然景观旅游轴、历史构筑观光轴、特色街道商业轴。

自然景观旅游轴：应保护城市与山脉之间的可视通廊，禁止破坏自然环境的新建设的发生，保护城内外水面的贯通与洁净通畅等。安康市以汉江水景、香溪洞山林风光和瀛湖自然景观为欣赏主题，以瀛湖专用道、南环线为联系通道的自然景观旅游轴。

历史构筑观光轴：重点是整理及创建社会生活与公共交往的空间场所，维护居住性街道的连续性及丰富性历史界面，维修传统民居建筑，整治庭院、广场等公共、半公共及私有环境。安康市以汉江为轴，串连古城堤、安澜楼、奠安塔等重要城市历史景观标志点，形成历史构筑观光轴。

特色街道商业轴：以西正街、东正街、南正街、北正街，以及大桥路、兴安中路、金州路为轴线的特色街道商业轴线。

3. 区域

根据安康市历史文化形成发展过程和现状积淀文化情况，划出一个历史文化保护区、四个自然风景区进行保护。历史文化保护区为东关回民街历史街区；四个自然风景区为香溪洞风景区、鲤鱼山风景区、大庙山风景区、龙王山风景区。

东关回民街历史街区的保护范围：以西正街、东正街、南正街、北正街为核心，面积约 40 公顷；保护措施：恢复整修保护区内的各清真寺、民居建筑等，并增加广场、街头绿地、停车场等，以及相应的服务、配套设施。

完善香溪洞风景区的建设，并依托鲤鱼山风景区、大庙山风景区、龙王山风景区良好的自然景色与人文历史，形成各具特色的风景区。

第三节　历史文化街区保护规划

一、概述

历史文化街区是指经省、自治区、直辖市人民政府核定公布的保存文物特别丰富、历史建筑集中成片、能够较完整和真实地体现传统格局和历史风貌，并具有一定规模的历史地段[①]。历史文化街区保护规划是城市规划编制体系中的保护性详细规划。

---

① 《历史文化名城保护规划标准》（GB/T 50357—2018）。

历史文化街区既是中国历史文化名城保护制度的核心内容，也是中国历史文化遗产保护体系的重要组成部分和不可缺少的层次，还是中国历史文化名城和一般城市保护工作的重点之一。历史文化街区的数量也成为历史文化名城申报的重要条件之一①。

2002 年以后，历史文化街区成为中国历史文化名城保护体系中观层面的核心概念。《中华人民共和国文物保护法》（2017 年修正）把历史文化街区界定为法定保护的区域①。《历史文化名城保护规划标准》（GB/T 50357—2018）进一步把历史文化街区定义为"历史地段"。

历史文化街区既保存有真实历史信息的遗存，也体现着鲜活的真实生活②。一般来说，街区内会有比较完整的历史风貌，能反映某历史时期、民族或鲜明地方特色，代表这一地区的历史发展脉络和集中反映地区特色的建筑群；也会有一些近现代的建筑，但所占比重较小，且与整体风貌基本协调。历史文化街区在城市发展与生活中也起着重要作用，一方面记载了过去城市的大量文化信息，另一方面又在不断记载着当今城市发展的新信息。

城市历史文化街的保护范围界线也称城市紫线，包括国家历史文化名城内的历史文化街区和省、自治区、直辖市人民政府公布的历史文化街区的保护范围界线，以及历史文化街区外经县级以上人民政府公布保护的历史建筑的保护范围界线③。

历史文化街区批准公布后，所在地的城市、县人民政府应当组织编制历史文化街区保护规划。历史文化街区所在地的城市、县已被确定为历史文化名城的，该历史文化街区保护规划应当依据历史文化名城保护规划单独编制。一般城市的历史文化街区，即历史文化街区所在地的城市、县未被确定为历史文化名城的，应当单独编制历史文化街区保护规划，并纳入城市、镇总体规划④。

二、规划的原则、内容与要求

作为保护性详细规划，其编制原则、内容和深度要结合历史文化街区的实际情况，并符合城市控制性详细规划的要求。

---

①《中华人民共和国文物保护法》（2017 年修订）。

②（英）史蒂文·蒂耶斯德尔，（英）蒂姆·希斯，（土）塔尔内·厄奇：《城市历史街区的复兴》（张玫英，董卫译），北京：中国建筑工业出版社，2006 年，第 30—31 页。

③《城市紫线管理办法》，中华人民共和国建设部令第 119 号，2003 年。

④ 参见《历史文化名城名镇名村街区保护规划编制审批办法》，中华人民共和国住房和城乡建设部令第 20 号，2014 年。

（一）基本原则

（1）保护历史遗存和历史信息的真实载体。

（2）突出历史风貌与空间环境特征。依据保护历史真实载体的原则，在历史文化街区的文物保护单位、历史建筑符合文物保护要求基础上，历史风貌也应该进行整体性保护和完整性维护，保持保护区的整体空间尺度，对保护区内的街巷和外围景观提出具体的保护要求。

（3）明确街区保护界线。保护界线是为了有效保护和管理特定保护对象而划定的边界。历史文化街区需要划定保护界线，并分别提出相关维修、改善与整治、建筑高度控制的规定，拟定实施相关的管理措施。

（4）保持街区发展活力。历史文化街区应保持在城市发展与生活中的重要作用。需采取政府主导、居民参与的方式，有步骤地改善街区基础设施和居住环境，正确处理街区更新、改造和保护的关系。

（二）主要内容

历史文化街区保护规划的规划深度应当达到详细规划深度，并可以作为该街区的控制性详细规划。也就是说，要对历史文化街区近期需要建设的房屋建筑、市政工程、园林绿化等作出具体布置，包括选定技术经济指标，提出建筑空间处理要求，确定各项用地的控制性坐标、建筑物位置与标高等。

因此，历史文化街区保护规划的基本内容，大体应该包括下列方面[①]。

（1）街区历史文化价值概述。概述和评估街区的历史文化价值、特点和存在问题。

（2）保护原则和保护对象。确定特定历史文化街区保护的目标和原则，严格保护历史风貌，维持整体空间尺度，对街区内的历史街巷和外围景观提出具体的保护要求。

（3）确定保护范围。划定历史文化街区保护范围，既是为了严格限制历史文化街区内的建设行为，也是为了明确历史文化街区实施环境整治和特别经济优惠的政策范围。一般来说，历史文化街区保护范围可分为核心保护区、建设控制地带及环境协调区三个不同层次。历史文化街区核心保护范围（区）界线的划定和确切定位应符合：①保持重要眺望点视线所及范围的建筑物外观界面及相应建筑物的用地边界完整；②保持现状用地边界完整；③保持构成历史风貌的自然景观边界完整。历史文化街区建设控制地带界线的划定和确切定位应符合：①以重要眺望点视线所及范围的建筑外观界面相应的建筑用地边界为界线；②将构成历史风貌的自然景观纳入，并应保持视觉景观的完整性；③将影响核心保护范围风貌的区域纳入时，兼顾行政区划管理的边界；④历史文化街区内文物保护单位的保护范围和建设控制地带应以各级人民政府公

[①] 《历史文化名城保护规划标准》（GB/T 50357—2018），《历史文化名城名镇名村街区保护规划编制审批办法》，中华人民共和国住房和城乡建设部令第20号，2014年。

布的具体界线为依据。

（4）确定保护范围内各类建筑物、构筑物和环境要素的分类保护整治要求。具体来说有五个方面：①对历史文化街区内需要保护建筑物、构筑物的位置信息、建造年代、结构材料、建筑层数、历史使用功能、现状使用功能、建筑面积、用地面积进行逐项调查统计。②按要求确定历史文化街区内的建筑物、构筑物的保护与整治方式。③对历史文化街区内与历史风貌相冲突的其他环境要素进行整治、拆除。④当对历史文化街区内与历史风貌有冲突的建筑物、构筑物采取拆除重建的方式时，应符合历史风貌的保护要求；当采取拆除不建的方式时，宜多增加公共开放空间，提高历史文化街区的宜居性。⑤对历史文化街区内的历史环境要素进行调查统计，提出分类保护措施。

（5）改善居住环境、基础设施和公共服务设施的方案。历史文化街区增建设施的外观、绿化景观应符合历史风貌的保护要求。道路交通、市政工程、防灾和环境保护的内容应在历史文化名城保护规划相关要求的基础上进一步深化。

（6）保持街区活力、延续传统文化的方案。即提出延续、继承和弘扬传统文化、保护非物质文化遗产的内容和规划措施。

（7）实施保护规划的政策措施与保障。

（三）成果要求

历史文化街区保护成果由规划文本、规划图纸、附件（说明书和各种必要的技术研究资料）三部分构成。其中，图纸要求清晰准确，图例统一，图纸表达内容应与规划文本一致。图纸应以近期测绘的现状地形图为底图进行绘制，规划图上应显示出现状和地形。图纸上应标注图名、比例尺、图例、绘制时间、规划设计单位名称。历史文化街区保护规划的图纸要求如下。

（1）历史资料图。

（2）现状分析图，包括：①区位图；②文物古迹分布图；③用地现状图；④反映建筑年代、质量、风貌、高度等的现状图；⑤历史环境要素现状图；⑥基础设施、公共安全设施与公共服务设施等现状图。

（3）保护规划图，包括：①保护区划图。②建筑分类保护规划图。标绘文物保护单位、历史建筑、传统风貌建筑、其他建筑的分类保护措施，其中，其他建筑要根据对历史风貌的影响程度再行细分。③高度控制规划图。④用地规划图。⑤道路交通规划图。⑥基础设施、公共安全设施和公共服务设施规划图。⑦主要街道立面保护整治图。⑧规划分期实施图。

历史文化街区保护规划各项图纸比例一般用 1/2000，也可用 1/500 或 1/1000。保护规划图比例尺、范围宜与现状分析图一致。

三、规划案例

案例：苏州阊门历史文化街区保护规划[①]

（一）规划范围

东起阊门西街、汤家巷，西至外城河，北起尚义桥东街——宝城桥街，南至景德路，规划总用地面积 56.62 公顷。

（二）指导思想

贯彻落实《苏州历史文化名城保护规划（2013—2030）》提出的全面的名城保护观和分层次、分年代、分系列的"三分"保护体系。

1. 全面的名城保护观

统筹协调保护、利用与发展三者关系，使保护和利用历史文化成为街区可持续的发展方式；历史文化街区保护应体现传统文化特色及现代化生活需求。以阊门自身历史文化资源为基础，着眼于苏州全市的代表性文化和保护性布局，更全面地保护、传承与弘扬苏州传统文化。

2. "三分"保护

"三分"保护指分层次保护、分年代保护、分系列保护。

（三）街区特色

（1）文化底蕴：政军文化 —— 吴国始兴，风云激荡；运河文化 —— 五龙汇阊，第一码头；商市文化 —— 商旅辐辏，坊市天堂。

（2）空间布局特点：城河（城墙与外城河）相邻的格局尚存；内部河街分离的格局特色鲜明；传统建筑群街坊肌理清晰。

（3）观景视廊：阊门城楼既是街区内主要的观景点，也是周边地区重要的视线焦点。

（4）物质遗存：阊门为伍子胥建造阖闾大城时所设八门之一，外城河自隋代以来长期作为京杭大运河主航道，它们是苏州城市发展变迁的重要见证；建筑类型众

---

① 苏州市自然资源和规划局：《苏州阊门历史文化街区保护规划》，http://zrzy.jiangsu.gov.cn/sz/ghcgy/201904/t20190403_769438.htm，2016-04-29。

多，包括园林、宗教、店铺、会馆公所、民居等；大中型传统民居集中；民国风貌建筑较多，尤其是西中市民国商业建筑风貌鲜明；砖雕门楼、古井等传统风物数量较多。

（5）非物质文化遗存：相关历史名人众多，影响力大，如泰伯、伍子胥、孙武、唐寅、雷大升等；雷允上药业集团有限公司的发祥地；苏州金融业的发源地。

（四）规划目标

（1）凸显千年阊门：保护阊门城楼、城墙及遗址，整治界面风貌与视廊景观，提靓城门周边整体环境，并激活与展示政军、城建文化，凸显千年阊门的文化与景观核心地位。

（2）保持传统格局：保持街区城河相邻、河街分离的整体空间格局，保护"七横四直"历史街巷和"两横四直"历史河道，体现街区格局的演变历史。

（3）传承历代文化：分年代、分系列传承苏州代表性历史文化，并结合街区特征空间多方式展示，形成文化节点与景观亮点，全面弘扬苏州文化精髓，传承苏州千年延续的历史文脉。

（4）再现盛世风貌：保护与修复现存的清代及民国建筑，引导传统手工业、商业及旅游休闲产业的发展，形成多条产业特色街巷，再现自明代以来街区因运河而盛，商旅辐辏、工贸发达、街市繁华的盛世风貌。

（5）延续苏式生活：专业化保护与维修传统民居和古井、古桥、牌坊、砖雕门楼等环境要素，改善居住条件，提升环境品质，保持原住民比例，继承与发扬精致、典雅的传统苏式生活方式和氛围。

（五）范围划定

1. 核心保护范围

北至桃花河、五峰园弄，南至刘家浜，西至浒溪仓、外城河、宝林弄、石塔横街，东到阊门西街、吴趋坊，规划总用地面积 24.78 公顷。

2. 建设控制地带

规划范围内，除核心保护范围以外的区域，面积为 31.84 公顷。
街区核心保护范围、建设控制地带具体界线详见范围划定图（图 5-3）。

（六）用地规划

具体详见规划用地图（图 5-4）。

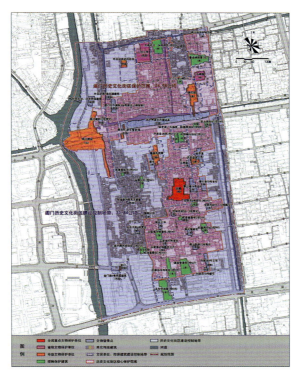

图 5-3　阊门历史文化街区保护规划—范围划定图

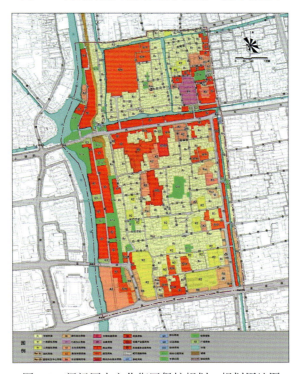

图 5-4　阊门历史文化街区保护规划—规划用地图

第四节　城市文化遗产保护中的问题

近些年来，一方面，中国的城市面貌日新月异，另一方面，中国城市面貌的趋同化越来越强。无疑，"千城一面"的城市风光、旧城开发的"建设性破坏"、建筑设计的"欧陆风"潮、文化遗产的不合理利用等情况的不断出现，严重影响了文化遗产的原生环境[①]。因此，要保护好城市文化遗产，需要在城市文化遗产保护规划过程中及早发现某些问题，并找到合适的解决方法。中国城市文化遗产保护过程中的相关问题主要表现在三方面。

一、城市管理者的功利性要求问题

重视经济效益与社会效益的现象普遍存在于城市规划设计工作中。城市历史街区面临着更多更严重的经济挑战[②]。在相当长的一段时间里，由于"经济增长是唯一硬道理"成为中国的社会思潮，发展的思维和模式也呈现出明显的经济效益单维化倾向。这样，经济指标往往成为城市管理者任期内要完成的首要任务，城市的自然、社会、文化等因素被经常性轻视乃至忽略。在巨大的经济发展压力下，城市的主要管理者常常成为特定城市的"总规划师"，容易对城市规划、城市保护与更新问题发号施令。城市规划编制者往往紧跟城市管理者的长官意志，无可避免地以追求功利性和短期效益为目标，导致规划成果很难保证城市的长远利益、公共利益和可持续发展[③]。于是，城市规划所倡导的保护和发展平衡、发展功能错位互补的理念往往成为纸上谈兵，城市文化遗产的保护在很多地方更是可有可无[④]。

习近平同志指出，"历史文化是城市的灵魂，要像爱惜自己的生命一样保护好城市历史文化遗产"，"历史文化遗产是不可再生、不可替代的宝贵资源，要始终把保护放在第一位。发展旅游要以保护为前提，不能过度商业化，让旅游成为人们感悟中华文化、增强文化自信的过程"[⑤]。2017年，党的十九大报告将"加强文物保护利用和

---

① 常莉：《文物局局长：文化遗产保护与城市建设的四大矛盾》，http://www.gov.cn/jrzg/2006-06/03/content_299096.htm，2006-06-03。

② （英）史蒂文·蒂耶斯德尔，（英）蒂姆·希斯，（土）塔内尔·厄奇：《城市历史街区的复兴》，张玫英、董卫译，北京：中国建筑工业出版社，2006年，第20~45页。

③ 坚石：《三种倾向蔓延，城市规划能否跨越藩篱？》，《中华建筑报》2006年9月5日。

④ 周岚：《历史文化名城的积极保护和整体创造》，北京：科学出版社，2011年，第23页。

⑤ 《习近平与中国文化遗产保护》，《人民日报（海外版）》2020年5月19日，第7版。

文化遗产保护传承"作为坚定文化自信的重要内容。城市规划中体现城市管理者意志的内容已明显受到抑制。

二、规划编制者的专业性素养问题

当代城市文化遗产保护工作涉及多个学科，如城市规划学、建筑学、土木工程学、历史学、考古学、博物馆学、法学、社会学、人类学、民俗学、民族学、地理学、生态学、经济学、旅游管理学、计算机科学与技术等。这些学科都有较强的专业性，没有接受相关的专业训练，很难准确理解其中的内涵与要义。城市规划起源于对物质空间的安排，中国城市规划的物质功能导向、工程技术导向、西方价值导向相当明显。因而，作为城市规划一部分的文化遗产保护规划，历来重视和强调的是对物质文化遗产的生命延续。要编好一个城市的文化遗产保护规划，规划编制者除了需要具备工程技术方面的专业性素养，能进行工程技术方面的专项研究，也需要具有正确的文化遗产保护基础知识，更需要对文化遗产保护规划对象的主要方面，如对城市和街区的历史、文化、社会、民俗等人文性内容有较全面、深入、系统的了解。规划编制者要对一个城市或一个街区的历史、文化、社会、民俗等人文内容有较好的了解，依赖于相关方面的高水平的专业性研究成果，如侯仁之教授对北京城市历史地理的研究[1]。实际情况往往是城市相关方面的既有研究成果，或者完全缺乏，或者远远不够，并不能满足城市保护规划的编制需求。这就要求城市文化遗产保护规划的编制需要设置人文社会方面的专项研究，以便帮助规划编制者正确认识保护规划对象的历史、社会、文化等方面价值。然而，事实上大部分城市的文化遗产保护规划编制很难有高水平的或专业性的历史学、社会学、民俗学等方面学者参与，即使有参与，也很难在规定的较短的规划编制期限内作出有针对性的、可操作性强的研究成果。

其实，对于各个城市文化遗产保护的内容，不但需要经过大量的基础性调查与研究，而且需要注意吸收多领域、多学科专家的意见和看法。只有这样，才有可能编制出高水平的城市文化遗产保护规划。未来，可考虑对城市文化遗产保护规划的编制者或编制机构设置较一般城乡规划更高的专业资质条件。

三、旧城居住者的合理性诉求问题

城市文化遗产保护的主要矛盾发生在旧城更新过程中。旧城更新过程中始终贯穿着保护与更新的辩证关系："保护"强调的是历史性与传统形态，代表的价值取向是

---

① 朱希祖：《侯仁之与北京城》，北京：北京工业大学出版社，2015年。

历史文化价值；"更新"强调的是时代性与城市功能，代表的是现代文明与社会进步。现实中，由于我国许多城市的传统风貌正在逐渐消失，很多人扼腕叹息。学术界大多倡导普通旧城区改造应在维持原有特征的基础上小规模循序渐进，重要历史文化保护区则应按历史真实性、生活真实性、风貌完整性进行整体性保护。实业界则基于经济利益的追求大拆大建，使改造地段"旧貌换新颜"，不在乎历史文脉是否能够延续。显然，这两种做法都是存在问题的：前者脱离实际，后者目光短浅。

　　大多数城市的旧城区主体是长期发展形成的旧居住区，这些旧居住区人口稠密，建筑拥挤，公益设施缺乏，市政基础设施陈旧且年久失修，绿化缺乏，卫生条件差，传统建筑的整体面貌多半已遭破坏。例如，旧城区居民为适应现代生活而进行的自发性居住空间改造，常常使旧城区传统风貌面目全非。旧城区居民最为关心的不是旧城区风貌保护，而是迫切希望改善居住环境及生活条件，享受现代社会文明与进步的好处。这种要求无可厚非。我们不应该让旧城区居民生活在没有给排水，没有消防通道，没有绿化，没有良好卫生设施的环境中，以成全那些局外人"整旧如旧"的历史沧桑感，乃至于残缺美的价值观。因此，我们需要关注与解决的问题是，如何使旧城区的居住环境更新与历史风貌的延续相辅相成。在更新中保护，指延承传统居住空间组织形态，适度维护旧城区的传统社会经济网络；在保护中更新，指要进行积极的综合开发，包括商业街区、旅游和文化产业、住宅建设等，让传统社区焕发新的活力，进而建立起面向社区公众利益的政策法规支持的长效保护机制[1]。这可能是城市文化遗产保护能否真正达成社会公共利益目标的关键。近些年，随着相关法律法规的不断出台、完善，城市规划、旧城区改造更新过程中社区公众参与机制得以运行，这方面的问题虽然还是不少，但大多能够找到较好的解决途径和方法。

---

① 黄亚平，王敏：《旧城更新中低收入居民利益的维护》，《城市问题》2004 年第 2 期，第 42—45 页。

第六章 乡村文化遗产保护规划

实施乡村振兴战略是解决新时代中国社会主要矛盾、实现"两个一百年"奋斗目标和中华民族伟大复兴中国梦的必然要求。实施乡村振兴战略，是建设美丽中国的关键举措、巩固脱贫攻坚成果的必然选择和传承中华优秀传统文化的有效途径。在实施乡村振兴战略的过程中，乡村文化遗产保护是其中十分重要的、不可缺少的环节。要做好乡村文化遗产保护工作，首先需要编制好乡村文化遗产保护规划。

乡村文化遗产保护规划类型目前主要包括历史文化名镇名村保护规划，传统村落保护与发展规划，一般镇、村的文化遗产保护规划，乡村重点文物保护单位保护规划，文化生态保护区规划和美丽乡村建设中的文化遗产保护内容。

第一节 历史文化名镇名村保护规划

一、概述

历史文化名镇名村是指具备保护保存文物特别丰富，历史建筑集中成片，保留着传统格局和历史风貌，且能够集中反映本地区建筑的文化特色、民族特色，或发生过重要历史事件，抑或在历史上曾经作为政治、经济、文化、交通中心或者军事要地的镇和村庄[①]。历史文化名镇名村按照历史文化遗产的价值等级、规模大小一般分为国家级、省级两类。目前，国家级历史文化名镇名村共公布七批，中国历史文化名镇共312个，中国历史文化名村共487个。

---

① 参据《历史文化名城名镇名村保护条例》（2017年修订）。

历史文化名镇名村保护规划是为协调历史文化名镇名村的历史文化遗产保护、社会经济发展和人居环境改善的关系而进行的安排。《历史文化名城名镇名村保护条例》（2017 年修订）第十三条规定："历史文化名镇、名村批准公布后，所在地县级人民政府应当组织编制历史文化名镇、名村保护规划。"并且要求："保护规划应当自历史文化名城、名镇、名村批准公布之日起 1 年内编制完成。"根据行业主管部门要求，各省（区、市）制定了更为严格的适合地方历史人文特色的保护条例。例如，2010 年江苏省修订颁布《江苏省历史文化名城名镇保护条例》[①]；2017 年福建省颁布《福建省历史文化名城名镇名村和传统村落保护条例》[②]；陕西省于 2012 年出台《陕西省历史文化名镇名村评选办法（试行）》[③]；等等。

历史文化名镇保护规划与镇总体规划的深度要求相一致，重点保护的地区应当进行深化。历史文化名村保护规划的深度要求与村庄规划相一致，其保护要求和控制范围的规划深度应能够指导保护与建设[④]。历史文化名镇保护规划期限应当与所在镇的总体规划的规划期限相一致；历史文化名村保护规划的规划期限应当与所在地村庄规划的规划期限相一致。

二、规划的原则、内容与成果要求

（一）基本原则

1. 注重保护与发展关系的协调

遵循保护遗产本体及环境的真实性、完整性和保护利用的可持续性的原则，保护历史文化遗产，协调新镇区与老镇区、新村与老村的发展关系。老镇区、老村往往是历史文化遗产集中区，需以保护为主；新镇区、新村是文化资源利用、创新区，可尝试促进镇村文化资源与经济社会融合发展的新途径。

2. 注重保护、利用和改善的结合

应当坚持保护为主、合理利用、改善环境、有效管理的指导方针。保护遗产是基础要求，合理利用遗产是活力体现，改善居民生活、生产环境是社会需要，有效管理

---

① 江苏省人民代表大会常务委员会关于修改《江苏省历史文化名城名镇保护条例》的决定，http://www.jsrd.gov.cn/zyfb/sjfg/201010/t20101008_58121.shtml。

②《福建省历史文化名城名镇名村和传统村落保护条例》，http://www.fjrd.gov.cn/ct/10-122088。

③《陕西省出台历史文化名镇名村评选办法》，https://js.shaanxi.gov.cn/zixun/2012/5/50255.shtml?t=2006。

④ 住房和城乡建设部、国家文物局：《历史文化名城名镇名村保护规划编制要求（试行）》，2012 年。

是持续发展的保障。

（二）主要内容①

历史文化村镇保护规划的具体编制内容大体包括十个方面：①评估历史文化名镇、名村中历史文化价值、特色和现状存在问题；②确定保护原则、保护内容与保护重点；③提出总体保护策略和镇域保护要求；④提出与名镇、名村密切相关的地形地貌、河湖水系、农田、乡土景观、自然生态等景观环境的保护措施；⑤确定保护范围，包括核心保护范围和建设控制地带界线，制定相应的保护控制措施；⑥提出保护范围内建筑物、构筑物和历史环境要素的分类保护整治要求，对历史建筑进行编号，分别提出保护利用的内容和要求；⑦提出继承和弘扬传统文化及保护非物质文化遗产的内容和措施；⑧提出改善基础设施、公共服务设施、生产生活环境的规划方案；⑨保护规划分期实施方案；⑩提出规划实施保障措施②。下述几方面尤其重要。

1. 现状保护与价值评估

（1）历史沿革：镇（村）的建制沿革、聚落变迁、重大历史事件等。

（2）文物保护单位、历史建筑、其他文物古迹和传统风貌建筑等的详细信息。

（3）传统格局和历史风貌：与历史形态紧密关联的地形地貌和河湖水系、传统轴线、街巷、重要公共建筑及公共空间的布局等情况。

（4）具有传统风貌的街区、镇、村：现状镇（村）人口规模、用地性质、建筑物和构筑物的年代、质量、风貌、高度、材料等信息。

（5）历史环境要素：反映历史风貌的古塔、古井、牌坊、戏台、围墙、石阶、铺地、道路、驳岸、古树名木等。

（6）传统文化及非物质文化遗产：包括方言、民间文学、传统表演艺术、传统技艺、礼仪节庆等民俗、传统体育和游艺等。

（7）基础设施、公共安全设施和公共服务设施现状。

（8）保护工作现状：保护管理机构、规章制度建设、保护规划与实施、保护资金等情况。

2. 历史文化名镇名村保护范围的划定与保护要求

（1）范围划定。

历史文化名镇、名村内传统格局和历史风貌较为完整、历史建筑和传统风貌建筑集中成片的地区划为核心保护范围。在核心保护范围之外划定建设控制地带。核心保

① 主要依据住房和城乡建设部、国家文物局：《历史文化名城名镇名村保护规划编制要求（试行）》，2012年。
② 《历史文化名城名镇名村街区保护规划编制审批办法》，中华人民共和国住房和城乡建设部令第20号，2014年。

护范围和建设控制地带的确定应边界清楚，便于管理。

各级文物保护单位的保护范围和建设控制地带及地下文物埋藏区的界线，以各级人民政府公布的保护范围、建设控制地带为准。历史建筑的保护范围包括历史建筑本身和必要的建设控制区。

（2）保护内容。

根据保护范围划定，对保护范围内的建筑物、构筑物进行分类保护。文物保护单位要按照批准的文物保护规划的要求落实保护措施。历史建筑要按照《历史文化名城名镇名村保护条例》要求保护，改善设施。传统风貌建筑的保护，在不改变外观风貌的前提下，可以进行维护、修缮、整治，改善设施。其他建筑可根据对历史风貌的影响程度，分别提出保留、整治、改造要求。

应当对建设控制地带内的新建、扩建、改建和加建等活动，在建筑高度、体量、色彩等方面提出规划控制措施。

3. 基础设施与公共服务设施相关要求

（1）交通：保护范围内要控制机动车交通，交通性干道不应穿越保护范围，交通环境的改善不宜改变原有街巷的宽度和尺度。

（2）市政设施：保护范围内应考虑街巷的传统风貌，要采用新技术、新方法，保障安全和基本使用功能。

（3）消防：对常规消防车辆无法通行的街巷提出特殊消防措施，对以木质材料为主的建筑应制定合理的防火安全措施。

（4）防洪：保护规划应当合理提高历史文化名镇、名村的防洪能力，采取工程措施和非工程措施相结合的防洪工程改善措施。

（5）安全：保护规划应对布置在保护范围内的生产、储存爆炸性、易燃性、放射性、毒害性、腐蚀性物品的工厂、仓库等，提出迁移方案。

（6）环境：保护规划应对保护范围内污水、废气、噪声、固体废弃物等环境污染提出具体治理措施。

4. 近期保护重点

历史文化名镇名村保护规划的近期规划措施，应当包括抢救已处于濒危状态的文物保护单位、历史建筑、重要历史环境要素；对已经或可能对历史文化名镇名村保护造成威胁的各种自然、人为因素提出规划治理措施；提出改善基础设施和生产、生活环境的近期建设项目；提出近期投资估算。

（三）成果要求[1]

保护规划的成果包括规划文本、规划图纸和附件。规划说明书、基础资料汇编收入附件。规划成果的表达应当清晰、规范，符合城乡规划有关的技术标准和技术规范。

（1）规划文本。应当完整、准确地表述保护规划的各项内容。语言简洁、规范。规划说明书包括历史文化价值和特色评估、历版保护规划评估、现状问题分析、规划意图阐释等内容。调查研究和分析的资料归入基础资料汇编。图纸应以近期测绘的现状地形图为底图进行绘制，规划图上应显示出现状和地形。图纸上应标注图名、比例尺、图例、绘制时间、规划设计单位名称。

（2）规划图纸。主要包括：①历史资料图。②现状分析图。含区位图，镇域文化遗产分布图（比例尺为1/5000~1/25 000。图中标注各类文物古迹、名村、风景名胜的名称、位置、等级），文物古迹分布图（图中标注各类文物古迹、风景名胜的名称、位置、等级和已公布的保护范围），格局风貌及历史街巷现状图，用地现状图，反映建筑年代、质量、风貌、高度等的现状图，历史环境要素现状图，基础设施、公共安全设施与公共服务设施等现状图。③保护规划图。含保护区划总图（图中标绘名镇、名村保护范围，以及各类保护区和控制界线，包括文物保护单位、地下文物埋藏区的界线和保护范围），建筑分类保护规划图（标绘核心保护范围内文物保护单位、历史建筑、传统风貌建筑、其他建筑的分类保护措施，其中其他建筑要根据对历史风貌的影响程度再行细分），高度控制规划图，用地规划图，道路交通规划图，基础设施和公共服务设施规划图，近期保护规划图。除注明外，上述各项图纸比例一般用1/2000，也可用1/500或1/5000。保护规划图比例尺、范围宜与现状分析图一致。

三、规划案例

案例一：三河镇历史文化名镇保护规划[2]

2007年，合肥市三河镇被评为中国历史文化名镇，该镇具有"外环两岸，中峙三洲"，临水建房，沿河延伸，呈鱼骨状的特色。古镇范围内保留有完整的历史格局、传统街巷、19处文物保护单位和4处历史建筑；拥有闹花船、车上轿、河蚌舞、花担、羽扇舞、迎亲、名吃等丰富的非物质文化遗产。三河镇历史文化名镇保护规划是三河镇总体规划的深化和补充。规划分三3个层次，即镇域、镇区、古镇。

---

[1] 住房和城乡建设部、国家文物局：《历史文化名城名镇名村保护规划编制要求（试行）》，2012年。
[2] 摘自上海同济城市规划设计研究院编制：《三河镇历史文化名镇保护规划》。

1. 镇域历史文化遗产的保护

（1）罗列文物保护单位、历史建筑，并提出保护及利用方式。

保护镇域文物保护单位 19 处，为每一处文物保护单位建立保护档案，包括文物保护单位名称、等级、地址、年代、现状使用功能、保护方式、利用方式（表 6-1）。保护镇域历史建筑 4 处，包括历史建筑的名称、地址、建造年代、使用功能、补充说明（表 6-2）。

表 6-1 三河镇镇域文物保护单位保护档案一览（节选）

序号	名称	等级	地址	年代	现状使用功能	保护方式	利用方式
1	三河大捷遗迹及古民居	省级文物保护单位	三河镇	清代	游览、商铺	保护	研究、观光
2	陈有记旧宅	县级文物保护单位	三河镇中街207-3 号	清代中期	居住	保护	居住
3	同昌米行和大德昌药店	县级文物保护单位	三河镇中街84 号	清代中期	商铺	保护	商铺

表 6-2 三河镇镇域历史建筑一览（节选）

序号	名称	地址	建造年代	使用功能	补充说明
1	东街古民街	三河镇东街	清代	居住、商铺	东街街面为青石铺筑，宽 3 米，前店后坊，为清代江淮水乡建筑
2	南街 169 号古民居	南街 169 号	清代	居住	建筑内部有铺地，窗扇保存较好。建筑整体格局保存较完整。砖木结构建筑
3	南街 182 号古民居	南街 182 号	清代	居住	三开间，建筑整体格局保存较完整。砖木结构建筑

（2）镇域保护措施。

对镇域范围内的历史文化遗产立册保护。在其显著位置标识出名称、等级、公布单位、公布时间、保护范围等信息。对文物保护单位和文物保护点，应当执行文物保护法律法规的规定。建立动态的文物古迹预警体系，加强文物保护和监督管理工作。

现已不存的遗址，凡是能够确定地点的应在原址立碑或嵌碑标识，今后如有新的考古发掘发现也应及时标识。利用历史建筑和环境，建设由综合类博物馆和专门博物馆相结合的博物馆系统。特别要鼓励各镇、村利用历史建筑创办小型的村史陈列馆（室）。结合文物建筑的再利用开辟为各专门博物馆，分门类系统地展示三河古镇的历史文化资源。

2. 镇区历史文化遗产的保护

（1）传统格局与历史风貌保护。

保护以水域为背景、以鱼骨形道路系统为骨架的传统空间格局。保护"外环两岸，中峙三洲"；临水建房，沿河延伸，四周环水，河环水绕，"枝津回互，万艘可藏"

的水乡特色。保护严谨、对称、天井、多进、院落布局的南北特色交融的民居特色。

（2）传统格局与历史风貌的保护与整治要求。

保护古镇传统格局，划定核心保护范围与建设控制地带（图6-1）。保护传统格局的构成要素和环境要素，包括传统民居立面、门罩、地形、道路铺地、绿地、水井等。按照传统方法与形式对破旧的传统民居进行维修，对与历史风貌不符的加建部分予以适当改造。对民居残破或缺失部分的修补应与建筑整体保持和谐，使用传统材料，保持传统形式和尺度。对严重破坏古镇整体历史风貌的建筑予以拆除，在保证历史风貌完整性的前提下，利用现有的一些空地改造为广场或开放空间，为居民生活及旅游事业的开展提供便利。

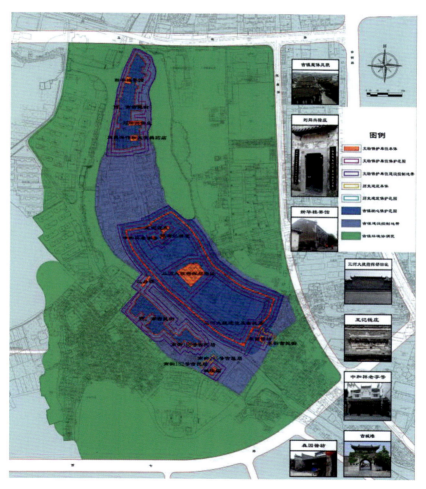

图 6-1　古镇保护范围划分图

（3）保护历史文化名镇文化内涵的措施。

在完善保护的前提下，可将历史建筑作为展览馆使用。例如，将三河大捷指挥部旧址、李府义恒粮仓、刘同兴隆庄、一人巷古宅群（含杨振宁旧居）、鹤庐（南街167号）作为清朝建筑展览馆；将郑宅（西街005号）等作为民国建筑展览馆。

古时镇中有些街巷、民居大屋现已不存，如二龙井，在其旧址立石碑刻碑文以建立标志物。

（4）保护视线通廊。

控制巷道、绿地、空地，或为一层的建筑高度。控制古镇重要出入口等重要观景点的视线通廊与视觉感受，使其不受干扰与破坏。控制古镇周边所有新建建筑的高度，保证由古镇各观景点向四周环境的眺望景观效果。

（5）调整用地布局、控制人口容量。

严格保护古镇区。开辟新区，向东发展。根据古镇的功能定位，对用地布局进行部分调整，满足古镇的保护与发展要求，满足居民生活质量提高的要求，改善古镇保护范围内外部环境。

根据古镇功能的定位，在对社会经济发展现状研究的基础上，参考居民意愿调查，对未来古镇内居民的人口构成、生活方式的变化发展作出合理的预测，确定合理的人口控制规模，保持古镇生机。

（6）改善基础设施、公共服务设施和居住环境。

给水、排水、电力、电信和有线电视等市政管线，要地下埋设。设置在古镇范围内的变电所、开闭所应采用户内型，建筑风格要与周围的环境相协调。

3. 古镇历史文化遗产的保护

古镇划分为核心保护范围、建设控制地带、环境协调区，分区确定保护措施与要求。

（1）核心保护范围。

核心保护范围内的保护必须符合《历史文化名城名镇名村保护条例》的要求。不得损害历史文化遗产的真实性和完整性，不得对其传统格局和历史风貌构成破坏性影响。

在核心保护范围内禁止开采等破坏传统格局和历史风貌的活动，禁止占用保护规划确定保留的园林绿地、河湖水系、道路等；禁止修建生产、储存爆炸性、易燃性、放射性、毒害性、腐蚀性物品的工厂、仓库等；禁止在历史建筑上刻画、涂污。

在核心保护范围内，不得进行新建、扩建等建设行为，满足生活必须的基础设施与公共服务设施除外（图6-2、图6-3）。拆除历史建筑以外的建筑物、构筑物或者其他设施，应经县人民政府自然资源和规划主管部门会同同级文物主管部门进行批准。

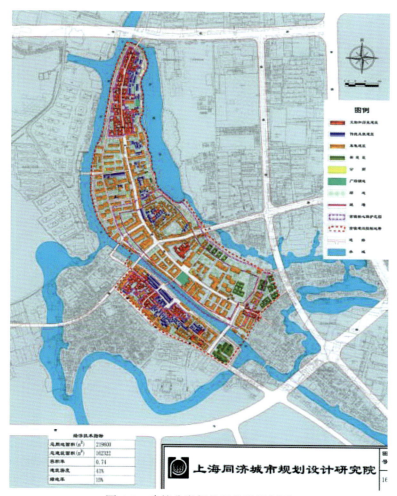

图 6-2　建筑分类保护及整治规划图

（2）建设控制地带。

建设控制地带内的新建建筑物、构筑物，应符合保护规划确定的建设控制要求。严格控制建筑的性质、高度、体量、色彩及形式。一切建设活动，必须符合规划设计，必须在城镇规划、文物主管部门等有关部门批准的前提下进行。

（3）环境协调区。

在环境协调区内，保护自然地形地貌。建筑形式以不破坏古镇风貌为前提。新建筑或改造建筑必须服从"体量小、色调淡雅、不高、不洋、不密、多留绿化带"的原则。新建筑应鼓励低层，建筑高度应该严格执行"高度控制规划"。

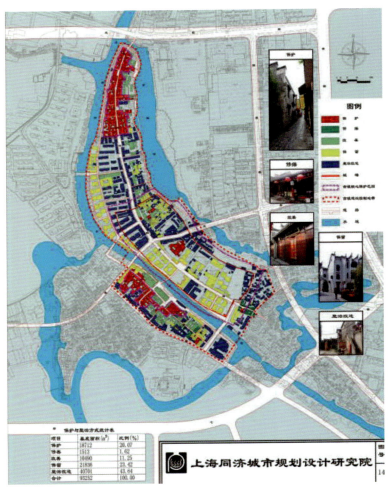

图 6-3　保护规划平面图

案例二：隆里历史文化名村保护规划[①]

贵州省锦屏县隆里村是中国历史文化名村。《锦屏县隆里乡隆里历史文化名村保护规划》的编制需要符合《锦屏县县城总体规划（2011—2030）》及《贵州省锦屏县隆里古镇示范小城镇总体规划（2013—2030）》对隆里历史文化名村的保护要求。

1. 历史价值与特色

隆里村拥有 600 多年历史，历史上曾是重要的军事要地，是西南地区迄今保存较为完好的千户所城池。历史格局完整，街道空间特色突出，所有街巷均用鹅卵石镶成花街，旧有的"三街六巷九院子"格局至今保留完整。整个村落依溪而建、山水相依、田园相伴，具有得天独厚的优美自然环境。

① 摘自贵州省城乡规划设计研究院编制：《锦屏县隆里乡隆里历史文化名村保护规划（2015—2030 年）》。

历史环境要素数量多，包括古城门、古城墙、护城河、古桥、古井、古树、古碑刻、古墓、古排水系统等。非物质文化遗产及地方传统文化和习俗类型丰富，岁时节日内容丰富。

2.保护区划及控制要求

保护范围分区规划见图6-4。

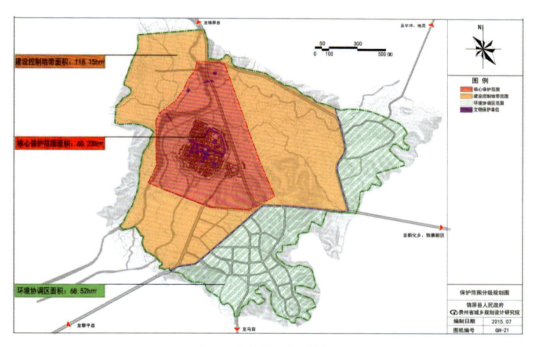

图6-4　保护范围分区规划图

（1）核心保护区。

保护该范围内"三街六巷"的传统街巷格局和"丁"字形传统路网形态，不得改变街巷的走向、宽度、比例，任何单位和个人不得拓宽或侵占街巷用地（图6-5）。保护隆里颇具特色的鹅卵石铺装花街路，禁止改砌为其他形式的铺装；保护龙溪河原有的自然河道及生物形态。

对已公布为文物保护单位的古建筑、城门、古遗址和古街巷等38处文物保护单位和已登记尚未核定公布为文物保护单位的建筑物、构筑物，根据历史年限、现状保存状态、使用功能等不同情况，采取相应保护措施，在体量、色彩、空间、格局、景观特征各方面与历史风貌相一致。

对于历史建筑的立面、结构体系、基本平面布局、建筑高度和有特色的内部装饰不得改变，其他部分允许改变。建筑维护修缮应优先采用旧料来更换损毁构件，修缮的原则是只修不建，修旧如旧。参见图6-6。

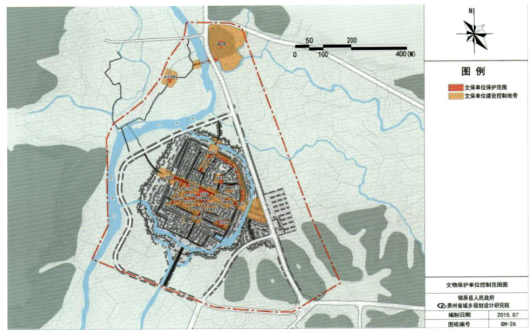

图 6-5　文物保护单位控制范围图

图 6-6　主要街道外立面改造规划图

（2）建设控制地带。

一切建筑活动均应经县人民政府城乡规划主管部门、文物管理部门受理、审核、批准后才能进行，其建设内容应符合对历史风貌整体环境的保护要求。现存废墟、质量较差、风貌较差的建筑所在区域允许适当进行改扩建，但应对新建建筑进行控制，外观应与周边传统风貌相协调，不得破坏村落巷道格局、尺度，不得影响传统村落与周边环境间的视廊关系。

禁止大面积开垦农田和其他破坏地形地貌的活动，适度退耕还林。

（3）环境协调区。

禁止在环境协调区进行开山、采石、开矿、毁林等破坏名村地形地貌和历史风貌的活动；尊重当地原有的植被种植传统，保留原有农业种植的面积，保持原有的自然形态和生态系统。

3. 历史环境要素的保护

重点保护的古树名木有两处，分别位于名村墙北部和五马山区域，建立古树名木的标志，划定保护范围；对所有古树名木进行建档（拍照、挂牌、标明树名、学名、科属）并登记入册；在古树名木周围加设护栏等防护设施，严禁攀爬、折枝、砍伐，并随时监控病虫害的侵蚀情况，一旦有虫害，就要及时治疗和处理。

古井四处，即桂花井、董家井、泉远井、龙王井；古桥三座，即状元桥、平水石桥、荷花桥；古排水系统一处。采用详细测绘、收集相关资料对古井进行基础数据建档，登记造册，设立标志牌。定期维修保护，严禁填埋、破坏，严禁水井周围有垃圾及其他污染物堆放，并增加周围绿化。定期对古桥墩进行维护、检修，严禁在其周围开山取石、取土或建房，重新设定过水断面以确保汛期安全。

第二节　传统村落保护与发展规划

一、概述

中国传统村落原名为古村落，是指民国以前所建的村庄。2012年9月，传统村落保护和发展专家委员会第一次会议决定将"古村落"改为"传统村落"[①]。传统村落传承着中华民族的历史记忆、生产生活智慧、文化艺术结晶和民族地域特色，维系着中华文明的根，寄托着中华各族儿女的乡愁[②]。传统村落不是单纯的"文物保护单

---

① 周润健，冯骥才：《中国传统村落保护工作已经启动》，http://culture.people.com.cn/n/2012/0929/c172318-19156227.html，2012-09-29。

② 住房和城乡建设部、文化部、国家文物局、财政部：《关于切实加强中国传统村落保护的指导意见》，建村〔2014〕61号。

位"，而是生产和生活的基地，是社会构成最基层的单位。因此，传统村落保护和发展规划是在对传统村落传统资源调查整理的基础上，为村落传统资源保护和人居环境改善以至经济社会发展而提出的系统计划与安排。

2016 年召开的"首届中国古村落保护与发展研讨会"，强调中国古村落是中国传统建筑文化的重要组成部分。《中华人民共和国文物保护法》2002 年修订版中增加对历史文化名镇名村相关保护要求，意味着村落保护提升至国家法律层面。2003 年开始遴选中国历史文化名镇、名村。2008 年出台了《历史文化名城名镇名村保护条例》。2012 年，《传统村落评价认定指标体系（试行）》出台，开始在既有历史文化名镇、名村的基础上，开展对传统村落的综合评定。截至 2019 年，中国传统村落共评选 5 批合计 6823 个。

传统村落是乡村传统文化资源保护与开发的基本载体。如何重构传统村落古今兼容的发展模式和生活方式，实现传统村落健康、可持续发展的长期目标，是乡村振兴的关键环节。需要依据《中华人民共和国城乡规划法》《中华人民共和国文物保护法》《中华人民共和国非物质文化遗产法》《村庄和集镇规划建设管理条例》《历史文化名城名镇名村保护条例》《传统村落保护发展规划编制基本要求（试行）》①等法律法规制度的相关要求，科学、合理地为传统村落编制保护与发展规划蓝图。

二、规划的原则、内容与成果要求

（一）基本原则

（1）保护为主，兼顾发展。这是对待传统村落物质文化遗存遗产的基本要求。传统村落作为乡村物质文化遗存遗产的富集地，保护永远是第一位的。在保护好传统村落物质文化遗存遗产的基础上，需要从有利于乡村发展、乡村振兴的角度对遗存遗产进行适当的展示、利用、开发、活化。

（2）尊重传统，活态传承。这是对待传统村落非物质文化遗产的基本要求。乡村非物质文化遗产是传统村落文化的鲜明特色。对待乡村非物质文化遗产，一方面需要对其传统内容和表达形式给予尊重和理解，另一方面需要在新的条件、新的形势下做有利于地域文化活态传承的合理改造和适应。

（3）符合实际，农民主体。这是对待传统村落村民的基本态度。传统村落是村民的长期居所。没有农民，传统村落也就失去了活态存在的意义。因此，传统村落的保护工作需要村民参与，需要多方了解村民的实际需求和主要意愿，提高规划的实用性，

---

① 住房和城乡建设部：《传统村落保护发展规划编制基本要求（试行）》，建村〔2013〕130 号。

力争把持久地解决传统村落村民的生产、生活问题作为传统村落保护和发展规划的终极目标。

（二）主要内容

1. 调查村落传统资源，建立传统村落档案

保护发展规划应对传统村落有保护价值的物质形态和非物质形态资源进行系统而详尽的调查，并建立传统村落档案。调查范围包括村落及其周边与村落有较为紧密的视觉、文化关联的区域。参照《中国传统村落档案制作要求》[①]，调查内容包括历史文献资料、村域环境、传统村落选址与格局、传统建筑、历史环境要素等有形传统资源，以及村落拥有的非物质文化遗产代表项目及其他传统生产和生活方式、社会关系、乡风民俗、民间技艺等无形传统资源，与传统村落保护发展相关的各类规划、政策和管理制度等资料。当科学调查完成后，按"一村一档"建立中国传统村落档案。档案成果以纸质和电子文件形式制作，两种文件的数据要完全一致。具体调查内容与要求如下。

（1）村域环境调查。

调查内容：村域范围内的山川水系、地质地貌、植被动物等自然环境，以及文物古迹、风景名胜等。

调查要求：应在不小于1/5000的近期测绘地形图上，标示上述要素，并配以相应的照片、文字说明，形成文字性的"村域环境分析"及"村域环境分析图"图纸。

（2）传统村落选址与格局调查。

调查内容：与村落的选址、发展紧密关联的地形地貌及山川水系、村落形状，主要街巷（道路）格局肌理、重要公共空间等。

调查要求：应在不小于1/5000的近期测绘地形图上标示上述要素，并配以能反映其特点的照片、文字说明，形成文字性的"传统村落选址与格局分析"及"传统村落选址与格局分析图"图纸。

（3）传统建筑调查。

调查内容：村落中传统建筑物（包括各级文物保护单位、历史建筑、建议历史建筑、传统风貌建筑、其他传统建筑）的位置、建成年代、面积、基本形制、建造工艺、结构形式、主要材料、装饰特点、建造相关的传统活动、历史功能、产权归属、使用状况、保存状况等。

调查要求：应在不小于1/2000的近期测绘地形图上标示各传统建筑物与构筑物，形成"传统建筑分布图"。对主要传统建筑物与构筑物，每一处均应建立单独的登记

[①] 住房和城乡建设部，文化部，财政部：《关于做好 2013 年中国传统村落保护发展工作的通知》，附件"中国传统村落档案制作要求"，http://www.mohurd.gov.cn/wjfb/201307/t20130705_214236.html。

表，以表格、文字、照片、图纸等形式进行记录。对极为重要的或具有典型代表意义的优秀传统建筑物和构筑物，还应搜集现有能完整真实反映现状保存信息的测绘图纸，对不能完整真实反映现状保护信息的，应重新进行测绘。

（4）历史环境要素调查。

调查内容：反映村落历史风貌、构成村落特征的要素，如塔桥亭阁、井泉沟渠、壕沟寨墙、堤坝涵洞、石阶铺地、码头驳岸、碑幢刻石、庭院园林、古树名木，以及传统产业遗存、历史上建造的用于生产、消防、防盗、防御的特殊设施等。

调查要求：应在不小于1/2000的近期测绘地形图上标示各历史环境要素，形成"历史环境要素分布图"。对主要的历史环境要素，每一处均应建立单独的登记表，以表格、文字、照片、图纸等形式进行记录。

（5）非物质文化调查。

调查内容：村落中的传统民俗和文化，包括非物质文化遗产代表性项目、其他传统的生产和生活方式、乡风民俗等内容，以及其所依托的场所和建筑、用具实物；了解相关知识的特殊村民（如族长、寨老、非遗传承人、老手艺人、庙会主持人，传承了传统建造技术、手工艺的工匠等）。

调查要求：对上述要素的性质、产生与发展演变过程、与村落发展的关系、传承现状、群众参与规模、管理与保护现状等进行调查分析形成文字性的"村落非物质文化分析"，并以照片、录音录像、图纸等形式进行记录。

（6）文献资料调查。

调查内容：包括志书、族谱、历史舆图、碑刻题记、地契、匾联等；吟咏描述村落风物的诗词、游记等；村落沿革、变迁、重要人物、重大历史事件等，在历史上曾起过的重要职能、传统产业等的相关图、文、音像资料；当代有关村落研究的论文、出版物等资料。

调查要求：上述资料应以拍摄、扫描等方式电子化作为档案的附件；对篇幅较大而难以电子化的当代出版物，应注明出处、藏处。对于收集到的历史文献资料不应带有主观要素的删减、修改或加工，但为了减少后继使用的便利，可对主要信息进行必要的整理和汇编。

（7）保护与发展基础资料调查。

调查内容：既有保护管理机构、规章制度、行政管理文件、乡规民约等；既有保护工程实施情况、保护资金等情况；已公布的村庄规划、保护发展规划、产业规划、旅游规划、道路交通规划、资源利用规划等的规划成果；人口、用地性质，交通状况，经济状况，基础设施和公共服务设施等社会环境。

调查要求：除纸质文件外，上述资料应尽量复印、翻拍、扫描等方式电子化后，作为档案的附件。

2. 传统村落特征分析与价值评价

对村落选址与自然景观环境特征、村落传统格局和整体风貌特征、传统建筑特征、历史环境要素特征、非物质文化遗产特征进行分析。通过与较大区域范围（地理区域、文化区域、民族区域）及邻近区域内其他村落的比较，综合分析传统村落的特点，评估其历史、艺术、科学、社会等价值。对各种不利于传统资源保护的因素进行分析，并评估这些因素威胁传统村落的程度。

3. 确定保护对象，划定保护范围并明确保护管理措施

（1）确定保护对象。保护村落的传统选址、格局、风貌及自然和田园景观等整体空间形态与环境。全面保护文物古迹、历史建筑、传统民居等传统建筑，重点修复传统建筑集中连片区。保护古路桥涵垣、古井塘树藤等历史环境要素。保护非物质文化遗产及与其相关的实物和场所。

（2）划定保护范围。传统村落应整体进行保护，将村落及与其有重要视觉、文化关联的区域整体划为保护区加以保护。村域范围内的其他传统资源也应划定相应的保护区；要针对不同范围的保护要求制定相应的保护管理规定。

传统村落村域内传统格局和历史风貌较为完整、历史建筑和传统风貌建筑集中成片的地区划为核心保护范围。在核心保护范围之外划定建设控制地带。核心保护范围和建设控制地带的确定应边界清楚，便于管理。

各级文物保护单位的保护范围和建设控制地带及地下文物埋藏区的界线，以各级人民政府公布的保护范围、建设控制地带为准。历史建筑的保护范围包括历史建筑本身和必要的建设控制区。

（3）明确保护管理措施。明确村落自然景观环境保护要求，提出景观和生态修复措施及整改办法。明确村落传统格局与整体风貌保护要求，保护村落传统形态、公共空间和景观视廊等，并提出整治措施。保护传统建（构）筑物，在不改变外观风貌的前提下，可以进行维护、修缮、整治，改善设施。其他建筑可根据对历史风貌的影响程度，分别提出保留、整治、改造要求。应当对建设控制地带内的新建、扩建、改建和加建等活动，在建筑高度、体量、色彩等方面提出规划控制措施。

保护传承非物质文化遗产，提出对非物质文化遗产的传承人、场所与线路、有关实物与相关原材料的保护要求与措施，以及管理与扶持、研究与宣教等的规定与措施。

4. 提出传统资源保护及村落发展和人居环境改善的措施

（1）确定保护项目。明确5年内拟实施的保护项目、整治改造项目及各项目的分年度实施计划和资金估算。提出远期实施的保护项目、整治改造项目及各项目的分年度实施计划。

（2）分析发展定位。分析传统村落的发展环境、保护与发展条件的优劣势，提出村落发展定位及发展途径的建议。

（3）改善人居环境。改善居住条件，提出传统建筑在提升建筑安全、居住舒适性等方面的引导措施。完善道路交通，在不改变街道空间尺度和风貌的情况下，提出村落的路网规划、交通组织及管理、停车设施规划、公交车站设置、可能的旅游线路组织。提升人居环境，在不改变街道空间尺度和风貌的情况下，提出村落基础设施改善、公共服务提升措施，安排与完善消防、防灾避险等必要的安全设施。提出村落周边、公共场地、河塘沟渠等公共环境整治措施。

（4）挖掘发展资源。提出挖掘社会、情感价值，延续和拓展传统建筑使用功能的措施。提出挖掘遗产的历史、科学、艺术价值，开展研究和教育实践活动的措施。提出挖掘遗产的经济价值，发展传统特色产业和旅游的措施。

5. 建立保护管理机制

建立健全法律法规，落实责任义务，制定保护发展规划，出台支持政策，鼓励村民和公众参与，建立档案和信息管理系统，实施预警和退出机制。

（三）成果要求

保护发展规划成果一般包括规划文本、规划图纸和附件、规划说明书、传统村落档案。主要图纸要求如下。

1. 现状分析图

（1）村落传统资源分布图。标明村落现状总平面，村落内各类有形传统资源的位置、范围，非物质文化遗产活动场所与线路，村落各主要视觉控制点上的整体风貌等。
（2）格局风貌和历史街巷现状图。
（3）反映传统建筑年代、质量、风貌、高度等的现状图。
（4）基础设施、公共安全设施及公共服务设施等现状图。

2. 保护规划图

（1）村落保护区划总图。标绘保护范围及各类保护区和控制界线。
（2）建筑分类保护规划图。标绘保护范围内文物保护单位、历史建筑、传统风貌建筑、其他建筑的分类保护措施。其中，其他建筑要根据对历史风貌的影响程度进行细分。

3. 发展规划图

（1）道路交通规划图。提出村落路网、交通组织及管理、停车设施规划、公交车站设置、可能的旅游线路组织等。

（2）人居环境改善措施图。提出传统村落基础设施、公共服务设施、防灾减灾改善和提升的规划措施。

各项图纸比例一般用 1/2000，也可用 1/500 或 1/5000。地形图比例尺不足用时，应配合手绘图解进行标绘。

三、规划案例

案例：万德村传统村落保护与发展规划①

万德村位于云南省武定县，属于"罗婺故地"，是武定县土司文化的发祥地，是以那氏土司府、土司家庙、土司聚落为典型代表的第三批国家级传统村落。万德村是那氏土司的发祥地，距今有 400 多年的历史。

1. 保护范围的划定

（1）核心保护区。将万德村传统村落风貌保存较为完好的历史街巷、"教堂"、传统建筑集中分布的区域，以传统建筑轮廓向外延伸 2—10 米范围作为重点保护的区域，对其内部及周边环境进行保护性整治，突出其特有的布局形式和古朴的村落木结构建筑风貌（图 6-7）。

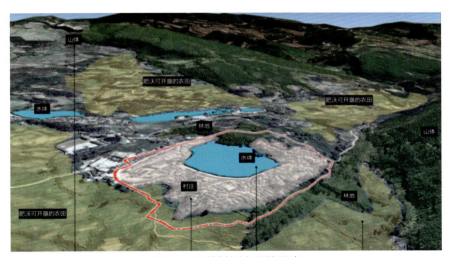

图 6-7　万德村历史环境要素

（2）建设控制地带。建设控制地带是为确保传统村落风貌特色的完整性而必须控制的区域。为达到保护及发展、控制及合理建设的目的，结合现状地形地貌，确定核

---

① 摘自云南省设计院集团编制：《万德村传统村落保护与发展规划》。

心保护区以外、规划范围以内（北以万德商业街为界，东以客运站为界，南至万德村南部边缘，西以西侧村庄边界外延 10 米为界）的区域，作为村落的建设控制地带（图 6-8）。

（3）风貌协调区。规划范围以外北延伸至万宗铺村，南延伸至新村的范围为风貌协调区。

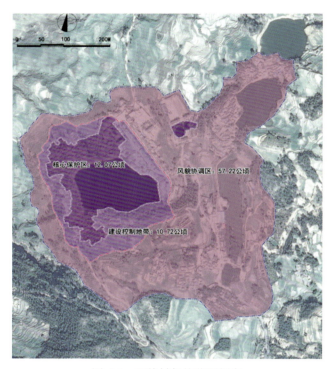

图 6-8　万德村保护范围划定

2. 建筑保护与整治

将万德村建筑分为六大类，即文物保护单位、建议历史建筑、传统风貌建筑、保留类建筑、整治类建筑、建议拆除类建筑。根据不同类型对建筑提出不同的保护要求。建筑的整治方式分为五类，即保护修护、修缮改善、保留、整修改造、拆除（图 6-9）。

3. 高度控制与视廊保护

（1）高度控制。按照核心保护区、建设控制地带、风貌协调区三个等级来控制建筑高度。核心保护区要维持原高，严格保持现有建筑高度，万德村老村及观音寺按照文物保护规划的要求进行高度控制。建设控制地带应进行合理的功能分区，完善基础设施建设和扩大服务设施的服务范围，建筑檐口高度控制在 8.7 米以内。

图 6-9　万德村建筑分类整治规划图

在风貌协调区内建筑体量要合适，色彩以土黄、白为主，不允许出现大红大紫的颜色；建筑形式以传统民居形式为主，可适当建设古典风格建筑；建筑檐口高度控制在 12 米以内。

（2）视廊保护。万德村的自然植被较好，山体景观优良，因此需要对重点视廊进行控制。本着保护万德村视廊保护的要求，对万德村的各条街巷视廊进行控制，需保证视廊效果；保护周围山体绿化及田园景观，保护村庄周边的田园风光；保护从东南部高处欣赏万德村的视觉效果，对影响视廊效果的新建建筑进行整治改造，建设控制地带建筑高度小于 8.7 米，环境协调区建筑高度小于 12 米。

顺应古村落曲折、自然的布局形式，不过分讲求视线的通畅，而以曲径通幽的景观效果取胜，丰富视域内整体组团立面，沿公路立面建筑不受遮挡，形成良好的景观轴线。

在村内梳理带状开敞空间，形成带状视廊，并注意每个空间转折处的景观效果，突出亲切古朴的人文空间，从而达到步移景异、一步一景的景观效果。

控制东南部山体—喜年亭—享年亭一线的景观视廊道。控制土司府一线的轴线关系；控制万德老街一线的景观廊道；控制沿万德水库周边的建筑景观界面为传统建筑景观界面。

4. 道路交通规划

规划村庄道路系统依原有路网格局保持不变，保持现有步行交通体系。对外交通：过境路支卧公路、德胜公路为对外交通道路，路宽4—5米不等，水泥路面。

按现状空间，村落内以万德老街及环湖路为主要干道，连接其余的巷道。对现状巷道进行整治，形成连接各户的支路系统，路面材料为块石或卵石铺装。在村落东南部入口及新村发展区内设置集中停车场，停车场内同时提供自行车及电动车停放点。在现状客运站东侧新增社会停车场满足游客停车需求。

5. 公共服务设施规划

在村内结合生活配套及需求设置商业服务点；结合现状用地北面50米处文化活动中心发展配套建设，建设文化室、活动室和老年人活动中心，同时配套建设相应的健身设施，文化站包括图书室、宣传栏等设施；村委会及医疗室按现状设置于文凤村委会内，距离万德村约1000米。

6. 公共活动空间规划

对万德村内用地进行梳理，"小而散"合理布置公共活动空间，满足居民交往、休憩及户外活动需求，同时在重要节点布置较大规模的集散广场，满足一些大型活动的需求（图6-10）。

图6-10 万德村公共活动空间规划

7.产业发展规划

通过考察土司遗迹、挖掘历史文化、分析生态景观、结合县域体系规划和镇域体系规划打造两大旅游特色。

万德土司文化是村落的核心文化内涵，同时也是村落的核心竞争力，积极挖掘土司文化、原址恢复土司府，打造当地土司特色餐饮，开发万德传统村落资源，周边打造万德特色商业步行街和万德水库景观系统，打造罗婺土司文化园，开展观光商业旅游。

通过万德得天独厚的水体景观和绿地系统，依托村落周边的生态农业，结合万德水库周边一带打造生态客栈、生态餐饮娱乐项目，打造生态旅游度假区。

结合彝族迎宾特色——拦门酒，在村庄东南部入口区域设置迎宾广场，可举行特色迎宾活动，广场设置牌坊周边打造生态绿地，两者结合体现万德土司文化和生态文化两个特色。

建设改造现有汽车客运站为游客综合服务接待中心，打造集接待、食宿、娱乐、休闲、观光于一体的综合服务接待设施。并在游客综合服务接待中心东侧设置社会停车场，满足自行游、团队游、自驾游等不同游客的服务需求。

结合保护建筑开展特色民宿旅游，特色观光体验旅游等项目，在村落内结合土司府遗址规划设计土司府历史文化展览馆，让更多游客了解武定土司文化内涵；结合现有供销社旧址恢复"供销社"使用功能，让游客体会、记忆、了解"供销社"内涵并重温儿时记忆。恢复村落内土司原有的北门、西门、南门三道寨门，寨门周边设置导航索引图，提供游客便捷快速的导航需求。

第三节　一般镇、村的文化遗产保护规划

一、概述

镇是建制镇的简称，为县和县级市以下的行政区划基层单位，属于乡科级，是第四级行政区[①]。与乡相比，镇的区域面积较大，人口规模较多，经济发展较好，以非农业人口为主，并具有一定的工业区域。1984年，民政部制定了建制镇（设镇）标准《民政部关于调整建镇标准的报告》，即总人口在20 000人以下的乡，乡政府驻地非

---

① 《行政区划管理条例》，国务院令第704号，2018年。

农业人口超过 2000 人的，或人口在 20 000 人以上的乡，乡政府驻地非农业人口占全乡人口 10% 以上的，可以设建制镇。少数民族地区、人口稀少的边远地区、山区和小型工矿区、小港口、风景旅游、边境口岸等地，非农业人口不足 2000 人的，如确有必要，也可以设置镇的建制①。随着"撤乡建镇"工作的稳步推进，乡的数量大幅度减少。截至 2020 年 12 月，中国共计有 21 157 个镇②。

村指行政村，是依据《中华人民共和国村民委员会组织法》设立的村民委员会进行村民自治的管理范围，是中国基层群众性自治单位。行政村内下辖若干个村民小组或自然村。与行政村相对的概念是自然村，是指村民日常生活和交往的单位，但不是一个社会管理单位。

这里的一般镇、村，是指不具有中国历史文化名镇名村、省级历史文化名镇名村、传统村落、美丽乡村等称号的镇和村。虽然绝大部分镇、村不具有历史文化名镇名村、传统村落称号，但是，这些镇、村也有一定量的历史文化遗产，尤其是非物质文化遗产。因此，镇、村历史文化保护需要纳入镇、村规划，在镇、村规划的编制过程中，需要对镇域的历史文化遗产保护进行安排。为此，《中华人民共和国城乡规划法》把历史文化遗产保护作为镇总体规划的强制性内容，《镇规划标准》（GB 50188—2007）中专门安排"历史文化保护规划"一节，其中大部分内容同样属于强制性条文③。一般镇、村的文化遗产保护规划是在镇的总体规划或国土空间规划中对镇域、村域历史文化遗产保护的计划与安排，是总体规划或国土空间规划中的重要部分。

【阅读】广东省顺德区李氏宗祠

李氏宗祠（图 6-11）位于广东省顺德区均安镇鹤峰上村，是清咸丰年间探花李文田家族的祠堂。该祠堂始建于清光绪五年（1879 年），占地面积 437 平方米，为三间二廊砖木结构硬山顶式建筑，是李氏家族祭祀祖先和先贤的场所。祠堂大门牌匾"李氏宗祠"四字是李文田之孙李曲斋集李文田的字描成，两旁有李曲斋所书木质对联。祠堂屋脊上塑有两条鳌鱼，两条鳌鱼的鱼嘴在屋脊正中，鱼尾在屋脊两头。祠堂内悬挂着"龙虎"和"福寿"两块牌匾，为慈禧太后所赐，两块石碑上则刻着光绪帝赐李文田曾祖父母的诏书。1998 年该祠堂被列为顺德市重点文物保护单位。

---

① 靳尔刚、陈德彧：《民政部将制定新的设镇标准》，《小城镇建设》2000 年第 1 期，第 16—17 页。
②《中国行政区划》（2019 年）。
③《建设部关于发布国家标准〈镇规划标准〉的公告》，中华人民共和国建设部公告第 553 号，2007 年。

图 6-11　李氏宗祠

截至 2020 年，很多镇、村规划编制中未能挖掘镇、村历史文化遗产，也未重视历史文化保护问题，不利于一般镇、村历史文化遗产的保护、传承与弘扬。需要加强一般镇、村规划中的历史文化保护工作。

二、规划的原则、内容与成果要求

镇、村历史文化保护规划应依据县域规划的基本要求和原则进行编制；镇、村历史文化保护规划应纳入镇、村规划。

镇、村规划由乡镇人民政府组织委托编制，县（区、市）自然资源行政主管部门负责技术审查工作，规划年限一般为 20 年[①]。由于城乡规划体系调整，目前镇总体规划调整为镇国土空间规划，镇历史文化保护规划成为镇国土空间规划体系中的专项规划之一。

（一）基本原则

一般镇、村的文化遗产保护规划的编制，需要遵循《中华人民共和国文物保护法》《中华人民共和国非物质文化遗产法》及相关法规制度中规定的工作方针与相关要求。其基本原则有三方面[②]。

（1）体现历史的真实性、生活的延续性、风貌的完整性。对于物质文化遗产的保护，需贯彻"保护为主、抢救第一、合理利用、加强管理"的方针；对待不可移动文物，必须遵守不改变文物原状的原则，负责保护建筑物及其附属文物的安全，不得损毁、改建、添建或者拆除不可移动文物。镇、村的用地布局、发展用地选择、各项设施的选址、道路与工程管网的选线，应依据文化遗产保护法律法规，有利于镇、村历

---

① 湖南省自然资源厅：《湖南省乡镇国土空间规划编制技术指南（试行）》（2019 年）。

② 参据《镇规划标准》（GB 50188—2007）。

史文化的保护需求。涉及非物质文化遗产保护，需贯彻"保护为主、抢救第一、合理利用、传承发展"的方针，遵循活态性、整体性、人本性、适宜性保护原则。在此基础上，要重视对地方非物质文化遗产的挖掘、利用。

（2）突出镇、村文化特色。按照"望得见山、看得见水、记得住乡愁"的要求，以全域规划为理念，以文化多样化为导向，通过保留镇区、村庄特有的民居风貌、农业景观、乡土文化，来突出地方特点和文化特色。

（3）科学利用、永续利用。镇、村规划应符合国家、地方政府与文化遗产、历史建筑、历史文化街区等保护条例的具体要求、技术规范与标准，让镇、村文化遗产在乡村振兴过程中发挥突出作用。

（二）主要内容[①]

1. 划定保护范围

镇、村历史文化保护规划应结合经济、社会和历史背景，全面深入调查历史文化遗产的历史和现状，依据其历史、科学、艺术等价值，确定保护的目标、具体保护的内容和重点，并应划定保护范围（包括核心保护区、风貌控制区、协调发展区三个层次），制订不同范围的保护管制措施。

确定文物古迹或历史建筑的现状用地边界，应包括街道、广场、河流等处视线所及范围内的建筑用地边界或外观界面；构成历史风貌与保护对象相互依存的自然景观边界。保存完好的镇区和村庄应整体划定为保护范围。

2. 明确保护内容

历史空间格局和传统建筑风貌；与历史文化密切相关的山体、水系、地形、地物、古树名木等要素；反映历史风貌的其他不可移动的历史文物，体现民俗精华、传统庆典活动的场地和固定设施等。

3. 制定适宜的维修、改善与整治方案

镇、村历史文化保护范围内应严格保护该地区历史风貌，维护其整体格局及空间尺度，并应制订建筑物、构筑物和环境要素的维修、改善与整治方案，以及重要节点的整治方案。

4. 保护范围内保护要求

镇、村历史文化保护范围内应限定居住人口数量，改善居民生活环境，并应建立

---

① 参据《镇规划标准》（GB 50188—2007）。

可靠的防灾和安全体系；镇、村历史文化保护范围内增建设施的外观和绿化布局必须严格符合历史风貌的保护要求。

镇、村历史文化保护范围的外围应划定风貌控制区的边界线，并应严格控制建筑的性质、高度、体量、色彩及形式，根据需要并划定协调发展区的界线。

（三）成果要求

规划图纸应标注图题、图界、指北针和风象玫瑰、比例和比例尺、规划期限、图例、署名、编制日期和图标等。

规划图例宜依据《镇规划标准》（GB 50188—2007）附录"规划图例"绘制。

三、规划案例

案例一：上海市青浦区徐泾镇总体规划：2017—2035 年①

上海市青浦区徐泾镇位于上海中心城区西郊，与虹桥枢纽中心接壤，是青浦区"一城两翼"战略规划中的东翼地区。总规划面积 38.7 平方千米。徐泾镇内划定文化保护控制线 98.02 公顷，其中历史文化遗产保护控制线面积 13.32 公顷。

（一）历史文化风貌区

徐泾镇蟠龙历史文化风貌区范围东至蟠龙港，西至程家祠堂西侧，北至纬二路，南至崧泽大道，总占地面积为 13.32 公顷。其中，核心保护范围沿南墅泾两侧，北至龙联路、南至纬三路，用地面积为 4.45 公顷；建设控制地带东至蟠龙港，西至程家祠堂西侧，北至纬二路，南至崧泽大道，总面积约为 8.87 公顷。参见图 6-12。

（二）风貌保护道路

蟠龙历史文化风貌区内规划内有 6 条风貌保护道路（街巷），包括东街、西街、南街、北街、新增东西向通道和新增南北向通道。

（三）风貌保护河道

蟠龙历史文化风貌区规划有 3 条风貌保护河道，包括南墅泾、新开河和蟠龙港。

---

① 《青浦区徐泾镇总体规划暨土地利用总体规划（2017—2035）（含近期重点公共基础设施专项规划）》，https://www.shqp.gov.cn/shqp/zwgk/zxgk/20200429/655566.html，2020-04-29。

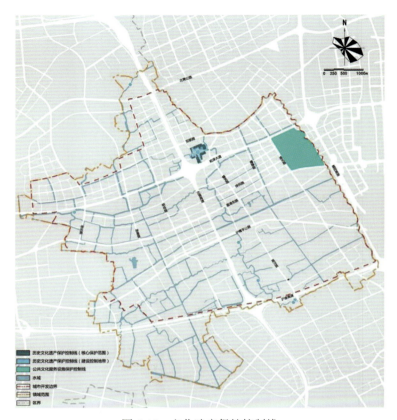

图 6-12　文化遗产保护控制线

（四）文物保护单位和文物保护点

文物保护单位及文物保护点共 9 个。其中，香花桥为区级文物保护单位，程家祠堂、凤来桥、万安桥、仗义桥、嵩塘桥、积善桥、永昌桥、跨龙桥等 8 处为文物保护点（表 6-3、表 6-4）。

表 6-3　文物保护单位一览表

序号	名称	等级	地点	年代	保护范围	建设控制地带
1	香花桥	区级文物保护单位	蟠龙老街中心	清乾隆五十三年（1788 年）	以桥四边为基点，半径 30 米为保护范围	保护范围外半径 30 米内为建设控制地带

表 6-4　文物保护点一览表

序号	名称	级别	地点	年代
1	程家祠堂	文物保护点	蟠龙三组 33 号北	清
2	凤来桥	文物保护点	陆家角村南侧	清嘉庆十一年（1806 年）
3	万安桥	文物保护点	宅东村高泾	清嘉庆十八年（1813 年）
4	仗义桥	文物保护点	蟠龙老街西首	清嘉庆十年（1805 年）
5	嵩塘桥	文物保护点	金联村北首	不详
6	积善桥	文物保护点	宅东村高泾东	清乾隆三十九年（1774 年）
7	永昌桥	文物保护点	宅东村高泾东	清
8	跨龙桥	文物保护点	宅东村	清道光二十六年（1846 年）

案例二：赤峰市宁城必斯营子镇总体规划：2020—2035 年①

该次规划分为两个层次，镇域总体规划以镇行政区划为界，面积约 274.40 平方千米；中心区北至老哈河，南至瓦盆窑村，西至沟渠，东至头道沟，规划范围面积约4.70 平方千米。

（一）文化遗产资源

1. 物质文化遗产

必斯营子镇历史源远流长，文化底蕴深厚。镇域范围内现存文物古迹 2 处。

2. 非物质文化遗产

民间习俗与特色艺术主要包括庙会、各种传统饮食、生活习俗及以打莲湘为代表的民间特色艺术。这些民间习俗与特色艺术由于时代的发展，存在的社会与生活基础已经发生重大改变，缺乏相应的保护意识，多数难以为继。

（二）保护原则

1. 全面保护与重点突出相结合

在全面保护镇域内文物古迹、民俗艺术等历史文化资源的基础上，重点突出对文物保护单位及周边的整体空间格局、风貌特色、自然环境和人文环境的保护。

2. 科学处理保护与发展的关系

科学、合理地继承与利用历史文化资源，在满足各类保护要求的基础上，适度发展相关服务业，防止片面追求经济发展目标的建设性破坏。

（三）文物保护单位保护范围

按照相关法律法规要求，结合文物保护单位现状条件，划定各单位保护范围（表 6-5）。

表 6-5　必斯营子镇各级文物保护单位保护范围

序号	名称	等级	地点	保护范围	建设控制地带
1	经峰寺	省级	必斯营子镇东哈脑村南山自然营子	建筑周围 10 米	保护范围外 50 米
2	谢杖子村侵华日军守备队驻地遗址	—	必斯营子镇谢杖子村谢杖子四组	建筑周围 10 米	遗址周围 30 米

① 摘自内蒙古北方时代设计研究院股份有限公司编制：《赤峰市宁城必斯营子镇总体规划（2020—2035）》。

第四节　乡村重点文物保护单位保护规划

一、概述

乡村是全国重点文物保护单位分布的主要地域。乡村重点文物保护单位保护规划是划定文物保护单位保护范围和建设控制地带、制定相关保护策略与方案的安排。乡村范围内的重点文物保护单位包括革命遗址及革命纪念建筑物、石窟寺、古建筑及历史纪念建筑物、石刻及其他、古遗址、古墓葬等不可移动文物。不管是城市、农村，编制重点文物保护单位保护规划的原则、内容和基本要求是一致的。不过，由于城市市区文物保护单位有着与乡村区域文物保护单位不同的经济、社会、环境禀赋，相应的具体保护措施也应当是有着较大区别的。例如，城市地区的不可移动文物保护单位，大多建设控制地带狭窄，故古建筑的保护核心大多在于建筑物本体，其保护策略自然重在修缮；一些古遗址、古墓葬的核心在于其原状的保持，其保护策略的核心在于控制；近现代重要史迹和代表性建筑的保护策略的重点在于维护。乡村地区的不可移动文物保护单位，不但可以有适当的建设控制地带，还可以划定环境协调区域。

文物保护单位保护规划是实施文物保护单位保护工作的法律依据，是各级人民政府指导、管理文物保护单位保护工作的基本手段。城区重点文物保护单位保护规划的编制以《中华人民共和国文物保护法》《中华人民共和国城乡规划法》《中华人民共和国文物保护法实施条例》等法律法规，以及《城市紫线管理办法》《文物保护工程管理办法》《全国重点文物保护单位保护规划编制审批办法》《全国重点文物保护单位保护规划编制要求》（2018 年修订稿）等部门规章为依据。

依据不同的规划目标、条件与深度要求，全国重点文物保护单位保护规划大体可分为保护管理要求、一般保护规划、保护总体规划和保护规划纲要等类型。规模小且保护管理工作简单的文物保护单位以制定管理要求为主；规模较大、保护管理工作复杂的文物保护单位可编制一般保护规划；规模巨大、保护管理工作十分复杂的文物保护单位应编制保护总体规划；规划基础资料尚不能满足保护规划编制要求时，可先行编制保护规划纲要。本节内容适宜于重点文物保护单位一般保护规划的编制。

文物保护规划编制要注意与相关规划的衔接。一是与所在地区域规划的相关内容衔接，如区域社会经济发展规划、国土空间规划、城市规划、旅游发展规划等。二是与所在地相关专项规划衔接。文物分布范围与国家或省级历史文化名城、名镇、名村、传统村落、历史文化街区范围重叠的全国重点文物保护单位，以及风景名胜区、自然保护区、世界自然与文化遗产地的全国重点文物保护单位，应评估关联程度，制定专项衔接措施。

二、规划的原则、内容与成果要求

（一）基本原则

（1）科学评估。这是指在深入调研的基础上，对文物价值、文物本体的组成要素、历史环境整体格局进行综合评估，作为制定具有针对性的保护、管理、利用与研究规划方案的依据。

（2）保护为主。这是指规划要尽可能减少对文物本体的干预，确保文物本体的真实性；注重文物环境的保护和改善，确保文物本体及其环境的完整性，实现对文物保护单位及其环境的有效保护。

（3）合理利用。这是指规划要以整体保护、和谐发展为目标，统筹协调文物保护与地方经济发展、文物保护与合理利用的关系，构建中长期保护管理的制度保障，促进文物保护事业的可持续发展。

（二）主要内容

文物保护单位保护规划的期限一般为15年，可根据要求分为近期、中期、远期。近期规划一般不超过5年，应优先解决文物保护单位存在的主要问题，安排亟待实施的保护项目。

文物保护单位保护规划一般应对保护对象、保护范围、建设控制地带等保护区划的划分与管理规定、文物本体的主要保护措施、利用功能的规定和游客容量控制指标等方面进行规范。重点可以归结为以下方面。

（1）了解保护对象。包括对文物保护单位的历史沿革、现存状况、保护和管理状况、考古工作状况及研究的历史和成果等进行深入的调查分析，对文物所在地的自然与生态环境、社会和经济发展状况等进行普遍的了解，取得准确、充分的基础资料。

（2）进行价值评估。包括评估文物保护单位的价值、重要性及其环境影响、社会与人文影响；评估文物本体及其环境的保存、保护、管理和利用现状，分析主要破坏因素；明确规划原则、性质、目标、重点和保护对象等。

（3）划定保护范围。依据文物保护单位的安全性、完整性要求划定或调整保护范围；根据环境的完整性、和谐性要求，可划定或调整建设控制地带；建设控制地带之外，可根据空间视觉景观控制要求划定环境控制区。

（4）制定保护措施。针对现存问题和影响因素，结合保护目标，制定保护措施。包括提出保护工程及其保护技术要求；制定相关的环境治理和生态保护措施；提出其他相关领域规划的要求。

（5）合理展示利用。包括划定功能分区，限定利用功能；制订开放计划，核定游客容量控制指标，确定展示项目、路线组织和必要的服务设施；规定利用与展示服务设施的建设规模与设计要求；策划公众或社区参与，提升文物价值传播效益；提出与周边文物或景观资源的整合利用措施。

（6）拟定建设项目。包括说明规划范围内拟建项目的必要性，编制选址策划，提出建筑功能设定、规模测算和建筑设计的规划要求。

（7）设计研究课题。包括文物保护、利用、展示专项研究工作计划，考古工作计划，以及文物本体与环境保护的专项技术研究等。

（8）提出管理建议。包括提出管理机构、经费与人员编制及管理规章制度的完善要求；提出管理机构的责权范围，确定日常养护、防灾减灾和监测内容；制订员工培训和队伍建设计划；制定文物基础数据的采集、整合与建库要求；提出社区公众参与和青少年教育计划；编制规划分期、实施重点与投资估算，提出实施保障。

（三）成果要求

保护规划成果一般由文本、图纸和附件组成。文本应包括规划的主要内容。图纸根据需要，可以包括文物保护单位区位图、地形地貌图、文物分布图、文物的标准测绘图（古建筑测绘图、石窟测绘图和考古发掘平、剖面图等）、历史沿革图（历史时期行政区划图、文献中的相关图形资料）、现状评估图、保护规划总图、保护区划详图、保护措施图、空间管制规划图、环境整治规划图、视廊和高度控制规划图、用地功能分区图、展示利用规划图、道路交通调整规划图、社会居民调控规划图、管理规划图等。附件由规划说明与基础资料组成，必要时可包括专项评估报告和／或专项研究报告。

三、规划案例

案例：秦始皇陵国家重点文物保护单位保护规划[①]

陕西省文物局于 2013 年下发《关于编制文物保护单位保护管理规划有关事项的通知》后，启动了陕西省 1046 处省级以上文物保护单位保护管理规划编制工作。截

---

① 摘自《陕西省人民政府关于批准公布秦始皇陵等三处全国重点文物保护单位保护规划的通知》（陕政函〔2010〕131）。

至 2016 年 4 月，管理规划编制和评审工作全面结束，实现陕西省文物保护单位保护管理规划全覆盖，为文物保护单位日常管理和保护提供了依据，更好地解决了文物保护与城镇化快速发展的矛盾。

（一）秦始皇陵特色

秦始皇陵是中国历史上第一位皇帝嬴政（前 259—前 210 年）的陵寝，中国第一批世界文化遗产、第一批全国重点文物保护单位、第一批国家 5A 级旅游景区，位于陕西省西安市临潼区城东 5 千米处的骊山北麓。

秦始皇陵建于秦王政元年（前 246 年）至秦二世二年（前 208 年），历时 39 年，是中国历史上第一座规模庞大、设计完善的帝王陵寝。内外两重夯土城垣，象征着帝都咸阳的皇城和宫城。陵冢位于内城南部，呈覆斗形，现高 51 米，底边周长 1700 余米。史料记载，秦始皇陵中还建有各式宫殿，陈列着许多奇珍异宝。秦始皇陵四周分布着大量形制不同、内涵各异的陪葬坑和墓葬，现已探明的有 400 多个，其中包括举世闻名的"世界第八大奇迹"兵马俑坑。秦始皇陵是世界上规模最大、结构最奇特、内涵最丰富的帝王陵墓之一。其充分表现了 2000 多年前中国古代汉族劳动人民的艺术才能，是中华民族的骄傲和宝贵财富。

1961 年 3 月 4 日，秦始皇陵被国务院公布为第一批全国重点文物保护单位。1987 年，秦始皇陵及兵马俑坑被联合国教科文组织批准列入《世界遗产名录》。

（二）秦始皇陵保护范围

1992 年，陕西省人民政府颁布了秦始皇陵保护区划，共 4.32 平方千米，其中保护范围为 2.92 平方千米，建设控制地带 1.4 平方千米。这一保护范围是在当时考古发现的基础上确定的，仅涉及封土、兵马俑陪葬坑、五岭遗址、上焦村马厩坑、姚池头村及赵背户村修陵人墓地等部分遗址，1992 年以后发现的遗址尚未公布保护范围。

2010 年，历时 8 年编制完成的《秦始皇陵保护规划》通过评审，秦始皇陵保护的规划范围扩大到 36 平方千米（图 6-13），是 1992 年陕西省人民政府公布的保护面积的 8 倍多。

《秦始皇陵保护规划》通过调整秦始皇陵保护范围和建设控制地带，对于有效地保护秦始皇陵及其环境风貌，减缓自然因素造成的损伤，制止人为破坏，保持遗址的真实性和完整性，具有重要意义。

保护范围总面积为 20.32 平方千米，南至望峰，西临快速干道，北至新丰塬边缘及玉川河，东至兵马俑专用公路及秦始皇兵马俑博物馆馆前区 A 区东界，西至国道 108 及秦陵村窑池头组东面的现状河沟。其中，重点保护区为陵区内经考古勘探已经

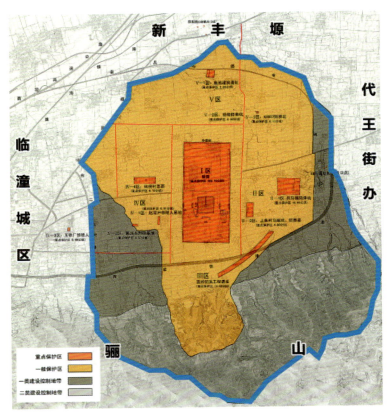

图 6-13　秦始皇陵保护区划总图

确认的遗址分布范围，总面积为 2.74 平方千米 ；一般保护区为潜在的遗址分布区域，总面积为 17.58 平方千米。建设控制地带总面积为 15.52 平方千米，其中，一类建设控制地带为与秦始皇陵密切相关的渭河二级台地及山前洪积扇范围，总面积为 6.03 平方千米 ；二类建设控制地带为与秦始皇陵密切相关的骊山山地范围，总面积为 9.49 平方千米。

2010 年的保护规划内容比较科学，但是，该规划将规划面积大幅度调整扩大，从而与 1986 年所确定的秦始皇陵遗址的保护范围产生较大出入，与国际古迹遗址理事会关于世界遗产保护管理对缔约国的要求也有较大距离。按照国际遗产地管理的有关规定，如某缔约国提出对已列入《世界遗产名录》的遗产范围进行重大修改，该缔约国应将其视为新申报并提交申请[1]。因此，从保护管理的角度看，不能把世界文化遗产地范围与全国重点文物保护单位范围等同起来。

---

① 联合国教科文组织 :《实施〈保护世界文化与自然遗产公约〉的操作指南》，联合国教科文组织世界遗产中心、国际古迹遗址理事会等 :《国际文化遗产保护文件选编》，北京 : 文物出版社，2007 年，第 295 页。

第五节　文化生态保护区规划

一、概述

文化生态保护区是指区域内传统文化历史积淀丰厚，具有鲜明地域或民族特色，文化生态保持良好；非物质文化遗产资源丰富，是当地生产、生活的重要组成部分；非物质文化遗产传承有序，传承实践富有活力、氛围浓厚，当地民众广泛参与、认同感强；与非物质文化遗产密切相关的实物、场所保存利用良好，其周边的自然生态环境能为非物质文化遗产提供良性的发展空间；所在地人民政府重视文化生态保护，对非物质文化遗产项目集中、自然生态环境基本良好、传统文化生态保持较为完整的乡镇、村落、街区等重点区域，以及开展非物质文化遗产传承所依存的重要场所开列清单，并已经制定实施保护办法和措施；有文化生态保护区建设管理机构和工作人员；在省（区、市）内已实行文化生态区域性整体保护两年以上，成效明显的区域[1]。简单地说，文化生态保护区就是指传统文化生态保持较为完整的乡镇、村落或街区。

文化生态保护区规划是指对传统文化生态保持较为完整的乡镇、村落或街区以非物质文化遗产为核心而进行的保护与发展安排。文化生态保护区规划是对乡村地区不同类型、不同深度的既有文化遗产保护规划的有益补充与深化。先后出台的《国家级文化生态保护实验区规划纲要》（2011 年）、《国家级文化生态保护区总体规划编制依据》（2011 年）[2] 和《国家级文化生态保护区管理办法》（2019 年），为文化生态保护区规划的编制提供了基础性依据。

二、规划的原则、内容与成果要求

（一）基本原则

（1）以"保护非物质文化遗产"为核心。建设主管部门和文物主管部门等主导的名镇名村保护规划、文物保护单位保护规划、传统村落保护和发展规划等，重在对物

---

[1]《国家级文化生态保护区管理办法》，中华人民共和国文化和旅游部令第 1 号，2018 年 12 月 10 日。

[2]　文化部办公厅：《关于加强国家级文化生态保护区总体规划编制工作的通知》，办非遗函〔2011〕22 号，2011 年。

质文化遗产的保护，对非物质文化遗产虽有所涉及，但往往浅尝辄止，大多没有深入挖掘非物质文化遗产的丰富内涵，也就很难提出保护非物质文化遗产的科学、合理方法。因此，文化生态保护区规划以非物质文化遗产保护为核心、主线，能够起到"拾遗补缺"的重要作用。

（2）坚持"保护为主、抢救第一、合理利用、传承发展"的方针。这既是中国非物质文化遗产的保护方针，也是文化生态保护区规划编制过程中贯穿始终的要求。

（3）以促进非物质文化遗产传承和营造良好氛围、维护文化生态平衡的整体性保护为重点。非物质文化遗产具有活态性特征。非物质文化遗产要能够持续传承并发展，需要在特定的地域范围内保持良好的传统文化环境氛围，维护文化生态的基本完整与平衡。

（二）主要内容

总的来说，规划内容应符合规划设计要求，翔实具体，体现民族特色、地方特色。规划期限一般为 15 年，规划期内可根据要求分为近期、中期、远期。近期规划一般不超过 5 年，应优先解决当前文化生态保护存在的主要问题，安排亟待实施的保护项目。规划应纳入保护区所在地区的国民经济和社会发展规划、城乡建设规划，应与相关的生态保护、环境治理、土地利用、旅游发展、文化产业等各类专门性规划相衔接[1]。主要内容由以下几方面构成[2]。

1. 规划总则

一般包括保护区建设的重要意义、指导思想、规划范围与期限、编制依据与规划性质等。

2. 文化资源与文化生态分析

一般包括对保护区文化资源与文化生态形成的地理环境、历史沿革、内容特点、文化内涵与价值、现状等进行系统的描述和分析，阐述保护区内非物质文化遗产的生存、传承状态，非物质文化遗产与物质文化遗产、自然遗产的关系，保护区内自然环境和人文环境，以及当前文化遗产和文化生态环境保护存在的问题和威胁因素等。

3. 总体思路

一般包括规划思路、基本原则、主要目标和任务等。

4. 保护对象与保护内容

一般包括保护区内列入各级非物质文化遗产名录的项目，各级非物质文化遗产项

---

[1]《国家级文化生态保护区管理办法》，中华人民共和国文化和旅游部令第 1 号，2018 年 12 月 10 日。
[2] 文化部办公厅：《关于加强国家级文化生态保护区总体规划编制工作的通知》，办非遗函〔2011〕22 号，2011 年。

目代表性传承人，与非物质文化遗产密切相关的物质载体、文化场所和自然环境等。

5.保护范围与重点区域

依据非物质文化遗产项目的分布状况和文化生态环境划分出保护区的核心区域（重点区域）、传播区域（一般区域）等。

6.保护方式与保护措施

要开展保护区文化遗产资源的深入调查和研究；加强保护区内各级非物质文化遗产名录体系建设，根据不同类别特点，采取针对性保护措施；加强非物质文化遗产项目代表性传承人保护，完善活态传承机制；加强与非物质文化遗产项目密切相关的物质载体、文化场所及自然人文环境等文化生态的整体性保护；开展非物质文化遗产生产性保护，充分发挥非物质文化遗产资源在当代生活中的积极作用；支持民俗文化活动的开展和恢复，鼓励民众积极参与保护区建设；加强非物质文化遗产珍贵实物的收集和保存展示；加强非物质文化遗产展示、传习基础设施建设；开展非物质文化遗产资源数字化、网络化建设；加大宣传力度，积极开展非物质文化遗产展示展演活动，促进非物质文化遗产进校园、进课堂、进教材、进社区；加强保护区建设的学术研究、保护成果出版和人才培养等。

7.分期实施方案

一般包括保护区近期、中期、远期建设目标和建设任务等。

8.保障措施

一般包括保护区建设组织工作机制保障、政策保障、资金保障和人才保障等。资金保障中应包括详细的中央财政和地方财政资金需求测算、每项资金的具体用途等。

（三）成果要求

成果包括文本、图纸、附录三部分。

（1）文本。应将文字、图片与示意性图件内容有机结合，用词要准确、规范。

（2）图纸。一般应包括保护区的地理位置与行政区划图、保护区区位关系图、保护区文化生态保护空间布局图、非物质文化遗产资源分布图、核心区域图、重点项目分布图、非物质文化遗产项目传承人分布图、物质文化遗产分布图等。

（3）附录。一般应包括各级非物质文化遗产名录项目总目录及重点项目简介、各级非物质文化遗产项目代表性传承人现状与传习状况、重大民俗节庆活动、物质文化遗产与自然文化遗产现状、相关的学术研究机构、学术研究成果等。

三、规划案例

案例：徽州文化生态保护区总体规划①

为科学、有效地保护今安徽省境内的古徽州地区（简称徽州）地域性文化遗产，维护文化多样性，促进徽州文化与经济、社会协调发展，根据中华人民共和国文化部（现文化和旅游部）的部署和安徽省委、省政府的要求，依照《国家"十一五"时期文化发展规划纲要》《关于加强国家级文化生态保护区建设的指导意见》，编制《徽州文化生态保护实验区总体规划》（2009—2025年）。

（一）规划指导思想

以科学发展观为统领，以非物质文化遗产为核心，构建科学、有效的地域文化遗产保护体系，最大限度地保存民族文化记忆，维护文化生态系统的平衡和完整，充分发挥文化遗产在增强民族自信心和凝聚力、建设中华民族共有精神家园中的作用，从而促进当地经济、政治、文化、社会全面协调和可持续发展。

（二）规划原则与思路

（1）保护为主、抢救第一、合理利用、传承发展。
（2）保护规划与当地经济社会发展总体规划相结合，非物质文化遗产保护和物质文化遗产保护相结合，文化生态保护和自然生态保护相结合，整体保护和重点保护相结合。

（三）规划目标

通过规划的制定与实施，突出民众的文化主体地位，维护文化生态平衡，营造一个有利于保护、传承传统文化，实现文化可持续发展的生态空间；有效促进徽州文化生态保护区经济、政治、文化、社会的协调发展，将徽州建设成为资源节约型、环境友好型、优秀传统文化与现代生活有机融合，人与人、人与社会、人与自然和谐共生的空间范例。

（四）规划内容

规划涵盖今安徽省境内的徽州，即黄山市和宣城市绩溪县。为保证总体规划的完整性、科学性，为原属古徽州的江西省婺源县文化生态保护规划预留接口。规划主要围绕保护徽州境内非物质文化遗产项目及其依托的物质文化遗产和赖以存续的自然环境进行整体性规划。以保护区内国家级和省级非物质文化遗产项目及其传承人为保护

---

① 摘自《徽州文化生态保护实验区总体规划》，2011年6月1日实施。

重点，完善徽州非物质文化遗产保护名录，建设徽州非物质文化遗产传习基地，保护徽州非物质文化遗产项目代表性传承人，维护徽州传统节庆的存续环境，设立徽州文化生态博物馆群，形成徽州文化遗产系列研究成果，建立徽州文化生态保护示范区，实施依托徽州非物质文化遗产资源的文化产业项目。

根据不同类型的非物质文化遗产项目特点，形成两条文化生态发展轴、四大保护方式、九个文化遗产密集区、十六个重点项目的整体保护格局。

1. 两条文化生态发展轴

徽州对外交通主要依循新安江水系和古徽道，徽州非物质文化遗产也主要依托这些水陆通道传播。由此确定两条文化生态发展轴：祁门县—黟县—休宁县—徽州区—歙县文化生态发展轴向东至浙江，向西至江西；绩溪县—徽州区—歙县—屯溪区—休宁县文化生态发展轴向北至江苏，向南至江西。

2. 四大保护方式

抢救性保护——针对濒临灭绝的非物质文化遗产项目，或与现代经济衔接困难、难以依靠自身的能力进行再利用保护的项目所进行的保护方式。

传承性保护——针对操作性较强、群众基础较好的非物质文化遗产项目进行的保护方式。依托传习所、培训中心、学校、兴趣班等作为非物质文化遗产传承基地，进行知识普及与传播等活动，在民间建立起广泛的非物质文化遗产传播途径和民间保护队伍。

生产性保护——针对可以在合理开发和利用中转化为生产力的非物质文化遗产项目进行的保护方式。利用生产、流通、销售等方式，使非物质文化遗产在生产过程中得到积极保护，并通过合理利用非物质文化遗产代表性项目挖掘具有地方、民族特色和市场潜力的文化产品和文化服务。

整体性保护——对非物质文化遗产代表性项目集中、特色鲜明、形式和内涵保持完整的特定区域，当地文化主管部门可以制定专项保护规划，报经本级人民政府批准后，实行区域性整体保护。确定对非物质文化遗产实行区域性整体保护，应当尊重当地居民的意愿，并保护属于非物质文化遗产组成部分的实物和场所，避免遭受破坏。

3. 九个文化遗产密集区

根据徽州非物质文化遗产的质与量，结合黄山市"百村千幢"古民居保护利用工程和绩溪县"三区一廊"建设，划定九个文化遗产密集区，分别为屯溪密集区、徽城密集区、岩寺密集区、呈坎—潜口密集区、万安密集区、甘棠—仙源密集区、西递—宏村密集区、上庄—华阳—伏岭密集区、祁山—历口—渚口密集区。

4. 十六项重点项目

徽州民歌、祁门傩舞、徽剧（徽戏童子班）、徽州目连戏、徽州三雕、徽派盆景技艺、万安罗盘制作技艺、徽墨制作技艺、歙砚制作技艺、徽派传统民居建筑营造技艺、红茶制作技艺、绿茶制作技艺、新安医学、程大位珠算、徽州祠祭、徽菜。

（五）建设时序

近期：2009—2015 年。完善非物质文化遗产保护名录体系，构建非物质文化遗产保护机制，完成重点项目实施，全面推进徽州文化生态保护实验区建设。

中期：2016—2020 年。完善非物质文化遗产保护机制，建成徽州文化生态保护区，规划项目取得成果，社会效益、经济效益显著。

远期：2021—2025 年。非物质文化遗产、物质文化遗产、自然遗产融为一体，与社会经济发展紧密结合，徽州文化生态保护区内人与人、人与社会、人与自然和谐相处，成为中国乃至世界经济、政治、文化、社会科学协调发展的范例。

第六节　美丽乡村建设规划中的文化遗产保护

一、概述

2008 年 1 月，浙江省安吉县通过《关于建设"中国美丽乡村"的决议》，第一次提出"美丽乡村"的概念。这其实是一种探索建设现代化新农村的"安吉模式"。随后，美丽乡村建设逐渐成为社会主义新农村建设的代名词。2012 年，在中国共产党第十八次全国代表大会上，首次把建设"美丽中国"作为中共的执政理念加以提出。这样，美丽乡村也就上升成为美丽中国的内容体系中的重要组成部分。在开展以"生产发展、生活宽裕、乡风文明、村容整洁、管理民主"为目标的社会主义新农村建设的基础上，还需要进一步建设一个生活甜美、环境优美、社会和美的现代化乡村。2015 年，十八届五中全会上将"美丽中国"建设目标纳入中国"十三五"规划。2017 年，习近平同志在党的十九大报告中提出："加快生态文明体制改革，建设美丽中国。"[①]

一般来说，村庄规划是从村域范围内划出不同自然资源用地范围，分别划定保护、管控、发展区域。"美丽乡村建设规划"是在村庄规划基础上针对乡村建成区人居环境而提出的改善、提升、美化方案。美丽乡村建设规划与村庄规划既有联系，也有差异，较村庄规划内容更为微观。

---

① 习近平：《决胜全面建成小康社会 夺取新时代中国特色社会主义伟大胜利——在中国共产党第十九次全国代表大会上的报告》，北京：人民出版社，2017 年，第 50 页。

二、美丽乡村建设规划中的文化遗产保护

（一）美丽乡村建设规划的基本内容

2015 年，在浙江省《美丽乡村建设规范》、福建省《美丽乡村建设指南》地方标准的基础上，国家质量监督检验检疫总局、国家标准化管理委员会发布《美丽乡村建设指南》（GB/T 32000—2015）国家标准。其内容由 12 个章节组成，基本框架分为总则、村庄规划、村庄建设、生态环境、经济发展、公共服务、乡风文明、基层组织、长效管理 9 个部分。技术内容采取定性和定量相结合的方法，汇集了财政、环保、住建、农业等行业部委的相关工作要求，明确了美丽乡村建设在总体方向和基本要求上的"最大公约数"，在村庄建设、生态环境、经济发展、公共服务等领域规定了 21 项量化指标，就美丽乡村建设给予目标性指导。

美丽乡村建设规划由乡、镇人民政府组织编制，报上一级人民政府审批。根据村庄在区域内的职能等级、人口规划、未来发展重点确定村庄的用地规模，明确村庄建设重点。要求在村庄建设重点区域布局基础设施系统、公共服务系统。规划内容体系中重点部分是村庄建设，是以现状改造和整治为重点，以改善生活和生产方便为前提[①]。具体包括道路硬化、村宅前后空间的整治、节点设计、标识系统设计、文化展示设施设计、村入口节点设计等。美丽乡村建设规划的内容体系并没有统一要求，可根据地方政府的不同要求编制规划。例如，2014 年陕西省出台了《陕西省村庄规划编制导则》。

美丽乡村建设规划的规划成果要求应满足易懂、易用的基本要求，能切实指导村庄建设整治，具体形式和内容可结合地方村庄整治工作实际需要进行补充、调整。一般包括说明书、图纸、相关附表三部分。规划图纸应采用能够反映村庄现状情况的，比例尺为 1/500—1/2000 的地形图，图纸包括现状图、村域规划图、村庄规划总平面图、整治图（标明整治项目的名称、位置，包括公共服务设施整治、道路交通整治、市政工程设施整治、安全防灾整治、绿化景观整治、文化保护等方面）、重点整治地段或节点效果图。相关附表包括村庄建设用地汇总表、村庄主要经济技术指标表和近期整治项目及投资估算表。

（二）美丽乡村建设中的文化遗产保护

在建设规划中如果涉及历史文化遗产，应重点突出保护历史村庄的整体环境、风貌、历史文化遗产和乡土特色。根据历史文化遗产的等级，明确保护范围和建设控制

---

① 陕西省城乡规划设计研究院编制:《陕西省村庄规划编制导则》（2014 年）。

地带，延续传统村落的布局和肌理，强化村庄特色风貌。在保持村庄传统格局、建筑风貌的前提下，提出村庄各类设施改善和提升的整治措施。

三、规划案例

案例一：陕西省富平县沟龙村美丽乡村建设规划[①]

沟龙村位于陕西省渭南市富平县薛镇镇区北部 300 米处，紧邻镇区。有新城、王家、董家三个自然村，共辖新城组、王家组、董家 1 组和董家 2 组 4 个村民小组（图 6-14）。村域面积 286.4 公顷，其中村庄建设用地 36.6 公顷，耕地面积 233.1 公顷。沟龙村现状共 728 户，户籍人口 2 548 人。人均建设用地面积为 143.7 米^2/ 人。该村的历史遗迹主要有粮仓、董家祠堂、沟龙古城墙、关帝庙等（图 6-15）。

图 6-14　沟龙村村域范围

---

① 摘自北京中建建筑设计院有限公司编制：《陕西省富平县沟龙村美丽乡村建设规划》（2019 年）。

图 6-15　沟龙村历史遗迹分布

1. 城墙遗址节点

沟龙古城墙遗址（图 6-16）位于沟龙村南部，紧邻县道 221，长约 30 米。沟龙古城墙是康庄战斗的战场之一。城墙单侧有闲置用地约 1500 平方米。在保护城墙墙体的前提下，规划为遗址保护和纪念空间，兼具休憩功能，主要风格为新中式风格结合田园风格。

图 6-16　沟龙古城墙遗址现状

设计手法是修复夯土城墙，修复后城墙高度为 4 米，保留其周边树木并增加草地，在城墙周围设立标识牌用来讲解沟龙村的历史。在城墙东侧广场上设计康庄战斗纪念碑，周围铺以碎石，营造纪念感。在广场上增加休息长廊及树阵，为村民及游客提供休憩空间。增设乡土特色雕塑，如磨盘、石杵、拉车等，广场铺装以青砖为主，参见图 6-17。

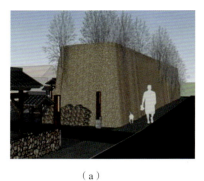

（a）　　　　　　　　　　　　　　　（b）

图 6-17　沟龙古城墙遗址及周围环境改造效果

2. 粮仓节点

　　粮仓位于沟龙村北部，面积约 800 平方米，抗日战争时期作为周边粮仓，目前建筑保存较好。在不破坏建筑主体的前提下，将粮仓改造为村民的活动室，将粮仓前场地改造为农耕文化主题广场。

　　设计手法是用青砖将粮仓前空间硬化，在粮仓两侧增加树池并结合座椅，为村民提供树下活动空间。在广场西南侧设计休闲长廊，为村民交谈休息提供场所。增加景墙围合广场空间，增加文化氛围；增加五谷丰登雕塑，呼应粮仓广场的主题（图 6-18）。

（a）　　　　　　　　　　　　　　　（b）

图 6-18　粮仓景观效果

案例二：福建省晋江市瑶前村美丽乡村建设规划①

　　福建省晋江市瑶前村为第五批国家级传统村落。瑶前村在历史文化遗产保护方面，针对历史建筑较为集中的区域进行景观设计与整治，本着经济、实用的原则，在延续传统村落、传统民居的特色基础上进行景观延续，以达到衬托瑶前村传统村落历史、文化的作用。

---

① 摘自西安工程大学编制：《福建省晋江市瑶前村美丽乡村建设规划》（2017 年）。

1. 规划原则

（1）以人为本。要适合各年龄层次村民的功能需求、审美，使村民更好地享受生活居住环境。

（2）就地取材。村庄附近最易获取的建材，既可以体现闽南地区特色，又可以从细节处展现瑶前村传统村落的文化气质。

（3）功能复合。考虑各改造提升空间功能的多样化、丰富化，提高空间使用效率，降低投入。

（4）技术适宜。充分考虑当地施工技术标准，采用适宜性的施工技术，提高最终施工效果对施工精度的容错性。

（5）文化再现。通过对乡土材质的拼接组合，从设计层面融入施工技术，形成可以反映瑶前村特点的纹样、图案。

2. 古民居节点1

不破坏古民居前的原有路面，保留现状树木，保证历史民居安全的前提下，增设休息座椅，特色材料使用体现传统村落的特点。利用山墙的竹子种植，结合现状高差，修建可坐人花池，如图 6-19 所示。

（a）改造前　　　　　　　　　　（b）改造后

图 6-19　古民居节点 1 改造前照片与改造后效果

3. 古民居节点2

将院落墙体按照原有风貌进行修缮，院落内部进行铺装硬化，硬化材料主要采用条石与红砖进行搭配，体现闽南地区古建筑的风貌特征。院落内部设置座椅、景观灯、绿化空间。入户道路不需要硬化，利用石块铺砌，留宽缝种草以展现田园式的特点。入户前增设花池，可丰富空间形态，且造价低，施工方便，如图 6-20 所示。

（a）改造前   （b）改造后

图 6-20　古民居节点 2 改造前照片与改造后效果

4. 古民居节点3

维持现状两侧石房建筑及其围合空间不变。由于石房建筑也是闽南民居的一种特色形式，对建筑本体进行加固处理。在顶部增加人字形桁架，种植植物，夏季可以遮阴，形成区别于其他节点的空间形式，如图 6-21 所示。

（a）改造前   （b）改造后

图 6-21　古民居节点 3 改造前照片与改造后效果

第七节　乡村文化遗产保护中的主要问题

近二十余年来，随着中国经济社会的快速发展，乡村文化遗产保护取得了很多成绩，但依然存在一些值得关注的问题。

一、保护与发展的矛盾

这是指文化遗产保护与地方经济发展、人民生活改善之间存在矛盾，主要表现在三个方面。

一是乡村居民的文化遗产保护意识不强。在各地编制的历史文化名镇名村规划、传统村落保护与发展规划中，都会强调对乡镇、传统村落及乡村地区历史文化遗产的保护，而针对保护片区进行保护范围划定，针对不同区域进行保护等级要求与管控，是实现历史文化遗产科学保护的方法与途径。但在现阶段的中国小城镇、乡镇及乡村尚存在较大困难，表现在小城镇或者乡村经济活跃度不高，经济基础较为薄弱，乡村居民大多缺乏文化遗产保护的相关知识，导致在文化遗产保护类项目与经济开发类项目二者之间进行选择时，前者往往由于需花费较多财政资金且难以迅速取得明显的经济效益而被舍弃。这样，历史文化遗产保护目标往往难以落实。

二是乡村文化遗产的实际保护效果不佳。乡村文化遗产多数分布在国土空间范围内，文化遗产数量众多，类型丰富，但往往受关注不多。改革开放以来较长时间关于文化遗产保护所执行的基本法律就是《中华人民共和国文物保护法》，进入 21 世纪后，虽然陆续出台了《中华人民共和国非物质文化遗产法》《历史文化名城名镇名村保护条例》等一系列的法律法规制度，但是，仍然没有充分考虑乡村地区实际情况，导致乡村地区的文化遗产要么完全不保护，要么仿照城市文化遗产进行保护，要么"过度式"保护。完全不保护的原因往往在于乡村地区的历史文化遗产的产权隶属关系较为复杂，产权形式既有国家所有（直管公房、单位产权），也有集体所有、私人所有，还有混合所有。开展文化遗产保护工作可能影响所有者的实际使用权、收益权，导致所有者不予配合。仿照城市文化遗产进行保护的原因在于缺乏真正适合乡村的、操作性强的文化遗产保护规范。进行"过度式"保护的原因则在于乡村居民缺乏文化遗产保护的专业性知识和技能。

【阅读】四川某地的"过度式"保护

"过度式"保护的案例同样较为常见。例如，四川省资阳市安岳县峰门寺石窟造像被重新彩绘（图 6-22）。该石窟造像修复前材质略损、色彩剥落，而修复后佛像全身却覆盖鲜艳的红、蓝、黄、绿等颜料。又如，资阳市丹山镇的唐代密檐式砖塔，砖塔塔身并未修复，而塔底部的佛像均进行彩画重绘（图 6-23）。虽然这种彩绘可进行清洗，但会对文物造成表面岩层颗粒脱落。

图 6-22　资阳市安岳县峰门寺石窟造像修复前后对比

图 6-23　资阳市丹山镇的唐代密檐式砖塔

　　三是文化遗产认定与规划之间存在矛盾。根据《中华人民共和国文物保护法》《中华人民共和国城乡规划法》《历史文化名城名镇名村保护条例》等相关法律法规的规定，乡村文化遗产存在文物保护单位、历史文化名镇名村、传统村落等不同的保护类型和保护等级，只有在获得相关主管部门认可的前提下，才能进行相关文化遗产保护规划的编制工作。乡村文化遗产面广量多，且现有评定标准存在不足，造成不少文化遗产未能进入专业保护者的视野，自然很难开展科学、规范的保护工作。这样，容易造成文化遗产保护的滞后性，导致不少具有较大价值的乡村文化遗产不能得到相应的及时的保护而被破坏、毁灭。

二、不同规划之间的冲突

各乡镇都要编制地方的国土空间规划。国土空间规划的内容体系涉及历史文化遗产保护的专项内容。《中共中央 国务院关于建立国土空间规划体系并监督实施的若干意见》明确提出"强化对专项规划的指导约束作用"，文物保护等专项规划由相关主管部门组织编制，确定空间发展策略，提升国土空间开发保护质量和效率，延续历史文脉、加强风貌管控、突出地域特色。

目前，乡村文化遗产保护对应的保护规划编制体系分别为文物保护单位保护规划、历史文化名镇（名村）保护规划和传统村落保护发展规划等。这几种类型的保护规划在保护原则、保护内容、成果要求方面是存在差异的，但在实际的保护规划编制中，其保护对象、保护措施与方法及保护内容等方面多没有体现出各自规划的特点，常常出现保护措施雷同或不同的问题。例如，在《全国重点文物保护单位保护规划编制审批办法》和《全国重点文物保护单位保护规划编制要求》中并没有针对乡村历史文化遗产规定具体的编制要求，导致缺乏现实、可行性高的编制理论指导，在保护规划编制过程中出现规划体系框架的模仿，造成不同规划之间缺乏互相呼应。

三、规划管理存在问题

一是中国乡镇层级不设立规划管理部门，由县级规划管理部门进行技术指导，而规划委托主体为乡镇，容易造成规划编制层面缺乏有效指导，也容易导致规划修改的随意性较大。此外，在规划执行与乡村发展过程中往往会出现执法不严、选择性执法等现象。例如，乡村居民为获得更多的短期经济效益，发生一些破坏乡村历史文化遗产、不遵循规划安排的行为，而地方政府管理部门不依法进行处理或不进行严肃处理。

二是乡镇各部门与村一级管理部门之间缺乏稳定的工作联系，容易造成规划落实的滞后性。需加强各管理部门之间的衔接，建立部门横向协作机制，明确权责范围与运作程序，根据职能划分，建立部门之间的监督机制，保障规划实施的有序推进。

第七章　城乡文化遗产的保护与利用技术

文化遗产的保护与利用技术主要是指开展文化遗产保护工作的技术性因素与方法。

《中华人民共和国文物保护法》（2017年修正）强调"文物保护单位的修缮、迁移、重建，由取得文物保护工程资质证书的单位承担。对不可移动文物进行修缮、保养、迁移，必须遵守不改变文物原状的原则"。

《中华人民共和国非物质文化遗产法》强调"国家对非物质文化遗产采取认定、记录、建档等措施予以保存，对体现中华民族优秀传统文化，具有历史、文学、艺术、科学价值的非物质文化遗产采取传承、传播等措施予以保护"。

这就意味着，物质文化遗产的修缮、保养、迁移，非物质文化遗产的保存、传承、传播，都需要采取一定的技术手段与方法才能实现。进行文化遗产的技术保护与利用，实际上是实施城乡文化遗产保护规划的重要技术手段与方法。因此，有必要了解城乡文化遗产保护、利用的主要技术与方法。

城乡文化遗产的保护与利用，涉及多方面的技术性因素。大体说来，自然环境、人文环境、人工环境、历史环境要素、传统文化、基础与公共服务设施、环境整治、公共安全等方面都存在需要考虑的技术性因素。本部分主要依据《威尼斯宪章》和《华盛顿宪章》，以及《历史文化名城名镇名村保护条例》、《中国文物古迹保护准则》、《历史文化名城保护规划标准》（GB/T 50357—2018）、《历史文化名村保护与修复技术指南》（GB/T 39049—2020）等，介绍城乡文化遗产的保护与利用的主要技术方法。

第一节 建筑物的保护与修缮

一、概述

城乡传统聚落的建筑物类型可分为文物建筑、历史建筑、传统风貌建筑和其他建筑四类。

文物建筑也可称文物保护建筑，即不可移动文物。不可移动文物包括古文化遗址、古墓葬、古建筑、石窟寺、石刻、壁画、近代现代重要史迹和代表性建筑等。根据它们的历史、艺术、科学价值差异，可以分为全国重点文物保护单位、省级文物保护单位、市（县）级文物保护单位、尚未核定公布为文物保护单位的不可移动文物。

历史建筑是指经城市、县人民政府确定公布的具有一定保护价值，能够反映历史风貌和地方特色，未公布为文物保护单位，也未登记为不可移动文物的建筑物、构筑物[1]。

传统风貌建筑是指除文物建筑、历史建筑之外，具有一定建成历史、能够反映传统风貌和地方特色的建筑（物）[2]。

其他建筑是指文物建筑、历史建筑和传统风貌建筑之外的建筑（物）。

城乡传统聚落建筑物的修缮，主要是指对文物古迹的日常保养、防护加固、现状修整、重点修复等[3]。之所以要对传统聚落的建筑物进行修缮，是因为历史建筑历经长时间自然的破坏或人为的改造与修缮，导致建筑的整体形象可能发生变化，重要部位可能受到破坏或产生缺损。这常常会缩短文物建筑、历史建筑的寿命，降低文物建筑、历史建筑的价值。我国的自然条件多样，像南方亚热带、热带地区高温高湿的气候环境对木质建筑产生的不良影响很大；我国常有自然灾害发生，像地震、洪水、泥石流、滑坡、雷电等自然灾害，容易造成文物建筑、历史建筑的毁损。以陕西省为例，受 2008 年 5 月 12 日的汶川大地震的影响，勉县武侯墓内山门影壁的墙帽开裂坍塌；略阳县东城门楼的屋面脊兽、瓦件被大面积震落，柱、梁、枋、檩脱榫严重；岐山太平寺塔的塔身八面均出现竖向裂缝；韩城玉皇后土庙的墙体开裂；汉中留坝张良庙五云楼的屋架倾斜，瓦件大面积震落，墙体开裂；华阴西岳庙灏灵殿的墙体开裂[4]。

---

① 《历史文化名城名镇名村保护条例》附则。

② 参见《历史文化名村保护与修复技术指南》（GB/T 39049—2020）。

③ 参见《历史文化名城保护规划标准》（GB/T 50357—2018）；中国文化遗产研究院：《中国文物保护与修复技术》，北京：科学出版社，2009 年。

④ 段炼孺，李晶：《中日韩建筑文化论坛论文集》，北京：中国建筑工业出版社，2021 年。

因此，有必要对文物建筑、历史建筑等重要建筑经常进行修复、加固处理。

图 7-1 为陕西米脂、华阴两地历史建筑中城墙滑坡问题。

图 7-1　陕西米脂、华阴两地历史建筑中城墙滑坡问题

二、重要建筑物的修缮原则

文物建筑是城乡传统聚落保护中最为重要的建筑物，历史建筑作为文物建筑的后备，同样重要。重要建筑物的修缮，自然需要遵循文化遗产保护的真实性、整体性等基本国际准则。20 世纪 90 年代 "与世界遗产公约相关的奈良真实性会议" 上形成的《奈良真实性文件》，大大扩展了真实性的含义，强调在真实性（原真性）原则的基础上，需要注意加入多样性的新视角，不能僵化不变。这就使得人们对真实性的理解有了可供选择的方面。

中国古迹遗址保护协会制定的《中国文物古迹保护准则》（2015 年），提出了文物保护的基本原则包括不改变原状、真实性、完整性、最低限度干预、保护文化传统、使用恰当的保护技术、防灾减灾七个方面。2019 年，住房和城乡建设部公开的《历史建筑修缮技术标准》（征求意见稿），规定了历史建筑保护修缮的基本要求，包括对整体环境和历史风貌的保护，维护建筑安全及对历史建筑使用功能的完善和活化利用等；要求对历史建筑进行保护修缮时，除了保障建筑本体的结构安全、保护历史风貌之外，还应保护历史建筑的整体与周边环境；修缮过程中采取的技术措施都应采用最小干预（minimal intervention）、可识别性的基本理念[1]。近些年，一些地方的政府部门结合本地区传统聚落建筑物的差异性问题，有针对性地提出不同的历史建筑修缮管理办法。例如，成都市 2011 年出台的《成都市历史建筑修缮和装饰装修管理办

---

① 《历史建筑修缮技术标准》（征求意见稿），2019 年。

法》，明确采用真实、完整、可识别和可持续的修缮方法和技术措施；鼓励研究和应用修缮新材料和新技术，提高历史建筑的修缮效果和历史建筑在节能、环保等方面的物理性能；禁止变动建筑主体承重结构、开挖地下空间；禁止违法搭建建（构）筑物；禁止在历史建筑上设置户外广告等[1]。一般来说，根据有关文化遗产保护的国际准则和国内法律法规及规章，中国城乡传统聚落重要建筑的修缮原则大体可以归结如下。

1. 真实性原则

真实性原则或称原真性原则，即尽量全面保存并延续重要建筑的真实历史信息和价值。这就要求在重要建筑的保护修缮过程中，尽量保留原有的材料、结构和工艺；在建筑形象、尺度、比例、材料色彩、质感、特征及施工工艺、细部技术处理上，尽量保持或恢复原有的建筑风貌；在更换建筑构件、使用新材料和新做法时，尽量保持与原有建筑的协调。这里的真实性已兼有多样性，包括了外形和设计，材料和材质，用途和功能，传统、技术和管理体系，环境和位置，语言和其他形式的非物质遗产，精神和感觉及其他内外因素等多方面。

2. 完整性原则

完整性原则或称整体性原则，指历史建筑本身的材料、工艺、设计及其环境和它所反映的历史、文化、社会等相关信息的完整性。在进行重要建筑修缮时，除应保护与重要建筑本体和其重要历史积淀层等有形价值之外，还应保护与重要建筑本体相关的非物质遗产或人文活动、文化传统，以及一定范围的自然环境。

3. 不改变原状原则

不改变原状原则是中国文物修缮的根本原则，指的是不改变建筑物始建或历代重修、重建的原状[2]。不改变原状，意味着真实、完整地保护重要建筑在历史过程中形成的价值及其体现这种价值的状态，有效地保护重要建筑的历史、文化环境，并通过保护重要建筑来延续相关的文化传统。重要建筑物的原状是其价值的载体，不改变重要建筑物的原状就是对重要建筑物价值的保护，是重要建筑物保护的基础。该原则的内容可以涵括保存现状和恢复原状两方面。保存现状是指以日常保养为主，只在出现险情时进行修缮，这实际上体现了真实性原则和《威尼斯宪章》所提出的最小干预原则。恢复原状包括对部分消失或全部消失的重要建筑进行修复、重建，这往往需要经过严格考证和科学论证，然后才能实施。建筑物的原状，一般认为是指古建筑个体或群体中一切有历史意义的遗存现状[3]。不过，另有观点认为，原状是指建筑物原

①《成都市历史建筑修缮和装饰装修管理办法》，2011年。
②《纪念建筑、古建筑、石窟寺等修缮工程管理办法》，1986年。
③《古建筑木结构维护与加固技术标准》（GB/T 50165—2020）。

来的位置与布局、形制、结构、工艺和材料状况，尤其是形制、结构、工艺和材料四者①；还有观点认为，原状是指文物建筑健康的状况，而不是衰败破旧的状况②。对于什么是原状，学术界仍然存在争议。

　　4. 谨慎原则

　　谨慎原则主要包括两方面内容。一是在开展修缮工程之前需要对重要建筑物做全面深入的调查、研究，细致了解和评估重要建筑的价值，并在修缮过程中进行详尽记录。二是在修缮过程中要谨慎地采用现代修缮材料和技术。即修缮工作需要遵循最小干预原则、可识别性原则和可逆性原则。最小干预是指应把干预限制在保证重要建筑物安全的程度上。为减少对重要建筑物的干预，应对重要建筑物采取预防性保护。对重要建筑物的保护是对其生命过程的干预和存在状况的改变。采用的保护措施，应以延续现状、缓解损伤为主要目标。这种干预应当限制在保证重要建筑物安全的限度上，必须避免过度干预而造成对重要建筑物的历史、文化信息的改变。可识别性是指要慎重对待重要建筑物在它存在的历史过程中的遗失和增建部分，对不可避免的添加和缺失部分的修补必须与整体保持和谐，但同时需区别于原作，以使修缮过程不至于歪曲其艺术本真或作为历史见证的真实性。可逆性是指对重要建筑物采取的修缮、改建的措施应尽量做到可以撤除而不损害建筑物本身，修缮新添加的材料其强度应不高于原始材料，新旧材料要有物理、化学兼容性，从而为将来采取更科学、更适合的修缮留有余地。可识别性原则和可逆性原则并未在木构建筑保护实践中普遍遵循。

　　5. 安全性原则

　　随着时间推移，重要建筑会出现不同程度的风化、走闪，或者在自然灾害发生后会出现结构失稳、墙体开裂等多种问题。如果这类问题不解决，重要建筑的使用功能也就无法正常发挥。因此，应尽量满足现行的建筑、结构、消防、节能、卫生防疫和无障碍等设计规范要求，并使用合适的保护技术，适当提升文物建筑、优秀历史建筑的防水、防火、防潮、防灾和节能能力。

【阅读】云南翁丁村老寨火灾的警示

　　2021 年 2 月 14 日，云南省临沧市翁丁村老寨发生严重火灾③，一夜之间，这个原生态的佤族村落几乎荡然无存。

---

　　① 罗哲文：《关于建立有中国特色的文物建筑保护维修与合理利用理论与实践科学体系的意见》，《古建园林技术》2006 年第 1 期，第 5—13 页。

　　②《关于中国特色的文物古建筑保护维修理论与实践的共识——曲阜宣言》，2005 年。

　　③ 国家文物局：《国家文物局督办云南翁丁村老寨火灾事故》，http://www.xinhuanet.com/politics/2021-02/18/c_1127111849.htm，2021-02-18。

作为中国保存最为完整的原始群居村落之一，翁丁村老寨被誉为传统历史文化的活态博物馆。近年来，当地下大力气改善内外基础设施，将翁丁村老寨建设成具有相当知名度的旅游打卡地。2020年3月，翁丁原始部落文化旅游区被评定为国家4A级旅游景区。随着观光旅游客流的增加，当地人民的生活也因此得到很大改善。由于这次火灾影响巨大，翁丁村老寨的旅游设施需要时间重建、修缮，当地旅游从业者和相关人员的生活很可能受到影响。

近些年，类似翁丁老寨村这样的西南地区传统村落火灾事故并非个例。2014年1月11日，有着1300多年历史的香格里拉县（今香格里拉市）的独克宗古城发生火灾，烧毁房屋242栋，大量藏族民居毁于一旦；2014年1月25日，贵州省黔东南州镇远县报京侗寨发生火灾，烧毁房屋148栋[1]。2019年、2020年冬，贵州省西江千户苗寨又连续发生局部火灾[2]。火灾给文化遗产保护利用带来的教训是深刻的。如何妥善保护并利用西南地区传统村落的珍贵文化遗产，让脆弱的传统建筑免遭火灾，是文化遗产保护者沉甸甸的专业责任与历史使命。

三、重要建筑物的修缮方法

重要建筑物一般都属于文物建筑或历史建筑，也可俗称为古建筑。根据文物建筑和历史建筑的保护级别差异，修缮的具体方法存在不同。

对于文物建筑，需遵循《中华人民共和国文物保护法》《中华人民共和国文物保护法实施条例》等法律法规和文物保护规划的要求实施保护措施。根据文物建筑保护不改变原状的基本原则，修缮过程中需要尽可能地保持建筑物原来的位置与布局、形制、结构、工艺和材料。但是，在实际保护与修缮工作中，要在上述诸方面都保持不变并不容易。

【阅读】山西芮城永乐宫的搬迁

20世纪50年代中期，为了根治黄河，国家开始兴建三门峡水利工程。永乐宫当时所在的永乐镇处于工程淹没区。为了保护这一珍贵的历史文化遗产，国家决定对永乐宫进行史无前例的整体搬迁。自1957年开始，经过勘测、设计、选址、临摹、加固、揭取、迁运、复建等方法，到1966年，永乐宫古建筑及壁画被整体搬迁到芮城县城北的古魏城遗址之内，也就是永乐宫的现今位置。永乐宫整体搬迁保护任务的完

---

① 王昊魁：《强化文物古建筑消防安全工作》，《光明日报》2014年4月10日，第10版。
② 《西江千户苗寨发生火灾　烧毁两栋房屋》，http://www.gz.chinanews.com/content/2019/03-16/88631.shtml，2019-03-16。吴采倩：《贵州西江千户苗寨一房屋失火无人员伤亡　景区正常开放》，http://www.chinanews.com/sh/2020/12-07/9356053.shtml，2020-12-07。

成，为我国古建筑、壁画的易地保存提供了有益的保护案例和宝贵的技术经验。

1968 年出台的《威尼斯宪章》第七条规定："古迹不能与其所见证的历史和其所产生的环境分离。除非出于保护古迹之需要，或因国家或国际之极为重要利益而证明有其必要，否则不得全部或局部搬迁古迹。"显然，永乐宫的搬迁与晚出的《威尼斯宪章》关于古迹搬迁的基本主张完全一致。永乐宫 1961 年被国务院公布为首批全国重点文物保护单位；1998 年被列入中国世界文化遗产预备名录。

对于城乡传统聚落中的历史建筑，需区别情况采取不同的保护措施。

属于核心保护区的历史建筑，需建立历史建筑档案，设置历史建筑保护标志。历史建筑档案应包括下列内容。

（1）建造年代、历史价值、建筑特征及其价值。

（2）所有权、使用权的变化与现状。

（3）测绘信息记录和相关技术资料。

（4）修缮、装饰工程中形成的文字、图纸、图片、影像等资料。

挂牌保护的历史建筑，宜根据历史建筑的保存现状，采取维护、加固、修复、改善等措施。一是维护。维护是日常的基础性的保护措施，是指保持历史建筑原有的形制、高度、体量、色彩等外观及有历史价值的构件特征。二是加固。加固是指历史建筑的局部构件或整体结构出现变形、损坏等情况，存在一定安全隐患时，通过采取增强、局部更换或调整其内力等方式，增加其安全性、耐久性和可靠性的措施。加固时，宜确保不损坏历史建筑本体。三是修复。修复是指对出现残损或失稳状态的历史建筑进行的修缮措施，包括局部受损修复和在整体结构受损严重情况下的抢救性修复。具体来说，纠正失稳、歪闪、错乱之处，修补坍塌、残损之处，更换腐朽构件，清除不当添加物等，都属于修复。对于传统木构建筑的修复，宜尽量保持各时期有价值的结构、构件和痕迹；修复具体部位时需有充分依据，并尊重传统形制，采用传统材料与工艺。必要时，可采取落架大修方式修复。落架大修是指当建筑构架中主要承重构件残损，有待彻底整修或更换时，先将建筑构架全部或局部拆落，修配后再按原状安装的维修方法。四是改善。要采取区别于文物建筑的保护方式，在保持历史建筑的外观、风貌等特征基础上，合理利用，丰富业态，活化功能，实现保护与利用的统一，充分发挥历史建筑的文化展示和文化传承价值。

重要建筑物的具体修缮工作需遵循设计（包括勘察测绘、专项评估、制定措施、编制设计文件）、施工和竣工验收要求进行。

【阅读】古建筑的勘察测绘

古建筑的勘察测绘是指在开展修缮之前对古建筑进行的数字化信息采集。测绘工作需要遵循相关的技术标准，包括调查古建筑本身的残损情况，绘制所测绘建筑物图纸，评估建筑物的安全现状，从而提出维修保护方案。测绘选用的仪器通常包括水准仪（图7-2）、经纬仪、绘图仪。近些年，多采用三维激光扫描仪（图7-3）来测绘复杂的不规则建筑外形、石刻，以实现三维可视化模型。

图 7-2　水准仪　　　　　　　　　图 7-3　三维激光扫描仪

重要建筑物的修缮需要分别木构建筑、砖石建筑、石窟寺、摩崖石刻、陵墓、古遗址等类型，选择不同的修缮技术手段。下面主要介绍木构建筑和砖石建筑两类。

1. 木构建筑

木构建筑是中国古建筑的主流，多数木构建筑物是在柱础以上用木材做主要的支撑构件，包括立柱、横梁、坡屋顶梁架等。木构建筑的修缮，需要严格按照《古建筑木结构维护与加固技术标准》（GB/T 50165—2020），遵守不改变文物原状的基本修缮原则。木构建筑修缮前需要进行安全性等级评估。安全性等级按表7-1进行评定。

表 7-1　安全性鉴定评级的层次、等级划分及工作内容

层次		一	二	三	
层名		勘查项目	单个构件	结构体系	
等级划分		a´、b´、c´、d´	a、b、c、d	A、B、C、D	
安全性鉴定程序	承重结构	按残损点及残损程度评定该项目等级	按构件应勘查项目和可验算项目评定构件等级	结构体系中每一构件集评定 按结构布置、结构间连系和抗侧向作用系统评定结构整体牢固性等级	综合评定结构体系安全性等级
安全性鉴定程序	围护结构	按围护系统结构、构件的勘查项目及鉴定步骤逐步评定每个层次等级			综合评定结构体系安全性等级

资料来源：《古建筑木结构维护与加固技术标准》（GB/T 50165—2020）

根据安全性的等级差异确定修缮类型。修缮类型包括日常保养、防护加固、现状修整、重点修复四类。日常保养是针对历史建筑进行经常性的小型修理，除草、补漏、勾抹等；防护加固是针对历史建筑进行临时性（抢救性）加固；现状整修是指去除险情、去除无价值添加、局部修复；重点修复是指将历史建筑的结构恢复稳定状态，增加必要的加固结构，修补损坏的构件，添配缺失的部分等。

历史建筑也可根据建筑的不同构造采取适当的修缮办法。以木构件中木柱为例，修缮的方法有劈裂加固、柱根糟朽加固、柱子中空灌浆、更换新柱等。

（1）劈裂加固。木柱劈裂存在几方面的原因。一种是自然劈裂。由于在建筑建造过程中使用的木材未完全干燥，建成后在建筑房屋使用过程中木柱会逐步干燥从而形成裂缝。这种情况的裂缝不会影响柱子的承重情况。但若裂痕较大，常用的方式是用木条进行嵌补并用铁箍加固。另外一种是受重力不均造成柱子劈裂。这种情况的出现与柱子受力不均匀有关，修缮方法除了加固铁箍紧固外，还要调整柱子的受力，增加抱柱。

（2）柱根糟朽加固。柱根内部发生糟朽，当糟朽不超过柱根直径的1/2时，一般采取剔补加固。剔补加固是将糟朽部分砍刮干净，并进行防腐处理后进行填补，填补后外圈用铁箍箍牢。当柱根糟朽较为严重，根部向上不超过柱子1/4—1/3时，一般采用墩接的方法[①]。

巴掌楔榫是一种最为常用的墩接方式。其巴掌的搭交长度应不小于墩柱的1.5倍。该墩接形式由于其内部的咬合方式而具有很好的连接与固定效果。为防止内损坏，一般在墩接后，另外再加铁箍紧固。日本传统建筑的柱子墩接也采用这种方式。

抄手榫是通过在柱断面上划十字线，使之分成四瓣，然后剔出搭交的两瓣，使上下相对卡牢，外再用铁箍箍紧。螳螂头榫是把墩接部分的上部做成螳螂式，插入原有柱内。

（3）柱子中空灌浆。针对需灌浆加固的柱子进行支撑加固，减少柱子荷载。选择柱子的一面，分段开宽10—15厘米的深槽至柱空处，并自上而下将柱内空出的糟朽部分剔除。然后，将柱身裂缝及孔洞用环氧腻子封闭严实，以防灌注时浆液流淌。当柱身孔洞封堵后，开始配料灌浆。灌浆液体选择树脂，每次3—4厘米。灌注高度以不超过1米为限，两次灌注时间应间隔在半小时以上。待灌注完成后补配上段的槽口木条，等干燥后再进行灌浆。

（4）更换新柱。当糟朽部分达到1/4—1/3柱高时，原则上原木柱已不适于墩接，要进行更换新柱。更换时，需注意严格按照原有柱子的形制制作，柱子表面做法要按原做法，选取同等材质或优于同等材质的干燥木材。

2. 砖石建筑

砖石材料适合做建筑物中的承受垂直荷载的构件，如墙身、柱子、基础，还用作木构建筑的基础、台阶和非承重的维护墙体等。砖石材料的砌体是砖石结构建筑的主要受压构件，但砌体的抗压强度远低于单块砖石的抗压强度。砖石在受压时，属脆性材料，可能会出现脆性破坏，非常危险。因此，修缮前，需查清裂缝与变形原因，针对不同的成因，选择相应的修复加固方法，尽量不改变原来受力平衡的状态，检视补偿和增加结构或构件丧失的安全度；鉴别裂缝的重点是区别变形和受力两类性质不同

---

① 中国文化遗产研究院：《中国文物保护与修复技术》，北京：科学出版社，2009年。

的裂缝，尤其应该注意受力裂缝，防止受力裂缝因突然变化而出现脆性破坏，如坍塌事故。对受力裂缝要及时采取临时加固等应急防护措施；对变形裂缝要进行观测，确定其稳定以后再做加固处理。

砖石建筑主要的修缮方法有勾缝封闭修补、压力灌浆修补、局部挖镶加筋补强、局部拆砌维修、增加扶壁柱（墙）等。

（1）勾缝封闭修补。对于砌体脱落和出现的细小裂缝应采用与原砌体相同的勾缝材料对其进行重新勾抹严实。目的在于减少砌体的透风性，降低灰浆的老化、粉化速度，保护砌体强度不受损坏，延续其完整性与耐久性。

（2）压力灌浆修补。对已开裂的墙体和砂浆饱满度差的墙体，可采用压力灌浆进行修补和加固。浆液的强度根据设计计算确定。灌浆材料需要与原墙体材料接近。灌浆材料一般强于原材料，因而掌握和控制好灌浆的工艺与质量，砌体强度就能得到提升。

（3）局部挖镶加筋补强。将裂缝处断裂、酥碎的砖石块及松散砂浆剔除干净，镶砌整块长砖、长石料，混凝土强度等级不能低于C15，砂浆不低于M10，钢筋采用 Φ6—8。增设钢筋扒锔（ ⌐⌐ 形箍），沿裂缝每4—5砖或每2—3层块石高度的灰缝处，钉入扒锔。扒锔可用 Φ6—8 钢筋弯成，长度应超过裂缝各两侧各400毫米，两端弯成100—150毫米的直角钩，然后用M7.5—10水泥砂浆填缝塞实，灰缝厚度不小于15毫米，并注意湿润养护。

（4）局部拆砌维修。对于砖石砌体局部松动、开裂严重，局部濒临坍塌或出现坍塌的部分，应进行局部拆砌维修。按照原规格补配相似砖石材料，强度等级不应低于原材料。为了提高安全度，在薄弱处适当增设拉接钢筋或者增补少数质量好的砖石材块。在重新堆砌时应参考《砌体结构设计规范》（GB 50003—2001）。

（5）增加扶壁柱（墙）。为补充和增强开裂墙体的承载能力，可采用增设扶壁柱（墙）的方法，后砌扶壁柱（墙）的基础埋深应与原砌体基础相同。新老砌体之间每隔500—600毫米应设置2根长度不小于1米的锚拉钢筋。后砌墙体的砂浆等级应比原砌体提高一级，不应低于M2.5。

第二节　传统街区的保护与整治

一、概述

传统街区也可以称为历史街区，是指文物古迹比较集中，或能较完整地体现出某一历史时期传统风貌和民族地方特色的街区，包括历史文化街区、历史地段、历史文化片区等。在《历史文化名城保护规划标准》（GB/T 50357—2018）中，"保护"是指对保护项目及其环境进行的科学的调查、勘测、评估、登录、修缮、维修、改善、利用过程；"整治"是指为保持历史文化名城和历史文化街区风貌完整性和提升建成环境的品质所采取的各项活动[1]。城市传统街区的保护与整治，主要是指对历史悠久城市的老城区或传统街区的文物古迹所采取的保护与环境整治措施，内容涉及区域的交通环境改善、废弃土地治理、房屋修缮与改建、水体与绿化的治理等[2]。这是一项系统工程，需要运用行政、经济、技术、公共参与等手段，才能保证效果。在我国，城市传统街区的保护与整治，多与城市历史保护和更新改造等活动匹配进行。城市的中心城区或老城区、传统街区等区域，受历史、经济发展双重影响，往往会出现基础设施配套不足、公共空间短缺、建筑混乱私搭乱建等问题。

【阅读】上海与成都的传统街区整治

上海市于2015年颁布了《上海市城市更新实施办法》，2018年颁布了《上海市旧住房拆除重建项目实施管理办法》，2020年成立了上海市城市更新中心。模式是基于城—镇—村的全域尺度下进行"保护—改建—新建"，推行城市风貌管控计划、生活休闲计划、完善社区计划等。其中，保护是针对历史建筑采取原真性保护；改建是针对具有一定价值又不能改变建筑立面的建筑，根据所需改变的建筑性质进行一定程度的改建（图7-4）；新建是围绕保护、改建区域进行的新建建筑，建筑风貌需要整体协调统一。

图7-4 上海市延安西路海军俱乐部更新前后对比照片

2020年成都市出台《成都市城市有机更新实施办法》，强调要降低拆除、增加改造的工作量，将"少拆多改"与保留改建相结合。以城市更新项目为抓手，将棚户区改造、老旧社区改造与城市更新相结合。通过对原有建筑进行空间再造和功能转换，尽可能原风貌保留特色建筑，将新业态融入其中，培育新的功能需求，并融合传统活

---

① 《历史文化名城保护规划标准》（GB/T 50357—2018）。

② 清华大学建筑学院：《城市规划资料集》第8分册《城市历史保护与城市更新》，北京：中国建筑工业出版社，2008年。

动，在有序更新中续接城市文脉，使之满足现代社会生活需求。这样，既保留历史价值，又凸显现实意义，实现城市环境和功能品质综合提升。

二、传统街区的保护与整治方法

城乡传统聚落街区，即传统街区或历史文化街区。其保护与整治技术主要包括对传统街区实施的调查统计、历史风貌与格局保护、建筑物修缮、公共环境整治、街道景观管理等方面的规范处理、设计。

1. 调查统计

调查统计是指对历史文化街区内需要保护建筑物、构筑物的相关信息进行统计。统计内容应包括位置信息、建造年代、结构材料、建筑层数、历史使用功能、现状使用功能、建筑面积、用地面积等。

2. 历史风貌与格局保护

历史风貌是指反映历史文化特征的城镇、乡村景观的整体面貌。历史格局是指城镇、乡村聚落的轮廓形态及街巷格局、重要建筑、环境要素相对位置的历史状况。历史风貌与格局是体现传统聚落街区历史文化整体性特色的核心内容，需要重点保护与修复。

对于历史风貌，需界定城镇、乡村聚落的历史风貌特色，制定相应的保护措施和长效监测机制。

对于历史格局，应重点进行三方面的工作。其一，重点保护城乡聚落的街巷结构、方向、宽度和形成街巷的建筑尺度，维护街巷、院落空间的历史风貌与形态特征。其二，建（构）筑物的体量、高度、形制、材料、色彩等，需与传统风貌相协调，保持城乡聚落重要天际线的完整和景观视线的通畅。其三，在核心保护范围内，不宜新建、扩建或改建街巷，对原有街巷进行整治时，需维护原有的街巷结构、比例尺度、路面材质、色彩肌理等形态特征。

3. 建筑物修缮

传统街区建筑物的修复或修缮，需要按照文物建筑、历史建筑、传统风貌建筑和其他建筑的不同类型，根据保护等级确定其修缮的不同保护程度与要求。文物建筑、历史建筑等重要建筑物的修缮要求已如前述。传统风貌建筑和其他建筑的修缮要求则较为宽松。一般来说，城乡传统聚落保护范围内的传统风貌建筑，可以采取维修、改善、修复、加固等修缮措施，也可以采取整治措施。在保护建筑物传统风貌的基础上，可以结合居住需求，改造建筑物的内部空间，敷设现代设备设施，完善建筑物的使用功能，以提升当代城乡居民的栖居品质。城乡传统聚落保护范围内的其他建筑，可以根据与当地传统风貌协调的程度高低，划分风貌协调建筑（无冲突建筑）与风貌不协调建筑（有冲突建筑）两类。对于风貌协调建筑，应予以保留，并对相关的建设活动提出管控要求；对于风貌不协调建筑，视其与当地传统风貌不协调的程度高低，进行整治、改造、甚至拆除。当采取拆除不建的方式时，宜多增加公共开放空间，提高传统街区的宜居性。传统街区内的建筑物、构筑物的保护与整治方式可以参考表 7-2 的情形判断、选择。

表 7-2 传统街区建筑物、构筑物的保护与整治方式

分类	文物保护单位	历史建筑	传统风貌建筑	其他建筑物、构筑物	
				与历史风貌无冲突的其他建筑物、构筑物	与历史风貌有冲突的其他建筑物、构筑物
保护与整治方式	修缮	修缮 维修 改善	维修 改善	保留 维修 改善	整治 （拆除重建、拆除不建）

资料来源：《历史文化名城保护规划标准》（GB/T 50357—2018）

各地传统街区的建筑物保护要求中，往往有对建筑物进行详细保护、建设等行为的详细规定。例如，山西平遥古城各级保护院落的保护要求如表 7-3 所示。

表 7-3 山西平遥古城各级保护院落的保护要求

类别	一级保护院落	二级保护院落	三级保护院落及其他
整体布局	不得改变		
原有功能	不得改变	应保持原有功能，如有功能改变应经审批	可适当调整，功能改变应经审批
沿街立面	不得改变		
内院建筑立面	不得改变	可适当调整，不得去除、遮蔽和影响历史特征要素	
建筑结构	不得改变		
平面轮廓	不得改变		
内部空间	可适当调整，不得去除、遮蔽和影响历史特征要素		
搭建改建	拆除	拆除或改善风貌	
设计与审批	严格按照正常程序	根据具体情况选择正常程序或简易程序	

如有违犯，将根据《山西省平遥古城保护条例》（1999 年）进行惩罚

资料来源：同济大学编制的《平遥古城传统民居保护修缮及环境治理管理导则》（2014年）

当然，开展修缮工作需要向当地主管部门申请，并依据要求进行修缮方案设计，再提交规划主管部门进行审批，待修缮设计通过后才可以施工。

4. 公共环境整治

公共环境整治是指在不破坏传统街区整体环境的完整性与真实性前提下，满足和完善当代居民生活需要所进行的环境整治。包括市政基础设施改造、违章建筑拆除、废弃土地整治、绿色开放空间整治。主要整治模式如图 7-5 所示。

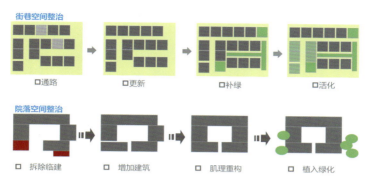

图 7-5　公共环境整治模式示意
资料来源：中国建筑设计研究院《蒲城城市风貌与特色规划》（2017年）

（1）市政基础设施改造。对传统街区内道路进行硬化或拓宽，并增设停车位等。对雨水、污水管网进行改造，增设公共厕所、垃圾站、垃圾桶、路灯等设施。对电力、电信等线网进行下埋，实现路平、水通、灯明。在不能满足消防通道及消防给水管径要求的街巷内，应设置水池、水缸、沙池、灭火器及消火栓箱等小型、简易消防设施及装备。

（2）违章建筑拆除。在传统街区红线范围内的临时建筑或未批先建的违章建筑进行拆除。例如，山西平遥古城违章建筑的拆除原则如表 7-3 所示。

（3）废弃土地整治。城市废弃（闲置）土地一般是指工业或者在建设开发过程中所导致的不能直接有效再利用的土地。在传统街区中，出现工业废弃土地情况较少，但其他情形导致的废弃或闲置土地较多。面对闲置土地需要对土地本身进行价值评估、对传统街区的发展方向进行定位，参照发展定位再对用地进行功能的更新。新建建筑需要与整体传统街区的历史环境相协调。

（4）绿色开放空间整治。绿色开放空间整治是指通过改造城市绿化景观建设城市公园，从而提升城市环境品质[①]。在传统街区中，依然需要公共绿地、休闲绿地、街头花园等公共空间，选择闲置用地进行绿色开放空间的建设。绿化以院落绿化和街头小型绿地为主。

5. 街道景观管理

街道是传统街区的重要组成部分。街道景观整治需要在保持历史风貌的前提下，为适应当地的居民和游客的需求而作出适当的改善，改善对象主要包括沿街立面、户外广告牌、街道照明及其他等。

（1）沿街立面。建筑立面应使用传统建筑材料和构件，不得出现现代建筑材料，建筑开间为基数，临街界面的颜色应保持古朴、素雅，重点建筑要经过专家论证，如

---

① 清华大学建筑学院：《城市规划资料集》第 8 分册《城市历史保护与城市更新》，北京：中国建筑工业出版社，2008 年。

图 7-6 所示。

图 7-6　蒲城县城市风貌与特色规划
资料来源：中国建筑设计研究院《蒲城城市风貌与特色规划》（2017年）

（2）户外广告牌。传统街区中往往存在商业型的设施，因而需要对商业门店的样式进行控制和引导，以保护传统街区历史氛围、特色景观的真实性与完整性。商业广告宜采用木质材料，不宜出现金属、塑料等现代材料，其体量风格要与建筑本身相协调。例如，门店广告牌采用"一店一招"形式，照明宜选择间接照明[1]。

（3）街道照明。街道照明光源可采用立灯、壁灯、灯笼。三种光源中，立灯、壁灯需根据规划要求统一采购与安装，立灯、壁灯的风格需与街道相协调。灯笼的悬挂可根据特色进行选择，但总体数量不宜多。山西平遥古城街道的灯笼悬挂方式如图 7-7、图 7-8 所示。

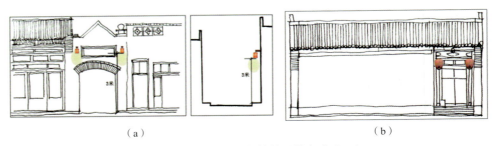

（a）　　　　　　　　　　　　　　　　　（b）

图 7-7　街道照明中灯笼的悬挂方式（一）

（a）　　　　　　　　　（b）

图 7-8　街道照明中灯笼的悬挂方式（二）

---

① 同济大学、澳大利亚麦道格・瓦恩斯公司：《平遥古城传统民居保护修缮及环境治理管理导则》，2014年。

（4）其他。对空调室外机、太阳能热水器等建筑外部设施，以及垃圾箱、检查井盖等街道公共设施的尺寸、形式、材料和位置进行控制。

三、历史环境要素的保护与修复

历史环境一词有不同的含义，广义上可以指历史时期的自然环境和人文环境状况，狭义上只包括历史时期人类活动形成的所有物质遗存，甚至仅指历史时期特定场所遗留下来的构成该地特定历史时期自然环境和人文环境面貌的某些元素。当然，三者之间是有内在联系的。

【阅读】历史环境与建成遗产[①]

建成遗产（built heritage）是国际文化遗产界惯常使用的一个概念，泛指以建造方式形成的文化遗产，包括建筑遗产、城市遗产和景观遗产三大部分。这些建成遗产，有些已列入保护清单，有些尚待评估和认定。把"建成遗产"所涉的空间范围扩展，其另一种表述方式就是"历史环境"，即具有特定历史意义的城乡建成区，如城市中的历史文化街区和乡村中的传统聚落，它们是成片、成区集聚的建成遗产，与特定地景要素一起构成城乡历史空间。此外，"历史环境"概念的外延，还包括那些建成遗产虽早已凋零，但其历史地位的影响依然深厚的地方。

这里的历史环境要素属于狭义的，主要是指能够反映城乡聚落历史文化特征的某些自然环境要素与人工环境要素。具体而言，主要指与土地密切相关的文化遗产所构成的、一定范围的整体物质环境[②]。也可以把历史环境理解为由与土地密切相关的文化遗产、场所环境及社区生活所构成一定范围的整体的肌理及其氛围[③]的历史区域。一般来说，历史环境可以划分为自然、人文和人工三部分。从空间上讲，历史环境可以小到建筑、广场、庭院、道路、树木、小品等，大到一个城市乃至城市及其周边的乡村区域。但是，不同国家、不同时期构成历史环境的要素是存在差异的。例如，中国与日本、英国的历史环境要素理解就有很大不同（图7-9）。

对历史环境含义的理解不同，对历史环境要素的理解也会存在差异。《历史文化名城保护规划标准》（GB/T 50357—2018）将历史环境要素定义为"可反映历史风貌的古井、围墙、石阶、铺地、驳岸、古树名木等"；稍后，为适应历史文化名村的保护，《历史文化名村保护与修复技术指南》（GB/T 39049—2020）将上述的历史环境

---

① 常青：《论现代建筑学语境中的建成遗产传承方式——基于原型分析的理论与实践》，《中国科学院院刊》2017年第7期，第667—680页。
② 阮仪三、李浈、林林：《江南古镇：历史建筑与历史环境的保护》，上海：上海人民美术出版社，2010年，第3页。
③ 张松：《城市历史环境的可持续保护》，《国际城市规划》2017年第2期，第1—5页。

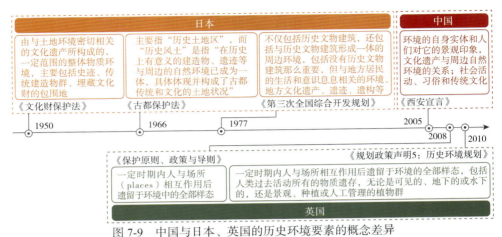

图 7-9　中国与日本、英国的历史环境要素的概念差异
资料来源：尹红男：《城市历史环境中建筑形态消隐设计研究》，哈尔滨工业大学2019年硕士学位论文

要素定义改写为"除文物古迹、传统建筑之外，构成历史文化名村传统风貌的生产生活设施与古树名木等景观及生态地理景观"。显然，二者都只反映构成城乡聚落中带有某些历史文化内涵的具有分散性的零星人工环境与自然环境（图 7-10、图 7-11、图 7-12），并没有把社会活动、习俗和传统文化等非物质性的人文环境包括在内。也就是说，历史环境的构成要素中并不包括人文环境。

（a）　　　　　　　　　　　（b）
图 7-10　福建省泉州市景胜别墅（第八批全国重点文物保护单位）围墙

（a）道路铺装　　　　　　（b）敬惜字纸阁
图 7-11　陕西省韩城市党家村的道路铺装与惜字阁

图 7-12　陕西省富平县文宗村的古树名木

历史环境要素中，铺地，古井，古树名木，城墙、围墙等墙体建筑和景观小品最为常见，保护与修复过程中需要特别注意。

1. 铺地的保护与修复

针对历史铺装保存较好的历史街巷，应保持其路面铺装不变，同时对其中残缺、破损的路面进行修补。针对与历史铺装不符的历史街巷，在明确其原有铺装方式的前提下，应对其进行铺装恢复。

若原有铺装不详，则可参照其他相同级别历史街巷铺装进行恢复，主要以碎石、条石为主。但需注意不应刻意模仿古驿道铺设方式。

历史街巷应实行三线入地工程，对沿街电线杆等设施进行拆除。对历史街巷应悬挂指示说明牌，标记其道路名称，并介绍历史信息和价值。

2. 古井的保护与修复

对古井进行保护保养、维护参照《地表水环境质量标准》《生活饮用水卫生规范》定期进行水质检测，确保生活饮水安全和卫生，地下排污管、垃圾收集点和公共厕所、化粪池等，应避开古井，避免水质污染。

3. 古树名木的保护

对古树名木应进行认定，并挂牌保护。针对出现倒塌危险的古树，需要对其进行详细勘察，评估其倒塌风险，并采取相应的支护措施，设置保护围栏。

【阅读】西安市的古树名木保护①

我国的古树名木中，古树是指树龄100年以上的树木；名木是指树种珍贵、稀有或者具有重要历史、文化、科学研究价值和纪念意义的树木。西安市在2008年出台的《西安市古树名木保护条例》中明确将古树进行分级保护，树龄在500年以上的古树，实施一级保护；树龄在300年以上不满500年的古树，实施二级保护；树龄在100年以上不满300年的古树，实施三级保护；名木实施一级保护。主要目的是加强古树名木的保护管理，维护西安市历史文化名城风貌，促进生态环境和经济社会协调发展。

古树名木目录也会更新。根据古树树龄鉴定，符合《西安市古树名木保护条例》关于古树的认定标准便可纳入。例如，2020年8月西安市新增4棵古树建档名录（表7-4）。

表7-4　西安市新增古树建档名录

编号	中文名	拉丁文名	保护等级			生长位置	
			一级	二级	三级		
610111107003	侧柏	*Platycladus orientalis*			√	灞桥区	洪庆街办西安现代纺织产业园内
610111137020	皂荚	*Gleditsia sinensis*			√	灞桥区	洪庆街办西安现代纺织产业园内
610111137021	皂荚	*Gleditsia sinensis*			√	灞桥区	洪庆街办西安现代纺织产业园内
610111137022	皂荚	*Gleditsia sinensis*			√	灞桥区	洪庆街办西安现代纺织产业园内

4. 城墙、围墙等墙体建筑的保护与修复

城乡传统聚落有相当一部分还保留着长度不等的城墙、围墙。城墙、围墙往往成为名城、名镇、名村传统街区与新街区的分界线和标志物。因此，墙体建筑的保护与修复十分重要。

对于基础稳固、相对完整的墙体建筑，需要监测其稳定性，布置防雨防雷设施，以免受到自然或人为损害。对于基础不稳、大部分崩塌的墙体建筑，应聘请专业单位进行结构加固设计与施工。

城墙、围墙等墙体建筑作为不可移动文物，已经全部毁坏的，应当实施遗址保护，不得在原址重建。

5. 景观小品

景观小品是指牌楼、照壁、仪门、石狮子、抱鼓石等体量较小的传统建筑物。在传统街区中，这些景观小品具有重要的点缀作用。

对于景观小品，宜登记建档并挂牌保护，设置具有警醒意义的保护标志；需要修复的，宜建立保护规划和修复建设公示栏。

---

① 参见《西安市古树名木保护条例》，2008年。

第三节　自然和人文环境的保护与修复

一、概述

任何文化遗产都有产生该遗产的自然与人文环境。城乡聚落传统文化的孕育，离不开各自不同的自然和人文环境条件。随着时间的推移，遗产所赖以依存的自然环境条件可能会受到一定的损害、破坏，人文环境条件也可能发生很大变化，甚至已没有多少传统时代的生产、生活痕迹。对于城乡传统街区、传统聚落来说，这种变化了的自然与人文环境状况，容易给人某种误导、误解，不利于其特定历史价值的展示和呈现。因此，为了让人们更好地通过文化遗产认识历史、理解历史，尽可能地保护文化遗产所在地良好的自然与人文环境，修复被破坏和受损害的自然与人文环境，是十分必要的。

可以保护、修复甚至改善的自然环境对象主要是水域、山体和土壤、动植物，可以保持、恢复的人文环境主要是部分生产活动和生活习俗。

二、水域与山体

水域是城乡聚落产生、发展的基本条件，山体常常与城乡聚落不可分割。历史时期以来，城乡聚落及其附近的水域、山体往往发生了很大的变化。需要针对不同的情形采取适当的保护与修复方法。

对于水域，宜在水滨地带划定生态保护带或保护区，尽量使其成为绿地、林地、园地或农田。河、湖、塘、池等水体，宜尽量保持或恢复自然状态，避免因工程活动而填塞、侵占水体或大规模、大尺度改变水体的自然面貌。受到污染的水体，需要设法改善水质。

对于山体，需根据各地的不同情况，划出一定的边界明确的禁止建设或限制建设区域，进行植被的恢复或培育。城乡聚落及其附近具有重要文化意义的山体，其轮廓线（天际线）和制高点不应被现代人工建筑遮蔽，山体之间、山体与聚落之间的视线通廊应重点保护。在山体原始状态得到较好保护的区域，如果经批准可以进行建设活动，需编制包括遗产影响评估内容的环评报告，以控制其功能、规模和强度，以保持人工建筑物与山体地形地貌的协调。对于受到破坏的山体，需根据破坏的性质、规模和程度，采取修补、梯级过渡等适当的方式进行生态修复，尽量恢复或接近其原有山形地势和林木景观。生态修复应优先推广当地优势植被种群。

【阅读】不应改变与村落相互依存的自然景观和环境[①]

针对乡村建设中普遍存在的建筑无序杂乱、生态环境受损、乡村风貌不美等现象，广东省住房和城乡建设厅编制了《广东省乡村风貌修复提升负面清单（试行）》，要求省内各地重视预防此类问题，一经发现及时责令整改，情况严重的依法依规进行严肃处理。其中，该清单特别指出不应改变与村落相互依存的自然景观和环境，包括五方面内容：①严禁改变村落历史格局进行填塘、拉直道路等建设行为；②不应在核心保护范围内进行除必要基础设施和公共服务设施以外的新建、扩建活动；③不应对文物保护单位、历史建筑、传统风貌建筑和老街、老巷、老井等采取盲目"贴瓷片""铺水泥"等破坏性修缮；④严禁破坏生态环境砍树挖山，破坏古树名木和珍贵树木及其生存的自然环境，破坏一级国家级公益林；⑤不应对溪流、沟渠、池塘等水体驳岸过度硬化（图7-13）。

图 7-13　过度硬化的乡村河流两岸

三、生物与农业

城乡聚落及其附近的动植物资源尤其是植物资源，具有绿化美化、保护和改良环境、防风固沙、减轻和抗御污染，以及固氮增肥、改良土壤等多方面作用。随着时代的推移、气候的变迁，城乡传统聚落及其附近的动植物状况和农业种植活动也有很大的变化。需要针对不同的情形采取适当的保护与修复方法。

对于动植物资源，宜在深入调研、了解当地传统的动植物资源基础上，采取各种可行的措施，保护并适当恢复当地的传统农业、林业生产活动和野生动植物，尤其是要重视地方珍稀动植物资源的保护与恢复。

对于乡村传统聚落，农业生产活动是不可缺少的内容，需保护当地传统农作物、经济林木、家畜家禽和水生动植物等赖以生存、发育、繁殖的生态环境。宜遵循各地的农业耕作活动规律，保护耕地，强化土地开发整理（土地复垦开发），避免过度运

---

① 参见广东省住房和城乡建设厅：《广东省乡村风貌修复提升负面清单（试行）》，粤建村函〔2021〕142号。

用景观处理手法。

四、传统文化

这里的传统文化，是指城乡聚落的各族人民世代相传并视为其文化遗产组成部分的各种传统文化表现形式，以及与传统文化表现形式相关的实物和场所，即非物质文化遗产。其主要包括：①传统口头文学及作为其载体的语言；②传统美术、书法、音乐、舞蹈、戏剧、曲艺和杂技；③传统技艺、医药和历法；④传统礼仪、节庆等民俗；⑤传统体育和游艺等类别。

其一，需要分类保护传统文化及其相关的实物和场所。宜重视三方面的相关工作。一是加强保护当地的非物质文化遗产项目及其代表性传承人，建立可持续传承机制。对已经采取保护措施的非物质文化遗产项目，需继续进行一定的扶持；对于濒临消失的非物质文化遗产项目，宜采取抢救性保护措施；对于已经消失的非物质文化遗产项目，宜通过调查、访谈、挖掘、引进等方式，进行选择性恢复。二是营造适宜非物质文化遗产传习的场地环境，通过建立传统文化档案、整理汇编传统文化资料、表演展示传统文化项目、培养传统文化项目爱好，支持传习活动。三是开发传统文化影视节目，开展各类传统文化宣传教育活动，扩大优秀传统文化的影响。

其二，需要通过多种形式展示传统文化的优秀成果。主要有四类展示方式。一是集中展示方式，即通过新建和利用旧建筑建立综合性民俗博物馆设施，集中收藏、保护和展示某地人民生产、生活的实物、书籍、图片、影像资料，如生产工具、生活用具、交通运输工具、文娱用品、民间艺术品、档案书籍、证书徽章、契约文书、票据凭证、乡规民约、图片照片、影音资料等的展示，以及传统技艺、民间音乐、口头文学等的演示。二是分散展示方式，即通过利用传统聚落中的既有建筑，如学校、书院、名人故居、祠堂、寺庙、教堂、会堂等，进行特定文化内容的专题性文献、物品展示与非物质文化遗产活动展演。三是活态展示方式，即针对特定的农村地区，利用村镇聚落整体或部分特色空间，展示当地人民传统的生产、生活状态，如农业、手工业生产活动，节庆、典礼活动。四是网络展示方式，即通过建立传统文化数据库，搭建网络展示平台，对城乡某地的传统文化遗产进行文字、图片、录音、录像等形式的数字化综合展示。

【阅读】合掌村：日本最美的传统乡村

合掌村位于日本岐阜县白川乡的山谷里。"合掌造"房屋建造于300年前。当地村民为了减轻冬天大雪对房屋的破坏，所居茅草屋的屋顶都建构成60度的急斜面，形状有如双手合掌，因而得名。村里的"合掌造"现存113栋，其中109栋被指名保护。由于合掌村在文化遗产保护和传承上沿袭并创造出一系列独特的乡土文化保护措施，这里被誉为"日本传统风味十足的美丽乡村"。1995年12月，在联合国教科文组织第19届世界遗产委员会上，合掌村被列为世界文化遗产。

合掌村主要的保护与开发措施有8项[①]：①保护原生态建筑及其修建习俗。合掌村1965年曾发生火灾，烧毁了一半以上的茅草屋建筑。于是，村里开始了一场保护家园建筑茅草屋的家园重建运动。传统上，该村每家都有囤积茅草的习惯，村里某家房屋需要更换新茅草屋顶时，家家户户会派人携带自家囤积的茅草前来助工（图7-14），这样，只需要一天就可以更新屋顶。这就是"结"的力量。②制定景观保护与开发规则。合掌村村民自发成立"白川乡合掌村集落自然保护协会"，通过颁布《住民宪法》，规定合掌村的建筑、土地、耕田、山林、树木"不许贩卖、不许出租、不许毁坏"的三大原则；通过制定《景观保护基准》，具体规定了改造建筑、新增建筑、新增广告牌、铺路、新增设施的做法。例如，用泥土、砂砾、自然石铺装，禁用硬质砖类铺装地面；管道、大箱体、空调设备等必须隐蔽或放置街道的后背；水田、农田、旧道路、水路是山村的自然形态，必须原状保护，不能随便改动。③建立民俗博物馆。当一些村民移居城市后，该村把其空置房屋改建为展现当地古老农业生产和生活用具的民俗博物馆"合掌民家园"。"合掌民家园"的合掌屋院落布局、室内展示等都力图保持历史原状，房前屋后都种上了不同的花草植物。这样的结合，十分和谐，构成了具有较高审美价值的乡村景观。④旅游与农业发展相结合。白川乡有农用地面积1950亩，其中水田1650亩，农家有229户。该村居民认为，旅游开发不能影响农业的发展。如何发展该村农业，并与旅游观光事业紧密结合？为此，当地制订了有关农业发展方向和政策的5年计划，提出发展水稻、蔬菜、水果、花卉、养蚕、养牛、养猪、养鸡、加工业等农副业生产项目。这些生产项目同时具有观赏价值。旅游观光与农业生产相结合，可以提高居民的经济收入，促进农业发展。⑤旅游与传统文化资源的挖掘。为增加旅游项目，合掌村从传统文化中寻找、挖掘具有本地乡土特色的内容——以祈求神来保护村庄、道路安全为题材的传统节日"浊酒节"。节日时合掌屋门前张灯结彩，村民都来参与、娱乐，节日的趣味性也成为吸引游客观赏的重要内容。⑥旅游与商业街建设。商业街的规划建设包括饮食店、小卖部、旅游纪念品店、土特产店等，都是与本地结合的具有乡土特色的商店。每个商店都有自身的主要卖点，店面装饰充分利用当地的自然资源，其工艺性、手工趣味性体现出一种温馨的朴实感，吸引了大量游客的眼光。⑦民宿与旅游的衔接。留宿过夜、享受农家生活的客人越来越多，在对部分合掌屋室内进行现代化改装的基础上，依然保留一些可观赏的具有历史意义的民具和农村过去的乡土玩具，让客人在住宿中也能感受到农村生活环境的朴实与温馨。⑧与企业联合建立自然环境保护基地。白

---

①《古村落如何改造——经典案例分析》，https://www.sohu.com/a/143623210_617491，2017-05-26。

川乡联合某著名企业在附近的僻静山间建造了一所以自然环境教育为主题的教研基地，来合掌村的人们可以在这里住宿、听课、实习、体验。

合掌村的传统之美、生态之美，给世界各地的游客留下了难以忘怀的美好印象。

图 7-14　合掌村的更换茅草屋顶习俗

第四节　文化遗产的数字化保护与利用

一、概述

文化遗产的数字化保护与利用，是指在文化遗产保护过程中采用数字信息处理技术，将文化遗产转换、再现、复原成可共享、可再生的数字形态，并通过新的方式加以保存、新的视角加以分析、新的需求加以利用的技术性方法。

中国在重视文化遗产的传统保护方法的同时，近年相继出台了《关于进一步加强文物工作的指导意见》《"互联网＋中华文明"三年行动计划》《国家文物事业发展"十三五"规划》《关于实施革命文物保护利用工程（2018—2022 年）的意见》等文件，对文化遗产的数字化保护提出了明确要求。可见，运用数字化技术方法对文化遗产进行保护和利用，已经成为中国文化建设工程的重要内容。

数字化技术在文化遗产保护方面具有很多优势。其一，可以实现文化遗产保护记录的连续性。传统的文化遗产保护基本上只反映被保护对象的保护现状，对被保护对象的历史状况很难进行连续性回溯。采用数字化技术，可以选择现在和未来的典型时期，真实、完整地把被保护对象的物质性本体及其环境景观或非物质性演示活动过程和成果，进行数字化采集、重建与呈现，且作为数据永久保存下来，方便随时调取、回溯。其二，可以推进文化遗产保护的多样化。例如，采用某些数字化技术（如 X 射线、雷达探伤仪等古建筑无损探伤技术），能够更及时地发现某些建筑物的病害、更精确地发现某些建筑物及其地基的变形等；依托数字化信息采集与处理技术（如高清摄像和扫描技术，Adobe Photoshop、AutoCAD、3ds Max、Microsoft Word 等应用软件和数字存储技术），能够为过去不容易持久保存的某些建筑、古籍等物质性文化遗产，不容易传承的传统技术、技艺、语言等非物质文化遗产，提供一种非实体的保存和传承方式。其三，可以增强文化遗产保护的大众性。通过文化遗产的数字化网络平台，公众可以更方便地走近文化遗产，欣赏文化遗产，且不受时间、地点、财力、体力等条件的限制；数字信息的网络传播及现代软件技术的应用，有利于更多的人了解、认识和探索文化遗产，激发和培养他们参与文化遗产保护的意识和行动力[1]，让文化遗产焕发出新的生命力。例如，通过传统村落数字化博物馆、数字化平台的建设，可以为广大游客提供网络化的文化交互体验选择，满足现阶段人民多样化的文化需求，对于改善城乡文化遗产的保护与利用方式具有重要的意义。

【阅读】敦煌莫高窟的数字化"永久保存"[2]

世界文化遗产敦煌莫高窟是闻名中外的佛教艺术圣地。现有 735 个洞窟中，保存完好、存有壁画和彩塑的洞窟 492 个，壁画 4.5 万平方米、彩塑 2000 多身。由于洞窟内的彩塑和壁画由泥土、木材、麦草等材料制成，随着时间的推移和参观游客的增多，莫高窟文物的保护面临巨大压力。为应对莫高窟不可逆转的衰退，早在 20 世纪 80 年代末，敦煌研究院即提出"数字敦煌"构想，利用计算机技术和数字图像技术，以期实现敦煌石窟文物的永久保存、永续利用。经过 30 余年的"数字化"之路，敦煌莫高窟目前已累计完成 230 多个洞窟的数字化采集。

和普通文物相比，敦煌石窟壁画和彩塑的数字化面临诸多难题。要将壁画完整地搬到电脑里，前期需要采集海量信息，后期数据拼接、整合、存储等一系列工作都需要通过人工手段完成。据了解，采集一平方米壁画一般需要 50—60 张图像，一个壁面采集上千张，大型洞窟达到 4 万多张，而一个中型洞窟全部完成数字化采集工作需要 3 个月时间。

在利用数字化技术建立档案、记录洞窟文物的基础上，为了让敦煌文化"飞入寻常百姓家"，近年敦煌研究院通过一系列创新手段弘扬敦煌文化，展示中华文化的自信。数字化不仅具有记录与保存的意义，而且从电脑屏幕上欣赏，比在洞窟里还要清楚。截至 2020 年，除了"云游敦煌"之外，还有很多小程序，通过手机、网页等即可看到很丰富且分门别类的敦煌壁画内容。

文化遗产的数字化保护与利用，属于文化与科技的融合领域，涉及信息科学、地理学、建筑学、城乡规划学、考古学、历史学、民族学、艺术学、博物馆学、文化产业等

① 王晓芬：《文化遗产数字化保护的优势与路径》，《光明日报》2013 年 12 月 26 日，第 11 版。

② 冯志军：《敦煌莫高窟逾三成洞窟实现数字化"永久保存"》，http://www.chinanews.com/cul/2020/06-09/9207886.shtml，2020-06-09。

诸多学科。只有通过多学科专业人员、多学科理论的深度交流、探索和相关学科研究方法、技术方法的广泛协同、融合，才能不断推进文化遗产的数字化保护与利用工作。

文化遗产的数字化保护与利用工作流程，主要包括数字化方案设计、数据采集、数字仿真、数据存储、数字化展示与传播等方面。本节主要介绍这几方面的基本方法。

二、数字化方案设计

数字化方案设计是开展文化遗产的数字化保护与利用工作的第一步，需要注重四个环节。

其一，文化遗产的调查与研究。在进行文化遗产数字化之前，必须要对文化遗产的数字化对象进行实地调查，全面了解文化遗产的内涵、特征及其历史演变过程、时空关联事物，为数字化方案的科学、合理设计奠定基础。

其二，遗产数字化语义的标准化。这是文化遗产数字化的基础，也是数字化方案设计的关键环节。需要从文化遗产的基础结构单元的解构入手，研究文化遗产的语义、内涵及其标准化。例如，对于中国城乡的祠堂、宅院、园林等重要建筑物进行数字化，需要解构其空间格局、风格样式、内部结构，了解其中所包含的历史价值、艺术价值、科学价值和社会文化价值，并通过结构分解和意义分析，形成标准化构件。又如，作为非物质文化遗产类型的传统手工艺，需要对其工艺流程细节和工艺构件、制作环节等基础结构要素进行解构。

其三，技术路径和方案设计。方案内容包括数据采集、数字建模与绘制、数据存储与分发、数字化展示与传播等。需要比较不同技术路径的优劣与成本，预计可能出现的技术风险。

其四，任务分解与承担。需要根据文化遗产数字化保护的任务内容和目标要求，对数字化的人员配备、时间安排、经费预算等方面进行综合考虑，以便顺利完成工作任务。

三、数据采集

数据采集是文化遗产的数字化保护与利用的基础工作。数据采集是指获取文化遗产数字化对象的内容，通常包括图像采集、声音采集、文献资料收集与整理。数据采集的方法因文化遗产的类型不同而不同。例如，对壁画主要采取拍照的方式进行图像采集。又如，对城乡建筑物需要采用三维扫描技术来获取全方位空间结构信息，以便于后期绘制三维全息图像。对于结构复杂的建筑物，除了扫描其外形和测量相关的距离、尺寸外，还需要通过文字资料和图样补充内部结构状况。对于动态性文化遗产的工艺过程和表演形式，还需要通过专业的动作捕捉设备进行动态图像和声音记录。

数据采集过程需要特别注意两点。其一，选择合适的专用电子采集设备，并配备专业的操作人员。例如，图像和声音数字采集设备适合视觉和听觉方面的信息采集，而气味、口感、功效、冷暖温度、色温差异、酸碱度、湿度、气压、风力、耗时长短等方面参数的描述，必须依靠特定仪器设备来获取实验数据。其二，采集的数据必须具有系统性和全面性。即尽可能从不同的空间位置和特定的时间节点系统全面地获取文化遗产数字化对象数据。

数据采集现场往往会遇到各种问题。例如，在乡村聚落采集数据，可能遇到的问题包括：村落数量多面积广，采集点位分散，采集困难；传统建筑损毁严重，添建较多，完全失去原貌；传统技艺失传，民俗完全消失，传承人也不存在；商业氛围浓厚，原居村民迁移；村落空心化严重，只有孤寡老弱，无法进行口述挖掘；等等[1]。对这些问题，可以考虑通过增加人员、延长时间，发动大学生参与等方式解决；可以考虑通过众包（crowdsourcing）方式解决。众包指的是把过去由研究团队执行的数据采集工作任务，以自由自愿的形式外包给非特定的大众志愿者的做法。

四、数字仿真

数字仿真是指利用数字化的模型建构和数字绘制技术把采集的数据在计算机系统中进行多样化加工、整合，将仿真对象在虚拟的数字环境中复原或重建。其中，数字建模是数字仿真的基础和核心内容，是文化遗产数字虚拟复原的关键技术。文化遗产的数字建模，是把文化遗产对象的语义标准化数据在计算机系统中用一定的计算机算法建立二维或者三维模型，重建或复原出文化遗产对象，通过编制计算机程序和造型、色彩、光线、纹理、剖面、衔接等方面的绘制与拟合处理，实现对文化遗产对象的模拟，使文化遗产数字图像效果接近于文化遗产对象的真实状况。在此基础上，再使用模型来验证或者展示文化遗产。

某些动态图像，需通过动态模型的设计和绘制方法完成。例如，在动作捕捉的基础上建立民间舞蹈的动态数据，就需要在基本动作点捕捉的基础上，运用动画绘制技术和三维建模技术，建立动态数据库。

对于图像和声音无法表达的内容，需根据文化遗产对象的特点，在适当的位置以适当的形式进行关联性表达，如在图像中可以补充、插入相关图形、表格。

---

① 孔晓红：《传统村落文化遗产的数字化挖掘和采集技术方法——以中国传统村落数字博物馆为例》，《城乡建设》2020年第13期，第44—46页。

五、数据存储

数据存储是指将数据以某种格式记录在计算机内部或外部存储介质上。文化遗产影音文件进行数字化加工后存储于电子存储介质中，是为了保证数字形态的文化遗产资源可长期维护及其内容可长期获取。数字化的影像、声音和文字，往往会形成大容量的数据库，这就需要采取计算机系统进行存储。数据存储系统由服务器、工作站和存储阵列等组成。数据存储系统通常要考虑容量、成本、存取速度、数据分布和管理等方面的技术要求。

为了使文化遗产对象的数据能够面向用户，网络存储技术必不可少。网络存储技术需要将分布、独立的数据整合为大型、集中化管理的数据中心，以便对不同主机和应用服务器进行访问。传统的网络存储系统采用集中的存储服务器存放所有数据，不能满足大规模存储应用的需要。分布式网络存储系统采用可扩展的系统结构，利用多台存储服务器分担存储负荷，利用位置服务器定位存储信息，不但提高了系统的可靠性、可用性和存取效率，还易于扩展文化遗产对象的数据资源面向用户的应用而发生的数据读取和传输。需要根据网络用户、移动用户、固定终端用户的不同需求，建立相应数据读取、分发格式和协议。近些年来，在云计算基础上发展起来的云存储（cloud storage），是一种新的网上在线存储模式。云存储把数据存放在通常由第三方托管的多台虚拟服务器上，而非专属的服务器上。需要数据存储托管的人，通过向托管公司购买或租赁存储空间的方式，来满足数据存储的需求。数据中心运营商根据客户的需求，在后端准备存储虚拟化的资源，并将其以存储资源池（storage resource pool）的方式提供，客户便可自行使用该存储资源池来存放文件或对象。

目前，文化遗产保护领域广泛应用的是数据读取的图像和声音文件格式，以及在网络传输中应用的网络数据传输协议。数字化遗产保护常用的或者主要的文件格式，图片类的有 jpg、png、tiff、raw 等，音频类的有 wav、mp3 等，视频类的有 mp4、mov 等，以及三维模型网络传输格式等。

六、数字化展示与传播

文化遗产的数字化展示与传播，主要是通过文化遗产数据的可视化实现的。文化遗产领域的数据可视化是指文化遗产的数字化资源在使用过程中，与用户之间形成的人机交互界面。界面是指使用者在感知、操作数据时与计算机数据库系统的人机交互方式，即人与机器（计算机）之间传递和交换信息的媒介。界面是用户和系统进行双向信息交互的支持软件、硬件及方法的集合。文化遗产数字化资源的可视化界面是非常多元的：在进入方式上（支持设备），可以通过移动终端、固定计算机终端、电视媒介等多种媒介进入；在表现形式上（实现方法），可以是网站页面架构，也可以是App（application，应用程序）软件，还可以是专业的数据库软件系统；在呈现方式上，可以采取动画漫游、人机交互的虚拟现实方式，也可以采取静态图像或声音的播放方式。如果要吸引用户的兴趣，新的沉浸式的手段更具优势；如果要普及文化遗产知识，可能借助用户很容易访问的 Web 平台更好。在数字博物馆和历史村镇聚落数字化资源应用中，可以采取带有虚拟导游的漫游形式，设计交互体验式的界面。

现在，WebVR 是一个重要的广泛使用的数字化展示方式，数字敦煌等很多数字博物馆就是采用的这种方式。其优点在于用户能够借助广泛的 Web 平台很容易访问，而且具备不错的沉浸感，支持 VR（virtual reality，虚拟现实）设备也支持普通的屏幕浏览交互。

【阅读】VR 技术与城乡文化遗产知识传播

VR 技术是一种可以创建和体验虚拟世界的计算机仿真系统，通过计算机进行模拟场景的重建，给观众展示出非现实的场景。

VR 具有沉浸感、交互性、想象性和智能性等特点，十分便于文化遗产的数字保护、虚拟修复、宣传展示、虚拟浏览、数字博物馆等，因而，在城乡文化遗产保护利用过程中开发得越来越多。

例如，"云端平遥"[①]是一款 VR 全景内容分享应用软件。它以全景图为界面，全景鸟瞰图分辨率支持 20 000×10 000，人视点全景图支持 10 000×5000 分辨率（图 7-15）。软件具备使用者识别功能，可识别平遥东关原住民、平遥本地居民和外来游客，对不同人群投送不同信息点，并分别采集不同人群反馈意见形成统计数据，可随时调取统计数据。

图 7-15 "云端平遥"界面截图

---

① 西安建筑科技大学、平遥县人民政府，2019 年。

第八章　文化遗产影响评估

　　尽管人们对城乡文化遗产的保护采取了很多有效的方法与手段，但是，伴随经济社会的不断发展，城市、乡村进行的诸多开发、建设活动，甚至不恰当的文化遗产保护活动本身，使得文化遗产的物质属性受到不可逆性破坏。这样，既威胁到文化遗产本体价值的完整性、延续性，也对文化遗产的活态传承带来各种负面影响。随着遗产保护运动的兴起，各种保护规划的编制和相关保护政策的出台，同样会对文化遗产的价值属性产生重要影响。根据联合国教科文组织发布的 1979—2013 年对世界遗产负面影响因素的分析统计，世界遗产面临的主要威胁中，管理制度因素、建设与开发活动因素分列前两位。此外，社会／文化利用活动、交通基础设施建设等也是文化遗产的主要威胁因素[1]。因此，为了评估各类行为对文化遗产的影响程度并制定合理的缓解措施，以便实现高效的遗产管理和遗产价值的持久延续目标，需要对遗产保护管理的方法和工具提出更高的要求。在这种背景下，文化遗产影响评估（cultural heritage impact assessment，CHIA）作为一种遗产管理方法，逐渐从环境影响评估中独立出来，受到广泛重视。

【案例】德国易北河谷被《世界遗产名录》除名[2]

　　德国德累斯顿易北河谷于 2004 年被列入《世界遗产名录》。世界遗产委员会认为，以德累斯顿为中心，绵延约 20 千米的易北河谷拥有众多的 18 世纪巴洛克风格的古宫殿建筑，它们与河谷自然景色融为一体。

---

　　① UNESCO World Heritage Centre，Analysis of the Factors Having a Negative Impact on World Heritage Properties（1979—2013），http://whc.unesco.org/en/soc/#threats，2014.

　　② 马莉：《德累斯顿易北河谷被除名的启示》，《中华建设》2009 年第 9 期，第 46—47 页；王怀成：《德累斯顿易北河谷被〈世界遗产名录〉除名》，《光明日报》2009 年 6 月 28 日，第 8 版。

然而，在 2009 年召开的第 33 届世界遗产大会上，易北河谷却被《世界遗产名录》除名。造成这一结果的直接原因，在于德累斯顿要在易北河谷的拐弯处修建一座钢梁桥——森林宫殿大桥（图 8-1），与易北河谷古老的建筑格格不入，破坏了当地景观。赞成方认为，在此建桥有助于改善城内交通拥堵状况；反对方则认为，建桥破坏了以河岸草地为主要特征的自然风光，且有碍两边开阔的视野。2005 年 2 月，此事由德累斯顿市民公决，68% 的市民赞成建桥，反对方的上诉与呼吁都未能阻止桥梁的修建。大桥工程在 2007 年 11 月正式开工。联合国教科文组织世界遗产委员会曾要求停止建桥，并考虑以地下隧道取而代之，但德国有关方面以"民意难违""法律不可抗"为由不予合作。易北河谷被《世界遗产名录》除名事件，成为建设活动对文化遗产造成负面影响的典型案例。

图 8-1　2013 年竣工的森林宫殿大桥夜景

第一节　文化遗产影响评估概述

一、文化遗产影响评估的来历

文化遗产影响评估，或被译为文物影响评估，其对应的英文有多种表达，包括 cultural heritage impact assessment、heritage impact assessment、statement of heritage impact 等。什么是文化遗产影响评估？目前尚没有一致的认识。国际文化多样性网络（International Network for Cultural Diversity，INCD）在《文化影响评估框架》中定义为：

A process of identifying, predicting, evaluating and communicating the probable effects of a current or proposed development policy or action on the cultural life, institutions and resources of communities, then integrating the findings and conclusions into the planning and decision making process, with a view to mitigating adverse impacts and enhancing positive outcomes.[1]（确定、预测、评估和表达当前的或拟议的发展政策或行动对社区的文化生活、机构和资源可能产生的影响，并将调查结果和结论纳入规划和决策过程的过程，目的在于减轻负面影响，增加积极结果。）

　　国际文物保护与修复研究中心认为，"遗产影响评价是一种用以对遗产变化实施管理并消除负面影响的手段工具，目的在于保存遗产所承载的重要意义——这也是遗产管理的基本任务"[2]。《世界文化遗产影响评估指南》（Guidance on Heritage Impact Assessments for Cultural World Heritage Properties）从方法论角度将文化遗产影响评估定义为：将每个世界遗产视为独立的个体，采用系统和综合的方法评估对突出普遍价值属性所造成的影响，以适用于世界遗产地的需要[3]。

　　文化遗产影响评估进入中国后，多被称为"文物影响评估"，指用于对文化遗产的发展计划及其他行动的潜在影响加以评估的系统性方法[4]。也有学者将文化遗产影响评估的内容具体化为"建设工程文物影响评价"，指的是对与文物或文物保护单位有关的规划和建设项目实施后可能造成的文物及风貌影响进行分析、预测和评估，提出预防或者减轻不良影响的对策和措施，并在规划和建设过程、事后进行跟踪监测[5]。

　　显然，上述关于文化遗产影响评估的定义，其共同的要求和目标是在对文化遗产对象进行完备调查的基础上，针对导致文化遗产变化的活动的影响进行事前评估，并减轻负面影响，以期完善遗产管理体系、提高规划与决策的合理性和科学性。

　　文化遗产影响评估，其实是由较早开展的环境影响评估（environmental impact assessment，EIA）发展而来的。国际影响评价协会（International Association of Impact Assessment，IAIA）对环境影响评估作出如下定义：The process of identifying, predicting, evaluating and mitigating the bio-physical, social, and other relevant eects of development proposals prior to major decisions being taken and commitments made.（在作出重大决策和承诺之前，识别、预测、评估和减轻开发项目的生物物理、社会和其他相关影响的过程。）

　　自 20 世纪 60 年代起，随着西方环境保护运动的兴起，环境影响评估开始受到

---

　　① INCD，Framework for Cultural Impact Assessment，https://www.dmeforpeace.org/resource/framework-for-cultural-impact-assessment/，2012-10-22。

　　② 叶建伟、冯艳、袁世兵：《遗产影响评价方法发展综述及我国的应用前景》，《华中建筑》2016 年第 7 期，第 25—28 页。

　　③ 国际古迹遗址理事会：《世界文化遗产影响评估指南》，中国古迹遗址保护协会译，2011 年。

　　④ 腾磊：《何为文物影响评估（CHIA）》，《中国文物报》2014 年 5 月 2 日，第 6 版。

　　⑤ 张治强、安磊：《文物保护单位建设工程文物影响评价探讨》，《中国文物报》2012 年 8 月 3 日，第 3 版。

重视。除原来的生物物理范畴的环境外，IAIA 明确指出"环境"也包括物理—化学、生物、视觉、文化、社会—经济等广义概念的各个方面。因此，在环境影响评估的实践中，不可避免地会涉及对文化遗产影响的评价。1992 年，在巴西里约热内卢召开的联合国环境与发展峰会上，针对发展所带来的环境破坏，呼吁各国立法加强环境影响评估工作。1994 年，世界银行的《环境评估原始资料第 8 号文件：环境评价中的文化遗产》中明确提出，凡是涉及遗产时，在进行环境影响评估时要增加遗产影响评估内容，并详细阐述了文化遗产开展影响评估的原则、步骤及管理、监控等内容。此后，文化遗产影响评估逐渐在多个国家和地区得到重视，相关的政策与法规陆续出台，并有针对性地开展了文化遗产的影响评估实践，积累了一定的经验。例如，英国 1994 年出台了《规划政策导则 15：规划和历史环境》（Planning Policy Guidance 15：Planning and the Historic Environment）[①]，这是最早阐述遗产影响评估的官方文件。加拿大、澳大利亚、法国、南非等国家和中国香港地区陆续开展了相关实践。于是，文化遗产影响评估便从原本的环境影响评估中独立出来，开始纳入遗产保护管理体系，成为遗产管理的重要方法。

21 世纪以来，国际组织对文化遗产影响评估工作的开展有重要的推动作用。2001 年，国际古迹遗址理事会发布文化遗产影响评估指南，首次阐述了文化遗产影响评估的定义、内涵、运用原则等。同年，联合国教科文组织在越南会安古镇召开亚洲遗产地保护的国际研讨会，与会专家一致认为：文化遗产影响评估能在改善建筑及社会环境和消除贫困的同时，在文化遗产的保存上也能起到关键性作用；即通过严格的数据收集、重要性和潜在影响评估及影响，保护文化资产免于遭受毁灭或不可挽回的损害，最终确保在可持续发展和社会福祉的前提下，使地区遗产得到成功保护[②]。2002 年，INCD 在南非开普敦召开年会，专题研讨文化影响评估项目，并于 2004 年发布了《文化影响评估框架》（Framework for Cultural Impact Assessment）。2005 年，联合国教科文组织正式发布的《会安草案——亚洲最佳保护范例》，对文化遗产影响评估具有指导性作用。同年，《西安宣言》提出，"对任何新的施工建设都应当进行遗产影响评估，评估其对古建筑、古遗址和历史区域及其周边环境重要性会产生的影响"。2010 年，联合国教科文组织与国际古迹遗址理事会委托巴黎古迹遗址协会编写出版《世界文化遗产影响评估指南》。这是文化遗产影响评估开展以来最重要的国际性文件，是文化遗产影响评估工作发展的一大里程碑。它系统性地阐述了遗产影响评估的一般性内容，包括影响评估的目的、意义、评估主客体、评估的一般性方法和程序、评估系统的技术性环节、评估结论的表达、缓解措施的建议、评估报告的提交等

---

① Planning Policy Guidance 15：Planning and the Historic Environment，http://www.planning-approval.co.uk/Planning-Policy-Guidance-15-Planning-and-the-Historic-Environment.html，1994.

② 联合国教科文组织：《会安草案——亚洲最佳保护范例》，2005 年。

内容，构建了遗产影响评估的基本框架。此后几年，亚洲地区陆续举办了几次文化遗产影响评估研讨会（表 8-1），围绕文化遗产影响评估的方法与实践展开讨论，丰富了文化遗产影响评价的理论研究。

表 8-1　近年举办的文化遗产影响评估研讨会（部分）

时间	主办方	会议名称
2011 年	香港大学	亚太地区遗产影响评价的发展
2012 年	国际古迹遗址理事会	亚太地区世界遗产培训与研究中心遗产影响评价研讨会
2014 年	亚洲文化遗产管理学会、香港大学	遗产影响评价研讨会（HIA）：方法和实践
2014 年	亚太地区世界遗产培训与研究中心、国际文物保护与修复研究中心	遗产影响评估研讨会

中国开展文化遗产影响评估（文物影响评估）的时间较晚，主要针对建设活动，如重大基础项目、交通线路选址建设、国家考古遗址公园建设项目等实施前对文物影响评估的需求，国家文物局发布了相关的管理性文件。例如，2007 年，国家文物局印发《关于加强基本建设工程中考古工作的指导意见》（文物保发〔2006〕42 号），开始对文物影响评估提出要求[①]；2010 年，发布《关于印发〈国家考古遗址公园管理办法（试行）〉的通知》（文物保发〔2009〕44 号），要求国家考古遗址公园立项申请需提交国家考古遗址公园建设文物影响评估报告[②]。2011 年发布的《关于修订公布〈国家文物局行政许可项目说明〉的通知》（文物政发〔2011〕2 号）要求省级和全国重点文物保护单位范围内其他建设工程或者爆破、钻探、挖掘等作业及全国重点文物保护单位建设控制地带内建设工程设计方案均需提交文物影响评估报告[③]。由此可见，我国的文化遗产影响评估（文物影响评估）主要涉及对象有四个方面：①基本建设工程中的考古工作；②考古遗址公园建设；③省级重点文物保护单位范围内其他建设工程或爆破、钻探、挖掘等作业；④全国重点文物保护单位建设控制地带内建设工程。尚缺乏对文化景观、历史城镇、传统村落等类型的文化遗产影响评估的规定。

由于我国尚未有法律或行政法规对文化遗产影响评估进行系统阐述与规定，使其开展缺乏法律基础，这明显是不利于文化遗产的保护管理的。不过，我国的文物影响评估实践工作已取得一定进展。2013 年，已有研究者尝试以历史文化名城[④]、历史文化街区[⑤]等为对象开展文化遗产影响评估研究。中国的建设活动具有长期性、广泛性、密集性、多样性和复杂性，而中国的文化遗产同样数量多、类型复杂，因而，文化遗

---

① 山东省文物局：《文物保护法律法规汇编》，济南：山东大学出版社，2015 年，第 583—589 页。

② 《文物局发布国家考古遗址公园管理办法（试行）》，http://www.gov.cn/gzdt/2010-01/07/content_1505139.htm，2010-01-07.

③ 国家文物局：《关于修订公布〈国家文物局行政许可项目说明〉的通知》，http://www.ncha.gov.cn/art/2011/1/26/art_722_108857.html，2011-01-26。

④ 常海青：《西安城市轨道交通规划文物影响评估研究》，西安建筑科技大学 2013 年博士学位论文。

⑤ 肖洪未：《历史街区影响评估的方法及其应用研究》，重庆大学 2018 年博士学位论文。

产影响评估研究需要更加细致与深入的工作。

二、文化遗产影响评估的意义

其一，能够促进更加有效与合理的遗产管理。突出普遍价值本是世界遗产工作的核心和基础。联合国教科文组织世界遗产委员会在对大量遗产的保护状况报告分析的基础上，发现开发项目、土地利用政策的改变及大规模城市布局、过度或不适当的旅游行为等会对世界遗产造成威胁，给遗产的外观、天际线、主要视廊及其他构成遗产突出普遍价值的属性带来负面影响。传统的环境影响评估程序往往将文化遗产的潜在属性进行分解，如保护建筑、考古遗址、具体景观及其视域等，再单独评估每一属性可能受到的负面影响（表 8-2）。这种做法并不能从突出普遍价值的角度对遗产属性进行整体的评估，且在实践中往往忽略累积性的影响和渐进式的（负面）改变。文化遗产影响评估以遗产价值为核心，注重体现不同类型文化遗产价值的真实性、完整性的保存与延续，因而，能够提高遗产管理的效率。

表 8-2　不同类别文化遗产的影响情形

文化遗产类别	真实性面临的主要威胁	标识
文化景观	侵占	不恰当的构成元素和规模；不兼容的土地用途（如当代商业或居住群落、大型农业活动等）
	分割	由线性基础设施或建设元素造成的分割（如道路、铁路、下水管道等）
考古遗址	对考古遗址的破坏和干扰	对考古遗迹造成直接侵扰的侵害性活动，如建设、利用性发掘、传统农业活动、现代工具和化学药品的使用等。穿过具有考古价值的地区的地上及地下工程（道路、管道、下水道、河道工程）
水下遗产	破坏	有可能直接影响海底及其上的遗迹和/或保存环境的开发计划和工程项目
历史城区和遗产群落	分裂	丧失历史结构和空间，并为不恰当的建筑风格所取代
	规模	在历史街区内部或其周围建设规模不恰当的建筑
	背景分裂	不适当/不真实的活动和历史环境利用
纪念物、建筑物与构造物	脱离背景/扩侵	在制定缓冲区内进行非法建筑和土地征用

资料来源：联合国教科文组织《会安草案——亚洲最佳保护范例》

其二，有利于平衡经济发展与遗产保护之间的矛盾。现代化进程出现的开发与文化遗产保护的矛盾日益加剧，给文化遗产带来了许多不可逆的伤害。文化遗产影响评估作为遗产保护管理的一种事前评估方法，可以在分析影响程度的基础上，制定相应的缓解措施，而将负面影响降到最低。特别是在文化遗产资源十分丰富的亚洲欠发达地区，文化遗产影响评估在促进城乡文化遗产的可持续保护与利用方面，有重大的社会经济意义。

第二节　国外文化遗产影响评估的体系与程序

文化遗产影响评估实践工作在世界范围内开展的情况各异。欧美地区，特别是英联邦国家或地区，由于开展文化遗产影响评估的时间较早，形成了相对成熟的体系。亚洲地区文物影响评估工作虽然开展的时间较晚，但由于大多面临着城市更新、基础设施建设等开发活动与遗产保护争夺空间的情况，遗产保护的形势十分严峻，对文化遗产影响评估的需求更为迫切。因此，国际组织针对亚洲文化遗产面临的威胁，大力推动文化遗产影响评估体系的建立，并产生了较好的效果。在此介绍开展文化遗产影响评估工作的主要国家和地区，以及国际组织采用的文化遗产影响评估流程。

一、英国文化遗产影响评估的体系与程序

英国的文化遗产影响评估是在开发建设管理活动中贯彻遗产保护管理所要求的技术和方法，通过规划等实现对开发建设活动管理的制度性流程，其目的在于保护历史环境及其场所环境的重要性，使其在开发建设中得以延续。有一系列的法令文件对文化遗产影响评估进行支撑、规范与管理[①]，涉及英格兰遗产委员会和地方政府，其中前者是英国的遗产保护管理机构，全程参与遗产影响评估。

后者的重要职能之一是平衡地方开发建设与遗产保护之间的关系，评估建设活动对地方环境带来的益处。地方政府通过"地方规划"（local planning）确定不适当的开发，评估某些可能对历史环境产生影响的开发区域。地方规划包括"地方发展框

---

① 包括《1979 年古迹古物区域保护法》（The Ancient Monuments and Archaeological Areas Act，1979）、"不列颠国家规划政策指导第 16 号文件"（The British Government-Planning Policy Guidance 16：Archaeology and Planning）（1990年）、《规划政策导则 15：规划和历史环境》（Planning Policy Guidance 15：Planning and the Historic Environment）（1994年）、《英国遗产政策声明，发展和保护文物资产》（English Heritage Policy Statement，Enabling Development and the Conservation of Heritage Assets（2001 年）、《历史环境可持续管理的保护原则、政策和导则》（Conservation Principles，Policies and Guidance（2008 年）、《规划政策声明 5：历史环境规划》（Planning Policy Statements 5：Planning for the Historic Environment（2010 年）、《历史环境规划实践指导》（Historic Environment Planning and Practice Guide（2010年）、《国家规划政策框架》（The National Planning Policy Framework（2012 年）。参见腾磊：《文物影响评估体系研究——以古遗址展示利用为视角》，北京：科学出版社，2019 年，第41—42 页。

架"（local development frameworks）和"开发控制"（development control）[①] 两部分，由地方规划部门制定。英国虽然在国家层面没有发布遗产影响评估的相关条例，但在对场所环境应对发展变化的管理中形成了较为独特、完整的遗产影响评估体系（图8-2）。

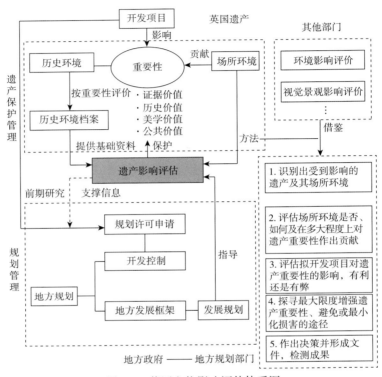

图 8-2 英国文物影响评估体系图

资料来源：冯艳，叶建伟：《英格兰遗产影响评估的经验》，《国际城市规划》2017年第6期，第54—60页

英格兰遗产委员会关于遗产影响评估的主要工作步骤有五个[②]：①识别出受到影响的遗产及其场所环境；②评估场所环境是否、如何以及在多大程度上对遗产重要性作出贡献；③评估拟开发项目对遗产重要性的影响；④探索最大限度增强遗产重要性、避免或最小化损害的途径；⑤作出决策并形成文件，检测成果。各步骤的具体任务如表8-3所示。

---

① 开发控制是土地所有者或开发商计划改变土地使用性质、遵循申请流程向地方规划部门申请开发许可的过程及其相关规划文件，又被称为开发管理（development management）。

② English Heritage，The Setting of Heritage Assets，https://historicengland.org.uk/images-books/publications/gpa3-setting-of-heritage-assets/heag180-gpa3-setting-heritage-assets/，2011.

表 8-3　英国文化遗产影响评估的主要步骤

第一步：识别出受到影响的遗产及其场所环境
在较广区域内确定遗产（无论是指定遗产还是非指定遗产）；识别出遗产的场所环境（无论是只管环境还是引申环境）；基于地形、景观特色、视域、土地利用、公共空间及交通模式建立"视觉影像区"及"理论视觉影像区"；识别出受到开发项目影响的遗产（受体）；描述受到拟开发项目影响的遗产重要性

第二步：评估场所环境是否、如何及在多大程度上对遗产重要性作出贡献	
考虑遗产的物理环境	地形；其他遗产（包括建筑物、构筑物、景观、区域或考古遗存）；周边的街道景观、景观和空间的清晰度、尺度和纹理；规则式设计；历史材料和外观；土地利用；绿色空间、树木和植被；开敞空间、围墙和边界；功能性的关系和交流；历史与发展演变；整体性；如土壤化学和水文等地质问题
考虑遗产的感知	周边景观或城镇景观的特色；以遗产为中心的一系列视图；作为焦点的视觉支配、显著性或作用；与其他历史及自然名胜预留的视线通廊；噪声、震动及其他污染源或干扰物；宁静、偏远、荒芜；违和感、隔离感与私密性；动力和活力；可达性、通透性、交通模式；面向公众进行解读和推广的程度；遗存的场所环境的稀有性
考虑遗存的关联属性	遗产之间的相互联系；文化联系；著名艺术；传统

第三步：评估拟开发项目对遗产重要性的影响	
开发项目的位置和选址	邻近遗产；程度；在地形中的位置；在某些位置上对遗产在物质空间或视觉上产生影响的程度；观景位置
开发项目的造型和外观	显著、突出、惹人注目；对遗产造成的干扰；规模、尺度和体量；比例；视觉渗透性（包括能看到的所有区域）；材料（质地、色彩、反光等）；建筑形式和设计；交通或活动；每天或季节变化
开发项目的其他影响	建设环境和空间的改变；天际线的改变；噪声、气味、振动、灰尘等；灯光效应；总体特色的变化；公众可达性、使用或舒适度的改变、土地利用、土地覆盖、树木植被的改变；考古环境、土壤化学或水文的变化；沟通、可达性、渗透性的变化
开发的持久性	预期周期 / 暂时；循环；可逆
开发的长期和间接影响	所有权的改变；经济和社会的活力；公共使用和社会活力

第四步：探索最大限度增强遗产重要性、避免或最小化损害的途径
移除或重建不协调的建筑及外观；用新的和更和谐的形式替代；恢复或展示业已消失的历史特色；引入全新特色加强遗产的公众观赏性；引入全新视图增进公众对遗产的感知

第五步：作出决策并形成文件，检测成果

资料来源：冯艳、叶建伟：《英格兰遗产影响评估的经验》，《国际城市规划》2007年第6期，第54—60页

二、加拿大文化遗产影响评估的体系与程序

加拿大的文化遗产影响评估最初是作为环境影响评估的组成部分，后来才进入遗

产保护管理体系，成为遗产保护管理的重要方法。其目标在于强化涉及遗产及遗产保护地区的建设项目和相关规划的行政许可审查，确保遗产价值在建设开发活动中得以延续。加拿大环境评估局制定的支撑文化遗产影响评估的相关法律法规及指导文件有多种，包括《物质文化遗产资源参考指南》（1996 年）、《保护历史遗产的八大指导性原则》（1997 年）、《加拿大历史地区的保护标准与导则》（2003 年）、《土地利用规划的遗产保护原则》（2007 年）等①，而文化遗产影响评估的技术性指导主要依据的是各省的相关文件。文化遗产影响评估的主体是具有资格的遗产专家。申请者可以在网站上指定由加拿大遗产专家协会（Canadian Association Heritage Professionals，CAHP）列出的成员承担评估任务。

《物质文化遗产资源参考指南》② 是 2012 年《加拿大环境评估法》（Canadian Environmental Assessment Act）实施前过渡性质的物质文化遗产环境影响评估的参考指南。该指南提出了评估开发项目对文化遗产资源潜在环境影响的框架：①评估范围界定。需要识别文化遗产资源及其他相关信息，项目的时空界限及对文化资源的潜在环境影响。②对文化资源的潜在影响进行分析。涉及对资源性质和现状的描述，评估潜在影响与累积影响，以及与公众和利益相关者对结果进行协商分析。③确定对遗产重要性的负面影响。④设计缓解措施。⑤后续计划。如果所确定的项目很可能会对文化遗产产生影响，需要采取后续行动计划，则可以将对文化遗产的影响监测工作纳入后续计划之中。显然，加拿大的文化遗产影响评估程序，受到环境影响评估的较大影响。

以安大略省为例，该省文化遗产影响评估属于既有遗产保护管理手段的补充。该省遗产管理部门负责遗产管理工作，进行遗产登录，以之作为管理涉及遗产的开发活动的基础。该省规划部门通过官方规划、分区规划和辅助规划，对遗产进行规划管理，力图将其纳入土地利用规划体系中。特别是在对遗产价值可能产生影响的遗产变更、新建设、拆除等项目申请规划许可时，以及涉及遗产保护地区的规划需要修编时，都需要提交文化遗产影响评估报告，以作为决策参考。这样，通过辅助规划、遗产保护地区规划和遗产影响评估三者的有机配合、衔接，既保障影响遗产开发项目的有序进行，也保证遗产价值的顺利延续，从而实现文化遗产的保护目标（图 8-3）。

① 腾磊：《文物影响评估体系研究——以古遗址展示利用为视角》，北京：科学出版社，2019 年，第 45 页。

② Impact Assessment Agency of Canada，Reference Guide on Physical and Cultural Heritage Resources，https://www.canada.ca/en/impact-assessment-agency/services/policy-guidance/reference-guide-physical-cultural-heritage-resources.html，1996.

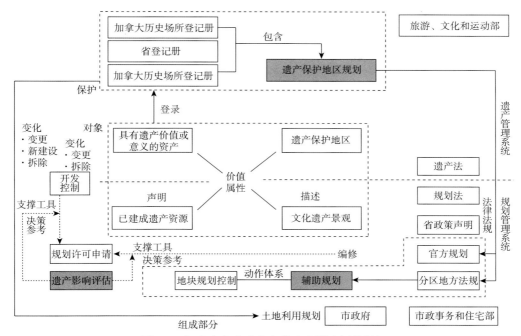

图 8-3　加拿大安大略省文化遗产影响评估框架

资料来源：冯艳，叶建伟：《加拿大遗产影响评估（HIAs）方法——以安大略省为例》，《现代城市研究》2018年第3期，第58—65页

三、澳大利亚文化遗产影响评估的体系与程序①

澳大利亚虽然遗产保护工作起步较晚，但其遗产保护体系具有把遗产管理与环境规划系统相结合的特点，十分紧凑、灵活且高效。澳大利亚的文化遗产影响评估文件以"遗产影响声明"（statements of heritage impact）的形式呈现。遗产影响声明的组织与运行从遗产变更（altering heritage asset）入手。遗产变更的实施管理工作，必须纳入规划开发评价体系，并就导致遗产变更的建设活动对遗产重要性的影响进行评价。地方环境规划中的遗产计划，涉及与遗产相关的各种开发建设活动，无论是变更、损坏、拆除、开发等，都需要按照地方环境规划和评价系统进行评价，然后才能提出开发申请或建筑申请。对遗产变更实施管理的内容包括遗产重要性声明、保护政策、保护管理规划和遗产影响声明，合称遗产保护管理档案制度（图 8-4）。

---

① 叶建伟，周俭，冯艳：《澳大利亚遗产影响声明（SOHS）方法体系——以新南威尔士州为例》，《城市发展研究》2016年第2期，第13—18页。

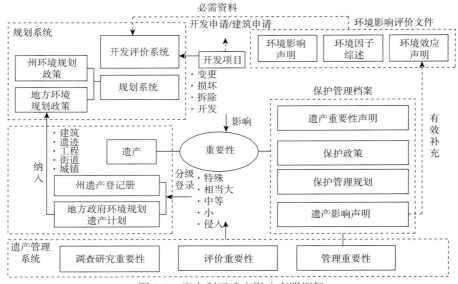

图 8-4　澳大利亚遗产影响声明框架

遗产影响声明实际上是遗产重要性声明、保护政策、保护管理规划三者的集成。遗产影响声明针对工程的规模大小，在许可流程上有一定区别。对影响地方重要性及州或区域重要性的小型工程，需要进行实地踏勘，收集历史、地理信息确定历史环境，概括已有资料，分析遗产重要性及遗产周边条件，指定保护政策；涉及州或区域重要性的大型工程，需和审批许可部门一起确定是否需要保护管理规划，是否只需要保护政策，并指定保护管理规划或保护政策。

四、国际性的文化遗产影响评估体系与程序

《世界文化遗产影响评估指南》是联合国教科文组织和国际古迹遗址理事会联合编写的有关文化遗产影响评估最为系统的指导文件。该文件由于吸收了此前各国开展文化遗产影响评价的经验，对文化遗产影响评估具有普遍性理论指导意义。该文件特别强调，"遗产影响评估应采用与环境影响评估不同的方法，重点关注遗产的突出普遍价值以及反映突出普遍价值的遗产属性"[1]。以此，该文件提出的遗产影响评估程序共有 16 个阶段（表 8-4）。

---

[1] 国际古迹遗址理事会：《世界文化遗产影响评估指南》，中国古迹遗址保护协会译，2011 年。

表 8-4 　《世界文化遗产影响评估指南》中的遗产影响评估程序

环节	遗产影响评估程序
前期准备	初期开发和设计
	早期咨询
	确认并招募合适的机构来开展工作
	明确研究区域
	明确工作范围
现状研究	收集数据
	整合数据
价值研究	提炼遗产资源的特征，尤其是确认反映遗产突出普遍价值的属性特征
影响评估	建立直接及间接影响模型并进行评估
制定缓解措施	编制影响减轻草案（避免、减少、修复或补偿）
	报告草案
	咨询
	中和评估结果并减轻损失
	最终报告及插图例证（为决策提供信息）
	减缓
	传播结果及获取的知识

可以将表 8-4 中的内容简化为五大环节：①前期准备。包括初期开发和设计，早期咨询，确认并招募合适的机构来开展工作，明确研究区域，明确工作范围。②现状研究。包括收集数据，整合数据。③价值研究。提炼遗产资源的特征，尤其是确认反映遗产突出普遍价值的属性特征。④影响评估。建立直接或间接影响模型并进行评估。⑤制定缓解措施。包括编制影响减轻草案（避免、减少、修复或补偿），报告草案，咨询，中和评估结果并减轻损失，最终报告及插图例证（为决策提供信息），减缓，传播结果及获取的知识。其中，现状研究、价值研究、影响评估、制定缓解措施是文化遗产影响评估的核心环节。

以上的评估程序属于普适性建议，各国在开展文化遗产影响评估的实践时，需要根据区域的特征，进行适当调整。亚太地区世界遗产培训与研究中心（上海）、国际古迹遗址理事会、亚洲文化遗产管理学会和香港大学共同研发改进并提出了"亚洲共同方法"。该方法经过十余年的发展，受到越来越多亚洲遗产影响评估从业者的青睐。该方法的流程由七部分构成（图 8-5），主要任务大致如下：①细查、审视和委任。确定对遗产影响评估的需求，定义其研究范围和广阔视野，并安排委任遗产部门的合适人员来实施。②基础记录。收集和校对用以综合理解现状或基本情况的数据，这些数据包含从内业研究到额外数据收集所揭示的遗产资源的类型、数量及分布，用以填补数据库的空缺或在需要的地方进行扩充。其中包括了对研究范围内所有既有影响的描述。③重要性评估。若遗产对象是世界遗产，其突出普遍价值声明可以作为重要性评估的结果；若非世界遗产，则需进行文化地图绘制，以确定遗产的重要性和能够体现遗产价值的物质属性。④威胁分析。列出已经确认的和潜在的遗产资源及其重要性表征，确定影响的可能来源、类型，以及永久性影响的程度。⑤影响评估。将已经确定的威胁，与预计影响的严重性、类型因素，影响的可逆性、持续的时间和空间范围的评估结合起来，以确定影响的程度。⑥缓解和监测。前者指设计一种缓解策略，以避免或最小化对遗产的负面影响。其方式包括公众参与，以及将利益相关者的投入与反馈纳入缓解策略。后者指开发活动的行政许可下达后，需跟进项目的执行监测，以保证缓解策略的实施。⑦报告。为遗产影响评估的每一阶段都准备完整的报告，包括所有的数据和分析，并提交给客户和相关部门，同时对公众开放，以便查阅和评价①。

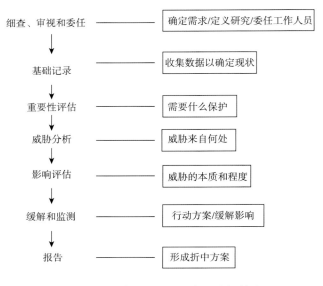

图 8-5 "亚洲共同方法"遗产影响评估流程

可见，"亚洲共同方法"是在《世界文化遗产影响评估指南》推荐的评估流程基础上，对相关细节的调整与丰富，使其更适应亚洲地区文化遗产保护管理工作的现状。

【阅读】燕窝产业对历史城市的影响评估①

马六甲海峡的历史殖民城镇马六甲和乔治城，由于其城市历史中心呈现出的独特的建筑与文化景观在东亚及东南亚其他地区绝无仅有，于2008年被列入《世界遗产名录》。

由于该地区的燕窝产业利润极高，20世纪90年代以来，燕窝农场通过某些方法，将金丝燕吸引到历史中心区的历史商铺建筑上筑巢（图8-6）。随着这一行为的不断扩展，越来越多的历史建筑遗产受到影响。2011年，应世界遗产中心主任的要求，马来西亚政府授权进行金丝燕产业对两座历史城市的影响评估。该次评估以《世界文化

---

① 艾莎·帕梅拉·罗杰斯，顾心怡，孙新飞：《建成遗产与发展：应对亚洲变化的遗产影响评估》，《建筑遗产》2018年第1期，第13—21页。

遗产影响评估指南》为依据，重点关注了两个阶段中历史商铺受到的影响：一是商铺建筑改作燕窝场地后的变化；二是燕窝对建筑的影响。通过使用评估矩阵，重点观察了能够反映建筑类型价值和真实性的特殊元素，以及决定商品风格的结构性和装饰性元素。保护管理计划和特别区域规划中的指南和准则，用来评价对这些特殊元素的影响。

图 8-6　历史商铺建筑屋檐下的燕窝

　　经遗产影响评估流程鉴定，改造和经营两方面都是无法接受的。因此，必须禁止对商铺进行任何新的农场改造，已经改造的农场必须在政府要求和地方部门行动计划的指导下停止经营，以阻断对这些建筑正在造成的破坏。遗产影响评估还发现，燕窝农场的经营者在知晓世界遗产地的燕窝业改造可能导致遗产地称号被列入《濒危世界遗产名录》的情况下，仍利用拖延策略来尽可能久地维持其高利润产业的运转。

　　2012 年，马来西亚政府向世界遗产委员会提交了遗产影响评估报告；随之，余下的多数燕窝用房都被关闭。联合国教科文组织认为，马来西亚当局对燕窝产业采取的行动是令人满意的，故遗产地未被列入《濒危世界遗产名录》。

第三节　中国文化遗产影响评估的程序与方法

一、中国文化遗产影响评估程序的探索

　　尽管中国文化遗产影响评估制度尚未完善，但文化遗产影响评估的实践已经陆续开展，学术界也在这方面有一定的研究。

2010 年，郑州市文物考古研究院等单位依据国家文物局《关于加强基本建设工程中考古工作的指导意见》（文物保发〔2006〕42 号）的相关规定，曾对《郑州市城市快速轨道交通建设规划》进行评估，完成了《郑州市城市快速轨道交通文化遗产环境影响评估报告》，并在报告中附加了郑州市文物行业制定的《建设项目文化遗产环境影响评估报告编制办法》和《建设项目物质文化遗产环境影响评估技术导则》① 两种地方规范，一定程度上推动了国内文化遗产影响评估的发展。郑州市的文化遗产影响评估尚属于环境影响评估的范畴，其评估工作程序见图 8-7。

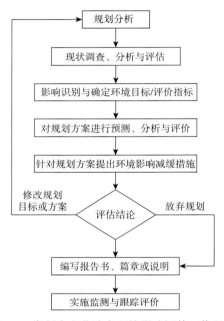

图 8-7　郑州市文化遗产环境影响评估工作程序

2012 年，有学者从法律与管理角度对文化遗产影响评估工作进行探讨，认为文物保护单位建设项目文化遗产影响报告书应包括：①建设项目概况；②建设项目周围涉及文物保护单位历史、现状；③建设项目对文物保护单位及保护范围和建设控制地带文物可能造成影响的分析、预测和评价；④建设项目涉及文物保护单位文物保护措施及技术、经济论证；⑤建设项目对文物保护单位造成的经济、社会损益分析；⑥对建设项目实施文物安全监测的建议；⑦文物影响评价总结②。

2014 年以来，腾磊参照《世界文化遗产影响评估指南》与国际文物保护与修复研究中心推荐的评估框架，结合文物影响评估的工作实践，提出一套既能满足国际上普世的评估理论和技术体系，又能符合中国实际情况的技术框架③，具体内

---

① 郑州市文物考古研究院:《郑州市城市快速轨道交通文化遗产环境影响评估报告》，北京：科学出版社，2010 年。

② 张治强，安磊:《文物保护单位建设工程文物影响评价探讨》，《中国文物报》2012 年 8 月 3 日，第 3 版。

③ 腾磊:《文物影响评估体系研究——以古遗址展示利用为视角》，北京：科学出版社，2019 年，第 81 页。

容如下。

声明，包括独立性和公正性声明。

摘要，即对于评估工作的简要说明。

第一章，评估工作背景，包括项目背景、适用范围、评估目标、评估内容等。

第二章，评估方法和程序，包括评估依据、规划资料、评估方法和程序等。

第三章，遗产概述与价值陈述，包括遗产概述、价值陈述（价值特征、使用价值标准，真实性和完整性）。

第四章，拟实施建设项目情况，包括项目概况、相关必要的方案（即图纸）。

第五章，项目涉及相关遗产的价值评估。

第六章，项目带来的遗产变化，即影响评估，包括遗产变化情况、遗产影响分析（拟建设项目的影响内容，影响因素分析，遗产影响可接受程度分析）。

第七章，减缓措施建议，包括勘察涉及期间的减缓措施，施工期间风险预防减缓措施，运行期间风险预防减缓措施。

第八章，关于世界遗产监测的建议。

第九章，总结和结论。

附录，包括现状照片，项目建设必要性评估，项目建设的可行性评估，参考资料与文献，价值评估、变化程度（即综合评价标准），相关分析评估图纸等。

2017年，肖洪未借鉴环境影响评估方法，研究提出了一套适用于历史街区影响评估的工作流程①，内容包括：①初审阶段。对建设项目（含开发、保护、修复、整治项目类型）方案是否具备开展影响评估的条件进行筛选。②评估阶段。评估建设项目对历史街区的影响。③审批阶段。规划行政主管部门对建设项目对于历史街区影响评估的规划评审，以及对建设项目历史街区影响评估报告的技术审查与项目审批。④实施阶段。建设项目获批后，避免建设项目实施过程中出现损害真实性的影响而采取相应的管控措施。⑤监控阶段。对历史街区内部建设项目实施过程的管理维护与监测，及建设项目实施过程开展管理维护与监测，以及监测建设项目实施后可能导致的居住功能、邻里关系、社会结构、街区文化等非物质属性间接变化或影响（图8-8）。也就是尝试从内部保护影响评估和外部建设影响评估两方面来构建历史街区影响评估框架。

---

① 肖洪未：《历史街区影响评估的方法及其应用研究》，重庆大学博士学位论文，2018年。

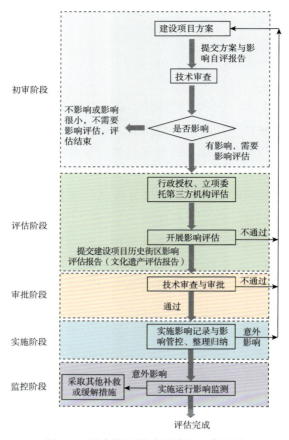

图 8-8　历史街区影响评估的工作流程

二、中国文化遗产影响评估的基本环节及其内涵

上述的评价框架内容虽有不同，但实质上都由前期环节、评估环节和监测环节三方面内容组成。

（一）前期环节

前期环节包括筛选、确定范围、立项三部分。筛选是文化遗产影响评估的预评估，主要用于判断开发项目是否具备评估的条件，是否有必要开展评估，并确定评估的方法和职权范围，研究开发项目的规模和涉及的遗产类型、重要性等级，对活动项目提出相关的管理性要求，制定相应的评估工作等级，确定影响评估涉及的利益相关方（评估的甲方）和执行评估工作的机构（评估的乙方）。确定范围是划分出开发项目周边合理的研究区域，预判影响评估的走向及结果，形成《范围界定报告》。立项属于文化遗产影响评估必要的行政环节，是在筛选和确定范围之后，评估开展之前的授权阶段。由管理机构授予许可，同时规定约定条件。

（二）评估环节

评估环节是文化遗产影响评估的核心环节，包括现状研究、价值研究、影响认定、影响评估、缓解措施五部分。

（1）现状研究包括开发地块现状分析、遗产基线数据收集。开发地块现状分析即分析开发地块及其周边的基本情况，包含识别场地位置、范围和边界，自然条件，风貌特征，以及建设条件等特征，并对法律法规、上位规划、已有研究进行系统整理，总结开发地区未来发展定位、限制条件等控制要点。遗产基线数据表示文化遗产的属性特征，包含物质性和非物质性的数据，具体包括独特身份号码、遗产名称、地点、遗产类型、日期、简要概述、保存状况、真实性、完整性等内容[①]。

（2）价值研究是进行影响评估的基础，主要涉及遗产价值认定、价值载体确认和价值高低判定等内容。在《会安草案——亚洲最佳保护范例》中已说明了解遗产资源的相对重要性有助于合理判断哪些要素必须在任何情况下都得到保存，哪些要素需要在某些情况下得到保护，以及哪些要素可以在某些特殊情况下被牺牲掉。重要性程度可基于资源的代表性、稀缺性、条件性、完备性、整体性及诠释潜质来加以评估。故文化遗产评估的首要工作，便是对其价值，特别是突出普遍价值进行全面细致的分析研究。无论是英国、加拿大、澳大利亚还是联合国教科文组织，在文化遗产影响评估时都十分强调文化遗产的突出普遍价值（遗产重要性）在影响评估中的基础性地位。英国、加拿大、澳大利亚等的文化遗产影响评估都建立在完善的遗产登记工作的基础上。《世界文化遗产影响评估指南》中将遗产地的价值划分为非常高、高、中、低、可忽略、未知六个等级，并分别列举了各类文化遗产的价值分级量表（表8-5）。

表8-5 各类文化遗产的价值分级量表

分级	考古学	建成遗产或历史城市景观	历史景观	非物质文化遗产或相关内容
非常高	已被公认为具有国际重要性且列入《世界遗产名录》的世界遗产地	已被公认为具有国际重要性且以普遍意义为标准列入《世界遗产名录》的遗产地或构筑物	被认为具有国际重要性且列入《世界遗产名录》的景观	在国家注册的、存在非物质文化遗产活动的区域
	反映世界遗产突出普遍价值的单一属性特征	反映世界遗产突出普遍价值的单一属性特征	反映世界遗产突出普遍价值的单一属性特征	具有特别的创新、技术或科学进步，或与全球重要运动相关联
	对已公认的国际研究目标有重要作用的遗产资产	其他被认为具有国际重要性的建筑物或城市景观	具有国际价值的历史景观，无论是否得到认定	与全球重要性人物相关
	—	—	保存极好的历史景观，有极好的整体性、时间深度或其他关键因素	—

---

① 国际古迹遗址理事会:《世界文化遗产影响评估指南》，中国古迹遗址保护协会译，2011年。

分级	考古学	建成遗产或历史城市景观	历史景观	非物质文化遗产或相关内容
高	国家级且受到缔约国国内法律保护的考古遗迹	国家级地上遗构	国家级具有突出价值的历史景观	国家级与全球重要非物质文化遗产活动相关的地区或活动
	具有一定的质量及重要性特征，有待公布的遗产地	其他可视为拥有特殊的构筑物或历史特征的建筑物，但未公布为保护单位	具有突出价值但未公布为保护单位的景观	具有特别的创新、技术或科学进步，或与国家重要性行动相关联
	对公认的国内研究目标有重要价值的遗产地	具有非常重要建筑物的保护区	具有较高质量、重要性和显而易见的国家价值、但未公布为保护单位的景观	与国家重要性人物相关
	—	尚未公布的但具有明显国家级重要性的构筑物	保存极好的历史景观具有极好的整体性、时间深度或其他关键因素	—
中	对区域研究目标有重要价值的已公布或尚未公布为保护单位的遗产地	已公布为保护单位的建筑物，未公布、但反映出特别品质或历史的建筑物	已公布为保护单位的特殊历史景观	在当地登记的、存在非物质文化遗产活动的区域
	—	拥有对历史特征有重要贡献的建筑物的保护区	尚未公布但能证实具备特殊历史景观特征的历史景观	具有特别的创新、技术或科学进步或与当地重要性行动相关联
	—	含有重要历史完整性特征的建筑物或建成环境的历史城镇景观或建成区域	具有地区价值的景观	与地区重要性人物相关
	—	—	得到较好保存的历史景观，有一定的整体性、时间深度或其他关键因素	—
低	已公布或尚未公布为保护单位的具有地区重要性的遗产地	列入地方名录的建筑物	未公布为保护单位的较好的历史景观	具有地方重要性的非物质文化遗产活动场所
	保存状况较差和／或相关环境未能完好存续的遗产地	未列入地方名录，结构或历史关联性特征较为一般的历史建筑物	对当地利益群体有重要作用的历史景观	与当地重要性人物相关
	具有较少价值但可能为当地研究目标作出贡献的遗产地	建筑物或建成环境具有较小历史完整性的历史城镇景观或建成区域	保存状况较差和／或相关环境未能完好存续而导致价值降低的景观	出现过相关活动或与相关活动相关联，但保存较差的区域
可忽略	具有较少或无考古价值的遗产地	不具有建筑学或历史特征的建筑物或城市景观；具有干扰特征的建筑物	具有较少或没有重要历史价值的景观	具有较少关联性或较少非物质遗产存留部分
未知	资产的重要性尚未确定	具有某些隐含（如无法看到）或潜在历史重要性的建筑物	不适用	对该地区非物质遗产知之甚少或没有保存记录

（3）影响认定包含对影响来源、影响类型的分析及对变化规模的评判。开发项目或其他改变对文化遗产属性的影响，无论是正面影响还是负面影响，都需要进行评估。影响来源的分析主要包括项目区位、选址、造型、色彩、体量等方面，不同的项目开发阶段，其主要的影响来源有所区别，需要针对性地进行分析。影响的分类有多种标准。按类型可分为直接影响和间接影响；按持久性可分为暂时性影响和永久性影响；按可逆性分为可逆影响与不可逆影响；按持续时间分为累积影响和残余影响。影响的大小即变化规模，考虑到不同影响叠加的累积效应，一般按照改变的程度进行分级，如《世界文化遗产影响评估指南》中将影响程度分为"没有改变""可忽略的改变""较小改变""中等改变""较大改变"五个等级。值得注意的是，由于影响涉及

正面与负面两方面，《世界文化遗产影响评估指南》将影响程度的量级完善为九级制，即"有较大益处""有一定益处""有较小益处""益处可忽略""无害无益""负面影响可忽略""较小负面影响""有一定负面影响""有较大负面影响"。

（4）影响评估需要将文化遗产的价值等级与影响程度结合，分析影响对遗产的突出普遍价值及其他价值的作用大小，以作为制定缓解措施的基础。通常采用影响矩阵，来获知每一项影响的程度与文化遗产的价值之间的关联，据此判断影响的可接受程度（图8-9）。

遗产资产价值	遗产改变/影响的规模大小及严重程度				
	没有改变	可忽略的改变	较小改变	中等改变	较大改变
世界遗产非常高－反映突出普遍价值的遗产属性	重大影响或总体影响（负面/有益）				
	无害无益	轻微	适中/较大	较大/非常大	非常大
其他遗产或属性特征	影响的严重程度（负面/有益）				
很高	无害无益	轻微	适中/较大	适中/非常大	非常大
高	无害无益	轻微	适中/轻微	适中/较大	较大/非常大
中	无害无益	无害无益/轻微	轻微	适中	适中/较大
低	无害无益	无害无益/轻微	无害无益/轻微	轻微	轻微/适中
可忽略	无害无益	无害无益	无害无益/轻微	无害无益/轻微	轻微

图8-9　影响程度与价值分级对应图

（5）缓解措施是在影响评估完成后，根据评估结果，针对遗产价值造成负面影响的部分制定避免、减少、修正、补偿等策略，并对积极影响进行加强。其包括一般性的措施、针对遗产地的措施及针对特定遗产要素的措施。在文化遗产影响评估报告中，需要详细说明缓解措施是如何在保持遗产价值载体，包括遗产地真实性和完整性时被接受的。

（三）监测环节

监测环节指在开发建设过程中进行定期观察、记录，报告缓解措施的实施情况，并评估缓解措施是否有效。通常由非评估报告编制人员作为监测的实施主体。监测环节主要包括：①当任何缓解措施的实施未达到标准时，提前作出判断并反馈信息；②监测项目实施中的所有行为是否符合遗产价值保护的要求；③验证文化遗产影响评估中对遗产影响的预测性结论；④观察项目的实施和缓解措施有效性之间的关系；⑤对出现的突发问题或对遗产价值不可接受的影响，及时采取补救措施。

考虑到不同国家和地区发展的不平衡性，故联合国教科文组织并未在文化遗影响评估相关的指导文件中对评估方法和手段提出明确的技术性要求。根据开发项目不同、涉及的文化遗产内容不同，只要适用于评估的目标，能为评估结论提供清晰、有效的依据，文化遗产影响评估可以采取不同的、各具特色的方法和手段[①]。

在影响评估阶段，采用的方法通常有矩阵法、视觉影响分析法等评估方法。如图8-9的矩阵法，是将文化遗产的价值等级与影响程度联系起来，评估开发项目对遗产价值的影响程度的一种方法，是文化遗产影响评估中最常用的方法。视觉影响分析法源于英国的文化遗产影响评估。借鉴景观视觉影响评估（landscape visual impact assessment，LVIA）的相关做法，通过分析历史资源的视线通廊（visual corridor），将其与场所环境的管理结合起来，在评估过程中划定理论视觉分区，以便更好地确定开发计划对遗产及其场所环境的影响。

中国的文化遗产影响评估大都围绕建设工程开展，采用环境影响的方法，通过评价工程性要素对文物可能带来的威胁来确定文物的物理性质是否得以保全。在具体的实践中，为实现定量分析城市轨道交通规划与文物保护目标各因子之间相互关联的内容、程度及累积叠加的结果，结合传统叠图法，有学者创建了一种"色谱正片叠底法"。该方法在西安、南京等地的城市轨道线路建设中的文物影响评估中有一定程度的应用。

【阅读】色谱正片叠底法简介[②]

为解决传统叠图法无法在图纸上表达源与受体的因果关系，也不能定量描述因果关系，无法综合评定影响的强度或表现影响因子重要性的问题，常海青运用色彩原理、HSB色彩体系、正片叠底原理，结合Photoshop软件的工作原理创建了色谱正片叠底法。

HSB色彩体系最接近人类对色彩辨认的思考方式。H（hue）指色相，取值在0—360度；S（saturation）指饱和度，取值区间为0—100%；B（brightness）指亮度，取值区间同饱和度。H值的颜色区分等级不同、重要程度不同的因子，其中H值越低，颜色越红，代表因子等级越高；H值越高，颜色越蓝，代表因子等级越低。H值用于区分同一因子群的不同因子。S值统一采用100%，保证颜色最纯，便于视觉识别。B值用于区分强度等级不同的因子，B值越高，颜色越亮，表示强度等级越低；B值越低，颜色越暗，表示强度等级越高。B值用于区分同一类型因子的不同等级。利用正片叠底原理可以实现多个文物影响因子叠加计算。由于色彩亮度叠加后颜色会变得更深，不同B值设为叠加计算结果不同，可以用于多个影响因子的累积影响，同时叠加的结果可以计算出来。可以利用Photoshop软件中的拾取器进行色彩亮度数据提取，用于色彩的多个评估因子的累积影响程度判断。

该方法具备传统叠图法的直观、形象、简明地表示各种单个影响和复合影响的空间分布的特点，克服了图纸无法表达源与受体的因果关系的缺点，实现了综合评定影

---

① 腾磊：《文物影响评估体系研究——以古遗址展示利用为视角》，北京：科学出版社，2019年，第68页。

② 常海青：《西安城市轨道交通规划文物影响评估研究》，西安建筑科技大学2013年博士学位论文。

响的强度或影响因子的重要性的量化评定效果。

文化遗产影响评估是一种事前评估的工具，要使其能有效地在遗产管理中发挥作用，构建合理的文化遗产影响评估体系必不可少。在文化遗产影响评估体系发展较完善的国家和地区，都有大量的法律法规文件支撑，为评估工作的开展提供了制度层面的保障。这推动了文化遗产影响评估实践的开展，而实践的开展又促进了文化遗产影响评估理论的完善。

中国的文化遗产影响评估尚未形成体系，而文化遗产影响评估侧重于建设项目对文化遗产影响的评估，受到环境影响评估的影响，多使用工程要素，而非通行的以遗产价值为核心的评估。对象也基本上局限于文物范围，对文化景观、历史街区、传统村落等其他文化遗产的影响评估十分薄弱。中国的文化遗产影响评估缺乏法律层面的制度说明，仅有部分国家文物局发布的管理文件，因而其对象主要针对文物这一类型的文化遗产，涉及的也多是建设活动。对文化遗产地的规划、旅游活动等方面的影响评估尚有不足，同国外的文化遗产影响评估范围相比，较为单一。需建立成体系的文化遗产管理体系，推动文化遗产影响评估实践的开展。

【阅读】不同的遗产话语[①]

关于遗产的保护，遗产研究领域存在三分法，即"保存""保护""遗产规划"。这三者对于遗产价值的本质认定是不同的。

对于"保存"这一话语来说，遗产被认为有着固有的、普世的和不可改变的价值，从而需要在空间发展中被保护下来。这样一来，遗产管理通常集中在对遗产物质完整性的维持上。这将不仅使得遗产管理是专家导向的，而且使得拯救实物对象的意义远大于对其再利用。对于"保护"这一话语来说，它与"保存"的区别主要在于两方面：重点从单一的遗迹扩充到"遗产全体"；遗产管理的目标也不再仅是保存，而是"目的性的保存"[②]。对于"遗产规划"这一话语来说，其核心便在于"对过去的当代使用"。换言之，遗产的意义是存在于当代的。这表明遗产之上不仅有一种历史的准确性或不变的真实性，还附着一种当代叙事。由此，遗产应当被重新概念化，遗产从业者的角色也将从专家转变为辅助者，并保证遗产地社区在遗产管理和决策层中能有更多的融入。

国际古迹遗址理事会将自身的工作定位置于 1964 年《威尼斯宪章》的基础之上，其部分表达已经体现了一种"保存"话语，即将遗产的保护放在潜在的再利用之上。

[①] Patiwael P，Groote P，Vanclay F，等：《提升遗产影响评估：对 ICOMOS 指南的分析批评》，《中国文化遗产》2019 年第 3 期，第 105—111 页。

[②] "目的性的保存"指不仅仅使其持续存在，还要使其持续利用，这通常指向于建筑传统外观的修复，但是内部可以有改造地再利用。

主要参考书目

一、法律文件

曹昌智，邱跃：《历史文化名城名镇名村和传统村落保护法律法规文件选编》，北京：中国建筑工业出版社，2015年。

国际古迹遗址理事会：《世界文化遗产影响评估指南》，中国古迹遗址保护协会译，http://www.icomoschina.org.cn/download.php?class=108，2011年。

国家文物局：《文化遗产保护地方法律文件选编》，北京：文物出版社，2008年。

联合国教科文组织世界遗产中心等：《国际文化遗产保护文件选编》，北京：文物出版社，2009年。

山东省文物局：《文物保护法律法规汇编》，济南：山东大学出版社，2019年。

张松：《城市文化遗产保护国际宪章与国内法规选编》，上海：同济大学出版社，2007年。

中国建筑工业出版社：《城乡规划规范》，北京：中国建筑工业出版社、中国计划出版社，2008年。

二、著作与教材

（美）爱德华·希尔斯：《论传统》，傅铿、吕乐译，上海：上海人民出版社，1991年。

北京大学旅游研究与规划中心：《旅游规划与设计——传统村落保护与活化》，北京：中国建筑工业出版社，2015年。

（英）彼得·霍尔：《城市与区域规划》，邹德慈、李浩、陈熳莎译，北京：中国建筑工业出版社，2008年。

常青：《历史建筑保护工程学：同济城乡建筑遗产学科领域研究与教育探索》，上海：同济大学出版社，2014年。

车震宇：《传统村落旅游开发与形态变化》，北京：科学出版社，2008年。

陈志华：《文物建筑保护文集》，南昌：江西教育出版社，2008年。

（英）戴伦·J.蒂莫西，斯蒂芬·W.博伊德：《遗产旅游》，程尽能主译，北京：旅游教育出版社，2007年。

冯骥才：《中国传统村落立档调查田野手册》，北京：文化艺术出版社，2014年。

顾江：《文化遗产经济学》，南京：南京大学出版社，2009年。

顾军，苑利：《文化遗产报告：世界文化遗产保护运动的理论与实践》，北京：社会科学文献出版社，2005年。

郭崇慧：《大数据与中国古村落保护》，广州：华南理工大学出版社，2017年。

国家文物局文保司，无锡市文化遗产局：《乡土建筑保护论坛文集》，南京：凤凰出版社，2008年。

郝大鹏，刘贺问：《传统村落民居营建工艺调查》，北京：中国纺织出版社，2018年。

胡明星，金超：《基于GIS的历史文化名城保护体系应用研究》，南京：东南大学出版社，2011年。

贾鸿雁：《中国历史文化名城通论》，南京：东南大学出版社，2007年。

（美）凯文·林奇：《城市意象》，方益萍、何晓军译，北京：华夏出版社，2001年。

联合国教科文组织：《世界文化报告2000——文化的多样性、冲突与多元共存》，关世杰等译，北京：北京大学出版社，2002年。

梁思成：《梁思成全集》第六卷，北京：中国建筑工业出版社，2001年。

刘奔腾：《历史文化村镇保护模式研究》，南京：东南大学出版社，2015年。

刘沛林：《家园的景观与基因：传统聚落景观基因图谱的深层解读》，北京：商务印书馆，2014年。

（美）刘易斯·芒福德：《城市发展史——起源、演变和前景》，宋俊岭，倪文彦译，北京：中国建筑工业出版社，2005年。

罗哲文：《罗哲文全集》，北京：北京美术摄影出版社，2016年。

吕舟：《文化遗产保护：吕舟文化遗产保护团队论文集》，北京：科学出版社，2015年。

倪琪，王玉：《中国徽州地区传统村落空间结构的演变》，北京：中国建筑工业出版社，2015年。

彭顺生：《世界遗产旅游概论》第二版，北京：中国旅游出版社，2017年。

戎安：《调查研究科学方法》，北京：中国建筑工业出版社，2008年。

阮金梅，彭敏，张鑫：《历史文化名城与历史街区交通规划研究与实践》，北京：中国建筑工业出版社，2015年。

阮仪三：《中国历史文化名城保护与规划》，上海：同济大学出版社，1995年。

阮仪三：《遗珠拾粹：中国古城古镇古村踏察（一）》，上海：东方出版中心，2013年。

阮仪三，李浈，林林：《江南古镇：历史建筑与历史环境的保护》，上海：上海人民美术出版社，2010年。

单德启：《从传统民居到地区建筑》，北京：中国建筑工业出版社，2004年。

单霁翔：《文化遗产保护与城市文化建设》，北京：中国建筑工业出版社，2009年。

单彦名，赵亮，李志新，等：《典型地区历史文化名镇传统公用与环境设施调查及传承利用研究》，北京：中国建筑工业出版社，2016 年。

邵甬：《法国建筑·城市·景观遗产保护与价值重现》，上海：同济大学出版社，2010 年。

邵甬：《理想空间：历史文化村镇保护规划与实践》，上海：同济大学出版社，2010 年。

石晓蕾：《文化产业化建设背景下文化遗产传承的空间策略》，北京：北京工业大学出版社，2019 年。

（英）史蒂文·蒂耶斯德尔，（英）蒂姆·希斯，（土）塔内尔厄奇：《城市历史街区的复兴》，张玫英、董卫译，北京：中国建筑工业出版社，2006 年。

腾磊：《文物影响评估体系研究——以古遗址展示利用为视角》，北京：科学出版社，2019 年。

屠李：《皖南传统村落的遗产价值及其保护机制》，南京：东南大学出版社，2019 年。

王景慧，阮仪三，王林：《历史文化名城保护理论与规划》，上海：同济大学出版社，1998 年。

王世仁：《文化遗产保护知行录》，北京：中国建筑工业出版社，2015 年。

王思明，刘馨秋：《中国传统村落：记忆、传承与发展研究》，北京：中国农业科学技术出版社，2017 年。

王文章：《非物质文化遗产概论》，北京：文化艺术出版社，2006 年。

王云霞：《文化遗产法：概念、体系与视角》，北京：中国人民大学出版社，2012 年。

王云霞：《文化遗产法教程》，北京：商务印书馆，2012 年。

文化部文物保护科研所：《中国古建筑修缮技术》，北京：中国建筑工业出版社，1983 年。

吴良镛：《建筑·城市·人居环境》，石家庄：河北教育出版社，2003 年。

吴志强，李德华：《城市规划原理》第四版，北京：中国建筑工业出版社，2010 年。

武江，王林：《历史文化风貌区保护规划编制与管理》，上海：同济大学出版社，2007 年。

徐嵩龄：《第三国策：论中国文化与自然遗产保护》，北京：科学出版社，2005 年。

叶茂齐：《发达国家乡村建设考察与政策研究》，北京：中国建筑工业出版社，2008 年。

（芬兰）尤嘎·尤基莱托：《建筑保护史》，郭旃译，北京：中华书局，2011 年。

苑利，顾军：《非物质文化遗产学》，北京：高等教育出版社，2012 年。

（美）J. 柯克·欧文：《西方古建古迹保护理念与实践》，秦丽译，北京：中国电力出版社，2005 年。

张松：《历史城市保护学导论——文化遗产和历史环境保护的一种整体性方法》第二版，上海：同济大学出版社，2008 年。

赵勇：《中国历史文化名镇名村保护理论与方法》，北京：中国建筑工业出版社，2008 年。

郑州市文物考古研究院：《郑州市城市快速轨道交通文化遗产环境影响评估报告》，北京：科学出版社，2010 年。

中国文化遗产研究院：《中国文物保护与修复技术》，北京：科学出版社，2009 年。

周超：《日本文化遗产保护法律制度及中日比较研究》，北京：中国社会科学出版社，2017 年。

周宏伟等:《西北地区历史文化村镇保护研究与示范》,北京:科学出版社,2017年。

周建明:《中国传统村落——保护与发展》,北京:中国建筑工业出版社,2014年。

周岚:《历史文化名城的积极保护和整体创造》,北京:科学出版社,2011年。

周明全,耿国华,武仲科:《文化遗产数字化保护技术及应用》,北京:高等教育出版社,2011年。

附　录　一

中华人民共和国文物保护法①

第一章　总　则

第一条　为了加强对文物的保护，继承中华民族优秀的历史文化遗产，促进科学研究工作，进行爱国主义和革命传统教育，建设社会主义精神文明和物质文明，根据宪法，制定本法。

第二条　在中华人民共和国境内，下列文物受国家保护：

（一）具有历史、艺术、科学价值的古文化遗址、古墓葬、古建筑、石窟寺和石刻、壁画；

（二）与重大历史事件、革命运动或者著名人物有关的以及具有重要纪念意义、教育意义或者史料价值的近代现代重要史迹、实物、代表性建筑；

（三）历史上各时代珍贵的艺术品、工艺美术品；

（四）历史上各时代重要的文献资料以及具有历史、艺术、科学价值的手稿和图书资料等；

（五）反映历史上各时代、各民族社会制度、社会生产、社会生活的代表性实物。

文物认定的标准和办法由国务院文物行政部门制定，并报国务院批准。

具有科学价值的古脊椎动物化石和古人类化石同文物一样受国家保护。

第三条　古文化遗址、古墓葬、古建筑、石窟寺、石刻、壁画、近代现代重要史

---

① 2017 年第五次修正。

迹和代表性建筑等不可移动文物，根据它们的历史、艺术、科学价值，可以分别确定为全国重点文物保护单位，省级文物保护单位，市、县级文物保护单位。

历史上各时代重要实物、艺术品、文献、手稿、图书资料、代表性实物等可移动文物，分为珍贵文物和一般文物；珍贵文物分为一级文物、二级文物、三级文物。

第四条 文物工作贯彻保护为主、抢救第一、合理利用、加强管理的方针。

第五条 中华人民共和国境内地下、内水和领海中遗存的一切文物，属于国家所有。

古文化遗址、古墓葬、石窟寺属于国家所有。国家指定保护的纪念建筑物、古建筑、石刻、壁画、近代现代代表性建筑等不可移动文物，除国家另有规定的以外，属于国家所有。

国有不可移动文物的所有权不因其所依附的土地所有权或者使用权的改变而改变。

下列可移动文物，属于国家所有：

（一）中国境内出土的文物，国家另有规定的除外；

（二）国有文物收藏单位以及其他国家机关、部队和国有企业、事业组织等收藏、保管的文物；

（三）国家征集、购买的文物；

（四）公民、法人和其他组织捐赠给国家的文物；

（五）法律规定属于国家所有的其他文物。

属于国家所有的可移动文物的所有权不因其保管、收藏单位的终止或者变更而改变。

国有文物所有权受法律保护，不容侵犯。

第六条 属于集体所有和私人所有的纪念建筑物、古建筑和祖传文物以及依法取得的其他文物，其所有权受法律保护。文物的所有者必须遵守国家有关文物保护的法律、法规的规定。

第七条 一切机关、组织和个人都有依法保护文物的义务。

第八条 国务院文物行政部门主管全国文物保护工作。

地方各级人民政府负责本行政区域内的文物保护工作。县级以上地方人民政府承担文物保护工作的部门对本行政区域内的文物保护实施监督管理。

县级以上人民政府有关行政部门在各自的职责范围内，负责有关的文物保护工作。

第九条 各级人民政府应当重视文物保护，正确处理经济建设、社会发展与文物保护的关系，确保文物安全。

基本建设、旅游发展必须遵守文物保护工作的方针，其活动不得对文物造成损害。

公安机关、工商行政管理部门、海关、城乡建设规划部门和其他有关国家机关，应当依法认真履行所承担的保护文物的职责，维护文物管理秩序。

第十条 国家发展文物保护事业。县级以上人民政府应当将文物保护事业纳入本级国民经济和社会发展规划，所需经费列入本级财政预算。

国家用于文物保护的财政拨款随着财政收入增长而增加。

国有博物馆、纪念馆、文物保护单位等的事业性收入，专门用于文物保护，任何单位或者个人不得侵占、挪用。

国家鼓励通过捐赠等方式设立文物保护社会基金，专门用于文物保护，任何单位或者个人不得侵占、挪用。

第十一条　文物是不可再生的文化资源。国家加强文物保护的宣传教育，增强全民文物保护的意识，鼓励文物保护的科学研究，提高文物保护的科学技术水平。

第十二条　有下列事迹的单位或者个人，由国家给予精神鼓励或者物质奖励：

（一）认真执行文物保护法律、法规，保护文物成绩显著的；

（二）为保护文物与违法犯罪行为作坚决斗争的；

（三）将个人收藏的重要文物捐献给国家或者为文物保护事业作出捐赠的；

（四）发现文物及时上报或者上交，使文物得到保护的；

（五）在考古发掘工作中作出重大贡献的；

（六）在文物保护科学技术方面有重要发明创造或者其他重要贡献的；

（七）在文物面临破坏危险时，抢救文物有功的；

（八）长期从事文物工作，作出显著成绩的。

第二章　不可移动文物

第十三条　国务院文物行政部门在省级、市、县级文物保护单位中，选择具有重大历史、艺术、科学价值的确定为全国重点文物保护单位，或者直接确定为全国重点文物保护单位，报国务院核定公布。

省级文物保护单位，由省、自治区、直辖市人民政府核定公布，并报国务院备案。

市级和县级文物保护单位，分别由设区的市、自治州和县级人民政府核定公布，并报省、自治区、直辖市人民政府备案。

尚未核定公布为文物保护单位的不可移动文物，由县级人民政府文物行政部门予以登记并公布。

第十四条　保存文物特别丰富并且具有重大历史价值或者革命纪念意义的城市，由国务院核定公布为历史文化名城。

保存文物特别丰富并且具有重大历史价值或者革命纪念意义的城镇、街道、村庄，由省、自治区、直辖市人民政府核定公布为历史文化街区、村镇，并报国务院备案。

历史文化名城和历史文化街区、村镇所在地的县级以上地方人民政府应当组织编制专门的历史文化名城和历史文化街区、村镇保护规划，并纳入城市总体规划。

历史文化名城和历史文化街区、村镇的保护办法，由国务院制定。

第十五条　各级文物保护单位，分别由省、自治区、直辖市人民政府和市、县级人民政府划定必要的保护范围，作出标志说明，建立记录档案，并区别情况分别设置专门机构或者专人负责管理。全国重点文物保护单位的保护范围和记录档案，由省、自治区、直辖市人民政府文物行政部门报国务院文物行政部门备案。

县级以上地方人民政府文物行政部门应当根据不同文物的保护需要，制定文物保护单位和未核定为文物保护单位的不可移动文物的具体保护措施，并公告施行。

第十六条　各级人民政府制定城乡建设规划，应当根据文物保护的需要，事先由城乡建设规划部门会同文物行政部门商定对本行政区域内各级文物保护单位的保护措施，并纳入规划。

第十七条　文物保护单位的保护范围内不得进行其他建设工程或者爆破、钻探、挖掘等作业。但是，因特殊情况需要在文物保护单位的保护范围内进行其他建设工程或者爆破、钻探、挖掘等作业的，必须保证文物保护单位的安全，并经核定公布该文物保护单位的人民政府批准，在批准前应当征得上一级人民政府文物行政部门同意；在全国重点文物保护单位的保护范围内进行其他建设工程或者爆破、钻探、挖掘等作业的，必须经省、自治区、直辖市人民政府批准，在批准前应当征得国务院文物行政部门同意。

第十八条　根据保护文物的实际需要，经省、自治区、直辖市人民政府批准，可以在文物保护单位的周围划出一定的建设控制地带，并予以公布。

在文物保护单位的建设控制地带内进行建设工程，不得破坏文物保护单位的历史风貌；工程设计方案应当根据文物保护单位的级别，经相应的文物行政部门同意后，报城乡建设规划部门批准。

第十九条　在文物保护单位的保护范围和建设控制地带内，不得建设污染文物保护单位及其环境的设施，不得进行可能影响文物保护单位安全及其环境的活动。对已有的污染文物保护单位及其环境的设施，应当限期治理。

第二十条　建设工程选址，应当尽可能避开不可移动文物；因特殊情况不能避开的，对文物保护单位应当尽可能实施原址保护。

实施原址保护的，建设单位应当事先确定保护措施，根据文物保护单位的级别报相应的文物行政部门批准；未经批准的，不得开工建设。

无法实施原址保护，必须迁移异地保护或者拆除的，应当报省、自治区、直辖市人民政府批准；迁移或者拆除省级文物保护单位的，批准前须征得国务院文物行政部门同意。全国重点文物保护单位不得拆除；需要迁移的，须由省、自治区、直辖市人民政府报国务院批准。

依照前款规定拆除的国有不可移动文物中具有收藏价值的壁画、雕塑、建筑构件等，由文物行政部门指定的文物收藏单位收藏。

本条规定的原址保护、迁移、拆除所需费用，由建设单位列入建设工程预算。

第二十一条　国有不可移动文物由使用人负责修缮、保养；非国有不可移动文物由所有人负责修缮、保养。非国有不可移动文物有损毁危险，所有人不具备修缮能力的，当地人民政府应当给予帮助；所有人具备修缮能力而拒不依法履行修缮义务的，县级以上人民政府可以给予抢救修缮，所需费用由所有人负担。

对文物保护单位进行修缮，应当根据文物保护单位的级别报相应的文物行政部门批准；对未核定为文物保护单位的不可移动文物进行修缮，应当报登记的县级人民政府文物行政部门批准。

文物保护单位的修缮、迁移、重建，由取得文物保护工程资质证书的单位承担。

对不可移动文物进行修缮、保养、迁移，必须遵守不改变文物原状的原则。

第二十二条　不可移动文物已经全部毁坏的，应当实施遗址保护，不得在原址重建。但是，因特殊情况需要在原址重建的，由省、自治区、直辖市人民政府文物行政部门报省、自治区、直辖市人民政府批准；全国重点文物保护单位需要在原址重建的，由省、自治区、直辖市人民政府报国务院批准。

第二十三条　核定为文物保护单位的属于国家所有的纪念建筑物或者古建筑，除可以建立博物馆、保管所或者辟为参观游览场所外，作其他用途的，市、县级文物保护单位应当经核定公布该文物保护单位的人民政府文物行政部门征得上一级文物行政部门同意后，报核定公布该文物保护单位的人民政府批准；省级文物保护单位应当经核定公布该文物保护单位的省级人民政府的文物行政部门审核同意后，报该省级人民政府批准；全国重点文物保护单位作其他用途的，应当由省、自治区、直辖市人民政府报国务院批准。国有未核定为文物保护单位的不可移动文物作其他用途的，应当报告县级人民政府文物行政部门。

第二十四条　国有不可移动文物不得转让、抵押。建立博物馆、保管所或者辟为参观游览场所的国有文物保护单位，不得作为企业资产经营。

第二十五条　非国有不可移动文物不得转让、抵押给外国人。

非国有不可移动文物转让、抵押或者改变用途的，应当根据其级别报相应的文物行政部门备案。

第二十六条　使用不可移动文物，必须遵守不改变文物原状的原则，负责保护建筑物及其附属文物的安全，不得损毁、改建、添建或者拆除不可移动文物。

对危害文物保护单位安全、破坏文物保护单位历史风貌的建筑物、构筑物，当地人民政府应当及时调查处理，必要时，对该建筑物、构筑物予以拆迁。

第三章　考　古　发　掘

第二十七条　一切考古发掘工作，必须履行报批手续；从事考古发掘的单位，应当经国务院文物行政部门批准。

地下埋藏的文物，任何单位或者个人都不得私自发掘。

第二十八条　从事考古发掘的单位，为了科学研究进行考古发掘，应当提出发掘计划，报国务院文物行政部门批准；对全国重点文物保护单位的考古发掘计划，应当经国务院文物行政部门审核后报国务院批准。国务院文物行政部门在批准或者审核前，应当征求社会科学研究机构及其他科研机构和有关专家的意见。

第二十九条　进行大型基本建设工程，建设单位应当事先报请省、自治区、直辖市人民政府文物行政部门组织从事考古发掘的单位在工程范围内有可能埋藏文物的地方进行考古调查、勘探。

考古调查、勘探中发现文物的，由省、自治区、直辖市人民政府文物行政部门根据文物保护的要求会同建设单位共同商定保护措施；遇有重要发现的，由省、自治区、直辖市人民政府文物行政部门及时报国务院文物行政部门处理。

第三十条　需要配合建设工程进行的考古发掘工作，应当由省、自治区、直辖市文物行政部门在勘探工作的基础上提出发掘计划，报国务院文物行政部门批准。国务院文物行政部门在批准前，应当征求社会科学研究机构及其他科研机构和有关专家的意见。

确因建设工期紧迫或者有自然破坏危险，对古文化遗址、古墓葬急需进行抢救发掘的，由省、自治区、直辖市人民政府文物行政部门组织发掘，并同时补办审批手续。

第三十一条　凡因进行基本建设和生产建设需要的考古调查、勘探、发掘，所需费用由建设单位列入建设工程预算。

第三十二条　在进行建设工程或者在农业生产中，任何单位或者个人发现文物，应当保护现场，立即报告当地文物行政部门，文物行政部门接到报告后，如无特殊情况，应当在二十四小时内赶赴现场，并在七日内提出处理意见。文物行政部门可以报请当地人民政府通知公安机关协助保护现场；发现重要文物的，应当立即上报国务院文物行政部门，国务院文物行政部门应当在接到报告后十五日内提出处理意见。

依照前款规定发现的文物属于国家所有，任何单位或者个人不得哄抢、私分、藏匿。

第三十三条　非经国务院文物行政部门报国务院特别许可，任何外国人或者外国团体不得在中华人民共和国境内进行考古调查、勘探、发掘。

第三十四条　考古调查、勘探、发掘的结果，应当报告国务院文物行政部门和省、自治区、直辖市人民政府文物行政部门。

考古发掘的文物，应当登记造册，妥善保管，按照国家有关规定移交给由省、自治区、直辖市人民政府文物行政部门或者国务院文物行政部门指定的国有博物馆、图书馆或者其他国有收藏文物的单位收藏。经省、自治区、直辖市人民政府文物行政部门批准，从事考古发掘的单位可以保留少量出土文物作为科研标本。

考古发掘的文物，任何单位或者个人不得侵占。

第三十五条　根据保证文物安全、进行科学研究和充分发挥文物作用的需要，省、自治区、直辖市人民政府文物行政部门经本级人民政府批准，可以调用本行政区域内的出土文物；国务院文物行政部门经国务院批准，可以调用全国的重要出土文物。

第四章 馆藏文物

第三十六条 博物馆、图书馆和其他文物收藏单位对收藏的文物，必须区分文物等级，设置藏品档案，建立严格的管理制度，并报主管的文物行政部门备案。

县级以上地方人民政府文物行政部门应当分别建立本行政区域内的馆藏文物档案；国务院文物行政部门应当建立国家一级文物藏品档案和其主管的国有文物收藏单位馆藏文物档案。

第三十七条 文物收藏单位可以通过下列方式取得文物：

（一）购买；

（二）接受捐赠；

（三）依法交换；

（四）法律、行政法规规定的其他方式。

国有文物收藏单位还可以通过文物行政部门指定保管或者调拨方式取得文物。

第三十八条 文物收藏单位应当根据馆藏文物的保护需要，按照国家有关规定建立、健全管理制度，并报主管的文物行政部门备案。未经批准，任何单位或者个人不得调取馆藏文物。

文物收藏单位的法定代表人对馆藏文物的安全负责。国有文物收藏单位的法定代表人离任时，应当按照馆藏文物档案办理馆藏文物移交手续。

第三十九条 国务院文物行政部门可以调拨全国的国有馆藏文物。省、自治区、直辖市人民政府文物行政部门可以调拨本行政区域内其主管的国有文物收藏单位馆藏文物；调拨国有馆藏一级文物，应当报国务院文物行政部门备案。

国有文物收藏单位可以申请调拨国有馆藏文物。

第四十条 文物收藏单位应当充分发挥馆藏文物的作用，通过举办展览、科学研究等活动，加强对中华民族优秀的历史文化和革命传统的宣传教育。

国有文物收藏单位之间因举办展览、科学研究等需借用馆藏文物的，应当报主管的文物行政部门备案；借用馆藏一级文物的，应当同时报国务院文物行政部门备案。

非国有文物收藏单位和其他单位举办展览需借用国有馆藏文物的，应当报主管的文物行政部门批准；借用国有馆藏一级文物，应当经国务院文物行政部门批准。

文物收藏单位之间借用文物的最长期限不得超过三年。

第四十一条 已经建立馆藏文物档案的国有文物收藏单位，经省、自治区、直辖市人民政府文物行政部门批准，并报国务院文物行政部门备案，其馆藏文物可以在国有文物收藏单位之间交换。

第四十二条 未建立馆藏文物档案的国有文物收藏单位，不得依照本法第四十条、第四十一条的规定处置其馆藏文物。

第四十三条　依法调拨、交换、借用国有馆藏文物，取得文物的文物收藏单位可以对提供文物的文物收藏单位给予合理补偿，具体管理办法由国务院文物行政部门制定。

国有文物收藏单位调拨、交换、出借文物所得的补偿费用，必须用于改善文物的收藏条件和收集新的文物，不得挪作他用；任何单位或者个人不得侵占。

调拨、交换、借用的文物必须严格保管，不得丢失、损毁。

第四十四条　禁止国有文物收藏单位将馆藏文物赠与、出租或者出售给其他单位、个人。

第四十五条　国有文物收藏单位不再收藏的文物的处置办法，由国务院另行制定。

第四十六条　修复馆藏文物，不得改变馆藏文物的原状；复制、拍摄、拓印馆藏文物，不得对馆藏文物造成损害。具体管理办法由国务院制定。

不可移动文物的单体文物的修复、复制、拍摄、拓印，适用前款规定。

第四十七条　博物馆、图书馆和其他收藏文物的单位应当按照国家有关规定配备防火、防盗、防自然损坏的设施，确保馆藏文物的安全。

第四十八条　馆藏一级文物损毁的，应当报国务院文物行政部门核查处理。其他馆藏文物损毁的，应当报省、自治区、直辖市人民政府文物行政部门核查处理；省、自治区、直辖市人民政府文物行政部门应当将核查处理结果报国务院文物行政部门备案。

馆藏文物被盗、被抢或者丢失的，文物收藏单位应当立即向公安机关报案，并同时向主管的文物行政部门报告。

第四十九条　文物行政部门和国有文物收藏单位的工作人员不得借用国有文物，不得非法侵占国有文物。

第五章　民间收藏文物

第五十条　文物收藏单位以外的公民、法人和其他组织可以收藏通过下列方式取得的文物：

（一）依法继承或者接受赠与；

（二）从文物商店购买；

（三）从经营文物拍卖的拍卖企业购买；

（四）公民个人合法所有的文物相互交换或者依法转让；

（五）国家规定的其他合法方式。

文物收藏单位以外的公民、法人和其他组织收藏的前款文物可以依法流通。

第五十一条　公民、法人和其他组织不得买卖下列文物：

（一）国有文物，但是国家允许的除外；

（二）非国有馆藏珍贵文物；

（三）国有不可移动文物中的壁画、雕塑、建筑构件等，但是依法拆除的国有不可移动文物中的壁画、雕塑、建筑构件等不属于本法第二十条第四款规定的应由文物收藏单位收藏的除外；

（四）来源不符合本法第五十条规定的文物。

第五十二条 国家鼓励文物收藏单位以外的公民、法人和其他组织将其收藏的文物捐赠给国有文物收藏单位或者出借给文物收藏单位展览和研究。

国有文物收藏单位应当尊重并按照捐赠人的意愿，对捐赠的文物妥善收藏、保管和展示。

国家禁止出境的文物，不得转让、出租、质押给外国人。

第五十三条 文物商店应当由省、自治区、直辖市人民政府文物行政部门批准设立，依法进行管理。

文物商店不得从事文物拍卖经营活动，不得设立经营文物拍卖的拍卖企业。

第五十四条 依法设立的拍卖企业经营文物拍卖的，应当取得省、自治区、直辖市人民政府文物行政部门颁发的文物拍卖许可证。

经营文物拍卖的拍卖企业不得从事文物购销经营活动，不得设立文物商店。

第五十五条 文物行政部门的工作人员不得举办或者参与举办文物商店或者经营文物拍卖的拍卖企业。

文物收藏单位不得举办或者参与举办文物商店或者经营文物拍卖的拍卖企业。

禁止设立中外合资、中外合作和外商独资的文物商店或者经营文物拍卖的拍卖企业。

除经批准的文物商店、经营文物拍卖的拍卖企业外，其他单位或者个人不得从事文物的商业经营活动。

第五十六条 文物商店不得销售、拍卖企业不得拍卖本法第五十一条规定的文物。

拍卖企业拍卖的文物，在拍卖前应当经省、自治区、直辖市人民政府文物行政部门审核，并报国务院文物行政部门备案。

第五十七条 省、自治区、直辖市人民政府文物行政部门应当建立文物购销、拍卖信息与信用管理系统。文物商店购买、销售文物，拍卖企业拍卖文物，应当按照国家有关规定作出记录，并于销售、拍卖文物后三十日内报省、自治区、直辖市人民政府文物行政部门备案。

拍卖文物时，委托人、买受人要求对其身份保密的，文物行政部门应当为其保密；但是，法律、行政法规另有规定的除外。

第五十八条 文物行政部门在审核拟拍卖的文物时，可以指定国有文物收藏单位优先购买其中的珍贵文物。购买价格由文物收藏单位的代表与文物的委托人协商确定。

第五十九条 银行、冶炼厂、造纸厂以及废旧物资回收单位，应当与当地文物行政部门共同负责拣选掺杂在金银器和废旧物资中的文物。拣选文物除供银行研究所必需的历史货币可以由人民银行留用外，应当移交当地文物行政部门。移交拣选文物，应当给予合理补偿。

第六章　文物出境进境

第六十条　国有文物、非国有文物中的珍贵文物和国家规定禁止出境的其他文物，不得出境；但是依照本法规定出境展览或者因特殊需要经国务院批准出境的除外。

第六十一条　文物出境，应当经国务院文物行政部门指定的文物进出境审核机构审核。经审核允许出境的文物，由国务院文物行政部门发给文物出境许可证，从国务院文物行政部门指定的口岸出境。

任何单位或者个人运送、邮寄、携带文物出境，应当向海关申报；海关凭文物出境许可证放行。

第六十二条　文物出境展览，应当报国务院文物行政部门批准；一级文物超过国务院规定数量的，应当报国务院批准。

一级文物中的孤品和易损品，禁止出境展览。

出境展览的文物出境，由文物进出境审核机构审核、登记。海关凭国务院文物行政部门或者国务院的批准文件放行。出境展览的文物复进境，由原文物进出境审核机构审核查验。

第六十三条　文物临时进境，应当向海关申报，并报文物进出境审核机构审核、登记。

临时进境的文物复出境，必须经原审核、登记的文物进出境审核机构审核查验；经审核查验无误的，由国务院文物行政部门发给文物出境许可证，海关凭文物出境许可证放行。

第七章　法　律　责　任

第六十四条　违反本法规定，有下列行为之一，构成犯罪的，依法追究刑事责任：

（一）盗掘古文化遗址、古墓葬的；

（二）故意或者过失损毁国家保护的珍贵文物的；

（三）擅自将国有馆藏文物出售或者私自送给非国有单位或者个人的；

（四）将国家禁止出境的珍贵文物私自出售或者送给外国人的；

（五）以牟利为目的倒卖国家禁止经营的文物的；

（六）走私文物的；

（七）盗窃、哄抢、私分或者非法侵占国有文物的；

（八）应当追究刑事责任的其他妨害文物管理行为。

第六十五条　违反本法规定，造成文物灭失、损毁的，依法承担民事责任。

违反本法规定，构成违反治安管理行为的，由公安机关依法给予治安管理处罚。

违反本法规定，构成走私行为，尚不构成犯罪的，由海关依照有关法律、行政法规的规定给予处罚。

第六十六条 有下列行为之一，尚不构成犯罪的，由县级以上人民政府文物主管部门责令改正，造成严重后果的，处五万元以上五十万元以下的罚款；情节严重的，由原发证机关吊销资质证书：

（一）擅自在文物保护单位的保护范围内进行建设工程或者爆破、钻探、挖掘等作业的；

（二）在文物保护单位的建设控制地带内进行建设工程，其工程设计方案未经文物行政部门同意、报城乡建设规划部门批准，对文物保护单位的历史风貌造成破坏的；

（三）擅自迁移、拆除不可移动文物的；

（四）擅自修缮不可移动文物，明显改变文物原状的；

（五）擅自在原址重建已全部毁坏的不可移动文物，造成文物破坏的；

（六）施工单位未取得文物保护工程资质证书，擅自从事文物修缮、迁移、重建的。

刻划、涂污或者损坏文物尚不严重的，或者损毁依照本法第十五条第一款规定设立的文物保护单位标志的，由公安机关或者文物所在单位给予警告，可以并处罚款。

第六十七条 在文物保护单位的保护范围内或者建设控制地带内建设污染文物保护单位及其环境的设施的，或者对已有的污染文物保护单位及其环境的设施未在规定的期限内完成治理的，由环境保护行政部门依照有关法律、法规的规定给予处罚。

第六十八条 有下列行为之一的，由县级以上人民政府文物主管部门责令改正，没收违法所得，违法所得一万元以上的，并处违法所得二倍以上五倍以下的罚款；违法所得不足一万元的，并处五千元以上二万元以下的罚款：

（一）转让或者抵押国有不可移动文物，或者将国有不可移动文物作为企业资产经营的；

（二）将非国有不可移动文物转让或者抵押给外国人的；

（三）擅自改变国有文物保护单位的用途的。

第六十九条 历史文化名城的布局、环境、历史风貌等遭到严重破坏的，由国务院撤销其历史文化名城称号；历史文化城镇、街道、村庄的布局、环境、历史风貌等遭到严重破坏的，由省、自治区、直辖市人民政府撤销其历史文化街区、村镇称号；对负有责任的主管人员和其他直接责任人员依法给予行政处分。

第七十条 有下列行为之一，尚不构成犯罪的，由县级以上人民政府文物主管部门责令改正，可以并处二万元以下的罚款，有违法所得的，没收违法所得：

（一）文物收藏单位未按照国家有关规定配备防火、防盗、防自然损坏的设施的；

（二）国有文物收藏单位法定代表人离任时未按照馆藏文物档案移交馆藏文物，

或者所移交的馆藏文物与馆藏文物档案不符的；

（三）将国有馆藏文物赠与、出租或者出售给其他单位、个人的；

（四）违反本法第四十条、第四十一条、第四十五条规定处置国有馆藏文物的；

（五）违反本法第四十三条规定挪用或者侵占依法调拨、交换、出借文物所得补偿费用的。

第七十一条 买卖国家禁止买卖的文物或者将禁止出境的文物转让、出租、质押给外国人，尚不构成犯罪的，由县级以上人民政府文物主管部门责令改正，没收违法所得，违法经营额一万元以上的，并处违法经营额二倍以上五倍以下的罚款；违法经营额不足一万元的，并处五千元以上二万元以下的罚款。

文物商店、拍卖企业有前款规定的违法行为的，由县级以上人民政府文物主管部门没收违法所得、非法经营的文物，违法经营额五万元以上的，并处违法经营额一倍以上三倍以下的罚款；违法经营额不足五万元的，并处五千元以上五万元以下的罚款；情节严重的，由原发证机关吊销许可证书。

第七十二条 未经许可，擅自设立文物商店、经营文物拍卖的拍卖企业，或者擅自从事文物的商业经营活动，尚不构成犯罪的，由工商行政管理部门依法予以制止，没收违法所得、非法经营的文物，违法经营额五万元以上的，并处违法经营额二倍以上五倍以下的罚款；违法经营额不足五万元的，并处二万元以上十万元以下的罚款。

第七十三条 有下列情形之一的，由工商行政管理部门没收违法所得、非法经营的文物，违法经营额五万元以上的，并处违法经营额一倍以上三倍以下的罚款；违法经营额不足五万元的，并处五千元以上五万元以下的罚款；情节严重的，由原发证机关吊销许可证书：

（一）文物商店从事文物拍卖经营活动的；

（二）经营文物拍卖的拍卖企业从事文物购销经营活动的；

（三）拍卖企业拍卖的文物，未经审核的；

（四）文物收藏单位从事文物的商业经营活动的。

第七十四条 有下列行为之一，尚不构成犯罪的，由县级以上人民政府文物主管部门会同公安机关追缴文物；情节严重的，处五千元以上五万元以下的罚款：

（一）发现文物隐匿不报或者拒不上交的；

（二）未按照规定移交拣选文物的。

第七十五条 有下列行为之一的，由县级以上人民政府文物主管部门责令改正：

（一）改变国有未核定为文物保护单位的不可移动文物的用途，未依照本法规定报告的；

（二）转让、抵押非国有不可移动文物或者改变其用途，未依照本法规定备案的；

（三）国有不可移动文物的使用人拒不依法履行修缮义务的；

（四）考古发掘单位未经批准擅自进行考古发掘，或者不如实报告考古发掘结果的；

（五）文物收藏单位未按照国家有关规定建立馆藏文物档案、管理制度，或者未将馆藏文物档案、管理制度备案的；

（六）违反本法第三十八条规定，未经批准擅自调取馆藏文物的；

（七）馆藏文物损毁未报文物行政部门核查处理，或者馆藏文物被盗、被抢或者丢失，文物收藏单位未及时向公安机关或者文物行政部门报告的；

（八）文物商店销售文物或者拍卖企业拍卖文物，未按照国家有关规定作出记录或者未将所作记录报文物行政部门备案的。

第七十六条 文物行政部门、文物收藏单位、文物商店、经营文物拍卖的拍卖企业的工作人员，有下列行为之一的，依法给予行政处分，情节严重的，依法开除公职或者吊销其从业资格；构成犯罪的，依法追究刑事责任：

（一）文物行政部门的工作人员违反本法规定，滥用审批权限、不履行职责或者发现违法行为不予查处，造成严重后果的；

（二）文物行政部门和国有文物收藏单位的工作人员借用或者非法侵占国有文物的；

（三）文物行政部门的工作人员举办或者参与举办文物商店或者经营文物拍卖的拍卖企业的；

（四）因不负责任造成文物保护单位、珍贵文物损毁或者流失的；

（五）贪污、挪用文物保护经费的。

前款被开除公职或者被吊销从业资格的人员，自被开除公职或者被吊销从业资格之日起十年内不得担任文物管理人员或者从事文物经营活动。

第七十七条 有本法第六十六条、第六十八条、第七十条、第七十一条、第七十四条、第七十五条规定所列行为之一的，负有责任的主管人员和其他直接责任人员是国家工作人员的，依法给予行政处分。

第七十八条 公安机关、工商行政管理部门、海关、城乡建设规划部门和其他国家机关，违反本法规定滥用职权、玩忽职守、徇私舞弊，造成国家保护的珍贵文物损毁或者流失的，对负有责任的主管人员和其他直接责任人员依法给予行政处分；构成犯罪的，依法追究刑事责任。

第七十九条 人民法院、人民检察院、公安机关、海关和工商行政管理部门依法没收的文物应当登记造册，妥善保管，结案后无偿移交文物行政部门，由文物行政部门指定的国有文物收藏单位收藏。

第八章 附 则

第八十条 本法自公布之日起施行。

附　录　二

中华人民共和国非物质文化遗产法

第一章　总　则

第一条　为了继承和弘扬中华民族优秀传统文化，促进社会主义精神文明建设，加强非物质文化遗产保护、保存工作，制定本法。

第二条　本法所称非物质文化遗产，是指各族人民世代相传并视为其文化遗产组成部分的各种传统文化表现形式，以及与传统文化表现形式相关的实物和场所。包括：

（一）传统口头文学以及作为其载体的语言；

（二）传统美术、书法、音乐、舞蹈、戏剧、曲艺和杂技；

（三）传统技艺、医药和历法；

（四）传统礼仪、节庆等民俗；

（五）传统体育和游艺；

（六）其他非物质文化遗产。

属于非物质文化遗产组成部分的实物和场所，凡属文物的，适用《中华人民共和国文物保护法》的有关规定。

第三条　国家对非物质文化遗产采取认定、记录、建档等措施予以保存，对体现中华民族优秀传统文化，具有历史、文学、艺术、科学价值的非物质文化遗产采取传承、传播等措施予以保护。

第四条　保护非物质文化遗产，应当注重其真实性、整体性和传承性，有利于增强中华民族的文化认同，有利于维护国家统一和民族团结，有利于促进社会和谐和可持续发展。

第五条 使用非物质文化遗产，应当尊重其形式和内涵。

禁止以歪曲、贬损等方式使用非物质文化遗产。

第六条 县级以上人民政府应当将非物质文化遗产保护、保存工作纳入本级国民经济和社会发展规划，并将保护、保存经费列入本级财政预算。

国家扶持民族地区、边远地区、贫困地区的非物质文化遗产保护、保存工作。

第七条 国务院文化主管部门负责全国非物质文化遗产的保护、保存工作；县级以上地方人民政府文化主管部门负责本行政区域内非物质文化遗产的保护、保存工作。

县级以上人民政府其他有关部门在各自职责范围内，负责有关非物质文化遗产的保护、保存工作。

第八条 县级以上人民政府应当加强对非物质文化遗产保护工作的宣传，提高全社会保护非物质文化遗产的意识。

第九条 国家鼓励和支持公民、法人和其他组织参与非物质文化遗产保护工作。

第十条 对在非物质文化遗产保护工作中做出显著贡献的组织和个人，按照国家有关规定予以表彰、奖励。

第二章 非物质文化遗产的调查

第十一条 县级以上人民政府根据非物质文化遗产保护、保存工作需要，组织非物质文化遗产调查。非物质文化遗产调查由文化主管部门负责进行。

县级以上人民政府其他有关部门可以对其工作领域内的非物质文化遗产进行调查。

第十二条 文化主管部门和其他有关部门进行非物质文化遗产调查，应当对非物质文化遗产予以认定、记录、建档，建立健全调查信息共享机制。

文化主管部门和其他有关部门进行非物质文化遗产调查，应当收集属于非物质文化遗产组成部分的代表性实物，整理调查工作中取得的资料，并妥善保存，防止损毁、流失。其他有关部门取得的实物图片、资料复制件，应当汇交给同级文化主管部门。

第十三条 文化主管部门应当全面了解非物质文化遗产有关情况，建立非物质文化遗产档案及相关数据库。除依法应当保密的外，非物质文化遗产档案及相关数据信息应当公开，便于公众查阅。

第十四条 公民、法人和其他组织可以依法进行非物质文化遗产调查。

第十五条 境外组织或者个人在中华人民共和国境内进行非物质文化遗产调查，应当报经省、自治区、直辖市人民政府文化主管部门批准；调查在两个以上省、自治区、直辖市行政区域进行的，应当报经国务院文化主管部门批准；调查结束后，应当向批准调查的文化主管部门提交调查报告和调查中取得的实物图片、资料复制件。

境外组织在中华人民共和国境内进行非物质文化遗产调查，应当与境内非物质文化遗产学术研究机构合作进行。

第十六条　进行非物质文化遗产调查，应当征得调查对象的同意，尊重其风俗习惯，不得损害其合法权益。

第十七条　对通过调查或者其他途径发现的濒临消失的非物质文化遗产项目，县级人民政府文化主管部门应当立即予以记录并收集有关实物，或者采取其他抢救性保存措施；对需要传承的，应当采取有效措施支持传承。

第三章　非物质文化遗产代表性项目名录

第十八条　国务院建立国家级非物质文化遗产代表性项目名录，将体现中华民族优秀传统文化，具有重大历史、文学、艺术、科学价值的非物质文化遗产项目列入名录予以保护。

省、自治区、直辖市人民政府建立地方非物质文化遗产代表性项目名录，将本行政区域内体现中华民族优秀传统文化，具有历史、文学、艺术、科学价值的非物质文化遗产项目列入名录予以保护。

第十九条　省、自治区、直辖市人民政府可以从本省、自治区、直辖市非物质文化遗产代表性项目名录中向国务院文化主管部门推荐列入国家级非物质文化遗产代表性项目名录的项目。推荐时应当提交下列材料：

（一）项目介绍，包括项目的名称、历史、现状和价值；

（二）传承情况介绍，包括传承范围、传承谱系、传承人的技艺水平、传承活动的社会影响；

（三）保护要求，包括保护应当达到的目标和应当采取的措施、步骤、管理制度；

（四）有助于说明项目的视听资料等材料。

第二十条　公民、法人和其他组织认为某项非物质文化遗产体现中华民族优秀传统文化，具有重大历史、文学、艺术、科学价值的，可以向省、自治区、直辖市人民政府或者国务院文化主管部门提出列入国家级非物质文化遗产代表性项目名录的建议。

第二十一条　相同的非物质文化遗产项目，其形式和内涵在两个以上地区均保持完整的，可以同时列入国家级非物质文化遗产代表性项目名录。

第二十二条　国务院文化主管部门应当组织专家评审小组和专家评审委员会，对推荐或者建议列入国家级非物质文化遗产代表性项目名录的非物质文化遗产项目进行初评和审议。

初评意见应当经专家评审小组成员过半数通过。专家评审委员会对初评意见进行审议，提出审议意见。

评审工作应当遵循公开、公平、公正的原则。

第二十三条　国务院文化主管部门应当将拟列入国家级非物质文化遗产代表性项

目名录的项目予以公示，征求公众意见。公示时间不得少于二十日。

第二十四条　国务院文化主管部门根据专家评审委员会的审议意见和公示结果，拟订国家级非物质文化遗产代表性项目名录，报国务院批准、公布。

第二十五条　国务院文化主管部门应当组织制定保护规划，对国家级非物质文化遗产代表性项目予以保护。

省、自治区、直辖市人民政府文化主管部门应当组织制定保护规划，对本级人民政府批准公布的地方非物质文化遗产代表性项目予以保护。

制定非物质文化遗产代表性项目保护规划，应当对濒临消失的非物质文化遗产代表性项目予以重点保护。

第二十六条　对非物质文化遗产代表性项目集中、特色鲜明、形式和内涵保持完整的特定区域，当地文化主管部门可以制定专项保护规划，报经本级人民政府批准后，实行区域性整体保护。确定对非物质文化遗产实行区域性整体保护，应当尊重当地居民的意愿，并保护属于非物质文化遗产组成部分的实物和场所，避免遭受破坏。

实行区域性整体保护涉及非物质文化遗产集中地村镇或者街区空间规划的，应当由当地城乡规划主管部门依据相关法规制定专项保护规划。

第二十七条　国务院文化主管部门和省、自治区、直辖市人民政府文化主管部门应当对非物质文化遗产代表性项目保护规划的实施情况进行监督检查；发现保护规划未能有效实施的，应当及时纠正、处理。

第四章　非物质文化遗产的传承与传播

第二十八条　国家鼓励和支持开展非物质文化遗产代表性项目的传承、传播。

第二十九条　国务院文化主管部门和省、自治区、直辖市人民政府文化主管部门对本级人民政府批准公布的非物质文化遗产代表性项目，可以认定代表性传承人。

非物质文化遗产代表性项目的代表性传承人应当符合下列条件：

（一）熟练掌握其传承的非物质文化遗产；

（二）在特定领域内具有代表性，并在一定区域内具有较大影响；

（三）积极开展传承活动。

认定非物质文化遗产代表性项目的代表性传承人，应当参照执行本法有关非物质文化遗产代表性项目评审的规定，并将所认定的代表性传承人名单予以公布。

第三十条　县级以上人民政府文化主管部门根据需要，采取下列措施，支持非物质文化遗产代表性项目的代表性传承人开展传承、传播活动：

（一）提供必要的传承场所；

（二）提供必要的经费资助其开展授徒、传艺、交流等活动；

（三）支持其参与社会公益性活动；

（四）支持其开展传承、传播活动的其他措施。

第三十一条　非物质文化遗产代表性项目的代表性传承人应当履行下列义务：

（一）开展传承活动，培养后继人才；

（二）妥善保存相关的实物、资料；

（三）配合文化主管部门和其他有关部门进行非物质文化遗产调查；

（四）参与非物质文化遗产公益性宣传。

非物质文化遗产代表性项目的代表性传承人无正当理由不履行前款规定义务的，文化主管部门可以取消其代表性传承人资格，重新认定该项目的代表性传承人；丧失传承能力的，文化主管部门可以重新认定该项目的代表性传承人。

第三十二条　县级以上人民政府应当结合实际情况，采取有效措施，组织文化主管部门和其他有关部门宣传、展示非物质文化遗产代表性项目。

第三十三条　国家鼓励开展与非物质文化遗产有关的科学技术研究和非物质文化遗产保护、保存方法研究，鼓励开展非物质文化遗产的记录和非物质文化遗产代表性项目的整理、出版等活动。

第三十四条　学校应当按照国务院教育主管部门的规定，开展相关的非物质文化遗产教育。

新闻媒体应当开展非物质文化遗产代表性项目的宣传，普及非物质文化遗产知识。

第三十五条　图书馆、文化馆、博物馆、科技馆等公共文化机构和非物质文化遗产学术研究机构、保护机构以及利用财政性资金举办的文艺表演团体、演出场所经营单位等，应当根据各自业务范围，开展非物质文化遗产的整理、研究、学术交流和非物质文化遗产代表性项目的宣传、展示。

第三十六条　国家鼓励和支持公民、法人和其他组织依法设立非物质文化遗产展示场所和传承场所，展示和传承非物质文化遗产代表性项目。

第三十七条　国家鼓励和支持发挥非物质文化遗产资源的特殊优势，在有效保护的基础上，合理利用非物质文化遗产代表性项目开发具有地方、民族特色和市场潜力的文化产品和文化服务。

开发利用非物质文化遗产代表性项目的，应当支持代表性传承人开展传承活动，保护属于该项目组成部分的实物和场所。

县级以上地方人民政府应当对合理利用非物质文化遗产代表性项目的单位予以扶持。单位合理利用非物质文化遗产代表性项目的，依法享受国家规定的税收优惠。

第五章　法律责任

第三十八条　文化主管部门和其他有关部门的工作人员在非物质文化遗产保护、保存工作中玩忽职守、滥用职权、徇私舞弊的，依法给予处分。

第三十九条　文化主管部门和其他有关部门的工作人员进行非物质文化遗产调查时侵犯调查对象风俗习惯，造成严重后果的，依法给予处分。

第四十条　违反本法规定，破坏属于非物质文化遗产组成部分的实物和场所的，依法承担民事责任；构成违反治安管理行为的，依法给予治安管理处罚。

第四十一条　境外组织违反本法第十五条规定的，由文化主管部门责令改正，给予警告，没收违法所得及调查中取得的实物、资料；情节严重的，并处十万元以上五十万元以下的罚款。

境外个人违反本法第十五条第一款规定的，由文化主管部门责令改正，给予警告，没收违法所得及调查中取得的实物、资料；情节严重的，并处一万元以上五万元以下的罚款。

第四十二条　违反本法规定，构成犯罪的，依法追究刑事责任。

第六章　附　　则

第四十三条　建立地方非物质文化遗产代表性项目名录的办法，由省、自治区、直辖市参照本法有关规定制定。

第四十四条　使用非物质文化遗产涉及知识产权的，适用有关法律、行政法规的规定。

对传统医药、传统工艺美术等的保护，其他法律、行政法规另有规定的，依照其规定。

第四十五条　本法自 2011 年 6 月 1 日起施行。

附　录　三

历史文化名城名镇名村保护条例

第一章　总　　则

第一条　为了加强历史文化名城、名镇、名村的保护与管理，继承中华民族优秀历史文化遗产，制定本条例。

第二条　历史文化名城、名镇、名村的申报、批准、规划、保护，适用本条例。

第三条　历史文化名城、名镇、名村的保护应当遵循科学规划、严格保护的原则，保持和延续其传统格局和历史风貌，维护历史文化遗产的真实性和完整性，继承和弘扬中华民族优秀传统文化，正确处理经济社会发展和历史文化遗产保护的关系。

第四条　国家对历史文化名城、名镇、名村的保护给予必要的资金支持。

历史文化名城、名镇、名村所在地的县级以上地方人民政府，根据本地实际情况安排保护资金，列入本级财政预算。

国家鼓励企业、事业单位、社会团体和个人参与历史文化名城、名镇、名村的保护。

第五条　国务院建设主管部门会同国务院文物主管部门负责全国历史文化名城、名镇、名村的保护和监督管理工作。

地方各级人民政府负责本行政区域历史文化名城、名镇、名村的保护和监督管理工作。

第六条　县级以上人民政府及其有关部门对在历史文化名城、名镇、名村保护工作中做出突出贡献的单位和个人，按照国家有关规定给予表彰和奖励。

第二章　申报与批准

第七条　具备下列条件的城市、镇、村庄，可以申报历史文化名城、名镇、名村：

（一）保存文物特别丰富；

（二）历史建筑集中成片；

（三）保留着传统格局和历史风貌；

（四）历史上曾经作为政治、经济、文化、交通中心或者军事要地，或者发生过重要历史事件，或者其传统产业、历史上建设的重大工程对本地区的发展产生过重要影响，或者能够集中反映本地区建筑的文化特色、民族特色。

申报历史文化名城的，在所申报的历史文化名城保护范围内还应当有 2 个以上的历史文化街区。

第八条　申报历史文化名城、名镇、名村，应当提交所申报的历史文化名城、名镇、名村的下列材料：

（一）历史沿革、地方特色和历史文化价值的说明；

（二）传统格局和历史风貌的现状；

（三）保护范围；

（四）不可移动文物、历史建筑、历史文化街区的清单；

（五）保护工作情况、保护目标和保护要求。

第九条　申报历史文化名城，由省、自治区、直辖市人民政府提出申请，经国务院建设主管部门会同国务院文物主管部门组织有关部门、专家进行论证，提出审查意见，报国务院批准公布。

申报历史文化名镇、名村，由所在地县级人民政府提出申请，经省、自治区、直辖市人民政府确定的保护主管部门会同同级文物主管部门组织有关部门、专家进行论证，提出审查意见，报省、自治区、直辖市人民政府批准公布。

第十条　对符合本条例第七条规定的条件而没有申报历史文化名城的城市，国务院建设主管部门会同国务院文物主管部门可以向该城市所在地的省、自治区人民政府提出申报建议；仍不申报的，可以直接向国务院提出确定该城市为历史文化名城的建议。

对符合本条例第七条规定的条件而没有申报历史文化名镇、名村的镇、村庄，省、自治区、直辖市人民政府确定的保护主管部门会同同级文物主管部门可以向该镇、村庄所在地的县级人民政府提出申报建议；仍不申报的，可以直接向省、自治区、直辖市人民政府提出确定该镇、村庄为历史文化名镇、名村的建议。

第十一条　国务院建设主管部门会同国务院文物主管部门可以在已批准公布的历史文化名镇、名村中，严格按照国家有关评价标准，选择具有重大历史、艺术、科学价值的历史文化名镇、名村，经专家论证，确定为中国历史文化名镇、名村。

第十二条　已批准公布的历史文化名城、名镇、名村，因保护不力使其历史文化价值受到严重影响的，批准机关应当将其列入濒危名单，予以公布，并责成所在地城市、县人民政府限期采取补救措施，防止情况继续恶化，并完善保护制度，加强保护工作。

第三章　保　护　规　划

第十三条　历史文化名城批准公布后，历史文化名城人民政府应当组织编制历史文化名城保护规划。

历史文化名镇、名村批准公布后，所在地县级人民政府应当组织编制历史文化名镇、名村保护规划。

保护规划应当自历史文化名城、名镇、名村批准公布之日起1年内编制完成。

第十四条　保护规划应当包括下列内容：

（一）保护原则、保护内容和保护范围；

（二）保护措施、开发强度和建设控制要求；

（三）传统格局和历史风貌保护要求；

（四）历史文化街区、名镇、名村的核心保护范围和建设控制地带；

（五）保护规划分期实施方案。

第十五条　历史文化名城、名镇保护规划的规划期限应当与城市、镇总体规划的规划期限相一致；历史文化名村保护规划的规划期限应当与村庄规划的规划期限相一致。

第十六条　保护规划报送审批前，保护规划的组织编制机关应当广泛征求有关部门、专家和公众的意见；必要时，可以举行听证。

保护规划报送审批文件中应当附具意见采纳情况及理由；经听证的，还应当附具听证笔录。

第十七条　保护规划由省、自治区、直辖市人民政府审批。

保护规划的组织编制机关应当将经依法批准的历史文化名城保护规划和中国历史文化名镇、名村保护规划，报国务院建设主管部门和国务院文物主管部门备案。

第十八条　保护规划的组织编制机关应当及时公布经依法批准的保护规划。

第十九条　经依法批准的保护规划，不得擅自修改；确需修改的，保护规划的组织编制机关应当向原审批机关提出专题报告，经同意后，方可编制修改方案。修改后的保护规划，应当按照原审批程序报送审批。

第二十条　国务院建设主管部门会同国务院文物主管部门应当加强对保护规划实施情况的监督检查。

县级以上地方人民政府应当加强对本行政区域保护规划实施情况的监督检查，并对历史文化名城、名镇、名村保护状况进行评估；对发现的问题，应当及时纠正、处理。

第四章　保护措施

第二十一条　历史文化名城、名镇、名村应当整体保护，保持传统格局、历史风貌和空间尺度，不得改变与其相互依存的自然景观和环境。

第二十二条　历史文化名城、名镇、名村所在地县级以上地方人民政府应当根据当地经济社会发展水平，按照保护规划，控制历史文化名城、名镇、名村的人口数量，改善历史文化名城、名镇、名村的基础设施、公共服务设施和居住环境。

第二十三条　在历史文化名城、名镇、名村保护范围内从事建设活动，应当符合保护规划的要求，不得损害历史文化遗产的真实性和完整性，不得对其传统格局和历史风貌构成破坏性影响。

第二十四条　在历史文化名城、名镇、名村保护范围内禁止进行下列活动：

（一）开山、采石、开矿等破坏传统格局和历史风貌的活动；

（二）占用保护规划确定保留的园林绿地、河湖水系、道路等；

（三）修建生产、储存爆炸性、易燃性、放射性、毒害性、腐蚀性物品的工厂、仓库等；

（四）在历史建筑上刻划、涂污。

第二十五条　在历史文化名城、名镇、名村保护范围内进行下列活动，应当保护其传统格局、历史风貌和历史建筑；制订保护方案，并依照有关法律、法规的规定办理相关手续：

（一）改变园林绿地、河湖水系等自然状态的活动；

（二）在核心保护范围内进行影视摄制、举办大型群众性活动；

（三）其他影响传统格局、历史风貌或者历史建筑的活动。

第二十六条　历史文化街区、名镇、名村建设控制地带内的新建建筑物、构筑物，应当符合保护规划确定的建设控制要求。

第二十七条　对历史文化街区、名镇、名村核心保护范围内的建筑物、构筑物，应当区分不同情况，采取相应措施，实行分类保护。

历史文化街区、名镇、名村核心保护范围内的历史建筑，应当保持原有的高度、体量、外观形象及色彩等。

第二十八条　在历史文化街区、名镇、名村核心保护范围内，不得进行新建、扩建活动。但是，新建、扩建必要的基础设施和公共服务设施除外。

在历史文化街区、名镇、名村核心保护范围内，新建、扩建必要的基础设施和公共服务设施的，城市、县人民政府城乡规划主管部门核发建设工程规划许可证、乡村建设规划许可证前，应当征求同级文物主管部门的意见。

在历史文化街区、名镇、名村核心保护范围内，拆除历史建筑以外的建筑物、构筑物或者其他设施的，应当经城市、县人民政府城乡规划主管部门会同同级文物主管部门批准。

第二十九条　审批本条例第二十八条规定的建设活动，审批机关应当组织专家论证，并将审批事项予以公示，征求公众意见，告知利害关系人有要求举行听证的权利。公示时间不得少于 20 日。

利害关系人要求听证的，应当在公示期间提出，审批机关应当在公示期满后及时举行听证。

第三十条　城市、县人民政府应当在历史文化街区、名镇、名村核心保护范围的主要出入口设置标志牌。

任何单位和个人不得擅自设置、移动、涂改或者损毁标志牌。

第三十一条　历史文化街区、名镇、名村核心保护范围内的消防设施、消防通道，应当按照有关的消防技术标准和规范设置。确因历史文化街区、名镇、名村的保护需要，无法按照标准和规范设置的，由城市、县人民政府公安机关消防机构会同同级城乡规划主管部门制订相应的防火安全保障方案。

第三十二条　城市、县人民政府应当对历史建筑设置保护标志，建立历史建筑档案。

历史建筑档案应当包括下列内容：

（一）建筑艺术特征、历史特征、建设年代及稀有程度；

（二）建筑的有关技术资料；

（三）建筑的使用现状和权属变化情况；

（四）建筑的修缮、装饰装修过程中形成的文字、图纸、图片、影像等资料；

（五）建筑的测绘信息记录和相关资料。

第三十三条　历史建筑的所有权人应当按照保护规划的要求，负责历史建筑的维护和修缮。

县级以上地方人民政府可以从保护资金中对历史建筑的维护和修缮给予补助。

历史建筑有损毁危险，所有权人不具备维护和修缮能力的，当地人民政府应当采取措施进行保护。

任何单位或者个人不得损坏或者擅自迁移、拆除历史建筑。

第三十四条　建设工程选址，应当尽可能避开历史建筑；因特殊情况不能避开的，应当尽可能实施原址保护。

对历史建筑实施原址保护的，建设单位应当事先确定保护措施，报城市、县人民政府城乡规划主管部门会同同级文物主管部门批准。

因公共利益需要进行建设活动，对历史建筑无法实施原址保护、必须迁移异地保护或者拆除的，应当由城市、县人民政府城乡规划主管部门会同同级文物主管部门，报省、自治区、直辖市人民政府确定的保护主管部门会同同级文物主管部门批准。

本条规定的历史建筑原址保护、迁移、拆除所需费用，由建设单位列入建设工程预算。

第三十五条　对历史建筑进行外部修缮装饰、添加设施以及改变历史建筑的结构或者使用性质的，应当经城市、县人民政府城乡规划主管部门会同同级文物主管部门批准，并依照有关法律、法规的规定办理相关手续。

第三十六条　在历史文化名城、名镇、名村保护范围内涉及文物保护的，应当执行文物保护法律、法规的规定。

第五章　法律责任

第三十七条　违反本条例规定，国务院建设主管部门、国务院文物主管部门和县级以上地方人民政府及其有关主管部门的工作人员，不履行监督管理职责，发现违法行为不予查处或者有其他滥用职权、玩忽职守、徇私舞弊行为，构成犯罪的，依法追究刑事责任；尚不构成犯罪的，依法给予处分。

第三十八条　违反本条例规定，地方人民政府有下列行为之一的，由上级人民政府责令改正，对直接负责的主管人员和其他直接责任人员，依法给予处分：

（一）未组织编制保护规划的；

（二）未按照法定程序组织编制保护规划的；

（三）擅自修改保护规划的；

（四）未将批准的保护规划予以公布的。

第三十九条　违反本条例规定，省、自治区、直辖市人民政府确定的保护主管部门或者城市、县人民政府城乡规划主管部门，未按照保护规划的要求或者未按照法定程序履行本条例第二十八条、第三十四条、第三十五条规定的审批职责的，由本级人民政府或者上级人民政府有关部门责令改正，通报批评；对直接负责的主管人员和其他直接责任人员，依法给予处分。

第四十条　违反本条例规定，城市、县人民政府因保护不力，导致已批准公布的历史文化名城、名镇、名村被列入濒危名单的，由上级人民政府通报批评；对直接负责的主管人员和其他直接责任人员，依法给予处分。

第四十一条　违反本条例规定，在历史文化名城、名镇、名村保护范围内有下列行为之一的，由城市、县人民政府城乡规划主管部门责令停止违法行为、限期恢复原状或者采取其他补救措施；有违法所得的，没收违法所得；逾期不恢复原状或者不采取其他补救措施的，城乡规划主管部门可以指定有能力的单位代为恢复原状或者采取其他补救措施，所需费用由违法者承担；造成严重后果的，对单位并处 50 万元以上 100 万元以下的罚款，对个人并处 5 万元以上 10 万元以下的罚款；造成损失的，依法承担赔偿责任：

（一）开山、采石、开矿等破坏传统格局和历史风貌的；

（二）占用保护规划确定保留的园林绿地、河湖水系、道路等的；

（三）修建生产、储存爆炸性、易燃性、放射性、毒害性、腐蚀性物品的工厂、仓库等的。

第四十二条　违反本条例规定，在历史建筑上刻划、涂污的，由城市、县人民政府城乡规划主管部门责令恢复原状或者采取其他补救措施，处50元的罚款。

第四十三条　违反本条例规定，未经城乡规划主管部门会同同级文物主管部门批准，有下列行为之一的，由城市、县人民政府城乡规划主管部门责令停止违法行为、限期恢复原状或者采取其他补救措施；有违法所得的，没收违法所得；逾期不恢复原状或者不采取其他补救措施的，城乡规划主管部门可以指定有能力的单位代为恢复原状或者采取其他补救措施，所需费用由违法者承担；造成严重后果的，对单位并处5万元以上10万元以下的罚款，对个人并处1万元以上5万元以下的罚款；造成损失的，依法承担赔偿责任：

（一）改变园林绿地、河湖水系等自然状态的；

（二）进行影视摄制、举办大型群众性活动的；

（三）拆除历史建筑以外的建筑物、构筑物或者其他设施的；

（四）对历史建筑进行外部修缮装饰、添加设施以及改变历史建筑的结构或者使用性质的；

（五）其他影响传统格局、历史风貌或者历史建筑的。

有关单位或者个人进行本条例第二十五条规定的活动，或者经批准进行本条第一款规定的活动，但是在活动过程中对传统格局、历史风貌或者历史建筑构成破坏性影响的，依照本条第一款规定予以处罚。

第四十四条　违反本条例规定，损坏或者擅自迁移、拆除历史建筑的，由城市、县人民政府城乡规划主管部门责令停止违法行为、限期恢复原状或者采取其他补救措施；有违法所得的，没收违法所得；逾期不恢复原状或者不采取其他补救措施的，城乡规划主管部门可以指定有能力的单位代为恢复原状或者采取其他补救措施，所需费用由违法者承担；造成严重后果的，对单位并处20万元以上50万元以下的罚款，对个人并处10万元以上20万元以下的罚款；造成损失的，依法承担赔偿责任。

第四十五条　违反本条例规定，擅自设置、移动、涂改或者损毁历史文化街区、名镇、名村标志牌的，由城市、县人民政府城乡规划主管部门责令限期改正；逾期不改正的，对单位处1万元以上5万元以下的罚款，对个人处1000元以上1万元以下的罚款。

第四十六条　违反本条例规定，对历史文化名城、名镇、名村中的文物造成损毁的，依照文物保护法律、法规的规定给予处罚；构成犯罪的，依法追究刑事责任。

第六章　附　　则

第四十七条　本条例下列用语的含义：

（一）历史建筑，是指经城市、县人民政府确定公布的具有一定保护价值，能够反映历史风貌和地方特色，未公布为文物保护单位，也未登记为不可移动文物的建筑物、构筑物。

（二）历史文化街区，是指经省、自治区、直辖市人民政府核定公布的保存文物特别丰富、历史建筑集中成片、能够较完整和真实地体现传统格局和历史风貌，并具有一定规模的区域。

历史文化街区保护的具体实施办法，由国务院建设主管部门会同国务院文物主管部门制定。

第四十八条 本条例自 2008 年 7 月 1 日起施行。

后　　记

　　本书的写作设想，开始于21世纪初我在湖南师范大学资源与环境科学学院（今地理科学学院）城乡规划系任教历史文化遗产保护的相关课程时。其时，由于受学力、能力、时间、精力所限，设想终未克成。近20年来，因为在从事有关历史文化遗产保护的教学和项目研究、评审及规划实践中逐渐对文化遗产保护问题有了一些粗浅的认识，觉得今天轰轰烈烈开展的文化遗产保护工作中，部分研究者、规划者、管理者似乎存在不少基础性的知识缺陷乃至错误，而大学相关学科专业也应该重视和加强文化遗产保护的基础性教学，所以，希望能够有机会编撰一部具有相当专业性的书籍，把文化遗产保护的基础性知识与个人认识较为全面、系统地呈现出来。2017年，转入教育部人文社会科学重点研究基地陕西师范大学西北历史环境与经济社会发展研究院工作后，有了相对宽裕的研究与写作时间，于是，就开始着手本书的构思与编写工作。尽管我知道此间自己仍然力不从心、力有不逮，但考虑到可以抛砖引玉，也就勉为其难。

　　本书的基本结构、编写要求和部分文献资料由我提供。具体内容的编写，第一至第三章由我负责；其余部分的初稿，第五至第七章由李晶（西安工程大学城市规划与市政工程学院）负责，第四章由蔡娜（陕西师范大学历史文化学院）负责，第八章由刘晚莹（陕西师范大学西北历史环境与经济社会发展研究院）负责，我在各章初稿的基础上又作出较大幅度的增删、调整和修改，其中"文化遗产的数字化保护与利用"一节另请张光伟（陕西师范大学历史文化学院丝绸之路历史文化虚拟仿真实验教学中心）进行审阅，并承蒙其提出宝贵的修改意见。因此，本书如果存在不足，责任当在我。感谢各位合作者的辛勤与智慧！没有他们的支持，本书的编成可能要推迟很长时间。

　　本书能够完成并出版，还要感谢"十三五"国家重点研发计划课题（2019YFD1100901）、"十二五"国家科技支撑计划课题（2013BAJ10B08）研究经费的支持，以及陕西师范大学 2021 年度研究生教育教学改革研究项目（GERP—21—64）经费、陕西师范大学西北历史环境与经济社会发展研究院基地经费的研究与出版资助。同时，也离不开科学出版社杨静、任晓刚认真、细致的编辑校对工作。没有这些支持，本书的面世可能没有这么快。

最后，欢迎读者给本书提出宝贵意见（联系邮箱：hwzhou@snnu.edu.cn）。

周宏伟

2021 年 9 月 26 日